ISE-050

RAFFAELE LA SERRA

LO SPRECATO
CON IL BATTAGLIONE VALANGA
DELLA DECIMA MAS

Dedicato ai fratelli d'arme della Divisione ARIETE, dei Guastatori del Genio, del Battaglione Guastatori Alpini VALANGA, caduti per l'Italia

Sono grato prima di tutto a mia moglie, e poi a Lucia, Monica, Maristella, Fiorenza, Mariapia, Valda e Sandra che con pazienza hanno trasformato le mie chiacchiere in parole scritte.

Edizione a cura di Riccardo Maculan e dell'Associazione Culturale ITALIA Storica.

Si ringraziano per la collaborazione Giorgio Roberti, Scherl Egone, Franco Cavallotti, Guido Facheris e Ivo Marussi.

ISBN: 978-88-9327-3572 1a edizione: agosto 2018
Title Lo sprecato (ISE-050) Di Raffaele La Serra
Editor: SOLDIERSHOP PUBLISHING. Cover & Art Design: L. S. Cristini.
Prima edizione 2012 a cura di Associazione Italia Storica - Genova

RAFFAELE LA SERRA

CON IL BATTAGLIONE VALANGA DELLA DECIMA MAS

– LO SPRECATO –

REMINISCENZE DI GIOVENTÙ
DI UN PICCOLO-BORGHESE SPREGIUDICATO

L'AUTORE

Raffaele La Serra è nato a Roma nel 1920. Studente di Ingegneria, nel 1940 si è arruolato volontario ed è stato decorato al Valor Militare «sul campo» in Africa Settentrionale. Nominato Sottotenente nel 1942 ha ottenuto il brevetto di Guastatore al 5° Reggimento Genio di Trieste. L'8 settembre 1943 si è rifiutato di cedere le armi e, unitosi al Battaglione Guastatori Alpini VALANGA, ha fatto parte della Xª MAS del Comandante Borghese fino al 30 aprile 1945. Sposatosi a Trieste, ha fatto tutti i mestieri fino al 1952 dopo un breve soggiorno nel carcere romano di Regina Coeli. Come tecnico del Comitato Nazionale per la Produttività ha operato presso varie aziende in Italia fino al 1957. Costruendo strade nel Congo Belga ha sofferto nel 1960 un accidente sul lavoro che lo ha reso invalido al 90%. Dal 1964, come Esperto delle Nazioni Unite, ha lavorato in Argentina, Uruguay, Costa Rica, Siria, Tailandia, Laos, Malesia, Colombia e Stati Uniti per l'International Labour Organisation e per la International Bank for Reconstruction and Development, ritirandosi nel 1980.

PRESENTAZIONE ALLA PRESENTE EDIZIONE (2012)

Dire due parole su "Lo sprecato" mi sembra inutile. Leggetelo, tanto è scorrevole e piacevole e vi farete un'idea sull'autore. Raffaele La Serra, per gli amici (e quindi per tutti): Lello.

Lello era mio cugino per una strana parentela che non ho mai capito. Ricordo solo che era doppia e cioè da parte di nonno e da parte di nonna, separatamente.

Anche lui, come del resto suo padre Cesare, aveva intelligenza vivacissima, ottimistica e poliedrica. Zio Cesare è stato ufficiale di cavalleria, brillantissimo, scapestrato, e gran conquistatore. Dovette lasciare la carriera militare, per una quale incomprensione con i superiori, ed intraprendere quella di ingegnere alla Società del gas Anglo Romana. Poi antiquario ed infine industriale nel campo delle cucine domestiche.

Ma la sua mente anelava a grandi cose letterarie. Si chiamò "apostolo dell'alfabeto" in quanto la sua mèta era quella di creare una scrittura fonetica per cui chiunque fosse in grado di leggere e scrivere correttamente in qualsiasi lingua e successivamente comprenderla, mediante un dizionario universale. Scrisse diversi libri sull'argomento, arguti e gradevolissimi, uno dei quali, "Una vita sciupata", scritto nella sua strana grafia, per altro assai comprensibile.

Lello possedeva ed emanava una simpatia innata, sempre volta all'aspetto umoristico della vita, sempre allegro e scherzoso, anche in situazioni drammatiche.

Dovette sospendere gli studi universitari di ingegneria per andare a combattere in Libia. Dopo l'otto settembre, fu uno dei realizzatori del Battaglione Luca Tarigo della Decima Mas che successivamente si trasformò nel famoso Battaglione Valanga.

Mi venne a prendere per un orecchio, mentre me ne stavo imboscato al Quartier Generale di Trescore in Piemonte, dove mi avevano destinato, dopo l'arruolamento volontario, non ancora sedicenne. E mi portò a Jesolo.

Nella Decima Mas ne combinò di ogni specie e di questo leggerete nella riedizione de Lo Sprecato, libro che traspira tutta la scanzonata personalità dell'autore.

Bene, dopo tanto zio e tanto cugino, non potevo sottrarmi alla presunzione di scrivere io pure un libro. Intitolato "Rosa e Grigio". Il mio editore è stato così bravo da non riuscire a venderne neppure una copia! Se qualcuno ne fosse incuriosito, glie ne farei volentieri omaggio. Ne ho ancora qualcuna.

CAPORAL MAGGIORE FRANCO CAVALLOTTI

PRESENTAZIONE ALLA PRIMA EDIZIONE (1990)

Una generazione sta svanendo nel nulla come vogliono le inesorabili ed imperscrutabili leggi eterne. Ad uno ad uno se ne vanno in punta di piedi, raggiungendo il silenzio assoluto e noi, attendendo il nostro turno, un po' per volta prendiamo congedo dalla vita.

Senza rimpianti e senza ripensamenti. Non ha senso parlare ai figli di cosa fu la nostra giovinezza, quali furono i nostri slanci, le nostre ingenuità, la nostra fede. Cosa può capire un giovane d'oggi di quel nostro andare volontari cinquanta anni fa, anelare al combattimento, alla vittoria, alla avventura?

Sono cose passate, che probabilmente non torneranno più e non vanno neppure enunciate a fronte di utenti una vita edonistica, dove il permissivismo e la licenza convivono in ogni minuto della giornata.

Noi credevamo ed in luogo delle calze portavamo le pezze da piedi, obbedivamo e marciavamo per diecine di ore, combattevamo ed avevamo solo il fucile, morivamo per qualche cosa che si chiamava Patria, parola che oggi ha un suono buffo e non ha più alcun significato.

Siamo stati volontari, gli ultimi volontari della storia d'Italia e gli ultimi a vestire il grigioverde.

Da allora tutto è cambiato, ma noi rimpiangiamo la nostra giovinezza, la nostra pulizia morale, il nostro disinteresse, la nostra disciplina, la sopportazione nella sofferenza.

Dalla sabbia della Marmarica con i Bersaglieri della Divisione «ARIETE», alla bora del Carso con i Guastatori Alpini del «VALANGA», lo «Sprecato», classe 1920 e volontario di guerra a venti anni, ci racconta la sua storia, che è stata poi la storia di tanti.

Con elegante ironia mimetizza quelli che sono ancora gli slanci del suo cuore di settantenne, di vecchio soldato fedele ed irriducibile. Non c'è amarezza in lui, forse, in qualche angolo recondito, una punta di sprezzante cinismo. Abbiamo creduto, abbiamo lottato, abbiamo perduto, abbiamo pagato, ma non abbiamo tradito noi stessi.

TEODORO FRANCESCONI

CAPITOLO I - INFANZIA E «GIOVINEZZA»

SAN QUIRICO DI VERNIO

Una delle doti che si cercava di far apprezzare alla gioventù delle passate generazioni era quella del risparmio cercando anche di insegnare che i risparmi si dovevano spendere solo per fini utili. Viceversa i pochi soldi che io riuscivo a risparmiare erano sempre da me destinati ad imprese poco edificanti memore che, secondo un celebre filosofo, i soldi non vanno spesi altro che per cose degne quali le donne, i cavalli, il gioco e l'alcool considerando sprecati tutti quelli spesi altrimenti.

Non ci misi molto tempo ad imparare che il risparmio è giustificabile solo quando i soldi non bastano mentre quando se ne hanno appena al di là delle propone necessità bisogna spenderli tutti, e possibilmente anche di più, perché i soldi spesi sono gli unici che nessuno, nemmeno lo Stato, ti può rubare.

Corollario a questo principio è quello secondo il quale è sempre preferibile guadagnare di più piuttosto che risparmiare.

Oltre che economizzare i soldi dei biglietti per l'autobus, sia cercando di non pagare sia correndogli appresso, il risparmiare non mi era reso facile dalle cervellotiche leggi imposte da mio Padre, la prima delle quali era quella che chi non lavora non mangia, la seconda che il lavoro è una cosa seria e la terza che chi sbaglia paga.

Allo scopo di rendermi capace di dirigere un giorno la sua azienda mio Padre un bel giorno decise che era arrivato per me il momento di imparare cosa vuol dire lavorare e durante l'estate precedente il mio ingresso alla scuola elementare, appena finito l'asilo dalle suore mi affidò come apprendista garzone di bottega ad un fabbro suo amico. Questi aveva l'officina in un immenso scantinato dove le poche lampadine appese a dei fili non riuscivano ad illuminare tutti gli spaventosi antri oscuri solo alcuni dei quali erano rischiarati un po' meglio dalle fiamme e dalla brace del carbone delle fucine e delle forge.

Io avevo allora compiuto 5 anni e quell'omaccione vestito solo di pantaloni e di un grembiule di cuoio col possente torso lucido di sudore illuminato di rosso mi terrorizzava soprattutto perché era l'esatta materializzazione di una illustrazione di Vulcano eseguita da Gustavo Dorè per illustrare le avventure del barone di Münchausen di cui avevo più volte guardato le figure pur senza poter ancora leggere.

Era ancora l'epoca in cui gli artigiani venivano pagati per accettare apprendisti e quel terribile gigante, che fuori dal lavoro era una pasta d'uomo, mi aveva accettato per fare un piacere a mio Padre garantendogli, su sua richiesta, che mi avrebbe trattato esattamente come gli altri garzoni senza preferenze. E non ne fece né per me né per i suoi figli, press'a poco della mia età, che anche loro cominciavano ad accostarsi al lavoro e con cui sono rimasto in sincera amicizia sempre.

Come ragazzino di bottega il mio compito era di stargli sempre appresso e di fare tutto quello che mi diceva, nonché di pulire una parte di quell'antro infernale. Fra il rumore delle forge tanto a soffietto che a mano ed i colpi delle mazze e dei martelli sul ferro incandescente e sulle incudini, il tutto aggravato dai molteplici echi delle volte tenebrose, erano più le volte che io non capivo quello che mi si chiedeva, che quelle che indovinavo giusto. Quando sbagliavo, e cioé il più delle volte, quel ciclope redivivo ripetendo ciò che aveva chiesto in primo luogo con voce da tuono, usava mettermi una mano (le aveva grandi come prosciutti) sulla faccia spingendomi all'indietro per affrettare l'esecuzione del suo ordine che viceversa ne era ritardata dato che io indietreggiando affannosamente sotto la spinta cadevo regolarmente per terra. Non ho mai capito per quale miracolo non mi sia mai infilzato su uno dei milioni di pezzi di ferro che coprivano gran parte del pavimento dell'officina. Ciò mi induceva a compiere a puntino le mie mansioni di pulizia perché avevo capito subito che tenere sgombro il suolo dai pezzi di ferro sarebbe stato tutto a mio vantaggio.

Dopo due mesi di questa vita di terrore mio Padre giudicò che io avevo avuto una chiara idea di cosa vuol dire lavorare alle dipendenze di qualcuno e ritenne, giustamente, che non me ne sarei mai più dimenticato.

Per farmi dimenticare le giornate di terrore e le notti di incubi che avevo sofferto durante quei due mesi mi spedì senza indugi nella villa (che però allora si chiamava solo casa) di famiglia a San Quirico di Vernio sull'Appennino toscano dove godevo di tutti i privilegi ed onori dovuti al signorino nipote del Cavaliere (Mauriziano) proprietario dell'unico edificio che potesse apparire sulle cartoline postali che testimoniavano l'esistenza del paese.

Godere di privilegi ed onori non mi esimeva però dall'essere preso di mira dai ragazzini miei compagni di giochi per i loro scherzi che preparavano e mettevano in serbo per tutto l'anno per poi realizzarli quando io arrivavo d'estate.

A parte la zucca svuotata e intagliata con occhi naso e bocca illuminati da una candela dall'interno per spaventarmi quando rientravo di sera, ricordo uno scherzo che poteva essere fatto solo ad uno sprovveduto come me che veniva dalla città; consisteva nel portare il signorino a caccia di ricci nei boschi e nei castagneti finché arrivati in qualche macchia impervia tutti gli indigeni, messisi d'accordo in precedenza, si eclissavano silenziosamente all'improvviso lasciando il tapino solo, sperduto e incapace di ritrovare la strada. Dopo due o tre volte che mi fecero passare la notte nella paura e nel freddo, senza parlare della disperazione dei miei nonni al non vedermi rientrare, appresi tanto bene la lezione che ai successivi tentativi di ripetere lo scherzo, avendo ormai imparato ad orientarmi ed a riconoscere ed imprimermi nella mente i luoghi, quando mi accorgevo dello scherzo in atto mi precipitavo come un capriolo al paese e mi divertivo ad aspettare i miei compagni sul muretto del ponte sul Bisenzio godendo del loro scorno e rifacendomi delle volte in cui ero stato io lo scornato. È anche vero che qualche volta non ritrovavo tanto facilmente la strada e mi costava sette camicie tornare comunque in paese.

Fra gli amici di famiglia che passavano l'estate nella stessa zona ce n'era uno che mi era particolarmente antipatico perché mi prendeva sempre per oggetto di scherzi cretini addirittura inconcepibili se rivolti contro un ragazzino. Uno di questi scherzi era sua abitudine farlo quando io dovevo dormire in soffitta, su un pagliericcio di foglie di granoturco sistemato sopra un monumentale letto di noce massiccio, come punizione per qualche malefatta.

In soffitta naturalmente non c'era luce elettrica. Quell'incosciente si divertiva a presentarsi improvvisamente illuminato da una candela coperto da una pelle d'orso emettendo cavernosi grugniti, ridendo poi come un matto per lo spavento causatomi ed arrivando perfino a venire a mettere la candela sopra la mia testa per vedere meglio la mia espressione terrorizzata.

Una sera che prevedevo mi sarebbe toccato andare a dormire in soffitta preparai per tempo la mia vendetta ammucchiando in una sporta tutti i coltelli più grossi che potei trovare in cucina e portandoli di nascosto in soffitta. Come previsto mi fu inflitto il castigo e quando fui rinchiuso nella soffitta mi industriai a legare con vari spaghi tutti i coltelli alla sponda del letto con la punta in fuori sperando che l'amico mentecatto, ospite in villa, non mancasse proprio quella volta di ripetere la sua incosciente ed idiota rappresentazione.

Non so quale scusa dovette inventare con il medico condotto che dovette andare a svegliare di notte per farsi mettere i punti necessari per ricucire le ferite multiple. Io mi presi comunque una buona scarica di scapaccioni che praticamente nemmeno avvertii consapevole che l'orso non sarebbe più apparso.

L'ultimo ricordo che ho di una vacanza passata in villa si riallaccia al motivo per il quale ho tardato tanto a prendere il vizio del fumo. Era iniziata la guerra in Etiopia e nel clima eroico di esaltazione collettiva io avevo rimediato pantaloni, scarpe e camicia cachi cercando di camuffarmi da legionario e così mascherato facevo la ruota, se non come un pavone per lo meno come un tacchino, sotto gli occhi delle ragazzotte del paese.

Di una in particolare, non tanto per attrazione sentimentale verso di lei, quanto per soddisfare la mia vanità solleticata dagli innocui e benevoli pettegolezzi che suggerivano il nascere di una corrispondenza di amorosi sensi fra me ed una certa donzelletta.

Questa viveva in una fattoria che per essere grande e ricca e costruita su un cocuzzolo veniva chiamata pomposamente «la Rocca». Come non soddisfare l'ingenuo romanticismo dei buoni villici che da un paio di mie visite di buon vicinato fin lassù avevano dedotto un immaginario idillio fra il giovin signore della «villa» e la giovane castellana della «rocca»? Così mi venne la malaugurata idea di aumentare la parvenza di virilità eroica mediante il semplice espediente di andare in giro con una sigaretta in bocca. Per fortuna decisi di fare un esperimento prima di mettere in atto il mio proposito e, comprato un pacchetto di Popolari ed una scatola di zolfanelli me ne andai sotto un castagno dietro la villa e mi sedetti per sperimentare la mia prima sigaretta. Sarà stata l'incauta scelta di quei micidiali zampironi che erano le Popolari o sarà stato il fatto che per mancanza di pratica mi accesi la sigaretta senza aspettare che bruciasse tutto lo zolfo del fiammifero il fatto è che dopo due o tre boccate ..... mi risvegliai dopo un paio d'ore. Ci volle la guerra ed una stecca di Lucky Strike regalatami dalla figlia dell'addetto militare dell'Ambasciata degli Stati Uniti (non ancora in guerra con l'Italia) quando partii soldato perché io cominciassi a fumare sei anni dopo.

CHI RISPARMIA LA VERGA...
(PROVERBI, Cap. 13; 24)

Un Generale che aveva avuto mio Padre ai suoi ordini durante la Grande Guerra e che avendone apprezzato le doti gli era rimasto affezionato tanto da frequentare come caro amico la nostra casa una volta andato in pensione ebbe a dirgli una volta: «Il tuo handicap è la troppa intelligenza che non ti permette di avere successo in un mondo governato dagli stupidi». In realtà mio Padre aveva un handicap ancora più grave da aggiungere a quello dell'intelligenza e che consisteva in un indomito spirito di indipendenza che lo faceva reagire in modo talvolta eccessivo ad ogni forma di imposizione ed a ogni regola che lui ritenesse inutile o ottusa o ingiusta.

Era perciò logico che fosse un ammiratore, in quanto spirito affine, di Tito Livio Cianchettini che, con il motto «accidenti ai capezzatori» (cioé i potenti e prepotenti di ogni genere e provenienza che vogliono mettere la capezza alla gente) aveva fondato il giornale satirico «Il Travaso delle Idee» che agli inizi, col suo temperamento balzano, scriveva, stampava e vendeva lui stesso per le strade.

Mio Padre mi raccontò che dopo i primi successi piazzò in un androne una cabina di 80 cm per 80, vi appose sui quattro lati l'insegna del giornale, vi aprì uno sportello per lato con le scritte «Redazione», «Amministrazione» «Direzione» e «Vendite) e vi si installò su uno sgabello girevole. Chi veniva a comprare il giornale e lo trovava a scrivere dietro lo sportello «Redazione» riceveva il cortese invito a rivolgersi alle «Vendite» per farsi consegnare da lui stesso la copia richiesta mentre, sempre lui, avrebbe ricevuto allo sportello «Amministrazione» il relativo pagamento, il tutto nello spazio di meno di un metro quadro, per mezzo della semplice rotazione dello sgabello.

Mio Padre rimase sempre fedele lettore del «Travaso» ed era in termini di amicizia con i suoi ultimi direttori Toddi (Pier Silvio Rivetta) di cui aveva tutti i libri, e Guasta.

Forse anche per la facilità di incontrarsi offerta dalla vicinanza della sua abitazione, un altro celebre collaboratore del «Travaso», il poeta romanesco Trilussa, da mio Padre era sempre di casa, così come lo erano i personaggi più svariati fra cui ricordo un «barbone filosofo», il deposto re dell'Afganistan, Amanullah, un Presidente di Cassazione, alcuni Generali ed un paio di Monsignori, cui non dispiaceva conversare piacevolmente con una persona intelligente, educata, colta ed originale come era mio Padre. Il quale, avendo imparato a proprie spese quale fosse il prezzo da pagare per non rinunciare ad essere originali ed indipendenti, aveva cercato di inculcare nelle teste dure dei suoi figli regole di comportamento un po' più ortodosse di quelle da lui stesso seguite. Senza però risultati degni di nota.

A proposito dei figli, in un suo aureo libretto intitolato «Una vita sciupata» scrisse, adottando un alfabeto fonetico da lui elaborato: «Il rikòrdo di mio padre à suxitato sempre in me il rimòrso di non avéryi dimostrato tutto il bene ke meritava e di kùi ora mi spiego avesse tanto bisono. È il rimorso ke proveranno a loro volta i miei fiyi, e kome loro molti altri fiyi. L'amore, si sa, più ke salire dixénde».

Comunque decise di applicare uno dei rimedi adottati dai genitori più pensosi del futuro dei figli per calmare i bollenti spiriti dei loro pargoli e per evitare sia che la troppa vivacità degenerasse in manifestazioni di teppismo se non fermamente contenuta sia che la sregolatezza li facesse diventare delinquenti precoci: affidarli periodicamente ai preti. Questi (detti comunemente a Roma «bagarozzi»), a prescindere dalla preparazione specifica, dalla intelligenza o dalla abilità del singolo sacerdote, avevano il vantaggio di appartenere ad una organizzazione come la Chiesa che derivava la sua saggezza dal semplice fatto di essere più che millenaria. Non per niente i «gauchos» della Pampa dicono che «il diavolo è temibile non perché è diavolo ma perché è vecchio».

Nemmeno nella Opera Nazionale Balilla (divenuta poi Gioventù Italiana del Littorio) con tutti i suoi gradi e divise c'era una disciplina così rigida e cosi assoluta come nelle varie attività che si svolgevano in qualunque posto ci fosse un prete a dirigerle. E questo anche prima che il primo Concordato fosse firmato.

Alla scuola di catechismo perfino i più discoli avevano paura di chiedere il permesso per andare a fare pipì; durante le lunghissime preparazioni per la prima Comunione e per la Cresima il guardare una bambina di sei anni dall'altra parte della stanza provocava un colpo di bacchetta sulla testa; nel corso degli esercizi spirituali in occasione delle più importanti ricorrenze religiose il solo parlare costituiva colpa grave che comportava adeguato castigo.

Dati i bernoccoli che io avevo spesso in testa per le molte bacchettate del Parroco e del Vice-Parroco della Parrocchia di San Giacomo in Augusta, mio Padre giudicò con ragione che io stavo per diventare un possibile rappresentante della delinquenza minorile e che dovevo essere domato con mezzi più energici di quelli parrocchiali. Decise così di farmi fare gli esercizi spirituali in ritiro, pressappoco come fa oggi la nazionale di calcio.

Come aveva deciso di mandarmi alla scuola più rinomata di Roma, il Regio Liceo Ginnasio Ennio Quirino Visconti, così decise di farmi provare la durezza e la disciplina del collegio religioso più esclusivo della Roma nera (che era poi quella papale e non quella fascista) e cioè al Collegio di S. Giuseppe annesso al Liceo De Merode in fondo a Via Margulla, sotto Villa Medici, non per snobismo ma perché era noto per la severità e la disciplina che lo caratterizzavano.

Dopo due periodi di ritiro rinunziò però a mandarmici ancora, prima di tutto perché i buoni Scolopi lo pregarono di non inviarmici più e poi perché, benché severo, non voleva che io ricevessi una menomazione permanente dovuta al fatto che passavo la maggior parte del tempo degli esercizi spirituali con la faccia al muro, in un angolo buio, inginocchiato con le mani sotto le ginocchia.

La sua preoccupazione di cercare di evitare che i figli cadessero nei suoi stessi errori non gli impediva però di uscirsene spesso con stravaganze che erano in realtà originali manifestazioni di uno spirito libero.

Appassionato di automobili da quando aveva accettato il fatto di non poter più dedicarsi ai cavalli, era stato uno dei primi ad avere un'automobile propria a Roma.

La sua seconda automobile, una Torpedo Fiat 509, quando in Italia si adottarono le targhe, ebbe la targa «Roma 918».

Nonostante la sua indiscussa abilità di guidatore, la sua spericolatezza gli fece un giorno ammaccare un parafango per voler passare a velocità eccessiva in una strettoia di uno dei tanti vicoli di Roma. Dovendo riverniciare la macchina dopo aver fatto raddrizzare le buone solide lamiere con cui si facevano allora le carrozzerie, decise che sarebbe stato inutile riverniciare tutta la macchina quando bastava riverniciare solo la metà sinistra; proseguendo il ragionamento con la logica considerazione che chiunque fosse a sinistra della macchina ne poteva vedere solo il lato sinistro e che chiunque fosse a destra poteva vedere solo il lato destro, non esitò più che tanto a verniciare di un bel giallo vivo la parte sinistra lasciando la parte destra del suo colore originale grigio chiaro.

Questo fu uno dei tanti episodi in cui mio Padre dava una chiara dimostrazione di quanto se ne infischiasse dell'opinione altrui.

Non ho mai capito se fu veramente per sbadataggine oppure per un guizzo di eccentricità che dopo avermi fatto battezzare in Chiesa con il nome laico di Raffaello invece che con il nome religioso di Raffaele mi registrò poi al municipio con quest'ultimo nome.

Fu il primo ad usare della polvere d'alluminio mischiata ad una vernice normale quando pitturò la sua nuova Fiat 514, sempre Torpedo, e per essere sicuro che nessuno avrebbe mancato di notare questa novità, il colore che scelse fu un color ciclamino carico tanto che i suoi amici che abitavano nello stesso antico palazzo di Via del Babuino, dove occupavamo l'intero ultimo piano nato nel '700 come «piano della servitù», chiamavano la macchina di mio padre «la Sinforosa».

Per evitare che i suoi figli incorressero negli stessi guai attraverso i quali lui stesso era passato per la sua spiccata propensione per il gentil sesso cercava di troncare sul nascere ogni inclinazione di noi figli per la vanità ed il narcisismo.

Non avendo soldi per comprarmi la brillantina (era l'epoca in cui Rodolfo Valentino era ancora ricordato ed imitato) io mi dedicavo ad una specie di chimica rudimentale emulsionando con mezzi molto caserecci un po' di olio d'oliva con altri liquidi per poi ungermi la testa ottenendo risultati non sempre gradevoli.

Mio padre mi sorprese una volta mentre cercavo di lisciare i capelli con uno di quegli intrugli e mi avvertì che non avrebbe tollerato di avere un figlio vanesio. Una seconda volta ebbe a rimproverarmi la mattina perché rischiavo di uscire di casa troppo tardi per arrivare in tempo a scuola appunto per aggiustarmi la pettinatura. La terza volta che mi sorprese davanti allo specchio quando stavo per andare a casa di qualche amico fornito di sorelle per studiare, mi prese per il braccio senza tanti complimenti mi trascinò da un barbiere e mi fece rapare a zero dicendomi che dovevo piacere alle donne per le mie qualità e non per il mio aspetto.

I miei pianti, i miei tentativi di darmi ammalato e le mie velleità di marinare la scuola risultarono del tutto inutili di fronte alla sadica determinazione di mio padre di insegnarmi a fregarmene della gente ed iniziai così a scuola, ero già al ginnasio, un periodo atroce durante il quale le compagne mi evitavano come la peste ed i compagni superavano di molto i limiti della decenza nel prendermi in giro in tutti i modi e nello sfottermi in modo sanguinoso.

Non ebbi mai tante liti e baruffe come in quel periodo ma alla fine dovetti per forza imparare ad essere aggressivo invece che subire buono buono le umiliazioni di cui ero oggetto e progredii tanto nella nobile arte di fare a pugni con i miei compagni da acquistare una meritata fama di litigone che era meglio non stuzzicare. Della qual cosa, come di tante altre, non ho ringraziato mai abbastanza mio Padre, il quale mi fece imparare attraverso l'esperienza come chi vuole stare in pace deve dimostrare di essere sempre pronto alla guerra. Lo imparai una volta per sempre anche se lo scontro fisico non è mai stato una delle cose che mi attirano nè molto né poco fin da quando ancora alle Elementari, in un torneo dimostrativo fra i ragazzini delle ultime classi, io ero dovuto salire tre o quattro volte con i guantoni sul ring prendendo regolarmente pochi ma sentiti pugni bastanti a farmi uscire ogni volta con il naso sanguinante.

Ciò mi aveva indotto a disertare i successivi incontri ed a cancellare la boxe dalla lista delle mie possibili attività sportive. Ma al ginnasio, costrettovi dalle circostanze, era giocoforza reagire contro chi mi umiliava e me la dovevo cavare alla meno peggio cercando di darne indietro almeno una percentuale di quante ne prendevo, perché purtroppo non c'era verso che potessi mai uscirne vincitore. Una sola volta, ormai in prima liceale, riuscii a dominare il mio antagonista del momento (con cui peraltro continuai a mantenere una cordiale amicizia per molti anni) effettuando una presa di testa col braccio sinistro che mi permise di continuare a pestargli coscienziosamente la faccia con la destra; ma il poverino riuscì a trascinarmi contro il muro dell'aula in cui ci esibivamo in quella manifestazione non precisamente di cultura classica e la mia testa strisciò sul gancio di ferro di un attaccapanni che mi tagliò il cuoio capelluto con conseguente abbondante uscita di sangue.

L'incontro fu naturalmente sospeso e anche quell'unica volta che avevo avuto il sopravvento fu viceversa annoverata dal volgo come una mia ennesima sconfitta. Ma, tant'è, dicono che l'importante è partecipare.

A parte l'asilo, scelto da mia Madre per ragioni logistiche in un vicino convento di suore che ero riuscito ad ingannare facendo loro credere di essere poco meno di un angioletto dai riccioli biondi e dagli occhi azzurri, la scuola elementare (la Emanuele Ruspoli in via Gesù e Maria) dovevo invece frequentarla per disposizione municipale in quanto allora le scuole ricevevano gli allievi abitanti nello stesso rione.

Fu in quella scuola che ebbi per la seconda volta sentore di qualche cosa che si chiamava fascismo. La prima era stata quando camminando tenuto per mano da mio Padre e da mia Madre per piazza di Spagna, avevo visto passare una squadra di fascisti e con la smania esibizionista tipica dei bambini, delle donne, dei politici e dei fessi in generale avevo pensato di farmi bello gridando «Quelli sono quelli che hanno ammazzato Matteotti» al che mio Padre volendo evitare il manganello e l'olio di ricino, con una prontezza di riflessi ed una agilità eccezionali, mi aveva acchiappato la testa con una mano sulla mia bocca e l'altra sulla nuca e mi aveva di colpo sollevato dal suolo mentre io scalpitavo a più non posso. Purtroppo quell'incidente non bastò per togliermi tutte le velleità esibizionistiche che nel futuro mi avrebbero spesso fatto fare delle figure da pesce.

Il mio secondo incontro con il fascismo, avvenuto appunto a scuola, fu indiretto in quanto in realtà fu una lenta ma progressiva percezione dei sentimenti antifascisti del mio maestro (persona degnissima di nome Squarciapino) che non perdeva occasione per parlare male del fascismo o per manifestare col sarcasmo o con osservazioni satiriche l'ostilità che provava verso il regime. Quel buon maestro preferì poi lasciare la carriera d'insegnamento piuttosto che subire le sia pur blande ma frequenti

pressioni esercitate dal regime sui dipendenti dello Stato e indossare l'aborrita camicia nera quando c'erano le adunate cui invece noi bambini partecipavamo con gioia . orgogliosi di vestire la divisa da Balilla.

Avendo imparato a suo tempo quanto conta nella vita aver studiato nelle scuole che contano, mio Padre fece di tutto, riuscendovi, per iscrivermi al Liceo Ginnasio Visconti in Piazza del Collegio Romano dove i rampolli e le rampolle delle migliori famiglie di Roma erano costretti ad acquistare quel minimo di educazione e di cultura imposti dal loro lignaggio.

Molti dei pochi politici capaci che affliggono la democrazia italiana devono in parte il loro successo (che naturalmente è tutt'altra cosa che il successo dello Stato) all'aver studiato al Visconti.

Per merito dei suoi Presidi, tutti uomini di gran valore di estrazione per lo più liberale, pur essendo la scuola più chic di Roma, il Visconti non aveva discriminazioni né religiose né razziali né classiste, e l'ebreo sedeva allo stesso banco con il marchesino così come il somalo era trattato esattamente nello stesso modo del figlio dell'alto gerarca o del figlio del bidello che per spirito di corpo aveva ottenuto la sua iscrizione.

Anche fra i professori si guardava soprattutto al merito; fra quelli che ricordo posso citare un professore Berardi, mantovano, anarchico, matto più di una capra matta, ma che non aveva pari nell'insegnamento dell'italiano e del latino. Amava il bicchiere un po' più di quanto fosse lecito e di conseguenza costituiva il bersaglio di tutti noi delinquenti precoci quando ci accorgevamo che aveva alzato un po' il gomito arrivando con il suo cappello a larga tesa alla Turati e la cravatta svolazzante da anarchico.

Quando si trovava in quelle condizioni iniziava immancabilmente la lezione con qualche sparata politica fra cui per esempio l'affermazione fatta a voce stentorea di essere un oppositore fermo del fascismo contro il quale non avrebbe esitato a scendere in piazza se fosse stato necessario. Un'altra affermazione con cui iniziava la lezione quando era un po' su di giri era quella secondo la quale il principino (cioè il Principe Umberto di Savoia) non sarebbe mai diventato re perché i suoi fratelli anarchici repubblicani avrebbero fatto in modo che finisse l'incongrua monarchia per dar luogo a una radiosa repubblica.

Un altro docente emblematico del corpo insegnante del Visconti era il professor Gigli, per la storia e la filosofia, decorato di medaglia d'argento nella Grande Guerra, piccolino, rotondetto ma insuperabile nell'insegnare le sue materie e di una autorità che nessuno osava discutere. Il professore Gigli manifestava chiaramente ed apertamente le sue idee liberali e addirittura aveva formato fra gli studenti più in gamba un gruppo attivo che si riuniva spesso a casa sua per discutere di politica e di sociologia al di fuori dei paraocchi creati dal regime fascista.

Anche nelle altre sezioni c'erano dei professori altrettanto indipendenti nelle loro idee quanto validi nel loro insegnamento fra cui due preti che non nascondevano la loro azione di proselitismo per attirare i giovani nell'area del disciolto partito popolare che risorse poi dalle catacombe col nome di Democrazia Cristiana.

Perfino il professore di cultura militare (un Tenente Colonello in pensione che aveva un aspetto tutt'altro che marziale) che avrebbe dovuto accenderci di sacro entusiasmo per e-roiche imprese di guerra, faceva di tutto per farci capire come la guerra fosse una cosa stu-pida e bestiale nella quale qualcuno qualche volta si trovava illuminato da un fugace rag-gio di gloria ma dove sicuramente tutti erano sempre afflitti da pidocchi, dissenteria, spor-cizia e malnutrizione.

Ricordo che una volta assillato dalle nostre domande di aspiranti giovani leoni avidi di il-luminarci con il riflesso di qualche atto eroico ed ansiosi di sentirci dire che quando si va all'attacco non si prova paura, ci raccontò che da Capitano, portando all'assalto la sua Compagnia, aveva passato i nostri reticolati antistanti le trincee attraverso i varchi prepara-ti con le tronchesi durante la notte ed aveva percorso gridando «Avanti Savoia» i 200 me-tri fino ai reticolati nemici, in cui avrebbero dovuto esserci altri varchi appositamente se-gnati, correndo a perdifiato seguito dai suoi soldati pieni di entusiasmo e decisi a conqui-stare la trincea nemica. Ma arrivati al reticolato nemico trovarono i poveri soldati che a-vrebbero dovuto aprirvi i varchi morti o moribondi con ancora in mano le tronchesi.

Investiti a sorpresa da un ben calcolato concentramento di fuoco degli austriaci che li a-spettavano con freddezza capirono l'impossibilità di proseguire. Vedendo cadere intorno i suoi soldati a grappoli, aveva ordinato la ritirata e quelli che potevano erano tornati indie-tro correndo come levrieri verso le proprie trincee saltando i propri reticolati senza perdere tempo a cercare i varchi. Ripetè più volte lentamente «Tutti li saltammo senza accorgerce-ne ed erano alti quasi 2 metri».

Essendo il numero dei maschi notevolmente preponderante rispetto a quello delle femmine c'era una concorrenza spietata per ottenere da qualche ragazzina la concessione dell'alto onore di accompagnarla a casa, donde i miei tentativi di impiastricciarmi i capelli con le emulsioni di mia invenzione.

Dopo aver imparato se non a farmi rispettare perlomeno a rendere un po' rischioso non ri-spettarmi, nonostante la mia testa pelata, che per magnanima concessione di mio Padre po-tei trasformare in una testa di capelli tagliati a spazzola, cominciai a prendere gusto all'essere eccentrico ma non appena cominciai ad essere quasi orgoglioso della mia eccen-tricità, benché non dovuta a mie iniziative, dovetti fare i conti di nuovo con il sistema edu-cativo di mio Padre.

Quando mio Padre si accorse che io continuavo a mettermi i pantaloni lunghi dell'unico vestito che avevo, ebbe il dubbio che quella mia preferenza non fosse dovuta alla volontà di difendermi dal freddo ma al desiderio di sembrare un uomo e non fece altro che prende-re un paio di forbici, tagliare il mio unico paio di pantaloni lunghi ed obbligarmi così a in-dossare per più di un anno i pantaloni corti dando inizio ad una nuova ondata di sfottimen-ti, lazzi e beffe da parte della maggioranza dei miei compagni ma col conforto della solida-rietà e della comprensione dello sparuto gruppo di «calzoncini corti» che avevano dei pa-dri dispotici o taccagni o poveri.

Superata anche la prova dei pantaloni corti, devo dire con successo, mi piombò fra capo e collo la terza fatica d'Ercole relativa alle scarpe.

Come sempre fu colpa della mia disattenzione farmi sorprendere da mio Padre con ai piedi un suo paio di scarpe di vernice a punta. Dopo un accurato sopraluogo a tutte le mie paia di scarpe per controllare se era vero quello che io cercavo di farfugliare in merito a scarpe rotte, strette, vecchie ed altre simili balordaggini, mio Padre non ebbe più dubbi in mento alle mie tendenze da dandy e dedicò un paio d'ore ad una ricerca accurata che, mano mano che il tempo passava, faceva aumentare il mio terrore tanto che dopo un po' ero convinto che cercasse uno stivaletto cinese, strumento di tortura ben noto anche in Europa.

Agli effetti della integrità dei miei piedi fui fortunato in quanto non si trattava di alcuno stivaletto cinese, ma agli effetti delle mie aspirazioni di eleganza non poteva capitarmi tortura più infame perché dopo la sua lunga ricerca mio Padre riuscì a trovare quello che cercava e cioè un paio di scarpe, come si chiamavano allora, «all'americana». Solo da pochi anni la gente si stava abituando alle scarpe basse mentre ancora c'era qualcuno che portava quella che era la calzatura normale fino all'inizio degli anni venti e cioè la scarpa alta di cui oggi sopravvive un facsimile col nome di polacchino. Delle ghette viceversa, ancora in uso per tutti gli anni '20 se n'è persa la memoria.

Le scarpe all'americana erano scarpe ben sopra le caviglie, di pianta molto larga e arrotondata, con un puntale rinforzato (con cuoi di almeno tre millimetri di spessore) applicato sopra la tomaia e rialzato in modo da presentare una specie di gobba culminante nel punto che corrispondeva all'unghia dell'alluce; la forma era quanto di meglio si potesse realizzare per la massima comodità del piede e per la perfetta funzionalità della calzatura (non per nulla è la stessa forma adottata per le scarpe in uso nella fanteria delle forze armate degli Stati Uniti) ma qualunque tentativo per attribuirle un qualsiasi pregio estetico sarebbe un inutile spreco di energia. Tant'è, mio Padre, dopo avermi sequestrato tutte le paia di scarpe di mia spettanza, mi consegnò quegli orribili scarponi d'altri tempi e fui, volente o nolente, costretto ad usarle. Per di più tutti i miei tentativi di distruggerle risultarono vani dato che erano scarpe indistruttibili. Per consumarle impiegai, giorno dopo giorno, due anni.

Fra i capelli a spazzola, i pantaloncini corti e le scarpe all'americana ci volle poco perché io fossi conosciuto e riconosciuto da tutti dentro e fuori il Visconti e da lì cominciò a diffondersi la mia fama di originale eccentrico. Come saggiamente aveva previsto mio Padre io cominciai a prenderci gusto e, come sempre succede, non solo feci l'abitudine a quello che in principio mi era sembrato un umiliante stato di inferiorità ma, come normalmente succede all'uomo, ne feci una specie di mito e mi adeguai o cercai di adeguarmi all'immagine mitica da me stesso creata tanto da perseguire il mantenimento di quell'immagine. Come logica conseguenza arrivai ad acquistare un comportamento originale ed eccentrico come cosa del tutto normale ed a diventare originale ed eccentrico toutcourt.

Col tempo quella specie di mascherata mi portò anche diversi vantaggi fra cui quello di essere spesso prescelto dalle ragazze come loro accompagnatore, sia da alcune con lo spirito affine per dimostrare una certa loro indipendenza, sia da alcune con istinti sadici per assistere alla risse che spesso erano il risultato delle mie reazioni alle frasi irridenti dei ragazzi che incrociavamo lungo la strada.

L'essere riconosciuto da tutti portava però anche svantaggi. Da Piazza del Popolo a Piazza Venezia faceva la spola un autobus elettrico per prendere il quale io avevo un'appannaggio settimanale da mio padre. Quest'autobus aveva solo una porta centrale e dopo pochi viaggi imparai dai compagni più anziani il trucco di mimetizzarci in modo da non pagare il biglietto tenendoci sempre alla larga dal fattorino e scendendo poi in corsa all'altezza della Galleria Sciarra. Quest'ansia di risparmio era dovuta alla necessità di raggranellare abbastanza soldi per potermi pagare qualche gita al Terminillo per coltivare la mia passione per lo sci.

Una volta reso riconoscibile a distanza non ebbi più modo di eludere il fattorino e l'unico modo di risparmiare soldi sul trasporto rimase quello di andare a piedi correndo per tutti i 2 chilometri che separavano la mia casa dal Collegio Romano. Cosi impararono a conoscermi anche tutti i commercianti ed impiegati con i loro negozi o uffici situati sul Corso che non era ancora del Popolo ma che era di Umberto I.

Nell'antico palazzo dove abitavamo (dove allora nel cortile era situata la statua cosiddetta «der Babbuino» che aveva dato il nome alla via dove ero nato e che adesso sta ad ornare la Chiesa dei Greci) mio Padre aveva ottenuto il permesso di trasformare gran parte dei tetti del piano della servitù in terrazze ed aveva perfino trasformato in terrazza il tetto del torrino del palazzo che si elevava fino a 27 metri d'altezza fronteggiando a pari livello la Casina Valadier sul Pincio.

La terrazza sul torrino aveva un muretto a parapetto con il bordo a dosso curvo in cemento. Uno dei giochi preferiti da me e mio fratello era di salire in piedi sul muretto su angoli opposti ed inseguirci a piedi finché si raggiungeva l'altro o si dichiarava forfait come facevo di solito io perché mio fratello, benché più piccolo di me di due anni e mezzo, era più agile e temerario oltre che più intelligente ed indomito e poteva guardare in basso, cosa che io non osavo fare. Guardavo viceversa in basso quando con un buon binocolo indulgevo alla malsana attività di guardone dato che da un punto così elevato non c'era finestra o terrazza che non potessi scrutare.

Nel torrino mio Padre aveva attrezzato la stanza con servizi ed aveva installato nella terrazza sovrastante un cassone da 1.000 litri. La pressione nelle condutture dell'acqua Marcia non permetteva all'acqua di arrivare a quell'altezza per cui a livello del nostro appartamento mio Padre aveva installato una pompa che io e mio fratello dovevamo azionare ogni mattina dando ciascuno cento colpi alla leva. La pompa era all'esterno del terrazzino al primo livello (c'erano quattro livelli di terrazze) ma non ci era permesso sottrarci ai nostri cento colpi mattutini piovesse, nevicasse o gelasse. Come normale reazione a questa ennesima prepotenza di nostro padre, per fargli vedere chi eravamo mio fratello ed io non solo installammo una cipolla di doccia sul tubo dell'acqua all'altezza della terrazza al terzo livello ma prendemmo l'abitudine di dare cento colpi e di farci la doccia subito dopo d'estate o d'inverno talvolta rompendo i ghiaccioli sulla cipolla della doccia da cui, quando faceva molto freddo, dovevamo lasciare che colasse un filo d'acqua per evitare che questa gelasse nei tubi.

Fu con la scusa di riprendere i piccioni, che ci dilettavamo ad allevare su una delle terrazze, che cominciammo a prendere gusto a scorrazzare prima su quelli del palazzo e poi su tutti i tetti dell'isolato che era compreso, per un fronte di più di cento metri, tra Via del Babuino e Via Margutta dando origine a varie denunce al Commissariato, quasi sempre contro ladri ignoti ma qualche volta purtroppo contro le nostre persone quando qualcuno ci riconosceva. Il buon Delegato ce la mise tutta per convincerci che scorrazzare sui tetti non era uno sport fra quelli riconosciuti dal Coni.

Comunque quelle pratiche giovanili mi risultarono oltremodo utili quando le applicai per le mie evasioni dalle celle della Scuola Allievi Ufficiali di Pavia.

IN MOTO, IN AUTO, IN TRENO, IN SCI

Fra le varie vessazioni escogitate da mio Padre perché io imparassi a vivere c'era quella dell'addestramento alla sopravvivenza che lui mi faceva subire secondo i modi più bislacchi che gli venivano in mente dandomi però sempre dei consigli preziosi ogni volta che mi lanciava verso qualche nuova avventura.

Una volta, dovendomi mandare a passare le vacanze presso i miei zii a Venezia pensò bene di risparmiare soldi comprandomi il biglietto ferroviario a tariffa ridotta che però era per Trieste dove in conseguenza dovevo andare per farlo vidimare da un certo ente che corrispondeva più o meno a quello che oggi si chiama Azienda di Soggiorno. Fermatomi a Venezia per portare la mia valigia a casa degli zii ripartii il giorno dopo per Trieste libero e giocondo convinto di ottenere la vidimazione in 5 minuti, visitare la città e ritornare la sera stessa a Venezia dove avrei trascorso un mese di vacanze.

Senonché alla stazione di Trieste mi dissero che la vidimazione non poteva essere fatta in città, ma in una delle tante cittadine della costa istriana e all'ufficio provinciale del turismo dove mi rivolsi in stato di disperazione un caritatevole funzionario mi consigliò di andare a Portorose, che oltre ad essere il più vicino dei posti abilitati a vidimare il biglietto, era anche quello dove la cosa sarebbe stata più agevole.

Con i pochi soldi rimastimi comprai un biglietto di andata e ritorno per un vaporetto che faceva servizio fra Trieste e i porti dell'Istria e mi avventurai sul mare per la prima volta in vita mia. Nonostante il mare calmo e l'assenza di vento ero talmente emozionato di trovarmi a bordo di una nave che riuscii a suggestionarmi al punto di provare il mal di mare.

Il mal di mare immaginario che soffersi durante la traversata mi parve una cosetta del tutto trascurabile di fronte allo spaventoso vuoto allo stomaco che mi prese in terraferma all'ufficio vidimazioni quando fui informato che l'operazione di convalida del biglietto di ritorno poteva essere fatta solo dopo un comprovato soggiorno di almeno una settimana presso uno degli alberghi locali. Di fronte alla mia disperazione un altro caritatevole impiegato mi suggerì di rivolgermi comunque a qualche albergo per trovare una soluzione, cosa che, pur senza neanche un barlume di speranza, io feci, dato che comunque avrei dovuto aspettare fino al pomeriggio per riprendere il vaporetto per Trieste.

Quel buon impiegato evidentemente sapeva come andavano le cose perché al primo albergo che visitai il portiere dopo aver tentato invano di farmi capire con allusioni e giri di parole quale sarebbe stata la possibile soluzione a tutti i miei problemi, mi portò in un bar vicino dove, bontà sua, mi offrì perfino un panino, e mi disse allora con tutta chiarezza che per una modica somma versatagli a titolo personale anche a mezzo di vaglia postale lui mi avrebbe spedito il biglietto vidimato dopo una decina di giorni.

Dove si dimostra come qualmente tutte le bestialità ed i regolamenti concepiti dalle menti distorte dei nostri legislatori scriteriati trovano per fortuna un rimedio nel senso della misura e nella comprensione dei funzionari e degli impiegati che, benché burocrati, sempre italiani sono.

Quella di mettermi in difficoltà con le Ferrovie dello Stato era una specie di mania di mio Padre che nonostante l'esperimento di Portorose ed altri simili non demordeva dall'escogitare nuove prove sempre più difficili per i figli vittime innocenti delle sue reminiscenze di cavaliere famoso per il quale il motto era stato: «O sopra o sotto ma sempre oltre l'ostacolo».

A Portorose mi aveva mandato quando avevo circa otto anni ma quando raggiunsi i 10 perfezionò il sistema comprandomi dei biglietti circolari che consistevano in un documento con il quale si poteva e si doveva compiere con limiti di tempo abbastanza ampi un percorso prefissato alla fine del quale si tornava al punto di partenza.

Cominciato con un Roma-Napoli-Pescara-Roma ed ampliando sempre di più il chilometraggio totale arrivò alla fine, prima che io compissi i 15 anni, a munirmi di un biglietto Roma-Firenze-Pisa-Genova-Torino-Milano-Venezia-Ancona-Roma.

Ogni volta mi forniva una lista di indirizzi di amici o parenti cui avrei potuto rivolgermi in ogni città in caso di emergenza ma avendo dato il suo sistema di educazione i suoi buoni frutti io mi facevo un punto d'onore di non ricorrere mai ad alcuno del possibili salvatori.

Poiché la somma che mio Padre mi assegnava alla partenza più i miei risparmi segreti facevano un totale veramente irrisorio io mi trovavo regolarmente senza soldi alla prima o al massimo alla seconda tappa dei miei viaggi e dovevo poi arrampicarmi sui vetri per riuscire a sopravvivere fino al rientro a Roma che non potevo effettuare per la linea più diretta in quanto il biglietto circolare mi obbligava a seguire tutto l'itinerario senza deviazioni ne ritorni.

È vero che quando Venezia era inclusa nell'itinerario avevo sempre modo di vivere quanto tempo volevo presso i miei zii ma sarebbe stato umiliante chiedere loro del denaro e pertanto più che su vitto ed alloggio non potevo contare.

In una particolare occasione mi capitò di rimanere praticamente senza una lira già al mio arrivo a Genova; fatti i miei conti e calcolando che dovevo passare per Torino prima di arrivare a Milano dove un tedesco amico di mio Padre mi avrebbe sicuramente offerto alloggio e vitto, calcolai quanto pane e formaggio potevo comprare e mi accorsi che i soldi che avevo mi bastavano appena appena per arrivare a Milano senza morire di inedia. Mentre bighellonavo per la città attendendo l'ora della partenza del treno per Torino mi trovai di fronte alla imponente massa delle 51 mila tonnellate del Transatlantico Rex che era in bacino di carenaggio per la usuale manutenzione dopo aver vinto il Nastro Azzurro.

Vedere il Rex, decidere di dargli un'occhiata e studiare un piano per entrare nel cantiere furono un pensiero solo e a prezzo di astuzie, corse e sotterfugi degni di un pellerossa non solo riuscii ad arrivare al bacino di carenaggio ma potei addirittura scendervi fino al fondo e provare la emozionante sensazione provocata dalla consapevolezza di passeggiare in lungo (246 metri) ed in largo (50 metri) sotto la chiglia del Transatlantico più veloce del mondo.

Quando penso all'oppressione (anche se ingiustificata) che mi causava l'avere sopra la testa 50 mila tonnellate che peraltro erano ben puntellate e immobili, non posso fare a meno di pensare come diavolo abbiano potuto conservare il sangue freddo di De La Penne, Bianchi, Marceglia e Schergat che nel dicembre 1941 si trascinarono al buio sotto le due corazzate Valiant e Queen Elisabeth da 32.000 tonnellate che si alzavano ed abbassavano sopra le loro teste nei 17 metri di fondale del porto di Alessandria facendo loro correre il rischio di essere spiacciati come frittate nel fango.

Completamente dominato da quelle rarissime emozioni anche se ingenue, persi completamente la cognizione del tempo e continuai a girovagare sotto e intorno la nave finché un sorvegliante mi sorprese e mi mise fuori dai cancelli del cantiere con modi che pur senza essere deferenti non furono però né violenti né cattivi.

Appena fuori del cantiere non solo sentii subito i morsi della fame da cui l'avventura cantieristica mi aveva distratto ma mi resi anche conto che avevo perso il treno che mi avrebbe permesso a Torino di prendere la coincidenza per Milano arrivandovi ad un'ora decente. Comprato quanto più pane potei, dimenticandomi forzatamente del formaggio, me ne andai a Torino e dormii la notte su una panca della stazione per arrivare poi tutto indolenzito ed affamato il giorno dopo dall'amico tedesco di Milano che rimase oltremodo sorpreso nel vedersi capitare in casa sporco ed affamato come un lupo quel ragazzino pulitino ed educatino che lui ricordava dalle sue visite a Roma; ma qualunque conseguenza antipatica sarebbe stata sempre un prezzo molto basso da pagare per un'esperienza come quella che avevo vissuto a Genova.

A quell'epoca uno dei miei zii di Venezia era amministratore dei nobili Gradenigo e pertanto alloggiava all'ultimo piano del loro palazzo. Da un mio compagno di scuola avevo l'invito permanente ad usufruire del capanno che la sua famiglia affittava ogni anno sulla spiaggia del Grand Hotel des Bains al Lido dove avevano una villa. Era perciò semplicemente logico che io da buon ragazzotto romano sbruffone e vanesio dicessi alle mie conoscenze di spiaggia che vivevo a Palazzo Gradenigo ed alle mie conoscenze di Venezia che io mi bagnavo al Des Bains; era la pura verità.

Queste lunghe e libere vacanze erano la giusta ricompensa che mio Padre mi riconosceva per i dieci mesi di durissimo lavoro cui, fino dall'epoca del fabbro, mi aveva sottoposto nel tempo che la scuola mi lasciava libero.

Dopo l'esperienza come ragazzino di bottega del fabbro mi aveva assunto come ragazzino di bottega nella sua officina con le mansioni di concetto di mantenere l'officina stessa pulita ed in ordine.

Scopare il pavimento, pulire i vari banchi di lavoro della quindicina di operai che vi costruivano e vi riparavano gli apparecchi a gas e pulire e mettere in ordine tutti gli utensili erano rose e fiori al confronto delle angherie cui mi sottoponevano i due o tre ragazzi apprendisti che si rifacevano con me di quelle subite a loro volta dagli operai. Mio Padre mi aveva assegnato un ridicolo salario per le mie ore di lavoro ma non mi riusciva mai di riscuotere neanche una lira perché faceva parte delle regole addebitarmi tutto ciò che mancava. Fra cacciaviti, martelli, pinze e perfino stracci che dovevo ripagare, credo che dopo un anno il mio debito, senza aver mai preso una lira, ammontasse allo spaventoso totale di circa 25 lire.

A parte il fatto che quando fui promosso apprendista cominciai per la prima volta in vita mia ad incassare settimanalmente i frutti delle mie sudate fatiche, il vero guadagno consisteva però in tutto quello che imparavo non solo eseguendo gli ordini e le istruzioni dei vari operai ma soprattutto, come si dice a Roma «rubando con gli occhi» mediante una subdola ma attentissima osservazione di tutto quello che gli operai facevano.

Verso i 16 anni ottenni la promozione ad operaio e dapprima il ragazzino, poi gli apprendisti ed infine gli operai che riconoscevano una certa capacità nei lavori che eseguivo, cominciarono a chiamarmi (dopo avermi chiamato, nel corso degli anni «ehi tu!», «a' Lé», «Lello», «Signorino Lello») «Signorino», Dovevo aspettare altri dieci anni per ottenere il più ambito riconoscimento che possano dare gli operai romani ad un capo che apprezzano quando fui chiamato finalmente «Sor Lello».

Appena compiuti i 18 anni mio Padre mi fece prendere la patente di guida ed alle mie mansioni in officina aggiunse quella di autista affidandomi i trasporti di apparecchi per mezzo sia della 509 che della 514 (detta la Sinforosa) che venivano rapidamente e semplicemente trasformate in camioncini col semplice espediente di togliere i sedili posteriori e di mettervi un pianale costruito all'uopo per ciascuna delle due macchine le cui sponde posteriori erano state rese asportabili per mezzo di semplicissime operazioni.

Fu proprio con la Sinforosa che ebbi il mio primo incidente di guida. Era stata appena aperta Via dell'Impero che per il traffico di allora sembrava più una manifestazione di megalomania di Mussolini che una necessaria arteria del traffico romano.

Tornando da una consegna nel quartiere di S. Giovanni stavo percorrendo Via dell'Impero dal Colosseo verso Piazza Venezia gustando la velocità sostenuta (probabilmente non più di 60-70 Km all'ora) come si può godere solo guidando una macchina aperta.

Su tutta Via dell'Impero c'erano solo due macchine, la mia ed un'altra che mi precedeva di circa 100-150 metri.

Quando la macchina che mi stava davanti cominciò a frenare perché il semaforo di Via Cavour stava cambiando al rosso cominciai anch'io a toccare il freno (a quell'epoca i freni erano ancora non solo a tamburo ma con i tiranti di acciaio anziché con i circuiti idraulici) e rimasi sconcertato quando mi resi conto che la Sinforosa non accennava minimamente a rallentare quando io spingevo il pedale. Cominciai a dare dei calci violenti al pedale senza peraltro ottenere alcun risultato e la sorpresa, lo sconcerto e il panico furono tali che fra le grida sempre più terrorizzate dell'operaio che mi accompagnava non riuscii ad avere quel minimo di dominio su me stesso e sulla macchina per evitare l'altra auto ormai ferma che mi stava davanti e che presi in pieno nonostante avessi 15 metri di strada libera a destra e 15 metri di strada libera a sinistra.

Quel poveraccio aggredito proditoriamente alle spalle con tanta improvvisa violenza, una volta ripresosi dallo shock e constatato che non aveva nulla di rotto continuò per alcuni minuti a domandarmi seriamente con una eccitata ma legittima curiosità come diavolo ero riuscito a incocciarlo con tanto spazio libero deducendo con impeccabile logica che lo a-vevo fatto apposta, tenendosi perciò a prudente distanza dopo essere arrivato alla conclusione che evidentemente io ero un pazzo pericoloso.

Il paraurti di tubi di ferro attaccati allo chassis della 514 evitò che questa soffrisse danni gravi ma mi ci vollero sei mesi di paga per rifondere a quel poveretto i danni che avevo fatto alla sua macchina. Mi ero dovuto mettere d'accordo segretamente con il carrozziere per pagargli a rate la riparazione. Solo parecchio tempo dopo venni a sapere che mio Padre, essendo amico di vecchia data del carrozziere stesso, aveva saputo subito del guaio che io avevo combinato e che io mi illudevo di tenergli nascosto, e a mia insaputa aveva anticipato lui i soldi al carrozziere facendoseli restituire man mano che io pagavo le mie rate.

Il fatto di avere la patente di guida mi rese molto ricercato fra i miei compagni di scuola che erano più giovani di me. Ne avevo molti più giovani di me perché essendo nato in marzo avevo «saltato» un anno all'inizio degli studi ma essendo stato bocciato in quinto ginnasio avevo riperso l'anno guadagnato trovandomi ad essere come ripetente il più vecchio della mia classe.

Fra i miei amici con padri ricchi possessori di automobili uno particolarmente, quello della villa a Venezia e del capanno al des Bains, era quello che ricorreva più spesso alle mie, magari un po' dubbie, abilità di chauffeur ogni volta che otteneva che il padre gli concedesse l'uso della macchina affidando la suddetta alle mie cure. La macchina, una Balilla, serviva naturalmente per portarci a spasso le ragazze soprattutto con destinazione una villetta che quel mio amico aveva vicino a Roma.

La famiglia del mio amico pur concedendo la macchina per amore del figlio che come ultimo nato tardivo era il cocco di casa, cominciò a non vedermi di buon occhio ed a trattarmi con una certa freddezza. Solo qualche anno più tardi venni a sapere da loro stessi che il figlio, morto poi eroicamente in guerra, quando veniva rimproverato per il disordine lasciato nella villa di campagna per guasti alla macchina che lui guidava abusivamente di nascosto, se la cavava sempre incolpando me di tutto.

È doveroso aggiungere che per scaricarsi la coscienza dall'avermi calunniato, quando partì per l'Accademia Aeronautica di Caserta mi regalò la sua motocicletta NSU 250 Sport.

Io non ero mai stato in grado di imparare a condurre una motocicletta e quando lui me la regalò, in un impulso improvviso sulla porta del garage di casa sua al momento di accomiatarsi da me, mi trovai in mezzo alla strada con una possente motocicletta da corsa che in qualche modo dovevo portare a casa mia a poco più di un chilometro e mezzo di distanza.

Avendo sempre visto il mio amico partire balzandoci sopra nel momento che mollava la frizione con la marcia ingranata, io avevo i miei bravi dubbi sulla mia capacità di fare lo stesso ma comunque ci provai un paio di volte andando regolarmente a finire per terra io da una parte e la moto dall'altra.

Decisi che era meglio non insistere e passo passo me la portai a casa a mano. Quasi a casa. Infatti quando arrivai oltre Ponte Margherita su Via Ferdinando di Savoia la discesa che porta a Via della Penna era troppo invitante perché io non mi facessi vincere dalla tentazione di provare a mettere in moto quel bolide. Detto e fatto il bolide si mise in moto a metà discesa e magari avessi io fallito il tentativo!

Una volta partito il motore io non feci in tempo a passare dalla posizione di seduto di fianco come ci si trova quando si mette in moto in corsa, alla posizione regolare a cavalcioni, perché non riuscii a trovare coi piedi il pedale d'appoggio. Guardando in giù per cercare di individuare quel maledetto pedale non mi accorsi di traversare a velocità sostenuta Via della Penna se non quando, dopo un violento sobbalzo quando ero salito sul marciapiede opposto, mi infilai, motocicletta e tutto nella porta che dava accesso ad uno scantinato dove c'era un laboratorio di ebanisteria.

Dopo essersi riavuti dallo spavento gli operai del laboratorio raccolsero i pezzi tanto miei che della motocicletta, riportarono il tutto a mio Padre, la cui officina era proprio di fronte, avvisandolo che il conto per i danni subiti lo avrebbero mandato con comodo dato che lui era un amico. Ed altri sei mesi del mio stipendio furono impegnati per ripagare l'ebanista. La motocicletta invece me la riparai da solo, e non avendo per fortuna alcun osso rotto, lo stesso avvenne per i danni alla mia persona.

La motocicletta mi risultò comunque molto utile per pendolare rapidamente fra l'officina di mio Padre e l'Università dove avevo cominciato a studiare. All'Università fui molto sorpreso di trovare un clima molto più conformista e legalista di quello che avevo lasciato al Liceo (nei partiti laici soprattutto di sinistra abbondano miei ex compagni di liceo) e perfino di quello di lavoro nell'azienda di mio Padre.

Mio Padre non aveva mai dedicato più che una occhiata distratta alla politica ma il suo spirito ribelle ed indipendente lo spingeva, se non ad essere un antifascista, per lo meno a tenersi a qualche distanza dal regime.

Uno dei suoi più cari amici, ex collega alla Società Romana del Gas fino da prima della Grande Guerra era un socialista fervente di stampo turatiano e non mancava di «erudire il pupo», che poi ero io, ogni volta che veniva a fare da consulente a mio Padre che lo chiamava il più spesso possibile a collaborare ai suoi progetti ed alle sue invenzioni più che per bisogno di consigli, per aiutarlo a guadagnar da vivere dato che essendo l'amico schedato come antifascista non trovava facilmente da lavorare. Un altro socialista, questi però viscerale e non teorico, che mio Padre impiegava come fattorino per permettergli di arrotondare la sua misera pensione, era l'ex attendente che aveva avuto durante la guerra e che gli rimase fedele e devoto fino alla morte.

Un caso particolare era un certo Ruggero, comunista appassionato, che mio Padre faceva lavorare clandestinamente contando sul benevolo silenzio degli altri operai che, benché alcuni non mancassero mai di mettersi in camicia nera quando era necessario, esprimevano con la loro connivenza la loro solidarietà al compagno in difficoltà. Anche questo Ruggero non mancava mai di effettuare tutti i tentativi per convertirmi alla fede della falce e martello, senza però mai rubare neanche un minuto al lavoro per il quale mio Padre lo pagava. Un paio di volte all'anno la polizia che sapeva benissimo chi era questo Ruggero e che mio Padre lo faceva lavorare di nascosto, capitava come per caso in officina, lo portava in guardina, ce lo teneva una settimana, tanto per non sapere ne leggere ne scrivere, dopo di che lo rispediva al suo paese con foglio di via. Il buon Ruggero se ne stava tranquillo, anche se affamato, per una quindicina di giorni poi se ne tornava ogni volta da mio Padre che regolarmente gli permetteva di tornare al suo banco di lavoro.

Era prassi normale che dopo il fermo di Ruggero mio Padre venisse chiamato dal Delegato il cui intervento ufficiale consisteva ogni volta nel seguente discorso: «Ingegnere, lei lo sa che non deve dare lavoro a quello schedato se no prima o poi io sarò costretto a fare un esposto; me lo faccia come un favore personale, non lo prenda più». Ruggero continuò a lavorare da mio Padre per oltre otto anni e mio Padre fu chiamato dal Delegato una ventina di volte.

All'Università il nuovo modo di studiare basato tutto sul senso di responsabilità individuale senza praticamente alcun controllo continuo, favorì la formazione di gruppetti di studenti che si univano dopo il riconoscimento di affinità di carattere rispetto allo Studio, alle baldorie, ai gusti, allo sport e così via.

Io mi trovai, quasi automaticamente, in un gruppo composto per lo più da studenti che, come me, quando non studiavano lavoravano. La assoluta necessità di sfogarci o con lo sport o con qualche baldoria quando arrivava la domenica (il sabato dovevamo passarlo come sabato fascista partecipando alle adunate o ad altre attività obbligatorie) spinse il mio gruppo ad organizzare qualcosa che ci permettesse di divertirci facendo dello sport senza però dover pagare il costo corrispondente.

Lo sport più in voga era naturalmente lo sci e trovando difficoltà nel racimolare i soldi che servivano per pagare il pullman che ci avrebbe dovuto portare al Terminillo o a Campocatino o a Campo Imperatore, formammo la Società Pinabule (Piero, Nanni, Subi e Lello) che organizzava viaggi sui campi di sci affittando pullman e dandosi da fare per vendere i biglietti ai compagni di corso sperando di venderne abbastanza per poter pagare il noleggio del pullman e permettere ai quattro soci di andare gratis. Questa audace iniziativa imprenditoriale durò una sola stagione e ci fu anche qualcuno che ci venne cercando con intenzioni non proprio amichevoli a causa della mancata partenza di un pullman, per sordide ragioni di denaro, della quale non facemmo in tempo ad avvisare chi aveva già pagato il biglietto e che non si accontentò del rimborso promessogli a posteriori.

Questa intensa attività sulle nevi benché solo come sciatore della domenica mi permise di registrare un bilancio che si può riassumere nel modo seguente: attivo, una decina di piazzamenti in gare provinciali o regionali che andavano dal fondo al salto e due posti in classifica in gare nazionali; passivo, due spalle e un pollice con lussazioni abituali, un'anca e due caviglie con lussazioni semplici.

REGIO LICEO GINNASIO ENNIO QUIRINO VISCONTI

L'atmosfera liberale di cui gli alunni godevano al Regio Liceo Ginnasio Ennio Quirino Visconti in Piazza del Collegio Romano a Roma era apprezzata solamente da pochi, cioè da quelli che in famiglia godevano della stessa atmosfera trovando consciamente o inconsciamente una continuità ideale fra l'educazione ricevuta a scuola e quella ricevuta in famiglia.

Essendo allora il Visconti ritenuto la migliore, culturalmente parlando, fra le scuole secondarie di Roma proprio perché era di impronta liberale, seguito a ruota dal Nazzareno, di impronta clericale, e dal Tasso, di impronta fascista, chiunque non fosse legato al carro vaticano o al carro fascista ci teneva ad avere i propri figli iscritti al Visconti.

Come succede sempre quando entrano in gioco la debolezza degli italiani per l'anarchia e la smania per l'individualismo di tipo esibizionista, c'erano membri del partito fascista che ci tenevano particolarmente ad essere originali mandando, propri figli al Visconti.

Un gruppo particolare di aspiranti ad avere i propri figli al Visconti era costituito dalle ricche famiglie di ebrei che a Roma, pur presi in giro bonariamente, sono sempre stati considerati parte essenziale ed integrante della città.

Il Visconti era veramente liberale non solo nell'atmosfera ma anche nel comportamento di chi lo presiedeva e di conseguenza non c'era nessuna discriminazione, nè ufficiale nè a livello personale, con il risultato che la percentuale di Bondi, Castelnuovo, Di Capua, Levi e Piperno fra gli alunni era relativamente alta. Nessuno si sognava di considerare il compagno di classe «giudio» differente dagli altri anche perché quasi tutti facevano regolarmente parte delle varie unità prima dell'Opera Nazionale Balilla e poi della Gioventù Italiana del Littorio.

Nonostante questo logico atteggiamento dovuto più al carattere aperto degli italiani in generale e dei romani in particolare che ad un ragionato rigetto di qualunque idea razzista, c'era fra i non ebrei un residuo di reminiscenze ataviche che facevano loro vedere il giudio come persona che, essendo senza difesa, si poteva impunemente sfruttare e sbeffeggiare. Per cui nelle rare scazzottature fra ragazzi, che servivano a formare il carattere, si rimaneva più sorpresi che doloranti quando si riceveva un pugno sul naso dal giudio, come se il fatto che un giudio menasse fosse una cosa dell'altro mondo.

L'autentica disperazione dei compagni ebrei quando vennero emanate in Italia le leggi razziali fu accompagnata da un altrettanto autentico doloroso stupore dei loro compagni fra i quali allora forse nacque una prima ombra di dubbio sul Fascismo.

L'educazione fisica, che non si doveva chiamare ginnastica, era parte del ciclo scolastico come materia fondamentale e di conseguenza il professore responsabile, che era proibito chiamare maestro, acquistava automaticamente un prestigio ed una autorità superiori a quelli dei professori di italiano, storia, matematica, ecc., in quanto era lui a designare i titolari nelle squadre di pallacanestro, di calcio, di pallavolo, ecc. e, dopo l'istituzione dell'Accademia per gli Istruttori/Professori di Educazione Fisica, aveva addirittura un grado corrispondente a quelli della Milizia Volontaria per la Sicurezza Nazionale.

L'Educazione Fisica contava tale e quale tutte le altre materie e si poteva venire bocciati e ripetere l'anno, non tanto per non essere capaci di saltare o di arrampicarsi su per le pertiche o le corde ma per accumulare troppe assenze alle adunate del sabato.

Il sabato fascista, nonostante quello che dicevano gli antifascisti (e cioè che era una copiatura del sabato inglese) differiva da quest'ultimo in due fattori: il primo nella durata, che faceva includere nel sabato fascista molto spesso anche la domenica, ed il secondo perché al contrario degli inglesi che lo considerano un giorno dì ricreazione, era invece, soprattutto per i ragazzi, un pesante anche se non sgradito impegno di partecipazione ad adunate, marce, manifestazioni ed esercitazioni sempre in divisa ed ogni tanto perfino armati, nonché a gare sportive di tutti i generi.

Lo sport veniva praticato quasi sempre in modo agonistico fra classi, fra sezioni, fra scuole, fra quartieri, fra manipoli, centurie e legioni ecc. senza andare troppo per il sottile nella selezione degli atleti o aspiranti tali. Fra i migliori ogni anno venivano disputati in tutta Italia i «Ludi Juveniles» per ragazzi fino ai 18 anni di ogni ceto e provenienza.

Se, per esempio, c'era una gara di atletica leggera fra classi della stessa scuola, il professore di Educazione Fisica dopo aver deciso ad occhio quali erano i più idonei a vincere i 100, i 400, gli 800 piani e i 110 ed i 400 ostacoli, ripartiva quelli che restavano di ogni classe assegnandoli in genere in ordine alfabetico al salto in alto, al salto in lungo, ai 1500 piani ed alla marcia nonché, se in lista, al disco, al giavellotto ed al peso.

Ed ancora era una grande dimostrazione di organizzazione sapere a quale gara si sarebbe partecipato il sabato e la domenica, perché la maggior parte delle volte si riceveva l'ordine di trovarsi sul tale campo sportivo ad una certa ora e, una volta lì, si sentiva dire: «I primi tre vanno al salto, da 4 a 9 fanno la marcia, dal 10 al 12 i 100 metri» e così via.

Ciò non escludeva che piano piano venissero fuori i più idonei per ogni specialità ma di sicuro escludeva che ci si potesse drogare od ubriacarsi o quantomeno bighellonare o poltrire.

Solo i più audaci fra gli anziani fumavano di nascosto qualche rara sigaretta chiusi nei gabinetti della scuola, più per farsi ammirare che per gusto.

Per quanto il Visconti fosse il Liceo Ginnasio più chic di Roma non credo che ci fosse alcun alunno con assegno mensile neanche nelle ultime classi del Liceo o perlomeno se c'erano si guardavano bene dal rendere la cosa di pubblica ragione ed i genitori erano ben contenti che i loro figli fossero occupati il sabato e la domenica in attività pre o para militari o sportive che non solo erano obbligatorie e sotto controllo ma che erano tutte finanziate dallo Stato.

I giovani di allora non potevano lamentarsi di avere energie in sovrabbondanza perché, che volessero o no, le dovevano spendere tutte. Nonostante ciò le velleità dongiovannesche trovavano lo stesso il modo di manifestarsi sia pure con notevoli difficoltà di ambiente e di costume, che però in compenso ne accrescevano la soddisfazione.

Non credo che il comportamento sessuale dei giovani sia cambiato nel corso dei decenni tanto quanto la gente è portata a credere basandosi sulle apparenze esteriori, ma certamente l'atteggiamento negli anni '30 era diverso da quello di oggi.

Le classi al Visconti erano miste cioè composte di maschi e di femmine ma le femmine non sedevano insieme ai maschi e, comunque arrivassero vestite a scuola, dovevano venire in classe con tacchi bassi, calze nere, grembiule nero chiuso al collo da un collettino bianco e con maniche lunghe con polsini bianchi e questo dal primo ginnasio dove le ragazzine entravano a 11 anni fino alla III Liceo quando le ragazzine erano diventate signorine di 18 o 19 anni.

È anche vero però che, grembiule nero o non grembiule nero, le ragazze trovavano sempre il modo di presentare qualche taglio eccitante che faceva mormorare febbrilmente tutti i giovani leoni della classe o della sezione per cui una calza nera più velata del solito provocava sogni erotici che neanche il kamasutra.

Ma se il prete insegnante di religione vedeva qualcuno chiacchierare un po' appartato con una ragazza, interveniva immediatamente dicendo che non erano ammessi certi mischietti.

Naturalmente i più spericolati facevano in modo da attendere le ragazze alla «uscita delle femmine», opportunamente separata dal portone principale, e riuscivano ad accompagnarle a casa inventando fantasiose scuse per giustificare coi loro genitori il ritardo con cui rientravano.

Altrettanto naturalmente le ragazze si sfogavano, appena uscite dalla classe, non solo vestendosi nei modi più provocanti possibili secondo le loro possibilità ma anche mettendosi, subito fuori del portone, tutto il trucco che potevano, cosa che era strettamente proibita entro le mura dalla scuola.

BIANCANEVE

L'ingenuità che è stata una delle mie principali caratteristiche fino da piccolo, soprattutto con le donne, mi ha d'altra parte permesso di godere di piaceri che certamente il cinismo non può procurare.

Pur essendo perdutamente innamorato di una ragazza, che naturalmente era a sua volta perdutamente innamorata di un mio amico, cercavo di avere anch'io qualche avventura con lo scopo principale di non essere da meno dei miei compagni che, a sentir loro, ne avevano ad ogni piè sospinto.

Una volta andammo, l'oggetto dei miei sogni, l'oggetto dei sogni dell'oggetto dei miei sogni ed io, a sciare insieme sul Terminillo per mezzo di uno di quei torpedoni (che in seguito per quanto scassati fossero non mancavano mai di essere definiti pullman) che in quattro compagni cercavamo di riempire dopo averli noleggiati a forfait cercando invano di ricavarne il viaggio gratis.

Prima della guerra non c'erano le centinaia di impianti di salita nelle stazioni sciistiche come ci sono oggi dappertutto, e non era raro un programma che cominciava con l'alzarsi alle quattro di mattina per trovarsi in Piazza dell'Esedra alle cinque dopo aver attraversato Roma a piedi per l'assenza di trasporti pubblici data l'ora antelucana; se tutto andava bene il torpedone riusciva a partire per le sei e, dopo un caffè a Rieti e fermatosi sulla salita per il Terminillo per mettere le catene, arrivava fra le 8 e le 10 sul piazzale di Pian de Valli; mangiato un pezzetto di cioccolata si arrancava in salita a zig zag o a spina di pesce (con le pelli di foca) o addirittura a piedi con gli sci in spalla nei tratti troppo ripidi, per arrivare in cima a qualche dosso verso mezzogiorno o l'una: si mangiavano quattro o cinque sfilatini con dentro la mortadella (salume energetico economico) si beveva un po' di vino e ci si buttava impavidi per l'unica discesa consentita per la giornata. I meno esperti naturalmente restavano a fondo valle per fare «campetto» vilipesi e derisi da noi campioni quando alla fine della discesa gli passavamo in mezzo gridando a perdifiato «Pistaaa».Questo naturalmente potevano farlo solo i pochi che riuscivano a stare ancora sugli sci alla fine della discesa perché la maggior parte di noi provetti sciatori, dopo innumerevoli ruzzoloni, vuoi per le lussazioni e qualche volta le fratture, vuoi per la rottura o la perdita degli sci, tornava vergognosamente a piedi cercando di non farsi vedere. Era buona norma portare nel sacco un pezzo di latta, una manciata di chiodini ed un corpo contundente per essere in grado, se necessario, di riparare sul posto dell'incidente uno sci di frassino o di hickory e poter continuare con gli sci anziché a piedi.

Alle quattro del pomeriggio tutti avrebbero dovuto essere sul torpedone ma in genere fra feriti da curare, feriti da portare all'ospedale a Rieti, dispersi da cercare e ritardatari maleducati, non si riusciva ad effettuare la partenza prima delle sei. Fermata di prammatica al limite delle nevi per togliere le catene, sosta a Rieti per bere un bicchiere e ricaricare i feriti curati dall'ospedale o scaricare quelli da curare si arrivava fra le otto e le dieci a Roma dove c'erano sì i mezzi di trasporto funzionanti ma c'erano anche gli utenti degli stessi che cercavano di impedire la salita sul tram o autobus dei «signorini» che dopo essersi andati a divertire cercavano anche di cavare gli occhi alla gente con le punte degli sci e delle racchette il cui trasporto era ammesso dal regolamento ma veniva regolarmente osteggiato da passeggeri, fattorini e conducenti il cui divertimento preferito era di chiudere la porta sugli sci e partire con il povero sciatore che tentava invano di recuperare gli sci strappatigli di mano.

Il mio compagno, la mia Dulcinea ed io quel giorno riuscimmo senza intoppi ad arrivare in cima ad un dosso dal quale ci ripromettevamo una bellissima discesa attraverso un bosco su neve abbondante e farinosa.

Ci mangiammo i soliti sfilatini con la mortadella cui potemmo stavolta aggiungere leccornie varie portate dalla ragazza il cui padre era un diplomatico dell'ambasciata degli Stati Uniti, ci bevemmo oltre al nostro vino anche un sorso di whisky (anche questo gentilmente offerto dalla ragazza) e ci lanciammo per la discesa, io per primo. Dopo neanche 100 metri feci il mio primo ruzzolone e di conseguenza mi attardai per recuperare uno sci e vedere scendere gli altri due. Il mio amico si buttò giù a sua volta venendo molto veloce ma a circa trenta metri da me gli si intoppò uno sci e fece un paio di involontari salti mortali sprofondando nella neve alta.

Mentre la ragazza dopo alcuni gridi canzonatori al nostro indirizzo si lanciava con una tecnica perfetta in quella che era poco meno che una esibizione di abilità, io sentii la voce del mio amico che riemerso dalla valanga da lui stesso provocata, diceva con voce bassa ma con espressione esterrefatta «Butta come una fontana! mamma mia, butta come una fontana!» Ci misi un po' a capire il significato di questa frase che lui continuava a ripetere irrigidito senza muoversi. Quando mi resi conto che era sotto shock mi tolsi l'unico sci che mi era rimasto ai piedi e arrancai affannosamente in salita sulla neve alta verso di lui mentre gridavo alla ragazza di fermarsi.

Per fortuna la ragazza mi sentì e si fermò ed io con il fiato corto per la salita di quei 20 metri che mi separavano dal mio amico e la neve che mi arrivava all'inguine, lo raggiunsi dandogli un paio di schiaffi per scuoterlo dallo stato di stordimento che non gli permetteva neanche di rispondermi, tanto che continuava inebetito a ripetere sempre la stessa frase.

Gli si era rotto uno sci ed una punta del legno spezzato gli aveva bucato la coscia prendendo l'arteria femorale dalla quale uscivano con regolarità copiosi fiotti di sangue.

Strappatogli il calzone con una certa difficoltà misi sulla ferita aperta una manciata di neve e gli dissi di tenerla premuta con forza in modo da impedire il passaggio del sangue. Alla ragazza che stava salendo a zig zag verso di noi gridai di correre all'albergo per far venire al più presto possibile i soccorsi più adeguati. La ragazza capì e si lanciò con perizia sulla discesa che avremmo dovuto fare insieme se tutto fosse andato bene.

Dopo due o tre tentativi di fare qualche cosa alla ferita mi convinsi che se toglievo la neve pressata sul buco non c'era mezzo di impedire la fuoriuscita di sangue e non era possibile dubitare che se non si fosse arrestata quella emorragia il mio amico sarebbe presto morto dissanguato.

Mentre gli tenevo pressate tutte e due le mani su un tampone di neve che, benché premuto fortemente per tappare il buco tanto da ostacolare la circolazione del sangue, diventava tuttavia rosso molto presto, pensavo freneticamente a qualche soluzione da adottare senza che fossi capace di pensare ad altro che all'applicazione di un laccio emostatico. Senza perdere altro tempo per tentare di escogitare altri rimedi tolsi la cinta dei pantaloni del mio amico che per fortuna era un pessimista (cioè usava tanto le bretelle come la cintura) e gliela legai ben stretta subito al di sopra del buco; immediatamente il sangue cessò di sgorgare come da una sorgente ed un altro tampone di neve mi diede un po' di respiro per pensare con più calma al da farsi. Erano circa le due del pomeriggio; per arrivare all'albergo la ragazza ci avrebbe messo meno di mezz'ora, sempre che non fosse caduta in modo grave; per organizzare i soccorsi, ammesso che si fosse potuto farlo subito, ci sarebbero voluti almeno 10 minuti; per arrivare dove stavamo noi ci sarebbero volute ameno due ore. Conclusione: se tutto fosse andato bene avrei dovuto passare almeno un'ora al buio, sempre che ci avessero trovati.

Non mi ci volle molto per concludere che più io fossi sceso a valle, meno avrebbero dovuto inerpicarsi gli eventuali soccorritori, senza contare che quanto più in basso avessi portato il mio amico, tanto più probabile sarebbe stato incontrare altri sciatori che avrebbero potuto aiutarmi. Decisi così di trasportarlo più a valle possibile e mi posi quindi il problema di come farlo nel modo meno faticoso e meno rischioso. Incollarmelo sulle spalle o trascinarlo semplicemente per le braccia, dato il suo peso, lo stato e lo spessore della neve e la particolarità della ferita era da escludersi. Quindi raccolsi prima di tutto i quattro sci, di cui uno rotto, e li spogliai di ogni accessorio (molle, ganci, cinghiette, attacchi ecc.) ed utilizzando anche le rotelle delle racchette e i bracciali di cuoio delle rispettive impugnature riuscii a fare una specie di slittino purtroppo però molto snodabile in tutti i sensi.

Poi ci caricai sopra il mio amico, agganciai la quarta racchetta alla punta di uno sci e cominciai a trainare il tutto verso il basso incontrando purtroppo molte più difficoltà di quante ne avessi previste.

Per di più, fatti una ventina di metri, quando rimisi su quella specie di veicolo il mio amico che ne era scivolato fuori, mi accorsi che la ferita aveva ricominciato a sanguinare ma stavolta in modo continuo anziché a fiotti. Oramai non avevo più nessuna cinghia, cinghietta o spago disponibili e perfino le bretelle del mio amico erano state utilizzate per tenere meglio insieme gli sci, così che preso dalla disperazione dovetti usare la mia cinghia dei pantaloni come laccio emostatico stavolta al di sotto della ferita.

Non essendo un pessimista come il mio amico io non avevo le bretelle per cui il già molto difficile compito di trascinare a valle un marcantonio alto (o meglio, in quel caso, lungo) più di un metro e novanta utilizzando una slitta di fortuna che stava insieme solo per scommessa, divenne estremamente arduo considerando che dovevo utilizzare una mano per tenermi su i pantaloni.

Ogni tanto il mio amico perdeva i sensi ed allora non riuscivo a procedere per più di 4 o 5 metri per volta prima che lui scivolasse fuori dagli sci il che voleva dire che io dovevo rimettercelo sopra (sempre tenendomi con una mano i pantaloni) per sentirmelo poi riscivolare fuori dopo altri pochi metri mentre io quasi sempre cascavo in discesa a faccia avanti nella neve per l'improvviso alleggerirsi del mio traino.

Dio solo sa come riuscii a continuare quella spaventosa fatica per più di un'ora, fino a quando cioè mi vidi venire incontro la ragazza con una maestro di sci che mi preannunciò l'imminente arrivo dei soccorritori che ci raggiunsero appena in tempo prima che facesse buio.

Il mio amico fu caricato su una vera slitta, la ragazza che aveva dimostrato, grazie a Dio, di possedere oltre ad una grande abilità di sciatrice, anche notevoli doti di sangue freddo e di resistenza se ne tornò a valle sciando per poi accompagnare il mio amico all'ospedale di Rieti dopo i primi soccorsi ed io rimasi come un babbeo con tre sci e mezzo, una sola racchetta valida e senza cinghia dei pantaloni con il compito di rientrare con i miei mezzi a

Pian de Valli avendo perfino il dubbio di trovare il piazzale deserto al mio arrivo con tutti i torpedoni già partiti. Per fortuna la ragazza, oltre che abilità, resistenza e sangue freddo aveva anche cervello ed aveva avvertito l'autista del nostro pullman di aspettarmi dato quanto era successo.

Una volta risanato e uscito dall'ospedale il mio amico continuò a rimproverarmi per più di un anno di avergli legato le due cinghie troppo strette perché ciò gli aveva provocato un ematoma, che appunto ci aveva messo un anno per essere riassorbito, cosa oltremodo seccante perché alterava la sua apollinea bellezza quando si esibiva, petto in fuori, pancia in dentro e ciuffo sugli occhi, sulle spiagge più scic del litorale romano.

Durante la sua permanenza in ospedale io avevo tentato di toglierlo dal cuore della ragazza americana che era innamorata di lui, per cercare di sostituirlo ma tutti i miei tentativi erano rimasti senza successo dato che l'accidente e la degenza lo avevano addirittura circondato di un alone romantico di persona sofferente cosa che, chissà perché, fa colpo sulle ragazze. Naturalmente per mascherare i miei ingenui tentativi di conquista del cuore della mia fiamma io cercavo di vederla in occasioni in cui i nostri incontri avessero un'apparenza casuale. In parecchi di questi incontri in cui era indispensabile la presenza di molti altri ragazzi e ragazze, mi ero scelto come partner di ripiego una bellissima bionda longilinea di origine toscana che sembrava non disdegnasse la mia compagnia.

Continuando la fanciulla dei miei sogni a mostrarsi refrattaria ai miei goffi tentativi di soppiantare nel suo cuore il mio amico convalescente non volli sprecare l'occasione che sembrava offrirmisi con la bionda tanto che riuscii a farle accettare un mio invito per una serata danzante in un elegante locale notturno che, dati i tempi, era proibito chiamare night club. Mi ci preparai scrupolosamente in tutti i sensi compreso quello economico bruciando, chi per una lira, chi per tre lire, chi per 50 centesimi, tutti i miei amici raggranellando circa 30 lire in tutto, cosa che mi sembrava superasse almeno di tre volte quanto onestamente avrei dovuto spendere per un paio di bibite a testa che avrei, per lo meno io, sorseggiato molto lentamente per farle durare più a lungo possibile.

Lustrato, leccato e tirato a lucido più di un paino, andai a prendere la ragazza alla casa che la sua famiglia aveva affittato a Roma e usando della mia migliore abilità oratoria riuscii a farmi proporre da lei stessa di andare a piedi fino al locale situato nei pressi di Via Veneto.

Non essendo un frequentatore di locali notturni di alcun genere il mio ingresso fu alquanto impacciato, cosa di cui i camerieri presero subito nota, mentre provavo una leggera punta di perplessità al vedere la disinvoltura con cui si muoveva la mia partner che seppe discretamente guidarmi tanto nella scelta del tavolo come nei gesti e negli ordini che toccava a me compiere.

Passai una bellissima serata immergendomi sempre di più nell'atmosfera romantica creata dalle luci, dalla musica, dal ballo «cheek to cheek» e dalle bevande, il tutto condito dalla soddisfazione di constatare che anche la ragazza trovava senza alcun dubbio piacevole la serata.

Avvicinandosi l'ora di chiusura chiesi il conto con molto più aplomb di quando avevo fatto la mia prima ordinazione mentre accendevo una sigaretta alla ragazza. Per fortuna il conto arrivò che avevo già spento il fiammifero perché la cifra superava di quasi 4 lire l'ammontare di tutte le mie ricchezze e benché l'improvviso pallore del mio volto non fosse molto appariscente date le luci velate, le mani iniziarono a tremare leggermente mentre io pensavo freneticamente al modo di proporre al gestore di lavargli la cucina per alcuni mesi purché non mi facesse fare brutta figura.

Mentre mi arrovellavo per tentare di risolvere il problema la ragazza dopo avermi guardato per qualche secondo mi disse con estrema naturalezza: «Per caso ti servono soldi?» al che con immenso sollievo risposi affermativamente esilarato dalla contentezza di essere stato tirato fuori dalle peste da una ennesima manifestazione del meraviglioso intuito femminile.

Riaccompagnandola a casa, solo dopo circa un chilometro, arrivati a metà della scalinata di Trinità dei Monti, mi decisi finalmente ad abbracciarla sia pure in modo alquanto goffo, ed a baciarla in modo che a me parve estremamente passionale mentre a lei deve essere risultato, se non verginale, per lo meno molto poco esperto.

Tornai da casa sua a casa mia ballando e canticchiando da solo per la contentezza di essere riuscito a baciare una splendida ragazza come quella considerandomi poco meno di un casanova/dongiovanni.

Mi stupii un poco al non riuscire a rivedere la ragazza, anche per restituire i soldi che mi aveva prestato, per le due settimane successive. Mi chiedevo se non avevo osato troppo. La ragazza americana mi spiegò poi che la mia partner era sparita perché incinta già da due mesi di un pugile/attore molto ricercato a quei tempi da tutte le donne.

AGONALI

Nell'Anno di Grazia 1938, XVII dell'Era Fascista, guerra o non guerra si continuavano ad organizzare i campionati sportivi a tutti i livelli ed in tutti gli sport.

Nell'ambito della Università di Roma in primavera ed in estate erano molto praticate l'atletica leggera e la palla ovale dai più snob mentre naturalmente le attività delle masse incolte e dei cosiddetti «dopolavoristi» si concentravano sul calcio, il ciclismo e il gioco delle bocce; in inverno lo sci, tanto nordico che alpino, era l'attività comune a tutti.

Nell'atletica leggera, dopo aver tentato fra i lazzi dei compagni e del pubblico il salto in alto, in lungo e con l'asta e non aver mai superato le eliminatorie nei 100, 400 ed 800 piani lo Spregiudicato aveva trovato una sua nicchia onorevole nei 110 ostacoli dove riusciva sempre ad essere fra gli otto finalisti nelle gare dell'Università di Roma pur non riuscendo, appunto nella finale, ad arrivare mai prima del 6° o al massimo 5° posto.

I tempi di cui lo Spregiudicato andava allora tanto orgoglioso erano addirittura superiori a quelli registrati oggi nei giochi degli handicappati. Teneva una confortevole media inferiore ai 17 il che gli permetteva di primeggiare soprattutto per la scarsezza di praticanti quella gara.

Avrebbe potuto guadagnare un posto ed arrivare per esempio sempre quarto o quinto o (per improvvisa malattia dei più bravi) addirittura secondo o terzo ma la presenza di un amico e compagno di corso alla facoltà di Ingegneria alto più di un metro e 90 e che oltretutto era anche suo rivale in amore gli dava la assoluta sicurezza di non poter mai comunque arrivare primo, soprattutto negli Agonali in cui tutte le Facoltà di ogni Università gareggiavano fra loro con i migliori atleti fra i rispettivi iscritti.

Arrivato l'inverno lo Spregiudicato pensò di tentare l'utilizzazione delle sue attitudini sportive negli Agonali della neve.

Data la notorietà che aveva acquistato con i suoi tentativi di organizzare torpedoni per cercare di andare a sciare gratis con i colleghi di corso la domenica (attività che dal punto di vista economico si era dimostrata del tutto fallimentare facendo dello Spregiudicato una specie di primula rossa «most wanted» dai vari proprietari di pullman della capitale) i responsabili della partecipazione agli Agonali della Facoltà di Ingegneria accolsero con favore la sua iscrizione.

Lo Spregiudicato si era iscritto alle gare di mezzo fondo e di staffetta conscio che lo slalom era senza discussione troppo al di sopra delle sue capacità e che né gli sci, né le scarpe, né gli attacchi né, soprattutto, le sue gambe gli permettevano di cimentarsi nella discesa libera.

Capo della squadra di Ingegneria era un laureando, Tonino Triglia, che al momento prestava servizio come Tenente degli Alpini e che, benché piccolo di statura era tutto un fascio di muscoli pieno fino agli occhi di una inesauribile energia che gli permetteva di sfruttare in pieno le sue capacità organizzative.

Tutte le squadre delle varie Facoltà erano composte per lo più da volonterosi ragazzi che andavano a sciare solo la domenica (e solo quando trovavano soldi) sobbarcandosi ad una levataccia seguita da una traversata notturna della città con gli sci in spalla per raggiungere il luogo di partenza.

Gli squallidi esibizionisti della denigrazione a tutti i costi, tipo i carrieristi che si proclamano «storici», scrivono e mostrano in televisione, nei films e nei libri ambientati nel bieco ventennio che tutto era sempre grigio e triste, che tutti erano pallidi e sofferenti e che ognuno era sorvegliato a vista da sgherri tipo KGB. Viceversa la buona salute, la gioventù prorompente, la voglia di vivere ed il generale livello di benessere, basso ma sufficiente, oltre al gusto della semplicità, facevano affrontare le difficoltà con naturalezza e gioia che pochi giovani del miracolo economico (generalmente disoccupati ma motorizzati e pieni di soldi dati dai disprezzati genitori), sarebbero in grado di godere.

Quell'anno era stato un vero miracolo poter organizzare l'arrivo dei partecipanti agli Agonali al Terminillo due giorni prima dell'inizio delle gare in modo che, come dicevano orgogliosamente gli organizzatori, avessero tutto il tempo per allenarsi con comodo.

Lo Spregiudicato, allenandosi appunto con comodo, riuscì a slogarsi la spalla destra (cadendo da fermo su un tratto di neve ghiacciata), la spalla sinistra (avendo sbagliato di poco la traiettoria calcolata per un elegante telemark) ed il pollice destro (inavvertitamente rimasto sotto lo sci mentre cercava di levarselo).

La sua speranza di essere coccolato e consolato dai compagni e dai capi gruppo fu rapidamente frustrata dal responsabile sopra menzionato che gli comunicò, senza neanche ascoltare i suoi vaneggiamenti circa slogature e lussazioni, che, dopo aver esaminato attentamente la lista degli iscritti delle altre Facoltà nelle varie specialità, l'unica speranza della Facoltà di Ingegneria di vincere o perlomeno di arrivare entro i primi tre (allora non c'era l'inflazione di medaglie d'oro, d'argento e di bronzo di cui ora anche i paralitici hanno speranza di fregiarsi dopo aver partecipato a gare di fischietto in re minore) era di iscrivere tutti i suoi partecipanti a tutte la gare.

Dopo vari tentativi di fuga notturna (tutti falliti perché sempre ricatturato nella neve alta da guardie appositamente messe dal responsabile) e dopo dotte argomentazioni basate soprattutto su spintoni dentro le camerate a castelli dove si dormiva e mangiava, lo Spregiudicato potè solo evitare che il suo nome fosse messo nella lista di partecipanti alle gare di slalom ma si trovò iscritto alle gare di discesa libera, fondo, mezzo fondo, staffetta e salto. A questo punto tutte le sue facoltà intellettive e speculative si diressero a studiare il modo di potersela squagliare appena possibile e tornare a Roma, anche a costo di farlo a piedi.

Le gare iniziarono per fortuna con il fondo e lo Spregiudicato si comportò ottimamente in quanto su 80 partiti riuscì a piazzarsi 20° dei 37 arrivati. Degli altri 43 si ebbero notizie a primavera dopo lo sciogliersi delle nevi.

Visto l'ottimo risultato raggiunto lo Spregiudicato fu cancellato magnanimamente della specialità di mezzo fondo per permettergli di recuperare le forze per ottenere qualche risultato anche nella staffetta che si sarebbe corsa la mattina dopo.

I calcoli di Triglia risultarono giusti perché la seconda squadra di Ingegneria di cui faceva parte lo Spregiudicato arrivò prima.

Lo Spregiudicato non ebbe però il tempo di rallegrarsene perché fu trascinato con la forza e con vari colpi di racchetta sulla schiena fino in cima al Terminilluccio dove era situata la partenza della gara di discesa libera. Fu molto se, ridotto a una specie di zombi dopo la staffetta e dopo essersi arrampicato per due ore con le gambe molli per arrivare in cima alla montagna, ebbe in regalo due tavolette di cioccolata e una diecina di zollette di zucchero per accumulare energie per la gara di discesa.

Per fortuna aveva un numero alto e partì fra gli ultimi.

Dal Terminilluccio per arrivare al traguardo bisognava percorrere un mammellone assolutamente spoglio di vegetazione su cui erano state messe due porte a scopo indicativo per orientare i concorrenti verso l'ingresso della pista nel bosco che costituiva la seconda metà del percorso.

Lo Spregiudicato non aveva quello che si dice uno sguardo da aquila e non era certo la gara di discesa libera il momento più adatto per inforcare occhiali da vista.

Si gettò come per andare incontro ad una liberazione giù per il mammellone e fu un miracolo se riuscì ad infilare le due porte orientative. Senza essere capace di evitarlo aveva acquistato una velocità molto superiore a quella consentita dalla sua capacità e fu preso dal terrore quando avvicinandosi a pazza velocità al bosco, che lui vedeva come un muro nero, non riuscì ad individuare l'ingresso della pista.

Arrivato troppo vicino agli alberi per poter fare qualsiasi cosa ragionevole la paura stessa gli tagliò le gambe e fece uno dei più bei voli che siano mai stati effettuati al Terminillo.

Dopo sforzi inumani riuscì ad emergere dalla neve alta dentro cui era penetrato a notevole profondità e cominciò a guardarsi intorno con l'intenzione di individuare e recuperare una delle due racchette che risultava non essere più attaccata alla sua mano ed i due sci di frassino, laminati, che, benché dotati di una scientifica rappezzatura di latta di barattolo e di chiodini, erano pur tuttavia attrezzi che fino ad allora avevano funzionato egregiamente.

Mentre annaspava faticosamente nella neve affondandovi ad ogni passo fino alla coscia cominciò a sentire una sgradevole sensazione di freddo e di umidità sotto la pianta dei piedi. Si decise a guardare adagiandosi sulla schiena e scoprì che i suoi bellissimi scarponi di anfibio, comprati usati da un compagno bisognoso di pecunia, si componevano ormai solamente delle tomaie perché le suole, suolette ecc. ecc. erano sparite chissà dove, quasi sicuramente rimaste attaccate agli attacchi degli sci che nelle gare di discesa libera si regolavano molto rigidamente dopo averli tenuti liberi per la salita da fare necessariamente a piedi per arrivare alla partenza.

Lo Spregiudicato continuò comunque, benché frastornato dal volo fatto e dai piedi bagnati e gelati, a cercare gli sci e alla fine riuscì a trovarli con, come aveva immaginato, le suole delle scarpe e fu molto fortunato a vedere l'ultimo concorrente infilarsi nel bosco cosi che potè farsi un'idea di dove era la pista per arrivare al traguardo di Campoforogna.

Si meravigliò molto che nessuno degli addetti all'organizzazione partisse dalla cima del Terminilluccio per soccorrerlo e dargli una mano e la cosa gli seccò un poco perché già era vicino il buio.

Con gli sci in spalla e con i piedi sempre più bagnati e gelati riparati dai soli calzettoni norvegesi e con le tomaie che già gli erano risalite fino al polpaccio mano mano che procedeva affondando le gambe nella neve alta, entrò nel bosco tagliandolo in diagonale per arrivare alla pista.

Arrivò finalmente alla pista dopo una buona mezz'ora di faticoso arrancare e camminando un po', ma non molto, meglio che sulla neve alta e scivolando sui calzettoni che si erano ormai ghiacciati riuscì dopo un'altra oretta ad arrivare a portata di voce di alcuni esseri umani che gli venivano incontro.

Questi erano la prima squadra di soccorritori partita dopo che gli addetti ai lavori avevano constatato una anomalia nei documenti di gara in quanto dai fogli delle partenze uno Spregiudicato risultava partito e dai fogli degli arrivi nessuno Spregiudicato risultava arrivato.

In seguito si cercò di spiegare come mai nessuno si fosse accorto della rovinosa caduta dello Spregiudicato deducendo che siccome questa era avvenuta molto vicino al bosco non era stata percepita contro lo sfondo nero dello stesso da chi osservava dalla partenza, ma essendo avvenuta abbastanza lontano dall'ingresso nel bosco della pista lo Spregiudicato non era stato visto neanche da quelli che sul posto facevano da giudici di percorso che si erano limitati a dare lo Spregiudicato come squalificato per non essere transitato al controllo.

Anche questa volta le speranze dello Spregiudicato di essere coccolato, compatito e messo a riposo furono totalmente deluse. Il sadico Triglia si limitò a dirgli che, come concessione eccezionale, lo avrebbe aiutato a trovare per la gara di salto del giorno dopo un paio di scarponi usati ed un paio di sci, anche di seconda mano, a prezzi convenienti e con pagamento rateale.

Anche volendo lo Spregiudicato non aveva più quel minimo di energie necessarie per scappare a Roma prima che gli succedesse di peggio ed i compagni di squadra provvidero fraternamente a rifornirlo di grappa e di vino mentre teneva immersi in acqua calda i piedi semicongelati.

La mattina dopo, non ancora del tutto svaniti i fumi dell'alcool, lo Spregiudicato fu visitato dalla ragazza americana con cui lui sperava sempre di poter filare senza per altro riuscirci minimamente e, nell'euforia romantica procuratagli da questo incontro, con delle scarpe da passeggio prestategli da un collega, non riuscì ad opporsi agli ordini del Triglia che lo mandò a provare un paio di scarponi ed un paio di meravigliosi sci di hickory laminati in acciaio e celluloide e con ribattini di rame. Quando lo Spregiudicato si rese conto che quegli sci da miliardario erano anche corredati da attacchi Kandahar, che allora erano l'ultimo grido di tecnologia della neve, si lasciò affascinare e si trovò invischiato in un acquisto che, a parte gli enormi sacrifici che avrebbe dovuto fare per pagarlo, gli avrebbe tolto ogni pretesto valido per farsi esimere dalla partecipazione alla gara di salto.

Quando si rese conto che era in trappola era ormai troppo tardi e fu facile preda di Triglia che, ad ogni buon conto, gli mise alle costole due energumeni che non lo persero di vista mentre si abituava alle nuove scarpe ed ai nuovi sci (che per altro erano usati) e che al momento di salire sul trampolino di partenza della gara di salto lo presero ciascuno per un braccio e lo portarono fino alla cima quasi di peso. A scanso di equivoci continuarono a tenerlo per le braccia fino al momento della partenza.

Le braccia che lo tenevano fino a quando fu il suo turno di saltare divennero braccia che lo spingevano quando lo Spregiudicato si rese conto che toccava a lui lanciarsi e, al veder tutte quelle formichine sullo spiazzo d'arrivo ed al pensare che lui doveva arrivare laggiù con un salto, cercò in tutti i modi di evitare quella che considerava una sicura maniera di morire.

Le spinte dei due energumeni furono efficacissime e lo Spregiudicato si trovò a percorrere il trampolino ad una velocità che diventava sempre più alta, troppo per i suoi gusti, e con le gambe che lo reggevano sempre meno.

Quando arrivò sul bordo le gambe non lo reggevano proprio più e solo il pendio di arrivo molto ripido gli permise di non rompersi l'osso del collo dopo che si afflosciò, toccando la pista, sul sedere, come un sacco vuoto.

Dopo essersi ritrovato sorprendentemente tutto d'un pezzo ed ancora con gli sci ai piedi, riacquistando coscienza dopo una specie di ebetudine, si rese conto che quella era la sua ultima occasione per scappare e far perdere le sue tracce e si avviò rapidamente verso l'orizzonte più lontano. Ma il Triglia non era uno sprovveduto e aveva già incaricato altri due energumeni della Facoltà di Ingegneria di recuperare lo Spregiudicato per riportarlo in cima al trampolino.

Lo Spregiudicato forse ce l'avrebbe fatta lo stesso a svanire nel nulla se non fosse stato fermato dall'incontro con la ragazza dei suoi sogni che cominciò a prenderlo in giro per il suo modo molto personale di effettuare i salti dal trampolino e che comunque fu a sua volta interrotta dai due cacciatori di teste che non ebbero neanche bisogno di usare le maniere forti in quanto lo Spregiudicato di fronte alla sua ragazza tirò fuori una spacconeria ed una sicumera ben degni di un romano e si avviò baldanzoso alla partenza per il suo secondo salto.

Arrivato in cima, di fronte al solito spettacolo delle formichine nell'abisso, ebbe un rigurgito di paura ma ormai la decisione di saltare l'aveva presa per conto suo e dopo aver ascoltato alcuni consigli del Triglia si lanciò incoscientemente per saltare.

Concentrandosi al massimo per eseguire quanto gli avevano consigliato di fare riuscì a saltare pur sbagliando il tempo dello slancio e quasi riuscì a compiere un salto decente ma non potè evitare di toccare la neve col sedere cosi che anche questo secondo salto non potè essere ritenuto valido.

Visto che la cosa non era poi tanto difficile e visto che la ragazza di cui sperava invano ottenere i favori era ancora lì ad assistere alle sue prodezze, lo Spregiudicato si avviò di buon passo da solo e pieno di decisione per compiere il terzo salto concesso dal regolamento.

Ricevuti altri consigli da Triglia ormai rabbonito e speranzoso e concentrandosi al massimo lo Spregiudicato riuscì a compiere il suo terzo salto in modo più o meno regolare e, anche se non guadagnò nessun punto per lo stile alquanto scomposto, potè comunque ottenere che il suo terzo salto fosse convalidato con una misura superiore ai 18 metri così che, benché ultimo (dodicesimo su 19 partecipanti) entrò in classifica sia per la gara di salto che per la combinata nordica nella quale si sommano secondo una certa formula sia i punti ottenuti nel fondo sia quelli ottenuti nel salto.

La scarsezza di concorrenti gli permise addirittura di classificarsi terzo in quest'ultima classifica così che con i punti da lui ottenuti per merito di quell'unico salto riuscito più o meno bene, la Facoltà di Ingegneria vinse gli Agonali di Sci dell'Università di Roma e lo Spregiudicato fu festeggiato come l'uomo del giorno guadagnandosi l'immeritata fama di grande campione di sci.

Questa fama del tutto usurpata lo costrinse, bon grè mal grè, a partecipare per onor di firma ad altre gare nelle quali per altro riuscì qualche volta anche ad entrare in classifica ottenendo perfino, una volta, di piazzarsi ventiquattresimo su una cinquantina di concorrenti in una gara nazionale vinta dall'olimpionico Bruno Da Col allora campione italiano.

Purtroppo queste partecipazioni imposte dal rispetto del dettame «noblesse oblige», non solo non lo fecero avanzare di un passo nella conquista della ragazza dei suoi sogni ma gli procurarono un altro notevole numero di storte e slogature tanto che le lussazioni alle due spalle divennero abituali e dovette portarsele appresso da allora in poi.

D'altra parte l'ebbrezza del cimento viene magnificata solo se comporta rischio altrimenti rimane un passatempo come tanti altri.

Un rischio difficilmente prevedibile, indiretta conseguenza di una slogatura ad una caviglia per una uscita in sci sulle prime nevi, fu la sua iniziazione alla condizione di detenuto perché, appoggiandosi ad un bastone per rendersi interessante, fu fermato dalla Polizia come un pericoloso (il bastone fu interpretato come arma anziché come sostegno) sobillatore facinoroso durante una manifestazione di studenti e di popolo.

Infatti alla fine di novembre del 1939, appena saputosi all'Università che la Finlandia era stata cinicamente aggredita dall'URSS solo perché aveva respinto le sue arroganti richieste di cederle varie basi militari, tutti gli studenti si erano diretti verso l'Ambasciata Sovietica per mostrare la loro indignazione.

I romani, già scombussolati dall'impudente Patto Molotov-Ribbentrop fra nazisti e comunisti firmato in agosto e stomacati in settembre dalla invasione russa della Polonia già in ginocchio, vollero esprimere la loro opposizione alla prepotenza forse spinti dal subconscio a «parlare a nuora perché suocera intenda».

Comunque lo Spregiudicato, zoppo o non zoppo, fu portato in guardina da dove uscì dopo molte ore solo quando, visto che al Commissariato erano troppo occupati ad impedire il dilagare delle dimostrazioni contro la Russia per poter effettuare dei controlli, ebbe la faccia tosta di millantare amicizie altolocate promuovendo «motu proprio» al rango di Senatori tutti i conoscenti di famiglia possessori di un doppio cognome.

ARRAMPICATE E SCALATE

L'obbligo del «sabato fascista», che quasi sempre era invece un «fine settimana fascista», mentre da una parte mi faceva piacere per tutte le attività sportive e paramilitari che forse, senza esservi obbligato, non avrei svolto di mia iniziativa, dall'altra mi privava dell'onesto guadagno che traevo dalle mie umili, ma in compenso pesanti, incombenze nell'officina dove mio Padre inventava, progettava, calcolava, costruiva, riparava e vendeva (questo però solo se il cliente non gli era antipatico) apparecchi e impianti per l'uso industriale e domestico del gas.

Diventato un po' più grandicello scoprii l'utilità del sabato fascista quando, cominciando ad accorgermi dell'esistenza dell'altro sesso, feci i primi tentativi di avvicinamento e di approccio con le ragazzine, purtroppo però sempre con esiti che neanche con la migliore buona volontà potevano essere considerati fruttuosi.

Infatti, quando le riunioni paramilitari o le gare di atletica erano più corte del previsto o addirittura venivano rimandate, mi mettevo a caccia con due o tre discoli, finendo però quasi sempre, con intima frustrazione a guardare od infastidire le peripatetiche sui viali che da Piazza del Popolo portano al Pincio. Certo Valadier non aveva progettato la sistemazione del colle del Pincio per quello scopo ma tutti i posti cambiano utilizzazione secondo le ore del giorno; sotto il sole di Roma erano ammirati, sotto la luce dei lampioni erano passeggiati. Bisognava stare bene attenti a non avvicinarsi troppo perché quelle brave ed oneste professioniste, un po' per insegnarci l'educazione, un po' per istinto materno di protezione dei minorenni, ed un po' per non essere disturbate nel loro lavoro, non ci risparmiavano dei sacrosanti scapaccioni se appena arrivavamo loro a tiro.

Era essenziale però arrivare a casa prima dell'ora di cena perché in caso contrario mio Padre non mancava il lunedì di venire a controllare a che ora erano finite le attività d'obbligo così che dopo le prime due o tre volte che i controlli del lunedì mi provocarono la sospensione della paga e della libera uscita mi abituai a stare bene attento a rientrare in orario per evitare domande ed indagini.

Una sola volta mi dimenticai di controllare l'ora sugli orologi dei tram o quelli pubblici (il mio orologio personale d'oro, regalo del padrino di Cresima mi era concesso portarlo solo nelle grandi occasioni) e fu quando, in occasione della visita di Hitler a Roma nel 1938, riuscii finalmente ad agganciare una ragazza e la cosa mi riempì di tale euforia che tornai a casa dopo la mezzanotte. Le pene finanziarie, coercitive e limitative cui fui condannato da mio Padre quasi (per fortuna solo quasi) mi tolsero la voglia di cercare di passare il mio tempo con le donne.

I cinque giorni della permanenza di Hitler in Italia furono l'occasione per tutti gli italiani, ma soprattutto dei romani, di partecipare ad una orgia di tutto.

Fu un'orgia di ornamenti, tutti posticci, che sommergevano letteralmente tutte le strade di Roma dove era previsto il passaggio di Hitler, così come avevano sommerso tutte le stazioni ferroviarie dal Brennero a Roma e che per fortuna (alcuni sono più propensi a pensare per disgrazia) non si abbatterono sul Führer e sul Duce perché non ci fu nessun temporale o colpo di vento.

Fu un'orgia di manifestazioni di allegria sfrenata e di indiscriminata anarchia (meno che per quelli impegnati direttamente) giustificando ogni atto, generoso o teppistico, con un finto entusiasmo patriottico o filotedesco. Fu una orgia di uniformi perché tutti giravano con qualche divisa, non importa quale, ed il consumo di Frascati raddoppiò nonostante il consumo di birra fosse a sua volta triplicato. Fu un'orgia di adunate e le migliaia di Piccole Italiane, Giovani Italiane e di Giovani Fasciste fecero mettere sul sentiero di guerra quantità industriali di Balilla, Avanguardisti e Giovani Fascisti. Fu un'orgia inaspettata di innumerevoli barzellette che, approfittando dell'euforia generale, nessuno esitava a raccontare ad alta voce in pubblico. Fra le poche che ricordo ci sono: quella del tedesco che dice all'italiano «Guarda quella donna, essere bellissima!» e l'italiano che gli risponde stupito «Come mai ti piacciono le donne, non sei nazista?»; e quella su Starace che mentre sfilano le Giovani Italiane spiega a Hitler «Queste sono le giovani promesse della patria» con Mussolini che commenta «Saranno tutte mantenute».

Fra il vino, la birra e l'euforica anarchia, le manifestazioni di massa organizzate soprattutto al Foro Mussolini dimostravano come i coreografi del Regime non fossero molto superiori a quelli della Rai perché più spesso di quanto fosse opportuno, i movimenti di massa, a meno che non fossero compiuti da militari, risultavano dei completi disastri con formazioni granitiche di migliaia di partecipanti che al primo spostamento diventavano greggi impazziti che correvano da tutte le parti forse con reminiscenze delle fantasie africane viste dal popolo nei Giornali Luce. Tutto ciò con urla rabbiose degli alti gerarchi contro i responsabili italiani e con visibile e penoso imbarazzo degli ospiti germanici.

Per fortuna le cose storte capitarono solo con i vari subordinati di Hitler, a ciascuno nel suo settore, e la rapidità con cui il Führer stesso era portato a spasso da una parte all'altra non gli permise di rendersi conto personalmente della impossibilità di fare agire gli italiani in modo ordinato, disciplinato ed effettivo quando da unità rigidamente inquadrate si passa a masse di popolo dove non esiste più la responsabilità individuale.

Dopo finita l'euforia dovuta alla visita di Hitler, non perché fosse Hitler ma perché era stata una magnifica occasione per darsi alla pazza gioia lontano da mogli e padri, passato il periodo canonico di dovuta penitenza, tutti si sentirono spinti, ognuno nel suo piccolo, a compiere imprese sempre maggiori ed a mirare ad orizzonti sempre più lontani. Essendo la Libia e l'Etiopia già conquistate, molti si dedicavano alla conquista della prosperosa moglie del lattaio o della altezzosa figlia del gerarca.

Io, messomi d'accordo con il mio amico e collega di studi che mi batteva regolarmente nei 110 metri ostacoli e che arrivava sempre primo con le ragazze che io aspiravo conquistare, riuscii a limitare ferocemente le mie spese in modo da risparmiare abbastanza per pagarmi con 275 Lire il massimo della raffinatezza nel campo delle vacanze e cioè una settimana di scuola di Sci estiva che a quell'epoca si poteva fare solamente sull'Ortles o sull'Adamello. Essendo il mio amico di Iseo era logico che la nostra meta fosse l'Adamello e precisamente il Rifugio «Ai Caduti dell'Adamello» sulla Lobbia Alta.

Arrivata l'estate e superata felicemente la sessione di esami di giugno ci attrezzammo come meglio potevamo e partimmo, naturalmente in treno, per Verona dove cambiammo per Brescia da dove arrivammo finalmente ad Iseo dove passammo nella casa del mio amico quella che doveva essere l'ultima notte di sonno decente per i prossimi dieci giorni.

All'alba del giorno dopo prendemmo il trenino che in poco meno di tre ore, percorrendo la valle dell'Oglio e passando per Pisogne e Breno si inerpicava poi arditamente fino ai 699 metri di Edolo.

Si diceva che quel trenino fosse molto comodo perché pur facendo delle fermate brevi in tutte le stazioni, aveva una velocità tale da permettere ai passeggeri assetati di scendere per degustare un bicchierino di grappa al bar di una stazione e poi raggiungere a piedi il treno alla prossima stazione o al tornante subito a monte. Si diceva anche che il macchinista una volta messo in moto il treno scendesse per bersi il suo bicchierino di grappa e solamente affrettando un po' il passo raggiungesse poi il treno per riprendere il suo posto sulla locomotiva.

Da Edolo c'era una specie di corriera postale che proseguiva sulla strada per Ponte di Legno ed il Passo del Tonale e che noi prendemmo per arrivare a Temù da dove si doveva continuare a piedi per raggiungere il Rifugio Garibaldi con un percorso di poco meno di 15 km. per superare il dislivello di circa 1500 m.

Da Iseo in poi non dovemmo più frenarci per non reagire alle pesanti prese in giro (che ci avevano accompagnati dai portoni delle nostre case a Roma fino a dopo Brescia) da parte di tutti gli sprovveduti che non potevano trattenersi dallo sfotterci al veder portare in giro gli sci e tutta la relativa attrezzatura in pieno solleone di luglio.

Non disponendo delle due lire al chilo stabilite come tariffa per i portatori che a richiesta si sarebbero caricati la nostra roba da Temù alla Lobbia Alta, quando arrivammo stravolti dalla fatica al Rifugio Garibaldi avevamo la fermissima determinazione di rinunciare a tutto e ritornarcene indietro il mattino dopo, dato che senza un serio allenamento il portarci appresso 30 Kg. di roba cercando di tenere il passo di chi ci guidava si era dimostrato uno sforzo al di sopra delle nostre possibilità. Sempre più spesso le mie pulsazioni arrivavano in un attimo a 180 e mi ero dovuto fermare continuamente per farle ritornare ad un ritmo passabile. Il percorso era indicato fattibile in quattro ore, ma noi ne impiegammo più di sette.

È vero che Giovanni Paolo II e quell'emblematico eroe della Resistenza detto il più amato degli italiani sono andati in una sola tappa fino alla nostra meta finale di Lobbia Alta senza battere ciglio ma è anche vero che non dovevano portarsi appresso il loro equipaggiamento, a parte il trascurabile dettaglio che nel 1984 anziché a piedi vi sono andati in elicottero. Chi tardi arriva male alloggia, così ci toccò passare la notte dormendo non troppo comodamente sul nudo tavolato del pavimento del Rifugio Garibaldi più che sopraffollato e, nella illusione di recuperare forze la mattina dopo fummo abbastanza stupidi da non partire con gli altri sciatori diretti al Rifugio di Lobbia Alta; ancora doloranti per la camminata del giorno prima e per la notte passata sul duro, partimmo abbastanza tardi per affrontare il Passo Brizio ed il Ghiacciaio che lo separa dalla Lobbia Alta. Non essendo mai stati in vita nostra su un ghiacciaio credevamo di avere tempo più che sufficiente per arrivare al Rifugio prima del buio anche se non nelle due ore indicate dalle guide e indulgemmo più del dovuto in soste e sorsi di grappa fino a quando arrivammo all'inizio della vedretta del Mandrone.

Messi a punto gli sci ed aggiustatici i carichi sulle spalle nel modo migliore, affrontammo con incosciente leggerezza la traversata sul ghiaccio rendendoci conto però pian piano che la cosa non era così facile come avevamo pensato ed acquistando ad ogni passo una poco piacevole coscienza dei pericoli che stavamo correndo ad ogni spaccatura e ad ogni crepaccio.

Piano piano la stanchezza, le difficoltà ed il timore ci rallentarono tanto la marcia che fummo sorpresi dall'imbrunire quando eravamo ancora sul ghiacciaio. Per di più, senza saperlo, avevamo preso un seracco dalla parte sbagliata ed eravamo perciò fuori pista, con difficoltà molto maggiori di quelle che avremmo dovuto trovare sulla via normale.

Il mio compagno dopo aver messo il piede, o meglio lo sci, in fallo un paio di volte decise che non sarebbe più andato avanti fino quando non fosse tornata la luce ma per nostra fortuna io insistei (fino a pestarlo di colpi di racchette sulla testa e sulle gambe) affinché continuassimo, convinto che non potevamo perderci in quanto avendo visto le luci del rifugio accendersi in un momento in cui eravamo su una gobba, avevo fissato senza possibilità di errori il traguardo orientandomi su una stella, per cui mi illudevo di esser sicuro della direzione da tenere, cosa che sul ghiacciaio è quasi impossibile senza punti di riferimento e in un ambiente allucinante ed irreale.

Purtroppo non avevo tenuto conto di un piccolo dettaglio e cioè della lentezza con cui procedevamo, lentezza tale che prolungandosi per ore avrebbe dovuto farci tener conto del movimento apparente della stella. Infatti mirando sempre alla stella invece di seguire una linea più o meno retta stavamo percorrendo un arco di circonferenza.

Quando eravamo già talmente estenuati da non essere più in grado di fare neanche un altro passo, fummo per nostra fortuna raccolti da Toni Mayerhofer, uno degli istruttori della Scuola, che, non vedendoci arrivare, ci era venuto a cercare con qualche volontario quando eravamo, anche senza saperlo, quasi alla fine dei seracchi della vedretta.

La vista dei soccorritori, i loro insulti e la loro grappa e cioccolata ci aiutarono a trovare quel po' di energie che ci permisero di arrivare, un po' spinti ed un po' tirati, fino al rifugio.

Stesi sui castelli di legno ci addormentammo come due pezzi di piombo senza neanche slacciare gli scarponi. La prima mattinata di scuola di sci che iniziò il giorno dopo, lunedì, fu naturalmente perduta per noi due.

Mangiammo però come lupi e cominciammo poi le nostre lezioni che, come la maggior parte degli uomini (ma non, chissà perché, le donne) facevamo a torso nudo, abbronzandoci con voluttà al sole che per la settimana della nostra permanenza ci tradì solo due volte per poche ore.

Dopo i primi due giorni in cui prendemmo confidenza con l'altitudine e con la neve estiva raggiungendo un discreto livello di scioltezza e di tecnica, cominciammo a fare delle escursioni di un'intera giornata ed imparando come si attraversano i ghiacciai raggiungemmo Cresta Croce, il Corno di Cavento, il Caré Alto, il Monte Fumo e la Cima dell'Adamello.

Gli istruttori che ci guidavano ed accompagnavano ci insegnarono un sacco di trucchi; andare in cordata sciando tanto sulla neve che sul ghiaccio, sia in salita che in discesa; scendere un pendio, troppo ripido per rischiare di farlo con gli sci, con l'incredibile trucco di tenere gli sci uno per mano a braccia tese e gambe divaricate e di provocare una valanga di neve per raccogliersi e rotolare lateralmente al momento opportuno in modo da essere sempre all'inizio di una nuova valanga anziché esserne travolti. Si realizzava di conseguenza un percorso diagonale rispetto alla linea di massima pendenza e si arrivava esattamente al punto di arrivo (se il rotolamento era eseguito a regola d'arte) fissato prima di iniziare a scivolare dal punto scelto opportunamente in base agli accorgimenti insegnatici dagli istruttori.

Gli istruttori ci fecero la sorpresa di farci scalare una punta, divertendosi poi al nostro sbalordimento nel trovare sulla vetta una piazzuola con in postazione un pezzo d'artiglieria da 149 e nel vederci cercare da tutte le parti (che per la verità non erano molte su quella vetta aguzza) la strada di accesso per cui secondo noi era dovuto arrivare quel cannone. Naturalmente non trovammo nessuna strada di accesso in quanto su quella vetta di 3140 m. (che da allora cambiò nome per diventare Cima Cannone) 400 alpini e artiglieri alpini durante la Grande Guerra avevano spinto e tirato a mano metro per metro (usando come attrezzatura niente di più di corde e slitte «ad hoc» gli oltre 3.000 kg del pezzo).

Il pezzo era stato messo in batteria sulla vetta dopo che il primo tentativo di portarlo lassù era stato interrotto tragicamente da una improvvisa tormenta di neve che si era trasformata in valanga seppellendo 300 poveri soldati quando erano già oltre metà dell'ascensione.

Quel pallone gonfiato del Maresciallo Montgomery sarebbe stato compiaciuto, da buon ebefrenico, dell'esito del primo tentativo calcolando che aveva avuto successo per il 55%.

Al contrario di oggi che con funicolari, funivie, seggiovie e skilift, qualunque paralitico può arrivare praticamente su qualunque cima per cui le scuole di sci estive presentano solo la difficoltà dell'imbarazzo alla scelta, a quel tempo il solo fatto di esserci stati costituiva un tale motivo di distinzione che chi voleva poteva benissimo lucrarci sopra. Solo presentando il certificato della frequenza alla Scuola di sci dell'Adamello alcuni fra i nostri compagni di turno riuscirono ad ottenere il brevetto di Maestro di sci. È anche vero che allora, proprio perché bisognava arrivarci a piedi, non erano molti quelli che potevano vantare la scalata con gli sci di tre o quattro vette oltre i 3.000 m.

CAPITOLO II – IMMATURI ALLA GUERRA
CON «LIBRO E MOSCHETTO»

GUF ROMA

Nel 1939 un mio caro amico e compagno di scuola, antifascista per convinzione e per educazione (divenuto poi Ufficiale pilota e caduto in guerra), dopo lo scoppio della guerra fra la Germania alleata della Russia e l'Inghilterra e la Francia alleate con la Polonia, e con l'Italia ancora neutrale, sosteneva che se l'Italia voleva essere rispettata nel mondo avrebbe dovuto comunque entrare in guerra, non importa se a fianco dei Tedeschi o a fianco dei Francesi.

La sua affermazione, per me scioccante soprattutto per la parte relativa alla irrilevanza del lato da cui schierarsi, manifestava la personalità di un vero uomo che considerava disonorevole e spregevole lo stare a guardare mentre altri agiscono in avvenimenti che cambiano il corso della storia.

In altre occasioni, soprattutto dopo l'8 settembre 1943 mi sono trovato, coscientemente o no, a classificare gli uomini un po' come Leonardo Sciascia indica nei suoi libri ambientati in Sicilia. Chi sta a guardare e aspetta, e magari lucra, mentre altri lottano e uccidono o si fanno uccidere, è un «quaquaraquà» peggiore perfino di quelli che denunciano e fanno uccidere i propri compagni per divergenze di ortodossia nel proprio credo politico come per esempio i comunisti.

Quando alla fine l'Italia entrò controvoglia ma inevitabilmente in guerra, un po' per ragioni di prestigio, un po' per la necessità di dimostrare una coerenza politica ed un po' perché si era troppo esagerato con la propaganda per poter stare decentemente fuori del conflitto, io mi precipitai del tutto naturalmente a fare la mia brava domanda di volontario per essere arruolato nell'Esercito dato che i miei difetti di vista mi escludevano a priori dall'Aeronautica e dalla Marina.

Ordini superiori fecero respingere tutte le domande individuali di volontario degli studenti universitari in quanto la propaganda fascista aveva bisogno nelle università di un volontariato di massa orchestrato per ottenere il massimo effetto. Così per istruzioni precise date ai Gruppi Universitari Fascisti non solo chi lo voleva non poté andare volontario ma addirittura dovette firmare e inoltrare, tramite il G.U.F., le vergognose domande in carta bollata per rimandare, causa gli studi in corso, la presentazione ai Distretti per il servizio di leva in applicazione dell'art. 113 T.U. sul reclutamento.

Quando finalmente la macchina propagandistica del Ministero responsabile pensò che i tempi erano maturi per mostrare l'entusiasmo con cui gli studenti universitari si sarebbero precipitati al combattimento, furono aperte le iscrizioni per andare volontari, però non più individualmente ma collettivamente come iscritti ai G.U.F.

Evidentemente i gerarchi del MINCULPOP (soprannome dato al Ministero della Cultura Popolare) avevano scambiato per autentico entusiasmo guerrafondaio l'insistenza con cui gli studenti delle varie Università chiedevano con urli, sfilate e dimostrazioni il «18 a firma» (cioè la promozione ad ogni esame con il minimo voto senza però sostenere l'esame stesso) con la scusa che così sarebbero potuti partire subito per la guerra.

Perciò, al momento della verità, di tutte le migliaia di studenti che sembravano ansiosi di partire per il fronte, a Roma se ne presentarono, appunto, solo 80, e poche furono le Università italiane dove l'afflusso di volontari fu più consistente che nello «Studium Urbis».

Ormai la organizzazione della dimostrazione della bellicosità degli studenti non si poteva più arrestare in quanto il programma era stato annunciato e pubblicizzato sui giornali ed alla radio e gli 80 «scotadi» romani preceduti da bande, bandiere e gagliardetti e seguiti da battaglioni della Milizia Universitaria, di Giovani Fascisti, Avanguardisti, Balilla, Figli della Lupa, ecc. sfilarono a ranghi allargati (per apparire più numerosi) da Piazza Venezia per via Nazionale e via Castro Pretorio fino all'Università.

La folla plaudente, non troppo numerosa nè, per la verità, troppo entusiasta, era stata rinforzata convocando lungo tutto il percorso Piccole e Giovani Italiane e Giovani Fasciste che dopo aver applaudito in un posto, dovevano correre il perdifiato per vie parallele per andare ad applaudire un po' più avanti (almeno così sostengono da oltre quarant'anni quegli specchi della verità storica che sono gli antifascisti che scrivono o parlano del Fascismo soprattutto se non hanno avuto modo, per ragioni anagrafiche, di conoscerlo).

Arrivati all'Università, gli 80 giovanotti imbestialiti e furiosi per essere stati usati (oggi si dice strumentalizzati) in modo ridicolo ed umiliante, si salutarono compiendo un gesto forse un po' retorico ma certamente sincero: tagliarono il gagliardetto azzurro del GUF dell'Urbe in 80 pezzi ed ognuno ne prese uno, da portare sempre con sé in guerra e da riportare dopo l'immancabile vittoria finale, per ricucirlo insieme ai pezzi di quelli che sarebbero sopravvissuti. I pezzi mancanti avrebbero indicato il sacrificio fatto dal GUF per partecipare alla guerra.

Dato che mancò il piccolo dettaglio della vittoria finale io sono rimasto con il mio pezzetto di gagliardetto ma non ho mai saputo in quanti siamo sopravvissuti.

Una figura così meschina (e le conseguenti misure prese dal Partito per far pagare agli studenti uno smacco così vergognoso e cioè il successivo arruolamento forzato di tutti gli studenti designati però come «volontari universitari») si sarebbe potuta facilissimamente evitare se i soliti gerarchi burocrati avessero ascoltato i veri rappresentanti del GUF che, proprio per essere onesti e sinceri, erano però scomodi e molesti e di conseguenza non venivano ascoltati.

I due che a Roma, secondo quanto ne sapevo io, più si davano da fare per dare una certa serietà al fascismo cercando di farlo evolvere secondo il pensiero e le aspirazioni dei giovani ed interpretandone i desideri, erano Fera e Pallotta (che avevano già combattuto come volontari in Africa Orientale e in Spagna) i quali stanchi di essere snobbati dai vari gerarconi e constatata l'impossibilità di mettere il fascismo al passo con i tempi, erano riusciti un giorno, dopo una delle tante fasi sciagurate della campagna di Grecia, a farsi ricevere da Mussolini.

Mussolini aveva ascoltato la loro lunga e dettagliata descrizione della situazione psicologica e politica all'Università di Roma e aveva dato segno di essere al corrente solamente di alcune delle cose che con lucidità e passione i due gli esponevano.

Era ben visibile il suo crescente stato di irritazione al sentire i due raccontare una dopo l'altra tutte le idiozie e cretinate commesse da coloro che avrebbero dovuto mantenere il morale delle nuove leve dell'Università il più alto possibile quando invece, con il loro zelo arrivista, lo distruggevano.

Quando i due terminarono la loro esposizione Mussolini rimase a guardare per un po' il piano del suo tavolo da lavoro e poi alzando con fatica la testa e fissando i due batté senza violenza un pugno sullo stesso tavolo ed esclamò con forza ma a bassa voce: «Vi ringrazio, ma che posso fare con questi italiani di merda?».

Vidi una volta Fera e Pallotta, durante una delle frequenti dimostrazioni per il «18 a firma» all'Università, scendere dagli uffici del GUF da soli in mezzo alla massa, senza smettere di inveire contro i «miserabili, vigliacchi e sporchi opportunisti che approfittavano della tragedia della guerra per rimediare qualche 18 ed arrivare alla laurea senza fatica». In due non ebbero paura di affrontare con ceffoni, spinte e pugni una folla di un migliaio di studenti e con il loro azzardoso intervento fecero sì che la folla si disperdesse e, cosa ancora più importante, che molti studenti se ne andassero vergognosi ed a testa bassa.

Fra le molte cose di cui mi vergogno c'è anche (ancora dopo tanti anni) la mia mancanza di valore in quell'occasione in cui mi sentivo moralmente obbligato a scendere in mezzo alla folla insieme a loro mentre non ebbi l'animo di farlo.

Esasperati dalla impossibilità di cambiare una situazione già marcia, mossero mari e monti per essere destinati immediatamente al fronte e furono naturalmente accontentati a tamburo battente da chi aveva paura della loro sincerità e del loro coraggio.

Fera sopravvisse alla guerra ma Pallotta trovò la morte che cercava.

Infatti erano ancora i tempi in cui noi poveri giovanotti sprovveduti cresciuti (anche se non necessariamente tutti approvandolo) «nel tetro clima fascista imposto dal bieco tiranno durante l'infausto ventennio», ignoravamo, nella nostra balordaggine, la bellezza di morire per suicidio nelle caserme, o per eccesso di velocità sulle strade o per iniezione di un'overdose. Da veri scimuniti credevamo che fosse una bella cosa morire per la Patria o per l'onore o per qualche altro futile ideale, destinati poi, nell'Italia democratica, a diventare inevitabilmente fuori moda.

7° REGGIMENTO GENIO

Una volta accettate dal Ministero della Guerra (che mancando l'obbligo dell'ipocrisia odierna non si chiamava ancora Ministero della Difesa) le 80 domande di arruolamento del GUF di Roma e le altre centinaia, o forse migliaia, di vari GUF di tutta Italia, noi volontari cominciammo ad assumere arie da eroi cercando, nel poco tempo che ci restava prima di partire, di lucrare la nostra qualità di morituri soprattutto con le ragazze che per la verità, come sempre in tempo di guerra, non erano affatto avare dei loro favori.

Nelle more delle decisioni burocratiche riuscii a dare un paio di esami prima che mi arrivasse la cartolina precetto nella quale mi si ordinava di presentarmi al Distretto militare per essere avviato al luogo di destinazione che nella fattispecie risultò essere per me il 7° Reggimento Genio di Firenze.

I miei preparativi per la partenza furono abbastanza semplificati da mio Padre (che oltretutto era stato di guarnigione a Firenze lui stesso) il quale seppe convincermi della inutilità della maggior parte delle cose di cui viceversa le madri e le nonne cercano di caricare i rispettivi figli e nipoti quando partono «per fare il soldato».

Fra gli altri buoni consigli che mi diede mio Padre ci fu quello di prendere eventualmente in affitto solo camere ammobiliate con una seconda uscita «per avere una via di scampo in caso arrivi il marito». Un altro consiglio fu di non fare l'amore con donne ultra trentenni «perché potrebbero essere tue sorelle». Un altro ancora fu di non manifestare in alcun caso idee brillanti e di nascondere ad ogni costo ogni eventuale barlume di intelligenza, «perché ciò ti farebbe diventare immancabilmente il nemico n°1 dei tuoi superiori».

A proposito dell'abitudine di dare ai figli che partono soldati il meglio che si possa trovare (col solo risultato di farli depredare al loro arrivo in caserma dagli anziani più svegli) un mio compagno di università figlio di un industriale laniero ebbe un trauma quando, volontario sincero e patriota di fede, fu portato un giorno dal padre a comprare indumenti di lana. Alla sua meraviglia ed alla sua domanda: «Ma papà, non li fabbrichi tu i mutandoni e i maglioni per l'esercito?» si sentì rispondere: «Quella roba va bene per l'esercito ma non per mio figlio».

Sempre a proposito dell'equipaggiamento delle forze armate italiane, mentre non si può negare che ci fossero dei fornitori poco patriottici come il padre di quel mio amico o addirittura disonesti e criminali come quelli che fornivano scarpe di cartone o giubbe che di lana non avevano neanche l'odore, (con la connivenza di chi avrebbe dovuto controllare) bisogna anche dire che non solo la Marina e l'Aeronautica avevano dell'ottimo materiale per l'equipaggiamento dei marinai e degli avieri ma che anche i soldati, quando i fornitori non erano dei truffatori, non avevano più motivi del normale di lamentarsi circa la maggior parte del materiale in dotazione. Sempre che arrivasse ciò di cui necessitavano.

Tanto per contraddire tutti quelli che continuavano a sostenere che i poveri soldati italiani non potevano combattere con un'arma assolutamente innocua come il fucile modello 91, Lee Harvey Oswald proprio con quel fucile ha ammazzato il Presidente degli Stati Uniti nel 1963.

Le fasce mollettiere tanto denigrate e ridicolizzate in Italia sono state contemporaneamente parte dell'uniforme degli eserciti britannico e francese senza che nessuno battesse ciglio. Per parlare poi dell'oggetto dello scherno di tutti (c'era perfino la frase «trattare uno come una pezza da piedi») le famigerate pezze da piedi erano quanto di più sano, comodo ed igienico si potesse inventare e, a condizioni di abbinarle a calzettoni di lana, erano l'ideale anche per climi glaciali tanto che, finché ne ho trovate al mercato delle pulci, ho continuato a comprarne ad usarle con gli scarponi, tanto per andare in montagna che per sciare.

Partito felicemente da Roma in febbraio del '41 con il foglio di via datomi dal Distretto Militare, naturalmente in terza classe, al passaggio del primo controllore mi accorsi di avere fra i compagni di viaggio alcuni colleghi con la stessa mia destinazione.

Arrivati a Firenze il nostro gruppetto di quattro si rinforzò con altre due reclute quando ci trovammo a chiedere l'ubicazione di via della Scala dove aveva sede il 7° Reggimento.

Essendo ancora giorno e avendo saputo che via della Scala era molto vicina decidemmo che prima di essere (nel vero senso della parola) «irreggimentati» valeva la pena di dare un'occhiata a Piazza della Signoria ed a S. Maria del Fiore.

Ci godemmo così la visione del Duomo, del Campanile di Giotto, degli Uffizi e delle Loggie e, come sempre quando si dispone di tempo in abbondanza, facemmo più tardi del previsto e arrivammo in caserma che era ormai buio pesto dato che come era logico, essendo in tempo di guerra c'era l'oscuramento abbastanza rispettato non tanto per ossequio agli ordini quanto per autentica paura di possibili bombardamenti.

Quando arrivammo in caserma, prima il capoposto, poi il Sottufficiale di guardia e poi l'Ufficiale di picchetto, ci dissero che ormai era troppo tardi per effettuare le formalità di accoglimento di nuove reclute e ci consigliarono di ritornare l'indomani mattina.

Dopo vari tentativi di ottenere sconti per il pernottamento in alberghi via via sempre meno lussuosi, trovammo finalmente un alberghetto dove ci fu offerto di sistemarci tutti e sei in due stanze per un prezzo sopportabile dai nostri portafogli non proprio pingui.

Per la sistemazione delle brande suppletive il proprietario dovette chiamare le due servette che lo aiutavano nel mandare avanti l'albergo e quelle due brave ragazze (che non dovevano godere di un trattamento molto migliore di quello di due schiave ed a cui non dovevano essere concessi molti svaghi) evidentemente non abituate a clienti giovani ed esuberanti si scoprirono improvvisamente animate da lodevolissimo spirito patriottico.

Non dovemmo faticare molto per convincerle a consolare noi poveri marmittoni e con furtivi ma frequenti scambi di partners ci rallegrarono per tutta la notte facendoci arrivare il mattino dopo al corpo di guardia di via della Scala smunti, stralunati ed esausti. Forse fu quella la ragione per la quale invece di assegnarci alla faticosa specialità Artieri ci assegnarono, al solo vederci, alla specialità Marconisti.

Appena raggiunto in pochi giorni un discreto grado di familiarità con l'uso e la manutenzione degli apparecchi radio, secondo la migliore tradizione di tutti gli eserciti (o forse perché avevamo riacquistato il nostro normale bell'aspetto florido e sano) ci trasferirono ai reparti Artieri e da allora il rancio sebbene «ottimo e abbondante» non ci bastò più e dovemmo raccontare per lettera ai nostri padri le più spaventose bugie per farci mandare quei quattro soldi che ci servivano per correre, appena in libera uscita, nelle più vicine latterie per abbuffarci di latte e maritozzi.

A parte qualche bronchite e polmonite curate regolarmente con olio di ricino per cui la guarigione rapida era sempre assicurata, l'inverno di Firenze non procurò a nessuno di noi volontari dei GUF, che naturalmente avevamo subito fatto comunella, veri e propri guai finché incorporati senza distinzioni alle varie unità del Reggimento.

La vita si fece però più complicata quando arrivarono dalle varie Università i «volontari per forza» che, considerandoci la causa prima del loro poco gradito coinvolgimento nella guerra (che evidentemente secondo loro non li riguardava) ci facevano continuamente dispetti e cattiverie oltre naturalmente a sfotterci e deriderci continuamente.

Nonostante le nostre proteste (che imparammo presto a considerare del tutto inutili quando ci riuscì di capire in che cosa consisteva la vita militare) eravamo infatti stati trasferiti dai nostri reparti normali in compagnie speciali formate esclusivamente da «Volontari Universitari» il che certo non contribuì né ad elevare il morale degli altri soldati né a rendere la vita degli universitari più facile per la logica avversione di tutti nei confronti di loro privilegiati.

Per nostra fortuna, un po' perché in poco tempo eravamo stati in grado, confusi con la truppa normale, di apprendere tutti gli accorgimenti necessari per vivere senza troppi guai in caserma, ed un po' perché chi era partito volontario in genere non era né mollaccione né troppo accomodante, i volontari per forza non riuscirono a sopraffarci ed anzi subirono più o meno graziosamente l'ascendente e la supremazia dei volontari veri.

Fra questi feci subito amicizia con tre studenti di Architettura uno di Bologna, di famiglia antifascista ma volontario per amor di Patria, e due di Carrara, uno, scultore già noto, soprannominato il «Bono» e l'altro, detto comunemente Toni, che mi salvò poi da una brutta situazione in Africa Settentrionale. C'erano abbastanza studenti anziani che, per essere del IV o V anno, naturalmente di Ingegneria o Architettura, erano considerati dai giovincelli del II anno come me come vecchi saggi; tra questi c'era un sardo laureando di Ingegneria con cui passavo ore ed ore in interminabili discussioni notturne di filosofia non senza aver fatto prima tacere di prepotenza (naturalmente con l'aiuto dei nostri pochi amici veterani) le proteste della maggioranza di volontari per forza che desideravano, chissà perché, dormire anziché erudirsi ascoltandoci.

Ad un certo momento, nonostante gli scherzi non proprio leggeri che facevamo ai volontari per forza, ci fu una circostanza che ci fece abbassare un po' la guardia e che ci avvicinò un po' ai nostri compagni e questa circostanza fu la rituale ed obbligatoria serie di iniezioni antitifiche che non erano cosi facilmente sopportabili (o addirittura sostituibili con le pillole) come sono diventate oggi.

Eravamo ancora in regime di ostilità aperta per uno scherzo, oltretutto abbastanza stupido, che avevamo fatto al momento del rancio quando avevamo colto l'occasione dell'ordine dato ad un soldato di slacciarsi le braghe (perché sospettato di averci infilato del formaggio dal tavolo di distribuzione) per esercitare le nostre menti contorte rendendoci ancora più antipatici ed insopportabili.

Questo era successo mentre tutti i volontari per forza arrivavano di corsa con gavetta, coperchio e gavettino per ricevere a loro volta il rancio. Mentre i nuovi arrivati si mettevano in fila, al vedere il Sergente di servizio alla distribuzione del rancio ispezionare l'interno dei pantaloni del soldato domandarono che diavolo stava succedendo e uno di noi «veterani» ebbe l'ispirazione di dire che il Sergente controllava se tutti avevano la panciera di lana (obbligatoria a norma di regolamento) e che avrebbe mandato in prigione per sette giorni tutti quelli che ne fossero stati trovati sprovvisti.

Tutti gli universitari, da bravi figli di papà e cocchi di mamma, indossavano di solito indumenti intimi portati da casa, di qualità quasi sempre scelta e fine e disdegnavano la dotazione di indumenti data dall'esercito nonostante in genere fossero per lo più di discreta qualità.

Al sentire la notizia del controllo e della punizione, subito confermata dagli altri veterani intorno, tutte le burbe si affrettarono a tornare di corsa in camerata avvisando di passaggio tutti i compagni che incontravano. In camerata ci fu una sarabanda pazzesca con indumenti che tirati fuori dai sacchi e dalle valigie volavano da tutte le parti nell'affannosa ricerca di panciere che il più delle volte erano usate per i più diversi scopi e che molti già non possedevano più avendole regalate a soldati semplici che a loro volta le avevano mandate a casa o vendute.

Nel frattempo i veterani avevano invitato i soldati all'ingiro che già avevano consumato il rancio a prendere il posto nella fila di nostra spettanza ed i bravi marmittoni, sempre regolarmente affamati, non avevano perso occasione per abbuffarsi alle spalle degli studenti. In camerata, attirato dal rumore dei frenetici ricercatori di panciere, il Sergente che era rimasto in fureria (che sarebbe l'ufficio di ogni reparto) andò a dare un'occhiata e, esterrefato dalla incredibile confusione che vi trovò, ordinò l'attenti e riempì un intero quaderno con i nomi di tutti quelli la cui branda era in disordine. Per scrivere i più di 200 nomi gli ci volle un bel po' di tempo così che non solo i soldati studenti rimasero senza rancio ma si videro poi affibbiare un bel po' di giorni di consegna cioè di negazione della libera uscita.

Il loro risentimento contro quei mascalzoni di «veterani», in genere abbastanza giustificato, era stato perciò riattizzato da questo ennesimo scherzo quando arrivò l'ordine di sottoporsi alla vaccinazione antitifica. Le due iniezioni antitifiche erano di dieci cc ciascuna e si facevano sulla mammella con la grazia, gentilezza e delicatezza che distinguevano i medici e gli infermieri militari di quel tempo e in una percentuale abbastanza alta di soggetti vaccinati provocavano reazioni molto forti. Tanto la prima iniezione come la seconda a me (e ad alcuni altri) provocarono ognuna una febbre tanto alta da lasciarmi senza conoscenza per due giorni, naturalmente senza che ci fosse alcuna assistenza organizzata da parte di chicchessia. Anzi, già sapendo che tutta la compagnia sarebbe stata a riposo per almeno tre giorni (come d'altronde era prescritto dal regolamento) tutti quelli che non dovevano farsi la vaccinazione erano andati in permesso o in licenza così che dovemmo arrangiarci fra noi. Lo spirito di umanità risvegliò la solidarietà fra tutti noi, volontari sul serio o per forza, e così, aiutandoci a vicenda e cercando di lenire le sofferenze l'uno dell'altro, riuscimmo finalmente a sentirci tutti di una stessa unità e con uno stesso destino e da quel momento le cose anche se non proprio perfettamente lisce cominciarono a filare abbastanza bene.

SIAMO UOMINI O CAPORALI?

Molti motivi concorrevano a far sì che fra i volontari veri ed i volontari per forza sorgessero prima o poi dei veri e propri legami non solo di comprensione reciproca ma anche di amicizia.

Uno dei fattori determinanti fu l'avere come comandante di compagnia un Tenente di carriera (che per evitare grane cercava di avere con tutti noi meno contatti possibile) e come vicecomandante di Compagnia un architetto, un vero signore molto apprezzato e poi famoso come scenografo e regista di alcuni dei migliori film prodotti negli ultimi 40 anni; questi solo con il suo contegno e con il tratto pacato che aveva con ciascuno di noi ci faceva costantemente ricordare che eravamo studenti universitari che si supponeva avessero un briciolo di cervello e di educazione e non un branco di animali (nonostante le cimici che si ostinavano a voler occupare le brande ed i pidocchi che si ostinavano a voler occupare i nostri indumenti).

Un altro fattore (che tutti avremmo dovuto percepire fin dall'inizio, mentre invece fu percepito solo con il tempo) fu la logica considerazione che, patriottismo o non patriottismo, la guerra è la cosa più stupida che ci sia e che è perfettamente normale che una persona sana di mente abbia qualche perplessità prima di parteciparvi. Il fatto che i volontari per forza fossero irritati per aver dovuto interrompere gli studi per andare a fare il soldato non implicava infatti necessariamente per la maggior parte di loro alcuna componente di codardia o di antipatriottismo come poi fu dimostrato quando, trovandosi al fronte, non furono in battaglia da meno degli altri.

L'ultimo importante motivo per un affiatamento ed un cameratismo quasi totale fu quello che vale per tutti i raggruppamenti forzosi di uomini più o meno dello stesso livello culturale (e questo vale per tutti i livelli, da quello subumano a quello di genio della scienza) che si trovano di fronte a problemi sconosciuti. La convivenza impone lo sforzo per l'accettazione delle personalità altrui e per la moderazione della propria.

Nel frattempo avevamo imparato tutti (o quasi) a sopravvivere, a fare e sopportare scherzi spesso feroci, ad arrangiarci in modo talvolta non proprio correttissimo, a marciare per ore ed ore ed ore di seguito con qualunque tempo, a farci la branda (concessa con decisione discriminatoria e classista mentre prima dell'arrivo dei volontari per forza si dormiva nei castelli di legno a due piani) a pulirci le scarpe, a lavarci la biancheria, a cucire e, soprattutto, a dire «Signorsì» quando pensavamo «Signornò». Per molti era stato uno shock accorgersi che le mani potevano servire a tante cose, perfino a lavorare. Dopo un severo e doloroso (per mani e schiena) allenamento all'efficiente uso di gravina e badile (piccone e pala), eravamo stati scrupolosamente addestrati con intensità (costruendo ponti e passerelle di circostanza in legno da tagliare, squadrare, inchiodare e legare) a maneggiare asce e martelli. Cominciammo a romperci con una certa frequenza carpi e metacarpi solo quando dovemmo imparare a fare fornelli da mina con mazza e fioretto. Per fortuna non ci furono morti e feriti gravi quando fummo addestrati ad usare gli esplosivi.

Infatti gli esplosivi in genere, se usati rispettando le regole che ci insegnavano i Sergenti e gli Ufficiali istruttori, contrariamente a quello che la gente crede, sono molto meno pericolosi di quanto si pensi, eccettuati naturalmente la nitroglicerina ed i detonanti.

Noi, ed in genere tutto l'Esercito Italiano tranne che per alcuni usi speciali, usavamo il tritolo nelle varie cartucce regolamentari da cento a cinquecento grammi. Il tritolo è uno degli esplosivi più sicuri che si conoscono e l'uso delle gelatine non veniva insegnato per lo meno a livello artieri benché ci fossero date tutte le informazioni al riguardo.

Erano invece estremamente pericolosi, se non trattati con i dovuti riguardi, gli inneschi di fulmicotone così come le capsule e le miccie detonanti al fulminato di mercurio e alla pentrite, soprattutto se non in stato di perfetta conservazione.

Gli esplosivi hanno solo un difetto, quello di essere simili alle donne, ai cavalli, alle automobili e alle motociclette: quando si comincia a prenderne confidenza, a fidarsene ed a credere di padroneggiarli, diventano estremamente pericolosi.

Con tutti i suoi difetti che, pur essendo molti, non erano poi tanti come quelli che gli attribuiscono gli scrittori post-bellici (soprattutto quelli che non hanno mai fatto il soldato e che comunque non sanno distinguere un cannone da un tubo di stufa) il Regio Esercito, secondo regolamenti molto ben studiati e secondo norme scrupolosamente osservate, addestrava le reclute portandole a poco a poco dalla teoria al pratico maneggio delle cose pericolose compiendo a fuoco tutte le ultime fasi della preparazione del soldato.

Oggi, per la demagogia dei cacciatori di voti il povero soldatino imbottito di propaganda pacifista organizzata dalle sinistre (per le quali il passo dell'oca è ridicolo se è romano, oppressivo se è tedesco ma democratico se è russo) se per un malaugurato accidente si rompe l'unghia del mignolo, scrive subito alla mammina che in un batter d'occhio fa mettere sotto processo il caporale, il sergente e tutti gli ufficiali fino al capo di stato maggiore, sostenuta da una canea di politici che tentano di far dimettere il Ministro della Difesa per la brutalità con cui si trattano di soldati.

Da quando è di moda chiamare Ministero della Difesa il Ministero della Guerra ed arrampicarsi sugli specchi per dimostrare che il Napalm, la bomba H e i gas nervini sono le più pacifiche invenzioni di gente pacifica che vuole solo difendersi, non si capisce perché i partiti di sinistra da una parte strillino contro la disoccupazione dilagante e dall'altra vogliano abolire le forze armate che, per come loro vorrebbero ridurre in Italia il servizio di leva, non dovrebbero essere altro che un'organizzazione di vacanze pagate per disoccupati.

A nessuno passa per la testa che anche per difendersi bisogna saper menare le mani e che lo scopo delle forze armate è di addestrare dei bravi ragazzi a diventare rapidamente, se necessario, degli esperti ed efficienti assassini più bravi degli assassini da cui si devono difendere per mantenere la pace.

Oltretutto se, Dio non voglia, ci dovesse veramente essere bisogno di usare le unità militari come entità sfruttate per combattere (contro il fuoco, contro un'alluvione, contro banditi, contro terroristi, o contro soldati nemici) i poveri soldatini tenuti sempre nella bambagia senza essersi fatti venire le vesciche ai piedi, alle mani ed alla schiena, non avrebbero che due sole possibilità: mettersi a piangere ed arrendersi, al nemico o alla calamità, oppure soccombere all'acqua o al fuoco o al disastro o a chi è più abile e più preparato di loro.

Forse perché si era in tempo di guerra l'addestramento a fuoco nel Regio Esercito, pur non essendo esasperato come nell'addestramento di specialità come i Guastatori, i Paracadutisti e i Marinai da sbarco, era fatto molto seriamente senza che nessuno avesse paura di «farsi la bua».

Data la rapidità con cui facevano carriera gli universitari io mi trovai promosso caporale, insieme a tutti gli altri, dopo appena due mesi di naja e non fu prima di aver raggiunto quell'altissimo grado della gerarchia militare che cominciai a sparare il fucile Mod. 91 fra una e l'altra costruzione dal legno grezzo di ponti e passerelle.

Da soldato e caporale le attività principali erano la marcia, lo scavo con badile e gravina, l'uso dell'ascia da carpentiere, del martello e della sega.

Da caporale cominciai ad essere addestrato all'uso di mazza e fioretto (lungo scalpello da minatore) durante il quale, sembrerà assurdo, ero molto più terrorizzato quando usavo la mazza, con la paura di spaccare le mani al mio povero partner che reggeva il fioretto, che quando, scambiando i compiti, dovevo reggerlo io a mia volta soggetto al rischio di farmi spaccare le mani. Ma quando io reggevo il fioretto mi bastava chiudere gli occhi e pregare.

Al momento di passare al riempimento con esplosivo dei fori da mina fatti con mazza e fioretto, quelli che se l'erano cavata senza avere avuto né mani né polsi sfracellati affrontavano il maneggio degli esplosivi.

Mentre la sana mentalità del miei compagni di grado volontari per forza li portava a defilarsi o trovare altre occupazioni ogni volta che apparivano gli esplosivi, io, come tutti i veterani (anche se più anziani di qualche settimana soltanto) andavo a nozze quando potevo fare sfoggio della mia spavalderia con la dinamite.

Purtroppo così facendo era logico che il più delle volte mi fosse affidato il comando della squadra che compiva l'addestramento e, avendo la responsabilità di più di una dozzina di compagni, sia pure teoricamente sotto gli occhi del sergente di carriera o dell'ufficiale (che invece più di qualche volta brillavano per la loro assenza) Non potevo più fare tanto il gradasso e dovevo stare bene attento ad usare il massimo della prudenza rispettando scrupolosamente le norme del regolamento prescritte per l'uso degli esplosivi.

Mi trovavo perciò a dover imporre queste norme, oltre ad usare la massima cautela, con il logico risultato di farmi prendere in giro dai miei compagni che da buoni italiani facevano di tutto per non rispettare le regole.

Una delle manifestazioni della più pura idiozia da parte di tutti i giovanotti che vogliono fare i bulli maneggiando esplosivi, consiste nello stringere coi denti la capsula detonante sulla miccia quando si innesca una carica. Naturalmente, essendo ciò assolutamente proibito e comportando una simile cretinata la punizione massima, io lo facevo, come tutti d'altronde, quando ero semplice membro della squadra ma dovevo stare bene attento a che nessuno lo facesse quando viceversa la squadra la comandavo io. Comandare la squadra implicava ricevere dal sergente effettivo la scatola di detonatori al fulminato di mercurio (capsule di rame) o all'azoturo di piombo (capsule di alluminio) e disporne secondo il programma del giorno fino alla fine dell'esercitazione quando si doveva rendere conto di quelli utilizzati e restituire i rimanenti.

Le regole prescrivono che i detonatori siano disposti in scatole ad alveare di metallo non ferroso nelle quali, salvo schiacciamento violento, le 50 o 100 capsule coperte da segatura fine non possono costituire pericolo, ma con la solita faciloneria caratteristica degli italiani, spesso ci capitava di ricevere un paio di dozzine di capsule in scatole non regolamentari con semplici separatori di cartone forato, né più né meno che come si confezionano le fialette per le iniezioni.

Il regolamento prescrive anche che durante i lavori non bisogna portare queste scatole addosso e che bisogna tenere le capsule lontane dagli esplosivi. Perciò tutti portavano le scatole di capsule detonanti nel taschino della giubba e le saponette di tritolo nelle tasche laterali della stessa.

Siccome i più spavaldi erano ben felici che i più saggi si defilassero al momento giusto in modo così di avere a disposizione il doppio del materiale per potersi divertire di più, tutti erano contenti e tutto sembrava procedere nel migliore dei modi nel migliore ambiente possibile.

Fino al giorno in cui, dopo aver preparato nella roccia 4 fornelli per i petardi e dopo averli caricati, innescati ed intasati a regola d'arte collegandoli tra loro con la miccia a rapida (che detona alla velocità di 5 km. al secondo), diedi fuoco al tratto iniziale di miccia a lenta combustione (un metro ogni quattro minuti) dopo che la mia squadra si era già messa al sicuro dietro un angolo di roccia.

Sapendo che tutti mi guardavano, prima di allontanarmi dal luogo della mina e mentre osservavo attentamente la miccia per vedere se tutto era regolare, mi accesi, ostentando la massima calma, una sigaretta, controllai l'orologio e a passo molto lento mi avviai a prendere riparo ad una distanza di sicurezza che pur dovendo essere, secondo il regolamento, di almeno 30 (teoricamente 300) mt non era più di 10 mt dato il riparo fornito dall'angolo di roccia.

Sempre fumando la sigaretta e chiacchierando con i compagni tenevo d'occhio l'orologio per controllare se avevamo calcolato bene la carica e la miccia.

Avendo messo un metro di miccia avremmo dovuto aspettare solamente 4 minuti e all'avvicinarsi dello scadere del quarto minuto ci mettemmo i pollici nelle orecchie stringendo il naso coi mignoli ed aprendo la bocca per rispettare, stavolta sì, il regolamento.

Passato un po' di tempo ci rendemmo conto che qualche cosa era andato storto perché i 4 minuti erano passati, stava passando il quinto e non avveniva nessuno scoppio.

Il regolamento dice che prima di avvicinarsi ad un fornello inesploso é necessario lasciar trascorrere una mezz'ora ma era abitudine, ammessa anche dai superiori, di non aspettare abitualmente più di 4 volte il tempo calcolato. Cosa che regolarmente feci aggiungendo 4 minuti per buona misura.

Dopo di che, assumendo seriamente la mia responsabilità, diedi ordine alla squadra di restare al riparo e mi avviai verso la volata inesplosa. Non avevo nessuna preoccupazione perché ero sicuro che, dopo tanto tempo, poteva solamente essere successo che la miccia lenta si era spenta e che perciò non correvo alcun pericolo.

Quando arrivai però a due o tre metri dalla miccia vidi che ancora emetteva fumo e, con una rapidità di riflessi che poche volte ho avuto in vita mia così buona, feci dietro front e cominciai a correre con tutta la velocità che mi consentivano le gambe per fortuna bene allenate.

Quando avevo già quasi raggiunto l'angolo di roccia dietro il quale ripararmi le cariche esplosero e fui proiettato violentemente in avanti atterrando quattro o cinque metri più in là.

Sbattei con una violenza maggiore di quanto fosse di mio gradimento e ne portai per qualche tempo i segni sul naso, sul mento sulle mani e sulle ginocchia che si sbucciarono attraverso gli strappi subiti dal pantaloni nell'urto con i sassi che stavano per terra.

Oltre ai danni causati dai sassi che stavano per terra ci furono anche delle ammaccature ed i lividi causati dai sassi prodotti e proiettati tutt'intorno dall'esplosione che continuarono a cadermi addosso per qualche secondo.

Dopo essere giaciuto tutto rintronato e stordito per altri abbondanti secondi, finalmente mi rialzai piano piano con l'aiuto dei compagni e constatato che non avevo niente di rotto cominciai a spolverarmi con tutte e due le mani. Mi resi immediatamente conto che non dovevo spolverarmi con troppa energia in corrispondenza del taschino della giubba dove avevo messo le capsule detonanti e tralasciando per il momento di continuare a levarmi di dosso la polvere, aprii cautamente il taschino e tirai fuori la scatola dei detonatori.

Al vedere la scatola di alluminio leggero schiacciata dalla violenza con cui ero stato spiaccicato per terra mio malgrado, mi si gelò il sangue nelle vene e depostala a terra con una cautela ormai ridicola, mi accovacciai e con movimenti estremamente lenti e misurati tolsi il nastro isolante posto sulla giunzione fra scatola e coperchio e la aprii, non senza qualche difficoltà date le deformazioni che aveva subito.

Quando vidi lo stato miserevole in cui erano ridotte le capsule non abbastanza difese dalle separazioni di cartone interne alla scatola, mi ritrovai, da accovacciato che ero, seduto per terra senza essere stato cosciente di avere eseguito il movimento di mia volontà ed il particolare della temporanea cecità dovuta al mancato afflusso di sangue alla testa mi convinse di avere la faccia più bianca di un lenzuolo bianco. Non fu un vero svenimento ma come imitazione risultò abbastanza buona; delle capsule detonanti della scatola sette o otto erano schiacciate o addirittura piegate.

Fatte detonare le capsule avariate e, per buona misura, anche tutte le altre della scatola schiacciata, approfittai dell'occasione per suggerire la prudenza ai miei provvisori subordinati e, quanto a me personalmente, per quattro o cinque giorni fui estremamente prudente.

Quello fu il primo di una serie di avvertimenti (risultati poi evidentemente inutili) tendenti a rendermi un po' meno imprudente nell'uso degli esplosivi. Comunque, osservante o non osservante, alla prima libera uscita, prima ancora di andare ad abbuffarmi di caffellatte e maritozzi, andai alla chiesa più vicina ed accesi due bei grossi ceri alla Madonna.

Memore di quel lontano episodio, una volta divenuto (dopo aver frequentato io stesso con successo il corso prescritto) Ufficiale istruttore per l'addestramento da Guastatore presso il 5° Reggimento Genio a Banne, sopra Trieste, io perquisivo personalmente tutti i miei allievi guastatori per essere sicuro che durante l'addestramento non si fregassero le capsule detonanti per poi fare gli spiritosi durante la libera uscita in città facendole esplodere come si usa fare oggi con i petardi di carta durante la fine dell'anno o il carnevale. Nonostante l'estrema cura che i sottufficiali, i miei colleghi ed io mettevamo nel controllo delle capsule detonanti, un soldato ci morì in città proprio durante la libera uscita per lo scoppio di una capsula che si era sconsideratamente messo nel taschino.

Con l'addestramento all'uso degli esplosivi apprendemmo anche l'esistenza di reparti Guastatori del Genio e molti dei volontari veterani ed alcuni dei volontari per forza non persero l'opportunità di fare la domanda per essere ammessi a frequentare i corsi di guastatori.

SOTTUFFICIALI QUASI GENTILUOMINI

Con la rapidità con cui gli esseri cosiddetti superiori procedono alla scalata del potere (gli esseri veramente superiori possono benissimo farne a meno), tutti i caporali volontari universitari ottennero in massa la meritata promozione «per chiara fama» a sergenti in due mesi esatti fra gli applausi del colto e dell'inclita ed i pernacchi dei commilitoni militarsoldati.

Una volta diventati sottufficiali l'addestramento si trasformò; ci fu un forte aumento del tempo dedicato alla teoria ed ai regolamenti ma in compenso non ci fu alcuna diminuzione del tempo dedicato alle attività ed al lavoro materiali.

Da soldati e caporali (la ripartizione del tempo non era cambiata molto con la prima promozione) i volontari universitari in forza alle compagnie Artieri del 7° Reggimento Genio di Firenze avevano il loro tempo utile diviso in 30% di marcia ed un 70% di lavori manuali pesanti; dopo la promozione a sergenti, avevano il tempo così suddiviso: 30% marcia, 70% di lavori manuali pesanti ed 11 % di studio, teoria e svolgimento pratico di compiti di concetto. Questi consistevano in rilevamenti di 3 metri quadri di terreno, progettazioni di gradini, di buche e di paletti di legno, cose che risultavano quasi oltre il limite delle capacità di studenti di Ingegneria e di Architettura.

Per fortuna c'era la parte riguardante i problemi di attraversamento dei corsi d'acqua che data la stagione (si era già in giugno) permetteva a noi infaticabili costruttori di passerelle, ponticelli, passerelle galleggianti, ponti su barche e barconi e ponti metallici (una volta completata l'opera) di rinfrescarci nei vari ruscelli, fiumiciattoli, torrentelli e fossi su cui avevamo lavorato. Naturalmente c'erano sempre i soliti scalognati i quali venivano mandati a costruire tutte quelle belle cose su falsi argini, elevati apposta per l'addestramento, su falsi fossi naturalmente asciutti. Ma non tutti erano beniamini della Dea Fortuna.

Per buona sorte qualche ben intenzionato Ufficiale, per ripagarci delle angherie cui eravamo soggetti da parte dei Sottufficiali di carriera che sfogavano su di noi futuri Ufficiali il risentimento accumulato per le angherie da loro subite da quelli che Ufficiali lo erano già, ci dava spesso il compito di calcolare le opere che avremmo dovuto poi eseguire materialmente con le nostre mani il giorno dopo, opere che in gergo, per distinguerle da quelle da montare con materiali in dotazione, si chiamavano «di circostanza». Il che con nostra grande soddisfazione e godimento ci permetteva di studiare e lavorare tutta la notte come matti con carta, matita, regolo e doppio decimetro, raggiungendo di norma risultati incredibili come quello di calcolare per un ponte per passaggio di uomini con luce di quattro metri, travi che avrebbero sostenuto l'Empire State Building, oppure per ponti di 30 mt di luce per passaggio di autocarri, travicelle di abete 15 x 10.

Esaurita la serie di passerelle e ponti sia galleggianti che appoggiati o addirittura sospesi (se ci avessero interpellato ed incaricato dell'esecuzione, il «Giovanni da Verrazzano» sarebbe stato realizzato nel '41 anziché nel '64) passammo, seguendo la regola del sempre più difficile, alla progettazione ed alla realizzazione di telefori che non sono altro che teleferiche di linea più corta e di carico limitato e funzionanti a mano anziché a motore.

Il calcolo dei soprannominati telefori serviva solamente per farci dare le più maligne punizioni da parte dei superiori i quali ci tenevano accuratamente lontani dai manuali dove era tutto specificato e descritto e con i quali bastava saper leggere per procedere a qualunque costruzione per difficile che fosse.

Senza manuali noi commettevamo quantità incredibili di sbagli madornali nella fase di progettazione ma quando poi si trattava di fare i lavori necessari per installare i telefori, il semplice buon senso ci bastava per mettere in piedi qualche cosa di più o meno utilizzabile.

Il più grande successo, di volta in volta raggiunto da ciascuno dei vari plotoni delle compagnie artieri, lo ottenemmo quando riuscimmo a montare un teleforo n°1 dalla linea lunga poco meno di 100 mt a forte pendenza e con portata di 100 kg. Benché fosse proibito adibirlo al trasporto di persone data la precarietà dell'equilibrio sul carrello, per la soddisfazione di essere riusciti a montarlo rapidamente senza troppe difficoltà ci godemmo uno per volta il gusto di rischiare di romperci l'osso del collo appollaiandoci sul carrello e andando su e giù fra risa ed urla di soddisfazione e, ogni tanto, di terrore. Le quali regolarmente attiravano l'attenzione dell'Ufficiale che, arrivato di sorpresa, ci toglieva malvagiamente la libera uscita per una settimana.

Alla malvagità del Sottotenente rispondemmo però con l'organizzazione di un sistema di fughe serali e notturne dato che la costruzione del teleforo (ripetuta da ogni plotone dopo che lo stesso era stato regolarmente rismontato ed immagazzinato dopo la sua esecuzione precedente) era uno dei compiti assegnatici durante l'addestramento alla vita di accampamento per cui dormivamo sotto le tende in uno dei più bei posti dell'Appennino Pistoiese e precisamente vicino a Maresca, dalla parte di Gavinana. La presenza di innumerevoli giovani e meno giovani villeggianti di sesso femminile ci rendeva molto piacevole, anche se non proprio riposante, ogni attimo di libertà.

Uscire da sotto la tenda e sparire nel buio senza farsi vedere dalla sentinella era un giochetto da bambini a condizione che qualcuno tenesse a bada il Sergente d'ispezione quando questi dopo aver lasciato momentaneamente la partner che, come tutti, si era procurato, era colto da un improvviso attacco di zelo e veniva per 5 minuti a dare un'occhiata all'accampamento.

I trucchi perché i 4 o 5 infortunati che rimanevano al campo riuscissero ad apparire come 50 o 60 consegnati riuscivano sempre bene, anche per la scarsa attenzione del Sergente che aveva l'unica preoccupazione di tornare il più presto possibile dalla sua donna di turno.

Ma disgraziatamente la occasionale compagna dell'Ufficiale che avrebbe dovuto essere di servizio all'accampamento (e che invece normalmente suonato il silenzio, non si faceva più vedere) una sera gli tirò il bidone e quello sciagurato invece di andarsene a cercare un'altra ebbe la malaugurata idea di venire ad ispezionare le tende dove, constatata l'assenza di tutti i consegnati, volle rifarsi immediatamente con il Sergente scoprendo per altro che anche lui brillava per la sua assenza. Il Sergente, una volta trovato e minacciato di terribili pene, a sua volta si rifece con noi, per cui non fu più possibile squagliarsi di notte per andare a discutere di filosofia e di arte con le ragazze e con le navi-scuola.

Lo sconcerto non durò più di una notte perché le patriottiche e volenterose villeggianti, animate dal ben noto spirito di abnegazione e di sacrificio che caratterizza le donne, decisero di venirci a visitare all'accampamento con piena soddisfazione di tutti, compresi i sergenti e le sentinelle.

Non contente delle dissertazioni notturne sul dialogo dei massimi sistemi e sulla critica della ragion pura le villeggianti assetate di scienza trovarono il modo di individuare tutti i posti dove noi di giorno dovevamo compiere il nostro addestramento. Grande fu la sorpresa del Maggiore comandante del battaglione quando, giunto a compiere una ispezione senza preavviso trovò il Tenente comandante la nostra compagnia, anziché a comandare la suddetta, a farsi divorare con lo sguardo sul terrazzo dell'albergo da aizzose ed invitanti signore. Accompagnato poi dal Tenente sul posto dove noi avremmo dovuto essere in alacri attività fu di nuovo sconcertato ed irritato al trovare tutto il materiale apparentemente abbandonato qua e là in una località assolutamente deserta.

Dopo uno scambio sempre più concitato di domande rabbiose e risposte imbarazzate, finalmente il Tenente ebbe l'ispirazione di cominciare a chiamare a gran voce i comandanti le squadre che avrebbero dovuto essere al lavoro e ad occhi sempre più sbarrati vide uscire a poco a poco da tutti i cespugli per un raggio di 100 mt ragazze e signore che con aria ostentatamente indifferente si spolveravano i leggeri vestiti e si ritoccavano il trucco salutandosi poi con impudente naturalezza mano mano che si raggruppavano sui sentieri che tornavano al paese.

Il Tenente comandante la compagnia, benché fosse ufficiale di carriera non era poi uno stupido e, capita la situazione, cominciò a chiamare con voce contenuta ma chiara quelli di cui ricordava il nome. Così dagli stessi cespugli da cui erano uscite poco prima le dame cominciarono ad uscire i cavalieri che per la verità, non si presentarono tutti con la divisa in condizioni regolamentari e la vista di tutti questi giovinotti impalati sull'attenti in tutta la zona circostante fece diventare il Maggiore paonazzo ed il Tenente livido. Dopo qualche istante di silenzio dovuto, credo, alla impossibilità di parlare per la sorpresa, tutti e due diedero due o tre secchi ordini e se ne andarono in fretta riuscendo a malapena a trattenersi dal ridere finché rimasero sul posto, cosa che sicuramente fecero sfogandosi una volta tornati all'albergo. Questa più che una illazione è una deduzione logica dato che a parte gli urli immediati non vi furono punizioni né di massa né individuali, forse perché qualche fata benigna aveva provveduto a sollevare lo spirito anche del Signor Maggiore.

Bisogna dire che nonostante i susseguenti arrivi di altre compagnie per i rispettivi turni di esercitazioni negli stessi posti, molte delle brave ragazze che villeggiavano a Maresca continuarono a mantenere alto il morale di quelli fra noi che rimasero in corrispondenza con loro trasformandosi per l'occasione in madrine di guerra.

Lasciati quei bei posti per essere finito il nostro turno di addestramento al campo, la vita al 7° Genio, una volta tornati in caserma in via della Scala, a Firenze divenne abbastanza monotona pur avendo il vantaggio di avere permessi più lunghi di quelli normali soprattutto il sabato e la domenica.

Una volta preso il gusto di vivere notte e giorno all'aria aperta come si era fatto al campo io pensai di sfruttare tutto il tempo libero per conoscere i dintorni di Firenze facendo puntate esplorative durante la libera uscita del sabato (che durava tutto il pomeriggio) per programmare delle vere e proprie escursioni che effettuavo la domenica quando la libera uscita durava l'intera giornata.

Così il sabato mi studiavo le carte topografiche e i percorsi delle varie tram vie o corriere che andavano a Sesto Fiorentino o lungo il Mugnone o a Scandicci o all'Impruneta. La domenica arrivavo sul luogo prescelto sbrigandomi il più che potevo appena suonava la libera uscita e, nascondendomi dietro il primo cespuglio, mi cambiavo, facevo un pacco da portare a spalla di tutta la divisa rimanendo con pantaloncini corti, scarponi, calzettoni e pezze da piedi partendo a torso nudo per esplorare a mio agio la campagna.

Purtroppo il mio amore per la natura e per il sole sulla pelle non era apprezzato da tutti perché mi capitò anche di essere inseguito con grida feroci da contadini armati di rastrello ed una volta anche di forcone. Non ho mai capito se la loro ira fosse dovuta al mio stato impudico di quasi nudità o all'avermi sorpreso in innocente colloquio con qualche componente di sesso femminile della loro famiglia.

Comunque quelle meravigliose passeggiate per le colline fiorentine non durarono molto perché, per la abituale mancanza di coordinamento fra i vari uffici del Ministero della Guerra (coordinamento che dopo 45 anni risulta tuttora sconosciuto nei vari Ministeri anche se il loro numero è raddoppiato in nome della produttività democratica) mentre arrivava l'ordine generale di mandare alle Scuole Allievi Ufficiali tutti i Sergenti universitari, arrivavano anche gli ordini specifici riguardanti l'invio immediato al fronte dei volontari veri arruolatisi prima della mobilitazione dei «volontari per forza».

Infatti, visti lo scarso entusiasmo di questi ultimi e le temibili reazioni delle loro famiglie «bene», per evitare possibili grane le autorità avevano dato parola non solo di promuovere rapidamente i rampolli Caporali e Sergenti, ma anche di farli diventare Ufficiali il più presto possibile.

Mentre noi volontari eravamo soddisfatti ed orgogliosi di aver finalmente ottenuto di andare a combattere, gli altri, senza però cattiveria o malignità, ci sfottevano dicendoci che pregustavano il momento in cui, una volta diventati ufficiali, ci avrebbero avuti ai loro ordini come sergenti.

Infatti, ammesso anche che fossimo sopravvissuti, non avremmo certo avuto molte possibilità di essere promossi stando al fronte.

Devo confessare che nonostante l'orgoglio di servire la patria e di andare finalmente a combattere come desideravo, una certa punta di stizza non potevo fare a meno di averla per la palese ingiustizia che mi colpiva insieme agli altri miei compagni «veterani».

Così noi veterani, ignari di tutte le miserie, delusioni, sofferenze e bassezze che ci aspettavano, ci affrettammo a partire per la guerra. Ricordando quanto avevo letto su Daudet mi preparai per la mia campagna d'Africa in un modo degno di Tartarino di Tarascona.

Mi cucii una bella custodia in tela cachi per l'orologio con tanto di spia in celluloide per poter guardare l'ora anche durante le tempeste di sabbia del deserto; mi munii di una provetta di vetro opportunamente inserita in un astuccio di alluminio per custodirvi una matita di nitrato d'argento da tenere sempre nel taschino per cauterizzare i morsi dei vari aspidi, vipere e crotali che immancabilmente mi si sarebbero avventati contro appena messo piede sulla Quarta Sponda; mi comprai un porta sigarette di metallo da tenere sempre nel taschino sinistro fidandomi della parola del venditore che mi garantiva che quell'astuccio avrebbe immancabilmente fermato qualunque pallottola diretta al cuore; fabbricai una scatoletta per tenerci un'antica bussola regalatami da mio Padre in modo da orientarmi anche al centro del deserto del Sahara.

Così, attrezzato contro tutte le insidie del continente nero e dell'esercito britannico, partii per Napoli al principio di agosto facendo una breve sosta a Roma, fra un treno e l'altro, non solo per salutare i miei ma anche per ottenere finalmente in regalo da mia Nonna paterna un temperino che era stato di mio Nonno e che non avevo mai potuto ottenere perché di misura non permessa dalla legge.

Benché non ne raggiungesse le proporzioni era del modello in cui normalmente si costruisce quel coltello che in Spagna viene chiamato «navaja», con lama curva all'indietro e manico di corno ugualmente curvo.

Mio Nonno doveva aver usato quel temperino così piccolo solo dopo essere andato in pensione ed essere tristemente ridotto a fare la persona seria da mia Nonna, Ispettrice Generale delle Scuole di Roma e Dama di Compagnia della Regina Margherita, moglie di Re Umberto I. Mia Nonna l'aveva fatto scendere ad un tale umiliante grado di perbenismo da farlo nominare Cassiere della Camera dei Deputati con uno stipendio annuo, nel 1897, di 4.000 lire che senza dubbio era un notevole miglioramento rispetto allo stipendio annuo di 2.200 lire che prendeva quando era Tenente dell'Arma dei Carabinieri.

Quel temperino, che aveva una lama di non più di 15 cm, poteva evidentemente essere servito a mio Nonno solo per pulirsi le unghie data la sua previa abitudine di usare la daga e la sciabola durante tutta la sua carriera da Carabiniere semplice (arruolatosi minorenne durante le ultime guerre di Indipendenza) a Tenente dell'Arma.

Che non avesse raggiunto gradi più alti dipendeva dal fatto che fino al momento in cui aveva incontrato mia Nonna (molto più carabiniere di suo marito) aveva continuamente alternato encomi e promozioni per atti di coraggio con punizioni per affari di donne.

Con il nipote che partiva per il fronte addirittura con il grado di Sergente mia Nonna non poteva più tirar fuori la scusa della legge sul porto di armi ed esaurì ben presto tutti i pretesti per dissuadermi dal portare con me quell'arnese da bravaccio. Dimenticandosi che io andavo ad essere esposto a bombe, siluri, mitraglia, proiettili e mine oltre a baionettate di ogni tipo da quelle australiane a quelle gurkha, se ne uscì con una manifestazione di amore inaspettata per una donna apparentemente dura come lei, dicendomi «Ma è uno strumento pericoloso: potresti farti male».

Alla fine, con un bacio sulla fronte (altra manifestazione di amore che per lei era un indubbio segno di rammollimento) mi diede il temperino con il quale, fiero e soddisfatto, ripartii per Napoli dove puntualmente fui bombardato che non ero quasi neanche uscito dalla stazione. Riuscii a conservare il temperino, che mi fu molto utile, durante tutta la mia permanenza in Africa Settentrionale ma che mi fu regolarmente rubato al mio rientro in Italia durante la mia permanenza di due giorni all'Ospedale militare per una visita di controllo.

ACQUA, FUOCO, BOMBE, SILURI

Lo Spregiudicato andato sotto le armi nel febbraio 1941 in aprile era stato nominato Caporale e in giugno era già Sergente.

Mentre si preparavano le fasi successive per far partecipare i «Sergenti Volontari Universitari» ai corsi allievi ufficiali (programmati come contentino per tenere buoni i volontari per forza e soprattutto le loro famiglie quasi sempre influenti a tutti i livelli) i pochi e malvisti volontari veri venivano spediti sui vari fronti in accoglimento delle loro domande fatte prima che ai reggimenti arrivassero gli altri.

Lo Spregiudicato, cui, oltretutto, non piaceva avere un grado ingiustificato in quanto non poteva esercitare alcun comando facendo parte di un battaglione di tutti sergenti, accolse con gioia l'ordine arrivato a fine luglio di partire per l'Africa Settentrionale.

Arrivato a Napoli, in attesa che fosse pronta la nave su cui imbarcarsi fu alloggiato ai Granili ricevendo il primo impatto violento dalla realtà della guerra.

Il trauma più grave non fu causato dai frequenti bombardamenti che allora non avevano ancora raggiunto la violenza apocalittica delle azioni a tappeto susseguenti all'intervento degli Stati Uniti, ma dalla constatazione della impossibilità per l'individuo di esprimere qualsiasi valore personale.

Migliaia di esseri umani costretti senza scampo ad un ambiente allucinante dove era perfino impensabile cercare uno scopo a quanto si faceva e dove nessuno era più padrone delle proprie azioni, erano ridotti come formichine in colonna. A parte lo spirito di indipendenza ereditato dal padre e il suo personale individualismo, nello Spregiudicato cominciò allora a crescere la sua invincibile avversione per tutto quello che avrebbe potuto coinvolgerlo in una folla.

Cominciò allora a capire che, buono o cattivo che sia un individuo, diventa quasi automaticamente bestiale quando, privato della facoltà di esercitare le sue doti di iniziativa, perde ogni capacità di ragionamento o di equilibrio, entra a far parte di una massa di cui diventa una semplice cellula non più indipendente.

Lo stare in quegli enormi ambienti da cattedrale dell'inferno che erano allora i Granili, in mezzo al sordo rumore di migliaia di voci che si perdevano in tanto spazio, con una luce falsa in cui tutto diventava grigio, era già una specie di incubo.

Il vedere quella massa di poveri soldati in preda al panico quando piovevano intorno le bombe degli aerei inglesi era più di quanto lo Spregiudicato potesse sopportare e, approfittando degli stessi bombardamenti che vanificavano qualunque controllo, lo Spregiudicato si trovò un buco che condivise con quattro o cinque commilitoni e, lasciando sempre uno di guardia in caso di improvviso ordine di partenza si dedicò alla esplorazione di Napoli godendo delle bellezze che scopriva ad ogni angolo.

Intorno ai soldati ed ai materiali che partivano per l'Africa funzionava già, sia pure in modo embrionale, quell'organizzazione efficientissima di furti, prostituzione e borsa nera che permise poi a Napoli di sopravvivere tanto durante l'occupazione tedesca come durante la permanenza del governo militare alleato. Solo contro la camorra politica dei governi democratici del dopoguerra Napoli non ce l'ha fatta.

Dopo 10 giorni lo Spregiudicato si trovò finalmente imbarcato sul transatlantico OCEANIA ed alle due della notte iniziò la sua traversata verso la quarta sponda.

Dato che l'imbarco era stato completato nel pomeriggio, il rancio serale era stato consumato a bordo e ciò aveva costituito una piacevole sorpresa per la maggior parte dei soldati che avevano mangiato a tavola, nei saloni ristorante del transatlantico, assistiti a dovere da inappuntabili camerieri. Finito il rancio per la truppa era stata servita la cena ai sottufficiali, nelle stesse sale ma con tovaglie e posate come era d'uso alle mense.

Con molta ingenuità lo Spregiudicato trasse buon auspicio dal constatare con sorpresa che le posate erano quelle d'argento in dotazione al transatlantico dai tempi in cui era adibito al servizio di linea. Allo Spregiudicato venne spontaneo pensare che non si sarebbero mai lasciate delle preziose posate d'argento su una nave che correva pericolo di affondare (dimenticandosi sconsideratamente che poco tempo prima era affondato per siluramento il non meno lussuoso CONTE ROSSO).

A posteriori gli venne in mente qualche volta che forse la decisione di lasciare a bordo le posate era stata presa per motivi psicologici ma, pensandoci bene, si convinse che solo l'impreparazione, la faciloneria e l'irresponsabilità erano state la causa di una mancanza di decisioni che si accompagnava a tutte le altre omissioni colpevoli, per cui dopo un anno dall'entrata in guerra non si era fatta alcuna modifica, neanche nell'organizzazione interna, alle navi che avrebbero potuto essere attrezzate funzionalmente per il trasporto di materiali e truppe.

Quelle ricche posate di argento affondarono con la bella nave vicino alla costa africana alla fine di un viaggio successivo un mese dopo.

Non c'era stata nessuna preparazione a terra durante i dieci giorni di ozio, per insegnare l'essenziale a chi affrontava una traversata col rischio di siluramento. Solamente a bordo, e per di più dopo aver salpato le ancore, furono dati ai soldati tre avvertimenti: primo, non fumare se non all'interno della nave; secondo, non andare in giro ubriachi; terzo, dormire con gli scarponi slacciati.

Dopo l'euforia provocata dalle posate d'argento, lo Spregiudicato cercò di rendersi conto di come era fatta la nave, per lo meno per quanto glielo permettevano la confusione e l'ingombro. Presa visione del posto in cabina multipla assegnatogli, non ci mise molto a capire che in caso di emergenza non c'erano molte probabilità di arrivare in coperta per chi si fosse trovato a dormire in cabina.

Messe perciò in un piccolo tascapane le poche cose personali cui teneva in modo particolare, si andò a cercare un angoletto riparato in coperta, cosa alquanto difficile dato che i quasi tremila militari imbarcati avevano avuto tutti la stessa idea.

Anche girovagare al buio fra tanti corpi distesi o seduti non era compito facile per cui, non trovando un posto conveniente secondo i suoi desideri, si accontentò di un anfratto a prua dove potesse sedere alla meno peggio decidendosi finalmente a togliere i lacci dagli scarponi.

Durante la notte potè addirittura fare qualche sonnellino agitato dato che il mare calmo permetteva di mantenere il beccheggio ed il rollio entro limiti molto ragionevoli. Non si accorse neanche se la nave passò nello Stretto di Messina o ad Ovest di Trapani. In realtà il convoglio fece la rotta per il Canale di Sicilia, Pantelleria e Kerkena.

Prima ancora dell'alba però la composizione del convoglio (informazione segretissima che avrebbe dovuto essere conosciuta solo da Supermarina e dai comandanti delle navi) era conosciuta perfino dal più analfabeta pastore montanaro imbarcato. Il convoglio alla partenza era formato da quattro cacciatorpediniere di scorta e da quattro navi passeggeri: le motonavi Oceania e Neptunia, da 19.000 tonnellate di stazza lorda, ed i piroscafi Esperia e Marco Polo un po' più piccoli.

Tutti dicevano che avere il Marco Polo nel convoglio era un buon segno perché aveva scampato più siluri quella nave che tutte le altre insieme e questo dava per lo meno la speranza di essere raccolti in caso di naufragio. Intanto si era fatto giorno, e dopo il rancio di mezzodì, all'altezza delle Egadi prima una e poi una seconda torpediniera si erano unite al convoglio ma pochi fra i passeggeri avevano l'occhio abbastanza esercitato per accorgersene. A tratti il convoglio era stato sorvolato da qualche aereo il che aveva provocato un certo patema d'animo nel soldati ma gli aerei, S 79, CR 42 e CZ 506, venivano poi regolarmente riconosciuti come italiani.

Quando il convoglio si trovava a Nord di Pantelleria, per due volte i caccia Fiat CR 42 che lo accompagnavano già da qualche tempo cominciarono a compiere strane evoluzioni, probabilmente per segnalare qualcosa, ed a lanciarsi uno dopo l'altro in picchiata.

Per gli ignari militarsoldati che si godevano la brezza della sera prendendosi una magnifica tintarella, tutte le manovre degli aerei non costituivano altro che oggetto di curiosità e di divertito interesse; quando poi alla fine della picchiata, ciascun aereo si mise a mitragliare la superficie del mare l'opinione generale fu che era tipico del mattacchioni piloti della Regia Aeronautica divertirsi a mitragliare i delfini durante una missione di guerra.

Gli improvvisi boati della sirena della nave, riecheggiati dalle sirene cupe delle altre navi e da quelle lancinanti e paurose delle navi da guerra fecero capire a tutti che si trattava di tutt'altra cosa che un divertimento e lo Spregiudicato sporgendosi dal parapetto all'estrema prua si sentì rizzare i capelli in testa dopo aver visto chiaramente due siluri provenienti da dritta passare a non più di venti metri perpendicolarmente alla rotta dell'Oceania.

I caccia continuarono a mitragliare lungo la scia dei siluri sia per segnalarli sia per colpirli, venendo molto vicini alla nave su cui era lo Spregiudicato, ma evidentemente non ebbero fortuna.

Dopo una seconda notte di navigazione ansiosa ma tutto sommato abbastanza tranquilla, poco dopo le dieci si intese un sordo boato ed una colonna di fumo e di fiamme si innalzò dall'Esperia colpita da un siluro quando non era ormai a più di 11 miglia dal faro di Tripoli.

L'Oceania iniziò una breve serie di continue accostate poi mise le macchine a tutta forza e puntò più veloce che poteva al porto di Tripoli mentre l'Esperia, colpita da altri due siluri, affondava dopo 11 minuti di agonia.

Con la sgradevole sensazione che il suo affondamento era solo il primo tragico incontro con la brutale realtà di ammazzare o essere ammazzati, i soldatini che fino a qualche minuto prima si stavano godendo l'abbronzatura divennero tristi e silenziosi al vedere sparire nel mare l'Esperia ed al pensare a tutti i loro compagni conosciuti o sconosciuti che vi si erano imbarcati. L'arrivo nel porto di Tripoli, l'attracco, lo sbarco, la lunga attesa sul molo, il trasporto e la sistemazione al Comando Tappa di Tripoli non presentarono momenti degni di nota.

A merito di chi teneva in piedi l'organizzazione del posto bisogna ascrivere una ordinata distribuzione del rancio e una sistemazione decente per tutti per quanto il rancio in gavetta sembrava fatto per preparare i nuovi arrivi alla puzza di montone che li avrebbe perseguitati per la maggior parte del tempo della loro permanenza in Africa e la sistemazione fosse su delle stuoie stese sul duro pavimento di stanze senza tetto.

La maggior parte del tempo fino quasi alla mezzanotte fu passata, da quasi tutti i nuovi arrivati in condizioni di farlo, a cercare di assistere, rifocillare e coprire i naufraghi dell'Esperia che arrivavano a piccoli gruppi dopo essere stati visitati e dimessi dai vari ospedali dove ne avevano accertato le condizioni psicofisiche.

L'allarme aereo era suonato due volte ma senza conseguenze così che quando suonò per la terza volta non furono molti quelli che se ne preoccuparono eccessivamente tanto che i nuovi arrivati non ritennero di dover seguire l'esempio di quelli che già erano lì da qualche giorno e che, chi prima chi dopo, erano scomparsi portandosi appresso coperte e cose strettamente personali. I militari di servizio al comando tappa si precipitavano invece regolarmente nel rifugi antiaerei.

In mancanza di altre distrazioni i giovani leoni appena sbarcati si dedicarono ad ammirare lo spettacolo, per altro già visto a Napoli, delle diecine di fasci di luce delle fotoelettriche che, per usare una frase abbastanza trita «sciabolavano il cielo».

Ad un certo punto cominciarono anche gli scoppi delle bombe che una abbastanza nutrita formazione di bombardieri inglesi cominciò a sganciare su posti non molto lontani dal Comando Tappa per cui tutti si convinsero che era meglio stendersi a terra possibilmente in qualche angolo morto.

Lo Spregiudicato scelse una specie di muretto bassissimo a non più di 25 metri dalla stanza a cielo aperto dove aveva deciso di passare la notte e, dopo qualche inconcludente considerazione, aveva scelto a caso il lato esterno del muretto lungo il quale, steso supino e con l'elmetto affibbiato, si godeva lo spettacolo non mancando di eccitarsi e di gridare ogni volta che i riflettori inquadravano qualche aereo per la contraerea che immediatamente concentrava il tiro sul maledetto moscerino.

Ad un certo momento un rumore di rotolamento accompagnato da un sibilo preannunciò l'arrivo delle bombe proprio sul Comando Tappa ed immediatamente dopo si scatenò l'ira di Dio.

Lo Spregiudicato cui già si era raggricciata la pelle al sentire il sibilo fu immediatamente assordito dagli scoppi e mentre cercava di farsi più piccolo possibile fu quasi strangolato oltre che scosso e sbattuto violentemente mentre era soffocato dalla polvere e colpito da pezzi di muratura che arrivavano sia da lontano sia dal muretto che si sbriciolava.

Per i violenti spostamenti d'aria dovuti alle varie onde esplosive e retrograde provocate da ciascuna delle 4 o 5 bombe che caddero proprio intorno a lui, i colpi in rapida successione che si stava procurando lo Spregiudicato sbattuto più volte avanti e indietro gli fecero quasi credere di essere colpito molto più gravemente di quanto in realtà non lo fosse e dovette impiegare tutta la sua forza di volontà per restare steso, senza poter respirare, vincendo il panico che lo spingeva a scappare via, non sapeva dove, ma scappare.

Solo quando furono trascorsi parecchi secondi dopo gli ultimi scoppi, giudicando che le bombe di quel grappolo erano già esplose tutte, lo Spregiudicato si decise ad alzarsi e tossendo e inciampando, meravigliandosi di poter camminare, cominciò a vagare senza scopo in mezzo alle macerie su cui si stava depositando lo stesso polverone che entrava nelle gole secche delle vittime del bombardamento.

Come Dio volle il polverone diminuì e si cominciò a distinguere qualcosa alla luce dei raggi dei riflettori e dei bengala lanciati dai bombardieri che erano sicuramente degli Hampden data la loro lentezza che permise addirittura alla contraerea di abbatterne un paio nonostante volassero altissimi.

A quella luce spettrale di riflesso, che per di più variava continuamente, tutto, cose e uomini, sembrava di gesso bianco e solo gli occhi e le bocche che spiccavano neri su tutto il resto coperto dalla polvere facevano distinguere chi era vivo dal morti che rimanevano maschere bianche.

A tutti venne in mente come prima cosa di cercare acqua per spegnere gli incendi ed una volta trovatala, il resto della notte passò in questa bisogna interrotta solo quando si inciampava su qualche ferito cui si prestava soccorso alla meglio fino a che lo venivano a prendere i soldati delle ambulanze della Sanità e della Croce Rossa.

All'alba si potè vedere chiaramente il terribile effetto del raid che gli inglesi avevano effettuato in concomitanza con l'arrivo di truppe e che, seguendo nella stessa giornata l'affondamento dell'Esperia, aveva senza dubbio raggiunto uno del suoi scopi e cioè scuotere il morale dei nuovi arrivati.

Come sempre gli effetti delle bombe erano stati disuguali da punto a punto per cui alcuni muri degli alloggiamenti non avevano più due mattoni uno sopra l'altro mentre altri erano rimasti miracolosamente in piedi, alcuni soldati sotto shock trovati a pochi metri dai crateri delle bombe non avevano alcuna lesione né ferita mentre altri, al riparo di scoppi diretti e lontani dai crateri delle bombe erano morti con il corpo tutto contorto e pieno di ferite.

Quanto allo Spregiudicato, oltre al dolore di tutti i colpi presi un po' per tutto il corpo, sentiva un bruciore sempre più forte intorno al collo, come se un laccio lo strangolasse; si accorse, dopo, che aveva alla gola un segno rosso sanguinante e un veterano gli spiegò poi che era l'ematoma provocato dal sottogola dell'elmetto che gli era stato letteralmente strappato dalla testa da una delle esplosioni. Nessun veterano si allaccia il sottogola sotto un bombardamento.

Quando finalmente lo Spregiudicato poté tornare al locale dove avrebbe dovuto dormire, trovò che tre pareti erano ancora in piedi e solo la quarta con l'architrave della porta era sparita per una bomba caduta proprio davanti l'ingresso, fra questo ed il muretto oltre il quale lui si era rifugiato.

Entrato nella stanza per cercare di recuperare la sua roba sentì un vuoto allo stomaco quando rovistando in giro si accorse che i grumi ed i pezzi di stoffa e di cuoio coperti di polvere appiccicati alle pareti erano tutto ciò che restava di uno del suoi tre compagni di stanza. Dopo aver cercato di raccogliere i miseri resti senza per altro trovare la piastrina di riconoscimento e dopo aver portato oggetti e reliquie alla fureria, lo Spregiudicato decise di seguire la stessa linea di comportamento già seguita a Napoli.

Accordandosi con uno dei due compagni di stanza sopravvissuti, un volontario di Formia con cui aveva diviso gioie e dolori fino dall'arrivo a Firenze, trovarono un buco dove nascondere il loro equipaggiamento e si misero a girare Tripoli a caccia di un posto per dormire meno pericoloso del Comando Tappa.

Il loro programma fino a quando non sarebbe arrivato l'ordine di raggiungere le unità cui sarebbero stati assegnati era molto semplice: arrivare al Comando Tappa la mattina all'ora dell'appello e della distribuzione del caffè; informarsi sull'arrivo di eventuali ordini; sparire rapidamente per visitare Tripoli o per andare a fare il bagno in mare e spidocchiarsi; rientrare per l'ora della distribuzione del primo rancio, informarsi di nuovo; sparire altrettanto rapidamente come la mattina; tornare a spidocchiarsi; rientrare per la distribuzione del secondo rancio; informarsi di nuovo; sparire rapidamente per andare a dormire nel posto prescelto.

La prima giornata dopo l'arrivo ed il bombardamento fu tutta dedicata appunto all'esame in loco dei vantaggi e svantaggi di ogni singolo posto finché lo Spregiudicato ed il Formiano decisero di provare a dormire in un posto, che di giorno appariva avere solamente vantaggi, chiamato «Le Grotte» o «La Fossa».

Arrivativi all'imbrunire lo videro con occhi molto differenti da come lo avevano visto di giorno.

Era stato forse il pozzo di scavo di una cava di arenaria, abbastanza profondo, del diametro di parecchie diecine di metri, lungo la parete cilindrica del quale correvano a più spirali tratti di corridoi di tavole appoggiate su travi infilati nell'arenaria della parete e puntellati in vari modi.

Ogni tre o quattro metri di queste specie di passerelle discendenti a spirale come in una bolgia dell'Inferno dantesco si apriva una specie di grotta scavata a mano dove alloggiava un'intera famiglia o un gruppo di persone.

Ci saranno state in tutto due o trecento grotte dove si sistemavano fra le 1.000 e le 1.500 persone di ogni ceto e condizione sociale che venivano a passare lì la notte per paura dei bombardamenti.

Dopo essere stati respinti, senza astio o malanimo ma anche senza debolezze da tutti gli occupanti delle grotte delle prime spire del pozzo i due trovarono finalmente un capofamiglia che, per qualche assenza dei suoi congiunti aveva posti disponibili e si accomodarono per terra su degli scarni pagliericci che non tardarono molto ad animarsi per i miliardi di pidocchi, pulci e piattole che aspettavano la notturna razione di sangue. Non c'erano pratiche di pulizia e di igiene personale, né sapone, né medicine che potessero liberare lo Spregiudicato ed il Formiano da quel tormento che non risparmia nessun soldato in guerra ed al quale non sempre e non tutti riescono ad abituarsi.

Da un certo punto di vista i combattenti d'Africa che potevano (quando potevano) spogliarsi per fare il bagno e per spidocchiarsi a dovere erano molto più fortunati di quelli che in Russia o in altri posti freddi non potevano godere neanche di quel relativo sollievo. Molte madri, sorelle, mogli, fidanzate e figlie si meravigliavano molto durante la guerra per le continue richieste dei loro cari al fronte che chiedevano, con precedenza assoluta sulle sigarette ed altri generi di conforto, quantità industriali di MOM (per chi ha la fortuna di non saperlo si trattava di una polvere contro le piattole). Molte distinte signore e signorine hanno ricevuto sguardi ironici dai vari farmacisti dove andavano a comprare le polveri antiparassitarie da spedire ai loro cari.

Un'altro tormento infernale per ogni povero soldato in Africa sono le mosche che si materializzano dal nulla a miliardi appena compare una qualunque forma di cibo. Si dice perfino che aviatori gettatisi col paracadute in mezzo al deserto, dopo essere stati salvati con altri aerei perché il posto era irraggiungibile con altri mezzi si siano lamentati di essere stati assaliti da miriadi di mosche appena avevano cominciato a mangiare la tavoletta di cioccolata che in genere portavano nel taschino.

Camionette di rangers che percorrevano centinaia di chilometri nel più deserto dei deserti di sabbia si sono visti assalire da nuvole di mosche non appena si fermavano per mangiare. Non c'é combattente d'Africa che non rimarrebbe in dubbio su chi indicare, se gli fosse domandato che cosa lo abbia tormentato di più durante la sua campagna, se il nemico o gli insetti (se però si prendessero in considerazione per una graduatoria anche i superiori certamente non vi sarebbero dubbi).

Un po' perché tenuti svegli dai pidocchi, un po' per l'eccitazione della seconda notte d'Africa ed un po' per la curiosità i due sergenti rinunciarono ben presto a dormire e cominciarono ad osservare quanto succedeva nella Fossa. Tutti i suoni e le voci erano distorti ed ampliati da innumerevoli echi ma nello stesso tempo erano come smorzati sia dalla stessa conformazione dell'ambiente che dal continuo movimento di centinaia e centinaia di poveri esseri umani in pena, il tutto in un buio interrotto qua e là da fiammelle di fiammiferi o di candele che immancabilmente provocavano urla isteriche dirette a ricordare l'obbligo di oscuramento.

Mentre i due si guardavano intorno abituandosi pian plano all'oscurità, cominciò il bombardamento abituale sulla città e sul porto che non distava più di due o tre chilometri da dove erano le Grotte.

Cominciò allora ad aumentare il suono agghiacciante del lamenti inconsci della moltitudine preda di una paura fredda che aumentava di minuto in minuto a misura che si ripetevano gli scoppi lontani delle bombe. Alcuni non resistevano e cominciavano a correre sul ballatoio di legno urtandosi al buio e qualcuno cadendo, mentre il mugolio inconscio aumentava fino a trasformarsi a poco a poco in un urlo, terribile perché senza passione, che diventava ritmicamente come un ansito della stessa Fossa.

Tanto lo Spregiudicato che il Formiano dopo aver fatto parecchie soste nel loro giro di ricognizione a vari livelli della Fossa, tra inciampi, urti, cadute e litigi tornarono al buco dove erano ospiti e fumarono una sigaretta con il buon capofamiglia che aveva loro offerto il suo rifugio.

Dopo qualche tempo però si accorsero che non sarebbero stati capaci di resistere fino al mattino alla pena, al dolore ed alla rabbia provocati dal trovarsi impotenti in mezzo a quella molecola di umanità sofferente.

Si accomiatarono così dal loro ospite e con notevole fatica riuscirono a tornare all'aperto fuori dalle Grotte dove attesero l'alba.

I due passarono le notti successive (fino ad un primo trasferimento a Tagiura dove poi attesero il giorno della rispettiva partenza per i reparti in posti differenti) vicini ma non insieme, ciascuno avendo le sue teorie sul posto più sicuro in caso di bombardamento. Lo Spregiudicato, con ragionamenti che soddisfacevano solo lui, considerò come il posto più riparato il fondo di un vano ascensore che, contro ogni logica, riuscì finalmente a trovare al centro di Tripoli in un edificio vicino al lungomare.

Meno le due o tre volte che lo trovò occupato da altri, vi si accomodò tanto bene da dormirci dei profondissimi sonni, tanto che perfino quando una bomba demolì una parte di quello stesso edificio lo Spregiudicato non si svegliò nemmeno. Non vi è nulla di strano in ciò, come non vi è nulla di strano nella gente che dorme tranquillamente accanto ad una linea ferroviaria o nei pressi di un aeroporto. Addirittura, in America Centrale ed in tanti altri posti, nessuno fa più caso ai continui terremoti.

Nell'adattamento e nelle abitudini non c'è niente di eroico.

Perfino lo sconvolgente spettacolo della morte violenta è qualcosa cui l'uomo può abituarsi rapidamente se la sua capacità di autodifesa contro la rottura del suo equilibrio psichico non è menomata da altre cause.

Il rapido adattamento alle circostanze fa parte dei doni che il Padreterno ha elargito all'uomo perché fosse capace di sopravvivere cosi che fatti che avrebbero sconvolto lo Spregiudicato se fossero avvenuti a Roma ed in tempo di pace venivano semplicemente registrati nella mente ed archiviati quando accadevano nel deserto ed in tempo di guerra.

Per esempio una volta sulla via Balbia lo Spregiudicato in colonna con la sua motocicletta durante un trasferimento, andò ad incastrarsi sotto il cassone di un camion pieno di Bersaglieri, che aveva bloccato improvvisamente i freni alle prime raffiche delle mitragliatrici di un Hurricane. Mentre puntando i piedi cercava di districarsi tirando indietro la motocicletta con tutte le sue forze fu urtato dai corpi di due Bersaglieri che gli caddero addosso, uno a destra e uno a sinistra, colpiti a morte come molti altri sul camion, dalle prime pallottole di un'altra raffica del caccia inglese.

Se il pilota della R.A.F. avesse cominciato a premere il pulsante un centesimo di secondo prima, anche lo Spregiudicato sarebbe stato fra le vittime di quel passaggio. Per quella frazione di secondo lo Spregiudicato si trovò a trasportare per le gambe e le braccia i corpi dilaniati delle povere vittime anziché essere lui stesso trasportato. Due metri avevano fatto tutta la differenza.

Gli stessi due metri prima della raffica che avevano permesso allo Spregiudicato di non essere colpito costituirono di nuovo la misura della distanza fra la vita e la morte in un'altra circostanza quando nel bel mezzo di un tratto sabbioso del deserto, completamente fuori da ogni possibile rotta aerea o terrestre, lo Spregiudicato con il suo reparto si era sistemato in modo veramente comodo nella sua tenda biposto inglese, come da tempo non gli riusciva di fare.

Era talmente improbabile che potesse succedere qualcosa che non solo molti si erano accesi tranquillamente le loro sigarette fumandole in piedi a mano aperta (era diventata normale abitudine fumare tenendo la brace nel cavo della mano per diminuire le possibilità di avvistamento) ma addirittura qualcuno aveva acceso dei lumi a petrolio e lo Spregiudicato leggeva un libro inglese bottino di guerra alla luce di un lumino romano ad olio raccolto fra gli scavi di Apollonia.

Improvvisamente si udì un rombo e dalla parte dell'accampamento opposta a quella dove era lo Spregiudicato si udirono degli scoppi ed il crepitio delle mitragliatrici di un caccia.

Cosa diavolo ci facesse un caccia, di notte, lontano da ogni fronte e da ogni aeroporto, non credo che lo potesse dire neanche il pilota che ne era ai comandi.

L'apertura della tenda dello Spregiudicato guardava proprio verso l'accampamento e lo Spregiudicato senza neanche bisogno di riflettere rimase steso pancia a terra ad osservare quanto succedeva davanti a lui finché vide avvicinarsi a velocità impressionante la sequenza di zampilli di sabbia, provocati dalle pallottole delle mitragliatrici del caccia, che venivano dritti e precisi verso il suo naso. Gli zampilli si interruppero due metri davanti a lui e lo Spregiudicato espulse violentemente dai polmoni il fiato che vi aveva inconsciamente trattenuto.

MONUMENTI E PIDOCCHI

Durante il brevissimo periodo di tranquillità passato a Cirene tutti i Sottufficiali in servizio al Quartier Generale del Corpo d'Armata di Manovra agli ordini di Gambara si erano trovati ad avere la fortuna di alloggiare in una camerata (dormendo in comodissime brande che bastava decimicizzare ogni tre o quattro giorni) dove qualche volta si riusciva anche a tenere le imposte chiuse abbastanza a lungo da ridurre a meno di qualche milione i miliardi di mosche che tentavano di assalirci senza tregua.

Sottufficiali o no, vivendo in camerata ridiventavamo tutti più bambineschi delle reclute nonostante la differenza di età fra il più giovane di noi di appena 19 anni ed il Maresciallo più anziano che si avvicinava ai 50.

La lunga astinenza ci portava quasi automaticamente a parlare molto spesso e molto a lungo di donne dando libero sfogo all'immaginazione che per tutti suppliva senza problemi alla effettiva scarsezza di gesta da raccontare.

Come dicono gli inglesi, per fare un mondo ci vogliono tipi di tutti i tipi, e in quel mondo infinitesimo prevalevano burocrati, scrivani e amministratori, sia per appartenenza alla

Sussistenza o al Commissariato, sia per vocazione e scelta personale nonostante portassero le piume da Bersagliere o la penna da Alpino o la lucerna dei Carabinieri.

C'erano anche i fedelissimi di qualche Ufficiale del Comando che, giustamente, voleva aver vicino qualcuno di cui fidarsi; c'erano anche gli spostati come me, capitato lì contro la mia volontà, e c'erano, come sempre, i più che erano capitati lì per puro caso come sarebbero potuti capitare in un distretto a Roma o a Milano o in una trincea in Grecia o in Russia.

Ancor prima che mi assegnassero alla sezione S del S.I.E. (Servizio Informazioni Esercito) e prima che i miei compiti diventassero molto impegnativi nessuno di noi Sottufficiali aveva la vita facile perché, si sa, i Sottufficiali, quando non hanno come compito la sinecura di portare alla morte in battaglia del bravi giovanotti, servono prevalentemente per fare tutto quello che l'Ufficiale non ha voglia di fare. Nessuno di noi stava mai tranquillo perché da un momento all'altro poteva capitare improvvisamente una chiamata da parte del rispettivo superiore per avere assegnati compiti essenziali come per esempio ottenergli la macchina o far mettere a punto il motore o pulirgli le armi o procurargli acqua minerale.

Il vero impegno per tutti, Ufficiali o Sottufficiali, pelandroni o entusiasti, doveva venire ben presto ma, a parte i frequenti bombardamenti e mitragliamenti, la vita a Cirene non era poi tanto brutta.

Gli unici periodi di tempo in cui si poteva stare relativamente tranquilli era quando si terminava un turno di ispezione e si aveva perciò diritto di non essere disturbati per le successive 18 ore fino alla sveglia del mattino dopo.

Mi capitò di essere in servizio due sole volte mentre eravamo a Cirene. La prima volta approfittai del susseguente turno di riposo per andare ad osservare un gruppo di supposti beduini accampati non molto lontano per vedere da vicino quegli strani esseri che dalle mie letture giovanili mi avevano sempre affascinato ed incuriosito.

Seppi solo dopo qualche tempo quale pericolo avevo corso inconsciamente dato che, autentici o fasulli, i gruppi di beduini che giravano allora intorno alle truppe italiane (ai tedeschi non si avvicinavano avendone un sacro terrore) erano soprattutto cacciatori di soldati (quando non erano spie), pagati dagli inglesi per sgozzare senza pensarci due volte i soldati che dormivano o che riuscivano a sorprendere soli lontano dai loro reparti.

Toltami la curiosità di vedere da vicino i beduini con le loro tende nere ed i loro cammelli e montoni, sfruttai la seconda giornata a mia disposizione per andare a visitare Apollonia, all'andata riuscii a trovare un passaggio mentre mi toccò passare metà della notte per farmi a piedi, e per di più in salita, i circa 18 km. da Apollonia a Cirene non avendo avuto fortuna con i miei tentativi di autostop.

Senza troppe ricerche archeologiche, dopo essermi goduto lo spettacolo generale e le bellezze particolari di ogni scorcio di quella mitica città, riuscii perfino a trovare un lumino romano quasi intatto benché consumato dalla sabbia e dal vento, lumino che sono riuscito a portarmi a casa e che tuttora conservo.

I compiti operativi di guerra cominciarono per me prima che potessi ripetere la mia visita a quella bella città.

Cirene era anche un posto dove la permanenza di alti comandi aveva provocato la costruzione di ottimi rifugi antiaerei più che necessari data la frequenza delle incursioni inglesi.

Anche fuori dai periodi di battaglia le incursioni facevano però sempre qualche vittima ed eravamo ormai abituati al primo allarme a correre dove l'abitudine o l'istinto ci dirigevano secondo dove l'allarme stesso ci aveva sorpresi.

Un Sergente Maggiore napoletano, operoso ed instancabile che manteneva incredibilmente efficienti tutti i servizi del Comando e che ci teneva alto il morale con il suo buonumore e le sue qualità umane, fu ucciso, dopo la mia partenza, da una bomba che lo prese in pieno proprio all'ingresso del rifugio, disintegrandolo.

Era una persona pulita tanto moralmente che fisicamente ed aveva tutte quelle caratteristiche aristocratiche che, generalmente a torto, sono attribuite agli inglesi. Forse fu ucciso dalla bomba proprio perché non aveva considerato dignitoso per un gentleman scomporsi troppo per correre a perdifiato dentro il rifugio.

Un giorno un Sergente, anche lui campano anche se non proprio napoletano, avendo finalmente ricevuto l'avviso di rimpatrio dopo tre anni e mezzo di permanenza in Africa, Si precipitò dal sarto per farsi fare su misura due divise in tela kaki con l'intenzione di presentarsi il più elegante possibile alla famiglia, agli amici, al conoscenti ed alle ragazze del suo paese; il napoletano appena lo seppe lo investì con forza, anche se con misura, per dimostrargli lo sbaglio che faceva.

Si degnò spiegargli con abbondanza di insulti tanto aperti come indiretti, ma comunque sempre degni della sua mente imaginosa, come qualmente uno che tornava in Italia dall'Africa dopo più di tre anni aveva il preciso dovere di arrivare con una uniforme lacera, sporca e consumata per far apprezzare nel modo dovuto le sofferenze dei combattenti nel deserto.

Mentre lo avvertiva anche dei pericoli di bronchite, polmonite e pleurite che lo sciagurato incosciente damerino avrebbe corso in pieno inverno per la stupida vanità di mostrarsi in divisa da veterano d'Africa, gli aggiunse, mentre si aggiustava l'immacolato foulard che portava sempre al collo, che lo avrebbe volentieri aiutato a compiere una operazione che avrebbe coronato la epopea del suo rientro a casa.

Secondo lui il tocco finale avrebbe dovuto essere dato dall'acquisto di qualche etto di pidocchi, tanto crociati che semplici, che, data l'abbondanza, non gli sarebbero costati molto; avrebbe poi dovuto mettere questi pidocchi in scatolette, opportunamente preparate per farli sopravvivere durante il viaggio fino a Napoli, ma facilmente apribili per liberare quelle simpatiche bestioline in pochi secondi, atto da compiere non visto appena in presenza della folla che lo avrebbe accolto al suo paese.

I pidocchi sarebbero stati la dimostrazione incontrovertibile della sua appartenenza a reparti eroici di prima linea abbarbicati alle pietre del deserto africano senza disporre di acqua per lavarsi o per bere ma con ampie disponibilità di petti da opporre ai carri armati nemici nonché alle cannonate.

Il bravo Sergente buzzurro dei dintorni di Napoli naturalmente non seguì i consigli saggi del napoletano verace e partì in ghingheri e piattini tutto acchittato. A mia vergogna devo confessare che al mio rimpatrio partii anche io in divisa di tela, anche se non nuova, e con solo i miei pidocchi, senza scatoletta di scorta, sotto la maglia di lana nascosta dalla camicia di cotone.

I soldati d'Africa, una volta superato l'apprendistato, facevano in modo di disporre in abbondanza di indumenti di lana perché dopo che da novellini si erano sconsideratamente liberati delle maglie di lana e talvolta anche dei cappotti vendendoli a borsa nera o lasciandoli alle loro famiglie credendoli inutili e ingombranti, dopo la prima notte passata nel deserto, chi non era morto assiderato si precipitava a procurarsi maglie, maglioni, sciarpe e cappotti.

Molti preferivano addirittura procurarsi di nuovo la divisa di panno grigioverde abbandonata sconsideratamente per vestire quella di tela kaki perché, data la mancanza di autocarri in dotazione per i trasferimenti, la maggioranza dei bravi soldatini italiani dovevano fare molto spesso centinaia e centinaia di chilometri a piedi portandosi tutto appresso: vestiario, viveri, armi e munizioni.

Chi non ha provato non può rendersi conto del tormento causato (come se non bastassero i nemici, i superiori, gli insetti, la fame e la sete) dal salto di temperatura che puntualmente si verifica nel deserto fra la massima delle prime ore pomeridiane e la minima delle ultime ore notturne. Sulle spesse piastre d'acciaio dei carri armati (che erano i migliori accumulatori di calore) si potevano tranquillamente cuocere le uova di giorno mentre toccarle all'alba procurava una sensazione di gelo.

Non che le uova da cuocere sulle piastre arroventate dei carri armati facessero parte della razione giornaliera del soldato, ma quei preziosi prodotti delle aperture meno nobili delle galline seguivano un itinerario che con qualche piccola variazione, le faceva passare di mano in mano fino ad arrivare sulle piastre dei panzer.

Data la irregolarità nell'arrivo dei rifornimenti alle truppe italiane, tutti i soldati si erano egregiamente organizzati per arrangiarsi il meglio che potevano per cui autieri, scorta ed accompagnatori di qualunque mezzo andasse nelle vicinanze di un posto abitato, ottenevano sempre il tacito permesso dai rispettivi ufficiali per andare a favorire lo sviluppo del mercato nero con i contadini, coloni o beduini dai quali compravano tutto quello che era mangiabile.

Nonostante la carne di montone (che la Sussistenza era spesso costretta a distribuire per mancanza di meglio) provocasse un senso di nausea in tutti i soldati al solo sentirne parlare, nessuno si azzardava a rubare o voler comprare le poche galline esistenti (per altro accuratamente nascoste dai rispettivi proprietari) perché tutti avevano imparato la logica degli arabi sulla necessità di non esaurire le fonti di approvigionamento.

È vero che i libici non sono arabi (tranne quando faceva comodo al Senusso ed in seguito a Gheddafi) ma tanto all'interno del deserto come dove si sono svolti i combattimenti che coinvolgevano i miei reparti di appartenenza, quelli che vagavano in tutte le direzioni erano più arabi che libici.

Le soluzioni arabe a problemi generalmente non considerati dai popoli occidentali, come il rispetto delle donne o l'inutilità di uccidere il nemico (quando se ne può ricavare il pagamento del riscatto) o i suoi servi (quando si possono sfruttare fino al momento che il padrone vinto, tornato a casa e guadagnati abbastanza soldi, possa ricomprarli) erano state a suo tempo imparate dai barbari Crociati e venivano presto assimilate da ogni «africano» bianco degno di rispetto.

Nessuno fra i Berberi o i predoni del deserto, per lo meno fino a quando le loro tradizioni non sono state inquinate dalla rivalità delle potenze cosiddette civili e dalla esasperazione dell'odio sorto con il problema di Israele, era mai venuto meno alla tacita ma ferrea regola che imponeva l'assoluto rispetto delle donne da parte dei razziatori. Il Tuareg poteva così andare tranquillamente a fare le proprie scorrerie, stando lontano talvolta dei mesi, perché sapeva che in sua assenza eventuali razziatori della sua cabila avrebbero rispettato le sue donne così come lui rispettava quelle della cabila che andava a razziare.

Con la medesima logica «sui generis», gli stessi arabi che hanno distrutto con le loro greggi di capre tutta la fascia verde dell' Africa Mediterranea hanno però imparato dalla piccola volpe del deserto chiamata fennech a limitare i prelievi di cibo.

Il fennech nel deserto non trova molti piccoli carnivori di cui nutrirsi e perciò mangia tutto quello che trova fra cui principalmente le lumache che sanno sopravvivere sugli scarsissimi arbusti che riescono stentatamente a crescere nel deserto.

Racconta Antoine de Saint Exupery che quando il fennech, non avendo trovato topi o altri animaletti, ricorre alla sua riserva di lumache, anche se muore di fame non prende mai, saggiamente, più di una lumaca da ogni arbusto così che la colonia di lumache non venga alterata troppo nella sua struttura biologica e continui a prosperare in attesa che il previdente fennech sia costretto di nuovo a ricorrervi per soddisfare la sua fame.

Così imparando dagli arabi che avevano imparato dai fennech, tutti avevano praticamente aderito alla regola di comportamento per cui era meglio lasciare sopravvivere la gallina perché continuasse la produzione di uova piuttosto che godere per una volta sola la sua carne al posto di quello schifo di carne di montone. Era proprio il caso di rispettare la regola di «non uccidere la gallina dalle uova d'oro».

Purtroppo non tutti i nomadi beduini erano onesti arabi rispettosi delle regole della loro ormai perduta civiltà e delle loro tradizioni islamiche, in genere sempre rispettose della vita.

O perché erano vecchi seguaci del Senusso o di al Muqtar o perché come era molto più probabile, erano pagati dagli inglesi, molti di loro non solo agivano come spie delle armate Alleate ma addirittura, quando potevano farlo impunemente, assassinavano i militari italiani isolati o disattenti.

Io mi trovai a voler denunciare, furente di indignazione, una volta un colono ed una volta un soldato che tentavano un tiro al bersaglio su degli arabi che passavano in lontananza e che naturalmente presero velocemente la fuga, apparentemente senza aver subito danni.

Una volta però mi successe di rimanere appiedato per mancanza di benzina e, capitato con il mio autista vicino ad un pozzo secco mi sistemai per la notte che stava sopravvenendo dietro i resti di un muretto a poca distanza da altri quattro soldati italiani che avevano deciso apparentemente di porre un termine alla loro guerra personale e, laceri, sfiniti, affamati e disarmati avevano preso autonomamente la strada verso Tripoli lontana però millecento chilometri ad Ovest.

Volli tenermi con il mio autista lontano da loro, un po', dato il loro aspetto, per non prendermi più pidocchi di quanti già ne avessi per conto mio, ed un po' perché, essendo io Sergente, sarebbe stato mio dovere obbligarli ad invertire la marcia ed a rientrare nella battaglia in corso di cui quei poveracci ne avevano evidentemente avuta già molto più della razione loro pertinente.

Svegliatici, io e l'autista, all'alba per continuare la nostra ricerca, andammo a dare un'occhiata dove avevamo visto addormentarsi i quattro poveri soldatini e fummo stravolti dallo scoprire che erano stati tutti e quattro sgozzati nel sonno ed i loro cadaveri erano stati impietosamente spogliati di tutto quanto avevano addosso.

Da quella volta, anche se non partecipai personalmente al tiro all'arabo, come mi capitò di poter fare un paio di volte, di sicuro però non ebbi più alcuna velleità di denunciare chi lo faceva.

DRANG NACH OSTEN
(Marcia verso Oriente)

Dopo aver cominciato a sperimentare alcuni degli inconvenienti della guerra (a Napoli ed a Tripoli i bombardamenti, in mare i siluramenti, sulla Balbia i mitragliamenti e dappertutto cimici, pidocchi e piattole) col trasferimento da Tripoli a Tagiura lo Spregiudicato ed i suoi compagni poterono vivere alcuni giorni di pace prima di ricevere le «basse di passaggio» per i vari reparti di destinazione che nel suo caso specifico fu il Quartier Generale del Comando Superiore delle Forze Armate dell'Africa Settentrionale.

Essere volontario di guerra, rinunciare per questo motivo a partecipare al Corso Ufficiali (al quale, contemporaneamente alla partenza per i vari fronti dei volontari veri, erano stati mandati i volontari per forza) per poi svolgere mansioni da scrivano in un comando superiore lontano centinaia di chilometri dal fronte non era certo l'obiettivo di tutte le smanie avute fino dallo scoppio della guerra.

Quindi era logico che lo Spregiudicato (come più o meno tutti gli altri volontari sui vari fronti) cominciasse a fare quello che è di prammatica per tutti i volontari di tutte le epoche e di tutti gli eserciti, cioè rompere le scatole a superiori e colleghi e rendersi insopportabile, con l'immediato risultato di essere trattato peggio di uno straccio sporco.

Alla lunga però il contegno indisponente del volontari in genere faceva sì, quando si rendevano proprio insopportabili oltre misura, che ottenessero quanto desideravano e cioè andare al fronte, cosa che dalla maggioranza della gente dotata di un minimo di buon senso è considerata una punizione.

Così anche lo Spregiudicato ottenne, se non proprio di andare al fronte, per lo meno di avvicinarvisi e in meno di tre settimane dal QGCSFAAS fu trasferito con grande sollievo del suddetto QG ....ecc. al CCAM che sarebbe poi la complicata sigla del semplicissimo nome del Comando del Corpo d'Armata di Manovra di cui, agli ordini del Generale Gambara, facevano parte la Divisione corazzata Ariete, con il Ragruppamento Esplorante Corazzato RECO, e la Divisione motorizzata Trieste.

Dopo alcuni spostamenti (durante i quali lo Spregiudicato non esitò a ricominciare ad adottare l'atteggiamento rompiscatole tipico del volontario insabbiato in un comando, specificando per di più che voleva essere destinato alla Divisione corazzata Ariete) il comando si installò a Cirene nonostante gli sforzi di vari Generali per installarsi a Derna.

«Et pour cause»: Derna era una bellissima cittadina piacevole da tutti i punti di vista (urbanistica, architettura, clima, vegetazione, pulizia, spiagge) fra le poche in Libia, anche se era in Cirenaica, a disporre oltre che di cinema, caffè, divertimenti e case di tolleranza, anche di una ottima acqua potabile, tanto che alcuni reparti mandavano le loro autobotti fino da 300 km di distanza per avere un po' d'acqua buona da alternare con la schifosa acqua salata rossastra che normalmente si beveva in tutta l'A.S.

Considerando che Cirene stava a 250 km da Tobruch, a 330 dalla prima linea del fronte inglese e a soli 95 km da Derna lo Spregiudicato non aveva poi tanto diritto di lamentarsi come non ne avevano i Generali anche perché a 620 metri sul livello del mare l'Africa è abbastanza sopportabile.

Infatti nel deserto o supposto tale (dato che il Gebel cirenaica sulla costa ha abbastanza vegetazione da non potersi veramente chiamare deserto) 300 km rappresentano una distanza percorribilissima in un batter d'occhio da qualunque «commando» che sappia il fatto suo. Ne consegue che perfino un volontario incosciente, smanioso e rompiscatole come lo Spregiudicato doveva stare sempre all'erta e con l'arma a portata di mano in vista di qualche incursione dei «topi del deserto» del «Long Range Desert Group».

A loro volta i Generali e gli Ufficiali Superiori, sempre immacolati e profumati, potevano godere dell'acqua della Sorgente di Apollo infischiandosi per una volta del rifornimento giornaliero di acqua minerale che veniva a mancare quando i convogli italiani perdevano qualche nave dove ce n'era sempre un notevole carico.

L'acqua minerale era spedita in Africa per essere distribuita fra i vari ospedali da campo ma i feriti ed i degenti l'assaggiavano, in genere, piuttosto raramente.

L'unica cosa che dava fastidio a qualche pezzo grosso dei vari Stati Maggiori di Cirene era la eccessiva vicinanza di uno dei comandi di Rommel che era a soli 15 km, a Beda Littoria. Le improvvise visite di Rommel non erano molto gradite da alcuni Generali che odiavano avere fra i piedi un Generale da prima linea invece che da Circolo Ufficiali.

Come addetto alla sezione «S» dell'Ufficio Informazioni del QGCAM lo Spregiudicato avrebbe dovuto dedicarsi alla decrittazione di messaggi inglesi in cifra o alla analisi e selezione delle informazioni date dai prigionieri poiché, per essersi fatto sfuggire che lo aveva studiato a scuola, era stato d'autorità considerato interprete di inglese pur non avendo qualificazioni migliori di quelle del Tenente Aurelle di André Maurois come interprete di portoghese.

Per fortuna il suo capo diretto, un Sottotenente cui si poteva veramente applicare la qualifica di «Ufficiale e Gentiluomo», faceva di tutto per adempiere e far adempiere ai doveri di un soldato e così ogni tanto lo Spregiudicato era mandato con le pattuglie che andavano a cercare di catturare prigionieri.

Naturalmente non succedeva spesso di poter catturare inglesi o sudafricani o australiani o neozelandesi o gurka nelle loro stesse postazioni dato che quelli avevano la strana mania di impedire ostinatamente ai nemici di avvicinarsi a distanza utile, ricorrendo perfino alla scorrettezza di sparare; qualche rara volta, con molta fortuna, qualcuno riusciva a catturare qualcuno a condizione che fosse debole e poco bellicoso ma questa eventualità non allettava troppo lo Spregiudicato perché avvicinarsi allo scoperto ad un nemico voleva dire correre il rischio di piombare su una preda ritenuta facile per scoprire all'improvviso che intorno c'erano altri componenti di una pattuglia ostile che si erano tenuti nascosti di proposito; in quei casi chi non aveva gambe, fiato e fortuna in quantità notevoli veniva catturato o ammazzato dato che l'unica cosa da fare era scappare a perdifiato. Le cose avrebbero potuto andare un po' meglio nel caso che lo Spregiudicato avesse avuto la rara fortuna di inciampare in qualche povero diavolo sperduto o per avaria al suo mezzo di locomozione o per essersi incautamente separato dai suoi compagni; chi si perde nel deserto e vaga disperatamente per ritrovare qualche essere vivente che lo salvi dalla morte per fame, per sete, o per esaurimento, in genere non solo si libera quasi subito delle armi e munizioni ma non fa troppo lo schizzinoso sulla nazionalità di chi lo trova, considerandolo a ragione il suo salvatore, che sia nemico o amico.

La ragione per cui per queste faccende mandavano qualche volta lo Spregiudicato insieme alle pattuglie destinate alla ricognizione o alla cattura di prigionieri stava nella esagerata valutazione della sua padronanza della lingua inglese. Infatti quando si riusciva a catturare qualche sperduto era opportuno approfittare della sua condizione psicologica di «salvato miracolosamente all'ultimo momento da sicura morte» per cavargli di bocca, senza neanche bisogno di forzarlo, tutto quello che si voleva: cosa che poi al comando non sarebbe più stata possibile.

Le cose migliorarono molto quando gli scarsi risultati delle pattuglie a piedi indussero il comando a fare le sortite per la cattura di prigionieri con le autoblinde nuove fiammanti appena consegnate alla P.A.I. (Polizia dell'Africa Italiana) che, destinata a fare la guardia agli alti comandi, si dimostrò invece entusiasta di partecipare alle azioni di guerra. Il merito oltre che ai baldi giovanotti della P.A.I. si doveva anche al dinamismo ed alla lunga esperienza di guerra del Generale Gambara.

Le autoblinde arrivando all'improvviso sulle postazioni avanzate nemiche inducevano gli occupanti a ritirarsi di corsa verso postazioni più arretrate ma più difese, e qualche volta riuscivano ad acchiappare quelli che nella corsa rimanevano indietro. Chi sostiene che l'addestramento estenuante del soldato nella corsa sul percorso di guerra non serve a niente dovrebbe sentire la opinione di quei prigionieri.

Il guaio era che, come di solito succede nel deserto e per di più di notte, erano più le volte che le pattuglie si perdevano che quelle che riuscivano nei loro compiti.

È vero che, oltre alle stelle ed alla bussola, un magnifico punto di riferimento era costituito dal cielo di Tobruch che per il continuo cannoneggiamento era sempre illuminato (in certe notti si poteva addirittura leggere alla luce dei lampi del cannoni e dei proiettili tanto lontano come ad Acroma o, molto spesso, ad El Adem) ma per trovare la pista giusta invece di quella sbagliata servivano indicazioni un po' più precise di un, sia pure spettacolare, lampeggiamento cui forse si potrebbe paragonare solo quello dei più violenti temporali della foresta equatoriale del Congo.

Già dalla prima sortita, fatta amicizia con l'equipaggio della autoblinda con cui usciva, lo Spregiudicato cominciò a venire apprezzato da loro per il suo fiuto (non si potrebbe proprio dire per le sue qualità) di navigatore, soprattutto quando si perdevano in zone sconosciute o quando i segnali per riconoscere la loro posizione non corrispondevano a quanto previsto. Quando tutto era calmo lo fecero addirittura provare a pilotare l'autoblinda (una fiammante SPA AB 41 da 7 tonnellate).

Durante una notte particolarmente movimentata, cominciata con l'arrivare sotto delle postazioni nemiche molto più difese di quanto aveva assicurato chi aveva assegnato la missione, la pattuglia finì per incappare, nel disimpegno a zig zag, in un groviglio di reticolati per uscire dai quali l'autoblinda dovette fare tante giravolte da perdere completamente l'orientamento.

Per scalogna nera l'autoblinda fu colpita dall'ultimo proiettile sparato ormai fuori tiro da un cannoncino inglese. In quella notte allo Spregiudicato toccò sostituire ai comandi il pilota che era rimasto mezzo accecato da quell'ultimo proiettile essendo anche tutti gli altri membri dell'equipaggio più o meno pesti e malconci mentre l'ospite, che era più riparato, era l'unico rimasto integro e sano anche se notevolmente intontito.

Come Dio volle lo Spregiudicato riuscì ad imbroccare la direzione giusta e la pattuglia rientrò verso le linee italiane ma purtroppo non nella zona dove era stato previsto il rientro; dove conseguentemente nessuno li aspettava.

I poveri fantaccini della divisione Pavia che già soffrivano tutte le pene dell'inferno per essere stati tartassati continuamente negli ultimi tempi, per non avere ancora ricevuto la dotazione di armi medie assegnate loro, e per doversi muovere sempre a piedi, quando si videro arrivare addosso a discreta velocità quel mostro d'acciaio, in piena notte e con un polverone che suggeriva loro di non ritenerlo un mezzo unico facendo sospettare l'arrivo di una intera formazione, fecero quello che i poveri soldati italiani facevano in questi casi per supplire alla mancanza di armi adeguate. Cercare di creare la più rumorosa baraonda possibile per farsi credere più forti di quanto in realtà non erano.

Si ripete, a torto con ironia, la frase di Franceschiello che vedendo i suoi soldati mal vestiti, mal nutriti, male addestrati e soprattutto male armati dirigeva loro le storiche parole «almeno facite 'a faccia feroce'»; era invece una frase che valeva oro.

Così i pattugliatori si trovarono mezzi assordati da una gragnuola di pallottole calibro 6.5 del glorioso fucile modello 91 che si spiaccicavano sulla corazza da 1 centimetro e mezzo, accecati dalle vampe di grappoli di bombe a mano che scoppiavano intorno come mortaretti.

Inutile dire che contro la sia pure scarsa corazza della autoblinda, tanto i colpi di fucile che le bombe a mano non facevano neanche una scalfittura; comunque il sentire tutta quella roba arrivare loro addosso, mentre da una parte faceva restare permanentemente con la pelle d'oca gli occupanti del mezzo, dall'altra li faceva benedire le acciaierie di Terni o di qualunque altro posto che avevano prodotto delle buone lastre di acciaio di corazza.

Questa violenta reazione del bravi fanti della Pavia in principio sconcertò e sorprese la pattuglia facendo pensare che avevano di nuovo sbagliato incontrando altre postazioni Inglesi ma poi alla luce delle vampe delle bombe a mano riuscirono a distinguere abbastanza da capire che erano in mezzo ad Italiani.

In simili circostanze la migliore politica non è certo quella di fermarsi, aprire il portello e spiegare educatamente e pacatamente che non si è nemici, come chi vi spara addosso crede, ma che si è amici, per cui per favore che smettano di sparare e che indichino la strada. Simile atteggiamento non porterebbe a nulla di buono al di fuori di un possibile lieve rincrescimento dopo il riconoscimento dei cadaveri.

Ragion per cui messa rapidamente la terza marcia e accelerando al massimo per avere una ripresa degna di un'Alfa Romeo lo Spregiudicato tirò diritto fino a quando non si lasciò dietro le ultime vampe delle bombe e le pallottole non lo raggiunsero più.

Probabilmente il giorno dopo quel reparto della Pavia comunicò nel suo rapporto di aver neutralizzato un attacco in forza di mezzi corazzati nemici.

Messo il motore al minimo e proseguendo con molta circospezione ed orientandosi con la bussola lo Spregiudicato riuscì ad arrivare (e soprattutto a farsi riconoscere) in un'altra postazione italiana e da li ritrovare la strada di casa dove finalmente riuscì a comunicare le fatidiche parole «missione compiuta» ed i dati raccolti circa le postazioni inglesi.

In quell'occasione l'equipaggio dell'autoblinda diede allo Spregiudicato per ricordo il distintivo di pilota di autoblinda dicendo che loro glie lo avevano dato e che guai a chi glielo avesse toccato.

Comunque l'uso delle autoblinde permise allo Spregiudicato di migliorare il suo record di catture. Invece che un nemico ogni tre uscite podistiche (per un totale di 2 prigionieri) arrivò a catturarne due ogni quattro uscite motorizzate.

Fu anche l'unica doppia cattura avvenuta nelle prime (ed ultime) quattro uscite dello Spregiudicato in autoblinda, quando già Auchinleck aveva lanciato la sua offensiva.

Per dire la verità non ci fu nessuna manifestazione di eroismo in quella particolare cattura. Percorrendo una zona dove onestamente non era logico incontrare nessuno essendo quella volta una semplice uscita di ricognizione, la pattuglia cui era stato aggregato lo Spregiudicato si avvicinò (come si faceva di solito con la speranza di recuperare qualcosa di utile) ad una camionetta ribaltata che giaceva su un fianco nel mezzo di un deserto proprio deserto.

Alla poca ombra della camionetta c'erano due ufficiali inglesi, non più giovanissimi ed abbastanza malconci ed acciaccati, che si stavano lentamente riprendendo dallo shock del ribaltamento ma ormai abbastanza tranquilizzati dopo la constatazione di non avere alcun osso rotto; dopo quella constatazione avevano potuto recuperare una fiaschetta di cognac e se la stavano scolando con la serietà e la compunzione con cui gli inglesi in genere fanno queste cose.

Constatato che la camionetta degli Inglesi si era ribaltata per l'impatto e rottura del ponte contro un sasso, lo Spregiudicato ed i suoi compagni cominciarono, dopo aver portato all'autoblinda i due prigionieri, a controllare che bottino potevano ricavare da quello che ormai era da considerarsi un relitto di cui solo due gomme erano da reputare degne di essere recuperate. Un breve tentativo di ricavare informazioni dai due ufficiali risultò inequivocabilmente inutile e, mentre gli italiani cercavano di organizzarsi per portar via quanto potevano, per puro caso uno di loro diede un'occhiata in giro e subito lanciò una voce di allarme. La nuvola di polvere che si stava avvicinando, per la sua notevole velocità, induceva a supporre oltre ogni ragionevole dubbio che il mezzo che la originava fosse inglese. Senza stare tanto a disquisire sulle scarse probabilità che chi stava arrivando fosse tedesco o italiano, la pattuglia fu unanime nella decisione di allontanarsi al più presto e, abbandonata l'opera di recupero e l'acquisizione del bottino, caricati i due prigionieri, si allontanò alla massima velocità possibile.

In quel periodo il Comando e l'Ufficio Informazioni cui apparteneva lo Spregiudicato, erano in movimento, donde la ricognizione, ragion per cui i due ufficiali inglesi furono messi sotto una tenda (anche quella inglese preda bellica) e dopo aver avuto la loro promessa che per quella notte non avrebbero tentato di fuggire (non erano d'altronde in condizioni fisiche di farlo) furono lasciati in pace.

Senonché lo Spregiudicato si trovò di fronte al problema che da qualche giorno, e cioè da quando era cominciata l'operazione «Crusader», assillava un po' tutti.

Era il problema (uno fra i tanti) che nasce nel momento in cui in guerra il fronte da statico diventa dinamico quando cioè nessuno sa dove si trova nè dove si trovano gli altri, amici o nemici.

In quel caso particolare, in quel momento, fra le altre cose, mancavano i viveri, o perché la Sussistenza non sapeva dove portarli o perché aveva sbagliato strada o perché era stata catturata dal nemico che cercava ostinatamente, chissà perché, di fare dispetti agli italiani.

L'uso dell'immaginazione, frequente in genere da parte degli italiani, permetteva, per fortuna, di escogitare sempre nuovi trucchi cui ricorrere per non patire la fame.

Una volta lo Spregiudicato non aveva resistito ai morsi della fame e, raggiunto su una pista un autocarro Opel tedesco colmo fino ai bordi di quelle pagnotte nere a forma di cassetta che costituivano la razione giornaliera del soldato dell'Afrika Korps, aveva ordinato al suo autista di stare appiccicato all'Opel al punto quasi di toccarlo. Lo Spregiudicato aveva in quel momento una camionetta Inglese Morris preda bellica che, come tutte le camionette militari di quell'epoca aveva una barra tubolare di difesa del radiatore sul davanti dello stesso.

Mentre l'autista cercava di fare del suo meglio per stare appiccicato, senza però urtarlo, all'autocarro che gli stava davanti, lo Spregiudicato usci dal sedile e cercando di mantenersi in equilibrio fra cofano e parafango riuscì a mettere i piedi sul paraurti anteriore che, anziché di plastica come si usa oggi, era di ottimo e robusto acciaio anche se, probabilmente, non uscito proprio da Sheffield. Stando in una posizione molto precaria, con i piedi sul paraurti e tenendosi con una mano alla barra antiurto, lo Spregiudicato riuscì a sporgersi abbastanza in avanti per poter ogni tanto ghermire una pagnotta per lanciarla ogni volta nel cassone della sua camionetta. L'impresa andava benissimo ma ad un certo momento lo Spregiudicato ebbe il torto di guardare in basso il che gli diede la possibilità di rendersi conto di cosa gli sarebbe successo se gli fosse scivolato un piede o se la mano avesse perso la presa, ragion per cui decise che lo sciippo poteva terminare lì e fece cenno (con la faccia bianca di fuori per la polvere ma sotto altrettanto bianca per la paura) all'autista di rallentare. Una volta riuscito, però con molta più difficoltà dell'andata, a tornare sul sedile, fece fermare la camionetta per verificare l'entità del bottino. Almeno un paio di pagnotte dovevano essere rimbalzate fuori del cassone perché ne contò solamente 3 mentre era più che sicuro di averne rubate almeno 5.

Come facessero i tedeschi a continuare ad avere successi su tutti i fronti nonostante fossero solo 60 milioni mentre gli Alleati erano come popolazione 10 volte di più, si spiega in parte anche con la pignoleria con cui la Sussistenza tedesca compiva puntualmente tutte le consegne mentre quella Italiana spesso non riusciva a far pervenire neanche le cose di primissima necessità mettendo i poveri militarsoldati sui vari fronti nella poco simpatica situazione di dover derubare il «Camerata Richard» di tutto quello che serviva per sopravvivere.

Se si considera l'acqua come un lusso non c'è niente di strano nel fatto che rispetto ai dovuti due litri al giorno ne arrivassero sì due litri, ma talvolta dopo 5 giorni. Tanto lo Spregiudicato come i suoi compagni avevano subito imparato a far durare i due litri il più possibile e quando finalmente arrivava il camion con l'acqua rossastra e salata che sapeva di petrolio erano pochi quelli che non avessero ancora un po' d'acqua nella borraccia da due litri in dotazione in Africa.

All'arrivo dell'acqua i soldatini civilizzatori d'Africa si permettevano in genere il lusso di lavarsi e radersi e tutti quelli che si sono trovati in quei frangenti non hanno dimenticato come lavarsi perfettamente ascelle, collo, orecchie, faccia ed altre parti essenziali (naturalmente con il sapone, indispensabile per togliere polvere e grasso incrostati da più giorni) con meno di mezzo litro d'acqua.

Nonostante l'abitudine alla parsimonia però, quando se ne presentava la occasione (spinti da una sete più psicologica che reale in quanto ci si abitua facilmente anche alla scarsità di acqua) i camerati italiani rischiavano di essere sparati a vista dalle sentinelle, o fucilati subito dopo se presi «col sorcio in bocca», quando andavano a rubare bottigliette di birra fresca dagli autocarri o dai panzer tedeschi.

La birra era particolarmente concupita perché, rubandola di notte, col freddo del deserto era quasi ghiacciata dato che i buoni tedeschi la mettevano fuori del loro mezzi proprio per raffreddarla a dovere.

Sporcarsi la faccia e le mani con la fuliggine dei tubi di scappamento e strisciare un centimetro per volta per centinaia di metri per rubare al massimo due bottigliette, strisciando poi per un'altra ora o due per tornare «a casa» era diventato uno sport di élite fra i soldati Italiani meno conformisti.

In questo ambiente psicologicamente deformato non era però morta quella certa parvenza di cavalleria (nei confronti tanto di amici che di nemici) che è stata una sorprendente caratteristica della guerra nel deserto.

Nonostante la fame e la sete che in quel momento erano notevoli, lo Spregiudicato non volle che i due ufficiali inglesi appena catturati si rendessero conto delle miserevoli condizioni in cui si trovavano i loro catturatori e scusandosi per la limitatezza della spartana razione «regolamentare» diede loro la sua ultima scatoletta di carne, le sue ultime due gallette e metà del suo ultimo litro d'acqua.

Prestò loro il temperino del nonno per aprire la scatoletta rafforzando così con divertimento interiore la convinzione di tutti gli anglossassoni che un «Wop» o «eyetie» che dir si voglia (nomignoli spregiativi con cui, negli Stati Uniti o nel Commonwealth sono indicati gli italiani) non può fare a meno di avere sempre in tasca un coltello.

L'Ufficiale di grado inferiore aprì la scatoletta col temperino dello Spregiudicato e dopo che, prima il superiore e poi lui stesso, lo ebbero usato come forchetta, lo pulì accuratamente e lo restituì ringraziando.

Lo Spregiudicato assistette, con aria che lui cercava apparisse indifferente, alla consumazione della sua ultima razione disponibile e, pur attanagliato dal morsi della fame e dalla convinzione di essere stato proprio un cretino a privarsi del suo sostentamento a favore di due nemici, non potè fare a meno di notare che, da persone educate, gli inglesi non gettarono la scatoletta che aveva contenuto la carne (la carta che avvolgeva le gallette la conservarono per altri usi) a casaccio fuori della tenda che costituiva il loro alloggiamento provvisorio, ma la deposero vicino al mucchio dove erano già radunate altre immondizie. Si cercava di radunare le immondizie anziché spargerle intorno per, alla prima occasione, ricoprirle di sabbia in modo da limitare per quanto possibile il richiamo ai miliardi di mosche che tormentavano, più del nemico e del superiori, tutti i combattenti del deserto.

Lo Spregiudicato notò con sorpresa che gli Inglesi, che senza dubbio avevano altrettanta se non più fame di lui, tanto per non smentire la loro generalmente usurpata fama di gentlemen, avevano lasciato un po' di carne sul fondo della scatoletta.

Sempre affettando la più distaccata indifferenza lo Spregiudicato continuò a bighellonare intorno al mucchio di rifiuti approfittando del suo grado di Sergente per allontanare con ordini pretestuosi tutti quelli che vi si avvicinavano finché, sicuro che gli inglesi non lo stavano osservando, balzò sulla scatoletta infilandola fulmineamente nella camicia ed allontanandosi velocemente. Col solito temperino del nonno raschiò con avidità i pochi grammi di carne, grasso e gelatina lasciati dagli inglesi (e probabilmente anche qualche grammo di stagno) dall'interno della scatoletta nutrendosi per quel che poteva dei rimasugli della sua razione. Tanto ormai sia lui che gli Inglesi avevano salvato la faccia, che è quello che conta.

HANDS UP! (MANI IN ALTO!)

Poi ci fu la volta quando, pur ignorandone l'esistenza, mi trovai ad essere emulo del famoso sergente York. Il periodo novembre '41 – gennaio '42 era stato il più «caldo» in Africa Settentrionale ad est di Tripoli prima delle battaglie di El Alamein.

Gli inglesi vi fanno riferimento come Operazione Crusader. Loro l'avevano iniziata il 17 novembre con le intenzioni di arrivare fino alla Tunisia ma non fosse stato per la scarsità di carri, munizioni e carburanti dei tedeschi e nostra, stava quasi per terminare col nostro ingresso, se non a Damasco, per lo meno ad Alessandria.

E, dopo settimane di corse frenetiche disordinate in tutte le direzioni della rosa dei venti, il più delle volte non sapendo da dove si partiva e meno ancora dove si arrivava, e dopo essere passato da un mezzo all'altro compresi autoblinde, trasporti cingolati, autocarri ed automobili Fiat e Volkswagen, mi trovai possessore di una magnifica B.S.A. 500 preda bellica.

Mi era infatti capitato, mentre ero alla guida di un gruppo di «imboscati» del Comando del Corpo d'Armata di Manovra di Gambara, di essermi fermato dove c'erano 4 dune un po' più alte delle altre. Io le chiamo dune ma erano in realtà quattro gobbe del terreno in cui i sassi prevalevano sulla sabbia.

Un po' per ragioni di orientamento ed un po' per un vago istinto tattico, che dopo mesi di guerra nel deserto acquista anche un maresciallo di fureria, avevo fatto sistemare il Lancia Tre RO, i due Fiat 626, i due camioncini ed il motociclista anziché in mezzo alle quattro dune, a ridosso all'esterno di quella più ad occidente ed ero riuscito a convincere, non mi ricordo più se uno scrivano senza carta o un attendente senza stivali da lucidare, ad andare di guardia in cima al monterozzo più alto con poche speranze che vi restasse sveglio.

Infatti si parla molto del caldo, della sete, delle mosche, dei parassiti, della fame e di tutti gli altri inconvenienti della guerra in Africa Settentrionale ma, quando era in corso una battaglia, il tormento maggiore era la mancanza di sonno; ci si addormentava in piedi, in colonna e perfino (mi è capitato più di una volta) addirittura guidando una motocicletta.

Mentre gli autisti controllavano le macchine e gli altri o mangiavano qualche scatoletta, o risistemavano il materiale che si scombussolava ad ogni spostamento nei camion, o si spidocchiavano, io cercavo l'ispirazione per decidere dove mi sarei diretto (infatti stavamo scappando e mi era già capitato di salvarmi dalla cattura andando verso oriente anziché verso occidente che era la direttiva logica per chi scappa dall'Egitto). Improvvisamente vidi il poveraccio di guardia venire correndo dal suo monterozzo gridando come un ossesso che arrivavano i carri.

Frenato l'impulso di mettere in moto e scappare, forse un po' perché mettere in moto un Tre RO con la manovella ed il volano non era cosa che si potesse definire rapida, un po' perché la velocità da tartaruga che poteva tenere il suddetto Tre RO difficilmente corrispondeva all'idea che uno ha di scappare e molto perché eravamo tutti ben stufi di continuare a scappare, diedi l'ordine di mettere tutto a posto per un'eventuale partenza e di tirar fuori quella accozzaglia di moschetti, fucili e bombe a mano di tutti i tipi che costituiva il nostro armamento ma che in mano ad attendenti, scrivani, decifratori, radiotelegrafisti e telefonisti era stato fino ad allora un ingombro inutile che era stato portato appresso più per sbaglio che per decisione di carattere bellicoso.

Dopo di che mi precipitai sul monterozzo della «sentinella» sperando di riconoscere chi erano gli intrusi con l'aiuto di un binocolo lasciato indietro da uno degli ufficiali che in quel momento, disponendo di veloci automobili anziché di lenti autocarri, ci precedevano di parecchi chilometri verso Tripoli.

Nella guerra del deserto, nel corso di un'azione o di una battaglia era praticamente impossibile sapere chi c'era, dove andava e che intenzioni aveva, soprattutto per la mancanza di punti di riferimento. Ci si doveva aspettare sempre di tutto e quello che capitava era di regola sempre peggio di quello che ti aspettavi.

Se ti aspettavi carri italiani ti capitava la fanteria italiana da nutrire, approvvigionare, raccogliere e rifocillare; se ti aspettavi la fanteria italiana ti capitavano i tedeschi che cercavano di darti ordini e se potevano li facevano anche eseguire con prepotenza; se ti aspettavi i tedeschi ti arrivava la fanteria inglese che ti obbligava ad immobilizzarti sul terreno per un tempo indefinito quando ci sarebbero state tante altre cose da fare; quando ti aspettavi la fanteria inglese ti capitava la fanteria sudafricana che oltre ad immobilizzarti cercava «horribile dictu» perfino di farti prigioniero; quando ti aspettavi il reparto sudafricano ti capitavano i carri Inglesi che cercavano di cannoneggiarti come se fossero al tiro a segno; quando ti aspettavi i carri inglesi ti capitavano gli australiani che avanzavano piano perché normalmente ubriachi ma che potevi fermare solo con una pallottola e che cercavano coscienziosamente di infilzarti con quei loro orribili coltellacci-baionetta; quando ti aspettavi gli australiani ti arrivavano i Gurkha che ce la mettevano tutta, con puntiglio e con serietà professionale, per farti a pezzi, e di solito ci riuscivano.

In principio potei solo vedere il polverone e questo era già un brutto segno perché un polverone grosso e lungo in quei momenti raramente corrispondeva ad un reparto italiano o tedesco ma con più probabilità era provocato da mezzi nemici più veloci e in numero notevole come noi difficilmente possedevamo.

D'altra parte la velocità indicata dall'alto polverone escludeva che fossero carri, che durante i trasferimenti si muovono «in economia». Man mano che si avvicinavano (purtroppo si dirigevano esattamente su di noi) cominciai a distinguere il tipo di mezzi, per lo più Bedford e Morris e con occhio ormai esercitato valutai che dovevano essere una trentina.

Ormai avevo l'occhio allenato e raramente mi sbagliavo nel giudicare che cosa e di quale entità fossero le cause dei polveroni. Nemmeno gli Inglesi (tranne proprio quelli arrivati freschi freschi al fronte senza alcuna preparazione) si facevano più ingannare dai trucchi escogitati dal Maggiore Santamaria che con le scorribande della sua colonna «commando», trainando a tutta velocità sulla sabbia molteplici stuoie, aveva ottenuto spesso di far fuggire o far arrendere le unità nemiche che dal polverone deducevano di avere di fronte forze di notevole entità. Rommel stesso aveva imparato molto da Santamaria sul come muoversi nel deserto e come ingannare il nemico, ma perfino il dispiegamento di diecine e diecine di carri finti di cartone o tela per ingannare l'osservazione aerea era ormai stato copiato ed adottato dagli stessi inglesi.

Mentre già le gambe mi prudevano per l'ansia di scappare riuscii a trattenermi abbastanza da raggiungere la quasi sicurezza che non c'erano né carri, né autoblinde, né cannoni.

Dopo di ché corsi indietro deciso a scappare. Ma mentre correvo, le poche probabilità di riuscita di una nostra fuga si facevano sempre più chiare e perentorie e quando, trafelato e zuppo di sudore, arrivai in mezzo al cerchio di facce ansiose della mia eterogenea «armata brancaleone» ero ben convinto che l'unica nostra speranza di non essere fatti prigionieri (dare battaglia dato il numero rispettivo sarebbe stata una follia) era quello di non essere visti: tutto può succedere.

Per aumentare le probabilità che qualcuno potesse farla franca divisi i miei 20-25 giannizzeri in quattro gruppi assegnando un monterozzo ciascuno con l'ordine (che sarebbe meglio definire un amichevole consiglio) di defilarsi in modo da non essere visti anche se gli altri gruppi fossero caduti prigionieri per poter poi eventualmente, finito tutto, riprendere qualche nostro mezzo e continuare il loro viaggio. Difficilmente infatti gli inglesi si impossessavano dei nostri autocarri che andavano a nafta mentre loro avevano rifornimenti solo di benzina ed in genere non si disturbavano a distruggerli o danneggiarli a meno che non fossero mezzi armati.

Dopodiché ognuno si prese addosso tutto quello che poteva in previsione di una prigionia quasi certa e ci preparammo a «quello che sarà, sarà» dopo esserci riempiti d'acqua e di quel poco cibo che ci fu possibile ingozzare in fretta nonostante avessimo la gola (e qualche altra cosa) talmente stretti che poco poteva passarci.

Dopo un'attesa che mi parve di secoli finalmente «il nemico» arrivò e con nostro disappunto e costernazione tutta la colonna si fermò abbastanza disordinatamente nel bel mezzo dello spazio fra i quattro monterozzi.

Mentre io agonizzavo domandandomi quanto sarebbe durata la spasmodica attesa di un qualche cosa che ancora non potevo prevedere, quei buoni figli di mamma, che Dio li benedica, si misero tutti insieme a prepararsi il «five o'clock tea» rispettosi delle loro sane tradizioni.

Io (e certamente tutti i miei compagni) restammo allibiti; quei benedetti flemmatici figli di Albione non solo non si erano disposti secondo le più elementari regole riguardanti la sosta di una colonna militare, non solo non avevano indosso nessuna arma essendosi slacciati perfino le cinture con le pistole senza parlare del fucili lasciati nelle apposite rastrelliere doppie di ogni camionetta sicuramente scarichi, ma non avevano nemmeno fatto una sia pure limitata ricognizione ravvicinata e non passava loro neanche per la testa di disporre qualche sentinella. «A cup of tea is a cup of tea, is a cup of tea»,

Mentre ci stavamo arrovellando con disperazione su che cosa fare, piano piano si fece strada un sentimento di rabbia contro quei mammalucchi che, a parte essere evidentemente dei novellini arrivati freschi freschi in Africa, si dimostravano tanto arrogantemente sicuri di averci annientato che non prendevano neanche in considerazione la possibilità che ci fosse ancora qualche nemico nel «loro» deserto.

Dalla rabbia al risentimento, dal risentimento all'idea di vendetta, dall'idea di vendetta al «ora ti faccio vedere io» il processo mentale ed emotivo si svolse quasi naturalmente e l'idea dello scherzo feroce prese forma. Dopo averlo concitatamente discusso con quelli del mio gruppo senza che la ragione e la logica avessero la minima parte nella discussione, finalmente due compagni partirono verso i due monterozzi più vicini (per raggiungere i quali senza essere visti ci volevano una ventina di minuti) con l'ordine: I di passare l'ordine al 4 monterozzo; II di ripetere a memoria e di insegnarlo a tutti il grido di «Hands up!» da urlare a squarciagola al momento giusto; III di fare il più grosso casino possibile lanciando tutti insieme tutte le bombe a mano (che data la distanza non avrebbero avuto nessuna conseguenza fisica) e sparando all'impazzata appena io avessi lanciato la prima bomba dopo circa un'ora da quel momento.

Non mi passò neanche per la testa che gli altri gruppi potessero non essere d'accordo e non credo che io fossi conscio della decisione subliminale di conservare un minimo di dignità facendo almeno un tentativo di combattere prima di arrenderci.

Anche il ragionamento che forse uno dei quattro gruppi avrebbe potuto evitare la cattura è possibile che sia venuto a posteriori ma certamente in quel momento nessun ragionamento logico avrebbe trovato delle cellule grigie in stato di calma adatto a riceverlo.

Sudando freddo nonostante il caldo, come Dio volle passò l'ora preventivata e, con il pericolo di farmi cadere ai piedi la bomba a mano che doveva dare il segnale dell'attacco tanto mi tremavano le mani, gridai nonostante la gola serrata il mio bravo «Hands Up!» in falsetto e lanciai la bomba.

Dopo di ché non credo che alcun gruppo di ascari o meharisti o zaptié abbia mai realizzato una «fantasia» più bella e più pittoresca di quella che iniziammo noi. Essendo tutta la caciara a scopo dimostrativo e non avendo perciò la necessità di colpire quei bravi bevitori di tè stavamo tanto defilati, intenti solo a fare rumore ed a gridare come forsennati, che quasi non ci accorgemmo che dopo uno o due minuti al massimo di corse insensate e di tuffi a capofitto nella sabbia quei bravi figli di Albione cominciavano ad alzare le mani in numero sempre più cospicuo.

Il numero di mani alzate si moltiplicava con progressione geometrica finché restammo esterrefatti al vedere che erano tutti immobili con le mani alzate. Insomma si erano arresi.

Il ritrovarsi di colpo trasformati da pacifici furieri, scrivani, autieri ed attendenti in eroici commandos catturatori di un numero tre volte superiore di nemici ci lasciò paralizzati per la sorpresa.

Ed ora che diavolo dovevamo fare? Io ero l'unico pseudocombattente di tutto il gruppo e per di più essendo l'unico Sergente ne ero il capo e perciò dovevo prendere le decisioni e dare gli ordini.

Gridando in dialetto napoletano per non farmi capire dagli inglesi cercai di far capire agli altri tre gruppi di lasciare un uomo su ogni cucuzzolo e cominciai «Pugnal fra i denti e bombe in mano» a scendere verso i prigionieri pregando Dio che non si accorgessero che eravamo quattro gatti e per di più sfessati.

Quello che seguì fu una specie di incubo: dovemmo infatti raggruppare tutti i prigionieri lontano dai loro mezzi e dalle loro armi (per fortuna tutte individuali come avevo osservato prima), accertare a debita distanza che quelli che avevano ancora addosso pistole e baionette le lanciassero lontano insieme alle giberne ed i tascapani dove potevano esserci delle bombe, mettere quattro guardie che li tenessero a bada, fare un sommario inventario dei mezzi e del loro carico, raccogliere tutte le armi in un solo automezzo e (ultimo ma non meno importante) farci a turno una bella scorpacciata di corned beef, fois gras, acqua buona, biscotti, rum e finalmente una sigaretta «col marinaio» (come chiamavamo le Players) se non una pipata di Navy cut.

La notte che sopraggiunse poco dopo fu un incubo ancora peggiore per tutti noi per il terrore che quelli ci saltassero addosso e ci catturassero a loro volta dopo che si erano resi conto di quanti eravamo, per di più essendo assillati dalle loro continue richieste tipicamente inglesi per avere tutto quello che poteva rendere più comodo il loro stato di prigionia. Una volta volevano le coperte, una volta l'acqua, una volta le sigarette, una volta da mangiare, una volta le loro cose personali e via di seguito.

In quel momento mi sarei sentito di fare un falò di tutti i testi delle convenzioni dell'Aia, di Ginevra et similia. Fu una delle poche volte nella mia vita che andai molto vicino ad una crisi isterica.

Come Dio volle arrivò l'alba e, organizzata alla meno peggio una colonna che nelle circostanze mi desse una certa sicurezza (purtroppo tutt'altro che effettiva) ci rimettemmo in marcia verso ovest.

Per un seguito di circostanze fortunate (prima fra le quali il visibile stato di nervi del mio gruppo che gli inglesi interpretarono giustamente come un serio pericolo di essere massacrati non appena un dito troppo tremante avesse premuto involontariamente il grilletto) e andando sistematicamente e regolarmente in direzione opposta a quella dove si scorgevano fumi, polveroni o movimenti, con ogni camionetta guidata da un inglese solo e tutti gli altri caricati sul Tre RO e con le quattro camionette più veloci guidate da noi a fare da scorta, come Dio volle riuscimmo ad arrivare ad un posto Italiano dove c'erano dei Carabinieri e mi liberai dei miei prigionieri e di quasi tutto il bottino, mezzi, armi e materiali.

Ad occhio, fra benzina, munizioni e viveri credo di aver sottratto almeno due giorni di mobilità ad almeno una brigata corazzata inglese. Quando dico quasi tutto il bottino mi riferisco al fatto che ognuno di noi si tenne quello che più poteva soddisfare il suo sfizio del momento senza nessuna logica o raziocinio.

Io mi contentai di una camionetta Morris, 15 taniche di benzina, una tenda e, a parte un po' di viveri e sigarette, una pistola a tamburo di cui, chissà come, perdetti le munizioni.

Una volta salutati i miei compagni d'avventura e ricevuto l'ordine generico dal più alto ufficiale del posto (naturalmente, così vicino al fronte, un maggiore) me ne partii alla ricerca del Comando del Corpo d'Armata di Manovra del cui Ufficio Informazioni io ero, neanche a dirlo, la colonna, con un autiere a guidare il mio mezzo personale.

Dopo essermi perso un altro paio di volte per mancanza od imprecisione di informazioni, mi trovai una notte ad essere svegliato dal rumore di carri che si avvicinavano. Presi rapidamente le borracce, il moschetto e qualche scatoletta e trascinato per la collottola l'autiere paralizzato dalla paura fino a nasconderlo in una mezza fossetta del terreno lontano dalla camionetta cominciai a prepararmi psicologicamente a ritrovarmi, come era quasi sicuro, solo ed appiedato nel mezzo di non si sa dove dato che i carri avrebbero sicuramente distrutto a vista la mia camionetta.

Viceversa, prima dal rumore e poi dalle sagome riconobbi tre carri M 13 che oltretutto si fermarono, così che potei avvicinarmi, farmi riconoscere e scambiare una sigaretta ed un sorso di cognac con quel fenomenali illusionisti della Divisione Ariete che riuscivano ad averla vinta, con i loro trabiccoli da 14 tonnellate dotati di corazze da 30 mm. e di cannoncini da 47, contro i possenti Matilda da 26 tonnellate con corazze da 80 mm.

Dato che uno dei carri aveva la radio decisi all'istante di unirmi a loro con l'unico inconveniente di dover guidare sempre, perché quest'ultimo episodio aveva finito di distruggere i nervi dell'autiere che, come mi accorsi la mattina dopo, era diventato di un bel giallo limone per l'itterizia causata dalla paura.

Dato che già un paio di volte per farlo rimanere con me avevo dovuto minacciarlo con la pistola (che per fortuna lui non sapeva essere scarica) alla prima occasione quando lui se ne scappò via in vicinanza di un reparto italiano, chiusi un occhio e rimasi così solo dopo essermi diviso dai carri nella convinzione di essere ormai rientrato nelle nostre linee.

Simili assunzioni sono sempre illusorie nel deserto, infatti poco dopo mentre continuavo a viaggiare da solo verso dove io credevo fosse il mio Comando, mi vidi venire incontro un motociclista e solo all'ultimo momento mi accorsi che era Inglese. Quel poveraccio, evidentemente perdutosi anche lui, avendo riconosciuto la camionetta per una Morris, aveva pensato di aver trovato un amico ed invece si trovò puntata sulla faccia la solita pistola scarica.

Caricata la motocicletta sulla camionetta con molti sforzi (soprattutto suoi) continuai facendo guidare lui sotto la minaccia della pistola. Al primo rappresentante dell'Arma benemerita consegnai camionetta e motociclista e proseguii a cavallo di una potente BSA 500 su cui avevo trasferito due taniche di benzina, la tenda ed un po' di viveri.

Arrivato a El Agheila, non so quale Comando, indifferente alle mie proteste, mi « catturò » decidendo che io sarei stato loro utile come portaordini motociclista.

L'unica cosa che riuscii ad ottenere fu la promessa che avrebbero comunicato al mio comando la mia posizione e la mia disponibilità. Promessa non mantenuta perché i miei genitori a Roma ricevettero la comunicazione che io ero «disperso», come seppi dopo il mio rientro a Roma.

E cominciarono le estenuanti corse avanti ed indietro nel deserto per portare ordini e messaggi alle varie unità nel più infernali buchi schifosi che in genere non corrispondevano mai alle posizioni che di volta in volta mi venivano indicate nell'area a cavallo della pista di 120 km che porta fino a Marada.

Una volta mi capitò perfino di fare un ruzzolone con la motocicletta e di slogarmi una spalla alla quale, già dagli anni quando partecipavo agli Agonali di sci per la Facoltà di Ingegneria al Terminillo, soffrivo di lussazione abituale. La lussazione era talmente abituale (solo lì al fronte mi era già capitata tre volte sempre però con un medico a portata di mano) che, abbrancando con la mano del braccio slogato la motocicletta, riuscii a ridurre la lussazione alla spalla con opportuni, per quanto dolorosissimi, contorcimenti del corpo.

La forza di sopportare l'insopportabile dolore che mi stavo infliggendo, non mi era data da alcuno stoicismo, ma dalla assoluta certezza che l'unica alternativa sarebbe stata una squallida, lenta e comunque dolorosa morte per sfinimento, fame e sete.

SONNO SABBIA E PARMIGIANO

Durante il mio girovagare quasi alla cieca per evitare di essere catturato nel bel mezzo della «Operazione Crusader», una notte mi fermai a ridosso di un ciglione abbastanza rilevato per cercare di godere in pace una delle tre cose che durante le battaglie di movimento mancavano di più ai combattenti del deserto e cioè il sonno che, insieme alla fame ed alla sete, ci tormentava molto più del nemico e degli insetti.

Qualunque opportunità di dormire, anche per solo pochi minuti, veniva sfruttata senza badare a comodità o posizione, ed io avevo imparato presto ad addormentarmi all'istante appena decidevo di dormire, per restare come in catalessi fino al momento in cui venivo svegliato da qualche sadico criminale che però doveva scuotermi ben bene per riportarmi alla condizione di intendere e di volere.

Una volta, fra Hagfet Sciaaban e El Adem, arrivando vicino ad una formazione di carri in sosta, non mi era parso vero di poter fare una dormita come si deve, protetto dalla loro presenza contro brutte sorprese quali incursioni di pattuglie o attacchi di fanterie. Mi ero così accomodato sibariticamente nella buca scavata da qualche mio predecessore sotto lo scafo nudo di un «Bren Carrier» messo fuori uso durante una delle molte precedenti battaglie che in quel posto si erano succedute con una certa frequenza.

Accomodatomi con voluttà sulla dura nuda terra come se fossi stato su un materasso di piume, ero subito caduto in un sonno così profondo che, svegliatomi dopo qualche ora semi seppellito dalla sabbia. stentai a rendermi conto di aver continuato a dormire senza accorgermi di un violento bombardamento aereo che aveva sconvolto tutta l'area circostante la mia lussuosa «sahara suite».

Sul ciglione invece ero solo; sapevo di essere nella zona di Ain el Gazala ma non sapevo esattamente dove ed avevo scelto quel posto proprio perché non avevo visto segni di vita tutt'intorno all'area che mi avrebbe perciò garantito una notte tranquilla proprio per le poche probabilità che fosse o divenisse frequentata.

Dopo quattro o cinque benedettissime ore di sonno fui svegliato da un rumore spaventoso che mi agghiacciò di terrore nonostante non l'avessi mai sentito prima. A due o tre colpi lontani molto attutiti percepiti dal mio orecchio allenato mentre ancora dormivo, si accompagnava una serie di suoni come di un rotolamento di palle di legno dentro un bidone di ferro. Quel suono terrificante che veniva dalla parte del mare con quella che sembrava una tripla eco, e rallentava di frequenza mentre diventava via via sempre più cupo, significava senza alcun dubbio «pericolo immanente».

Dopo aver vissuto secoli di terrore steso faccia a terra sulla sabbia al buio, finalmente venne la catarsi degli scoppi quasi simultanei del proiettili da 270 o forse anche da 305 o da 381 che erano appunto quelli che avevano prodotto tutti quel suoni significanti morte.

Era stata pura scalogna aver scelto per dormire in pace proprio il punto calcolato erroneamente dai direttori di tiro della nave da battaglia o dell'incrociatore inglese come obiettivo delle salve programmate come appoggio alle truppe di Auchinleck dalla Royal Navy. Il rumore cupo era dovuto al rotolamento per perdita di velocità dei proiettili lanciati oltre la gittata a tiro teso per cui il proiettile non si avvitava più nell'aria ma, letteralmente, «rotolava».

I crateri causati dallo scoppio di quegli smisurati ordigni di distruzione erano immensi e la pioggia di sabbia che cadeva tutt'intorno al punto di impatto poteva benissimo seppellire, al bordo del cratere, perfino un'automobile.

Più che tapparmi le orecchie con le mani, restare appiccicato al terreno e pregare Iddio, non potevo fare e mi limitai perciò a compiere scrupolosamente quelle tre cose.

Quella linea d'azione evidentemente poteva essere seguita solo finché i nervi reggevano, ma per fortuna dopo quattro o cinque salve il direttore di tiro inglese, o perché si era accorto del suo errore o perché aveva probabilmente diversi bersagli fra cui scegliere, cambiò coordinate e quei bauli di esplosivo se ne andarono a cadere da qualche altra parte.

Fidarsi è bene e non fidarsi è meglio per cui il resto della notte non passò esattamente in quella che si poteva definire piena tranquillità ma comunque riuscii lo stesso a godere di quel poco riposo che consentiva uno stato di agitato dormiveglia.

All'alba ripartii (verso sinistra guardando il mare) e capitai proprio sulla strada che da Ain el Gazala portava verso Derna. Abbandonare la strada per cercare di seguire una rotta parallela alla stessa ma il più lontano possibile dagli ovvii obiettivi dei caccia e dei bombardieri della RAF fu cosa quasi automatica.

Seguendo sempre la collaudata tattica di allontanarmi sistematicamente da qualunque polverone avvistato a distanza, mi avviai verso il bivio della Via Balbia da cui si dipartivano le piste che andavano verso El Mechili e tutte le altre zone dove si svolgevano i forsennati combattimenti di quella fase della Operazione Crusader.

Ancora in fase di allontanamento dalla strada vidi davanti a me un soldato che portava un pesante oggetto nero sulle spalle e non mi costò molto fare una piccola deviazione per avvicinarmi a lui a offrirgli un passaggio. Quando fui abbastanza vicino da distinguere che cosa portava rimasi stupefatto nel vedere che quel soldatino sperduto, che oltretutto era anche piccolo di statura e dall'apparenza nient'affatto robusta, si era caricato sulle spalle e si stava portando attraverso il deserto i circa 30 chili di una intera forma di Parmigiano che, contrariamente a quelle che sono in commercio oggigiorno, aveva ancora la tipica crosta nera che era stata la prima cosa da me notata da lontano sullo sfondo rossastro della sabbia.

Con mia grande sorpresa il soldatino non accettò la mia offerta di salire sulla camionetta, non accettò il fucile e la bandoliera che io gli offrivo avendone in soprannumero ed accettò solamente che gli riempissi d'acqua la borraccia spiegandomi in poche parole che lui da solo, disarmato e a piedi, aveva più probabilità di sopravvivere (dopo l'annientamento del suo reparto di cui era il cuciniere) di tutti gli altri matti come me che ancora giocavano alla guerra.

Il perché avesse scelto come unica fonte di sostentamento per la sua fuga una forma di Parmigiano poteva essere dipeso da tante ragioni a me ignote, ma come pensasse attraversare centinaia di chilometri di deserto senz'acqua e per di più alimentandosi con uno dei cibi che si usavano mangiare proprio per farsi venire la sete è rimasto e rimarrà sempre uno dei misteri dell'Africa tenebrosa anche se assolata.

Una volta arrivato dove la linea del fronte italiano si stava riformando divenni automaticamente parte dei bersagli degni dell'attenzione della artiglieria e dell'aviazione Inglesi.

Un paio di volte, nella confusione di quel periodo in cui tutti si muovevano continuamente e la rete di comunicazioni non si era ancora ristabilita in modo decente, fummo addirittura attaccati dagli «Stuka» (Junkers 87) tedeschi in picchiata, purtroppo molto più precisi e micidiali dei bombardieri inglesi.

Un giorno, che eravamo accampati con tende ed autocarri per una sosta di ristrutturazione in aperto deserto, ma non molto lontani dalla costa, era stato dato l'allarme ed eravamo stati sorvolati da una massiccia formazione di Bristol Blenheim accompagnati quasi fin lì da dei caccia Gloster evidentemente al limite del loro raggio d'azione.

Mentre i Caccia tornavano indietro i veloci Bristol proseguirono verso il loro obiettivo e dopo un certo tempo riapparvero nello stesso posto sopra di noi dove furono affrontati da una squadriglia di «Falchi» CR 42. Senonché i Caccia italiani ebbero appena il tempo di abbatterne uno che arrivò puntualmente una squadriglia di Gloster (forse la stessa di prima che si era rifornita) mandati a proteggere il ritorno dei bombardieri.

E lì, proprio sopra le nostre teste cominciò una battaglia aerea, come ne avevo viste solamente nei film epici sull'aviazione della prima guerra mondiale, del tipo di quelle che in inglese si chiamano «dog fight». Quando i soldati del mio reparto capirono che razza di baraonda stava succedendo e cominciarono a sentire fischiare i proiettili e vedere i zampilli di sabbia tutto intorno, il tutto con l'accompagnamento delle scariche delle cinquanta e passa mitragliatrici dei Caccia (i bombardieri bene o male si erano dileguati oltre il raggio d'azione dei CR 42) ed il rumore dei motori, tutti stellari, dei Fiat e dei Gloster in picchiata od in cabrata, saltarono tutti precipitosamente dentro le buche.

Ma dopo meno di un minuto, presi dallo spettacolo della battaglia tutti cominciammo non solo ad uscire dalle buche dove ci eravamo rattrappiti, ma addirittura a fare il tifo per ognuno dei caccia proprio come fanno gli appassionati intorno ad un ring di pugilato o ad un campo di football.

Le grida di «attento! dagli sotto! prendilo! ci sei! fregalo! adesso! buttati giù cretino! finiscilo! dai!» erano accompagnate con salti e gesti di fronte ai quali i forsennati che oggi popolano gli stadi o i palazzetti dello sport farebbero la figura di poveri paralitici. Non facevano effetto neanche le pallottole, molte, che arrivavano a terra creando degli artistici zampilli.

Il combattimento durò più di una decina di minuti.

Due Caccia italiani furono probabilmente abbattuti o perlomeno danneggiati gravemente e quattro Gloster inglesi furono abbattuti sopra l'accampamento ed altri tre probabilmente caddero fuori del raggio visivo.

È impossibile descrivere il carosello globale di aerei da Caccia in combattimento contro altri Caccia; le centinaia di documenti autentici visti al cinema o in televisione durante quaranta anni sono solo parziali, di uno, al massimo due, apparecchi inquadrati da quello dove è installata la macchina da presa.

Esistono sì riprese dell'abbattimento di aerei sia da parte di terra che da un'altro aereo ma sempre la macchina da presa riprende un solo aereo per volta, quello che ha la disgrazia o di essere colpito da terra o di essere inquadrato nel mirino dell'aereo che lo abbatte sul quale è piazzata la macchina stessa.

Per avere un'idea di quello che è un vero combattimento aereo fra Caccia non c'è altro mezzo che guardare i falsi combattimenti (ripescando nelle cineteche i vecchi film girati negli anni venti e trenta nei quali i registi riuscivano a rappresentare coreograficamente in modo accettabile il fantastico spettacolo offerto dai biplani che, nei film, avevano uno spazio aereo molto limitato in cui giostrare permettendo così delle riprese abbastanza verosimili) organizzati dai registi più in gamba.

Con quei tipi di aerei, appunto i Gloster ed i CR 42, l'acrobazia era praticamente il modo dei piloti di manifestarsi in combattimento. I loopings, i tonneaux, le cabrate quasi ad angolo retto, le scivolate d'ala, il buttarsi in vite e l'avvitamento orizzontale erano per essi il normale modo di sorprendere l'avversario per portarlo nel mirino, o di sfuggirgli quando si era a propria volta sorpresi.

Oggi, per vedere simili affascinanti manovre non c'è altro modo che andare nei molti Aero Club di appassionati di aerei che esistono negli Stati Uniti d'America.

Le evoluzioni dei Caccia durante il combattimento ne avevano portato qualcuno, durante delle picchiate, o dei passaggi o degli avvitamenti interrotti per cabrare, a poche decine di metri dal suolo, talmente vicino da poter distinguere senza difficoltà tanto il pilota come, chiarissimo, il distintivo ed il numero (412ª o 413ª) della squadriglia. Il distintivo rappresentava Minnie con l'ombrello e quell'insegna mi rimase impressa come simbolo del valore e della abilità dei nostri piloti.

DALLA PADELLA NELLA BRACE

Poi ci fu la volta quando Toni, anche lui, mi salvò la vita.

Quel giorno, per andare all'Unità dove dovevo portare il messaggio affidatomi dal Comando, dovevo attraversare una pista di atterraggio segnalata da bidoni e pali che mi servivano come biffe per orientarmi e prendere la direzione giusta. In base a numerosi ma vaghissimi particolari io riuscivo abbastanza bene a dirigermi verso la posizione della mia destinazione purché però partissi da un punto conosciuto.

Ma quella volta una sentinella da un lato della pista mi proibì di traversarla, perché evidentemente c'era qualche aereo in arrivo e mi costrinse a fare tutto un giro al di fuori della pista. Dopo avergli obbedito e credendo di aver ritrovato il punto di riferimento corrispondente dall'altra parte, partii nella direzione che io credevo fosse quella corretta.

Che poi invece si dimostrò quella sbagliata.

Superato il tempo che io avevo calcolato fosse necessario per raggiungere la mia destinazione e resomi conto di non averci azzeccato, cominciai a fare quello che normalmente facevo in quei casi, fino ad allora con successo. Percorrere una spirale sempre più ampia che mi avrebbe fatto incocciare o il reparto di destinazione o qualche altro reparto che mi avrebbe rimesso sulla buona strada.

Quella volta la spirale cominciò ad allargarsi un po' troppo, in modo quasi preoccupante.

Ed io infatti mi preoccupai. Quand'ecco finalmente apparve un punto con la caratteristica scia di polverone ed io mi ci diressi senza esitazione convinto ormai di aver trovato ciò che avrebbe fornito una soluzione ai miei problemi.

Nel deserto non è facile riconoscere ciò che si vede anche stando fermi e con un buon binocolo, figuriamoci poi senza binocolo e correndo e sobbalzando come in una tarantella su una motocicletta fuori pista. Risultato: il riconoscimento avvenne a meno di trenta metri e fu una doccia gelata; infatti la camionetta era inglese e, peggio ancora, era piena di Inglesi.

Per fortuna io mi accorsi che loro erano inglesi ma loro, data la mia moto inglese e molti dei miei paramenti inglesi, non mi riconobbero per Italiano fin quando io, invece di raggiungerli mentre loro si stavano fermando evidentemente per uno scambio di informazioni, feci una larga curva ed aumentai la velocità verso occidente. Benché inglesi, questo evidentemente li indusse a dedurre che io fossi un nemico e, perché inglesi, cominciarono sportivamente a darmi la caccia. Fu un eccitantissimo inseguimento alla massima velocità consentita dai sassi e dalla sabbia anche se l'eccitazione rispettiva era da parte mia quella della volpe che scappa e da parte loro quella dei cacciatori che già cominciano a lanciare il classico «tallyho».

La mia formidabile BSA 500 e il sacrosanto principio che la pelle viene al numero uno, oltre alla sana e lodevole riluttanza Inglese a sparare da una camionetta in corsa mi permisero di distanziarli poco a poco e solo allora cominciarono a spararmi; sia pure in mezzo ai fischi delle pallottole o forse proprio per questi, io feci il possibile per distanziarmi ancora di più tanto che alla fine abbandonarono l'inseguimento e mi ritrovai di nuovo solo nel mezzo di non si sa dove.

Dopo essermi fermato a lungo per riprendere fiato e calmare i nervi ripresi la mia corsa stavolta verso nord-ovest però con molte meno speranze di arrivare dovunque fosse prima del buio repentino che laggiù segue immediatamente il calar del sole che era ormai abbastanza prossimo.

Cammina cammina finalmente quasi all'ultimo momento prima che il sole calasse arrivai ad un qualchecosa che sembrava una estesa postazione e ricevuto come avvertimento una raffica di mitragliatore mi avvicinai a passo d'uomo a quella postazione con la speranza ma non la certezza che fosse italiana.

Ed infatti lo era, come capii subito dalle povere divise grigio-verdi stracciate, dalle fasce mollettiere che pendevano sbrindellate dai polpacci di 5 o 6 soldatini che mi vennero incontro e mi circondarono.

Quello che non capii fu il loro atteggiamento che non corrispondeva affatto alla desolata miseria delle loro divise ma rispondeva piuttosto alla sinistra minaccia delle loro armi dato che mi puntarono addosso moschetti e pistole.

Più io parlavo per esprimere la contentezza di averli trovati e più quelli mi davano colpi di canna nella pancia e nella schiena e mi dicevano di star zitto. Mi fecero scendere, mi tolsero quel poco che mi era rimasto addosso e convincendomi dolcemente a colpi di canna nella schiena, mi fecero addirittura alzare le mani e mi portarono vicino ad un telo alzato con due bastoni e quattro picchetti che veniva pomposamente chiamato tenda di comando.

Lì restai agghiacciato dalla sentenza inappellabile emessa dopo venti secondi di processo sommario in seguito al quale io venivo condannato a morte mediante fucilazione come spia nemica che cercava di farsi passare per italiano sotto mentite spoglie.

In realtà un biondo dolicocefalo longilineo arrivato da dove erano gli inglesi su una motocicletta inglese con cintura, fondina e pistola inglesi e carte, occhiali e tascapane inglesi, ma con la divisa italiana, dava ragionevolmente adito a qualche sospetto di una sua possibile appartenenza al "Long Range Desert Group", specializzato in raccolta di informazioni ed in azioni di sabotaggio dietro le nostre linee.

Il fatto che nella precipitosa corsa per sfuggire alla cattura mi fossi perso quasi tutto quello che non portavo in tasca e che non era fissato fermamente alla motocicletta (e cioè tutta la roba personale che portavo in spalla o a tracolla più le borse d'ordinanza italiane da porta-ordini) rafforzava quei ragionevoli sospetti.

Ma la cosa più determinante fu la situazione psicologica in cui si trovavano quei poveracci che rappresentavano tutto ciò che rimaneva del XXXII Battaglione Guastatori del Genio. Dopo aver partecipato sempre con successo ad azioni e fatti d'arme un po' dappertutto ma soprattutto a Tobruch dove avevano dimostrato la validità dell'addestramento di guastatore conquistando più volte alcuni fortini della linea «R», erano rimasti compatti (s'intende i pochi sopravvissuti che erano circa un terzo della forza originale) e dopo essere stati usati in ritirata per trovare o aprire varchi nei campi minati e per posarne di nuovi, erano stati premiati dalle belle menti dei nostri comandi con l'ordine finale di appostarsi, appunto là dove li avevo trovati io, per effettuare la resistenza ad oltranza.

Per chi non lo sapesse resistenza ad oltranza significa farsi ammazzare sul posto.

I guastatori erano tutti volontari, che ricevevano un soprassoldo di una lira al giorno, che venivano addestrati a fuoco individualmente e dei quali la percentuale di «promossi» non superava il 30% un po' per le perdite durante l'addestramento e molto per il rinvio alle loro unità di origine di tutti quelli che alla prova del fuoco non reggevano o che comunque non davano affidamento al rispettivo Sottufficiale od Ufficiale. Questi infatti addestravano e sceglievano personalmente uno per uno i componenti delle rispettive squadre o plotoni.

Tutti uomini perciò non solo degni del massimo rispetto per il loro coraggio, abnegazione e capacità ma ormai veterani provati e riprovati in tutti i sensi.

Non c'era da stupirsi dunque se messi lì per morire senza scopo, cogliessero con entusiasmo l'occasione per sfogarsi un po' contro quel nemico abbastanza fesso da essergli capitato fra le mani come, secondo loro, esploratore avanzato di quelli che fra poco sarebbero arrivati per annientarli.

Più io strillavo e più quelli mi caricavano di botte finché quando decisero di andare a dormire mi legarono ben bene alla ruota dell'unico 47/32 che avevano in dotazione speciale e mi lasciarono a ripensare ai miei molti peccati.

Il guaio è che, o perché soffrivano d'insonnia o perché dovevano soddisfare qualche bisogno personale, si svegliavano spesso, e nessuno resisteva all'impulso di venire ad insultarmi, a sputacchiarmi e qualcuno anche ad allungarmi qualche leccamuffo.

La notte perciò non fu per me occasione di riposo ma peggio ancora fu l'alba quando cominciarono allegramente ad organizzare la mia fucilazione.

Mentre gli spiriti più intraprendenti s'improvvisavano coreografi per fare della mia fucilazione uno spettacolo degno del colto e dell'inclita, tutti quelli delle postazioni più lontane che non mi avevano visto la sera prima cominciarono a sfilarmi davanti per darmi un'occhiata e per rivolgermi varie espressioni che con la migliore buona volontà non potrei definire affettuose.

Finché venne uno, piccolino, scuro di faccia e di capelli, che dopo essermi passato davanti con indifferenza tornò indietro e cominciò a guardarmi fisso finché se ne uscì un po' esitante con: «Ma tu non sei lo Spregiudicato?» allora lo riconobbi. Era Toni e cioè uno dei miei camerati della stessa Compagnia di Artieri al 7° Reggimento Genio di Firenze dove avevo trascorso il mio periodo di addestramento come recluta.

Come mi abbia riconosciuto sconvolto com'ero, sporco di sabbia e di sangue e gonfio per i quattro o cinque manrovesci che mi erano capitati sulla faccia, lo sa solo Dio.

Per fortuna poco dopo lo seppe anche il Capitano che comandava quei resti del XXXII e, ancora un po' più dopo, fui liberato, rifocillato, ripulito e, come era logico, festeggiato.

Appena si sparse la voce che non ero una spia e che avevo anche un nome ed un cognome cicciarono addirittura altri sette od otto camerati di Firenze con i quali si fece una calda rimpatriata.

Dopo avermi raccontato dei comuni amici e camerati morti o feriti o dispersi, il Capitano comandante mi comunicò la sua decisone, forse dettata dal rimorso di avermi fatto passare ingiustamente quella scomodissima ultima notte del condannato, di restituirmi moto e benzina e di rimandarmi al mio comando con un suo messaggio.

Non volle sentir ragioni rispetto al mio desiderio e motivo di rimanere con loro e mi ordinò di partire in modo tale che alla fine dovetti andarmene per forza.

Venni poi a sapere che il Comando cui consegnai il messaggio, non essendosi presentato nessun inglese in quella zona durante i giorni successivi si decise finalmente a richiamare dietro le linee il XXXII Battaglione Guastatori, o almeno quello che ne restava, e per il momento i miei compagni si salvarono per andare poi in seguito a sacrificarsi inutilmente ma splendidamente ad El Alamein dopo essere stati ulteriormente decimati a Bir Maqtua.

LA BATTAGLIA DI AGEDABIA

Dal 17 novembre 1941, quando Auchinleck diede inizio all'Operazione Crusader nonostante il fallimento della spedizione del Commando che avrebbe dovuto assassinare Rommel a Beda Littoria, la mia partecipazione alla battaglia, se si escludono due o tre colpi di mano fortunati ai danni degli inglesi, era consistita principalmente in interminabili corse in autoblinde, camions, camionette e motociclette, cercando, con qualche risultato, di rendermi utile e provando, non sempre con successo, a non perdermi nel deserto; fino a che arrivai finalmente ad un Comando Italiano più o meno organizzato.

Dopo essere stato sballottato fra tre o quattro posti diversi data la estrema mobilità di tutte le unità in quel periodo di disordinate battaglie, riuscii finalmente a ritrovare quello sparuto gruppetto eterogeneo che era rimasto a fungere da Comando del Corpo d'Armata di Manovra cui appartenevo come sottufficiale assegnato al SIM. Lì fui informato da un Sergente Maggiore, che per puro caso se ne era ricordato, che era arrivato l'ordine per il mio sospirato trasferimento ad un reparto di prima linea e precisamente alla Divisione Ariete.

Questo trasferimento non era dovuto né alle mie continue richieste in proposito né alle qualifiche tecniche o addestrative in mio possesso. Era parte del normale smistamento di tutti gli uomini validi disponibili verso unità ridotte al lumicino per le perdite subite e bisognose di sangue nuovo senza andare troppo per il sottile circa di che tipo o gruppo.

Qualunque ne fosse la ragione comunque il mio desiderio era stato esaudito e con la «bassa di passaggio» in tasca mi misi a cercare il comando della Divisione Ariete. Dopo neanche troppe peregrinazioni fui inviato all'Arco dei Fileni dove c'era il deposito della Divisione. Inutile dire che, come entità, il deposito della Divisione Ariete, a parte le officine, somigliava più ad un deposito di Compagnia che ad un deposito di Divisione; comunque, trattandosi di gente che fin dal loro arrivo in Africa Settentrionale era sempre stata in operazione ed era perciò abituata ad agire fregandosene della burocrazia e a decidere sempre in modo pratico e spiccio, mi destinarono subito in linea a disposizione, con la motocicletta, del Comando di Divisione e mi spedirono via su due piedi con un pacco di dispacci urgenti.

Quel po' di tempo che avevo passato al SIM mi permise di cogliere al volo la situazione generale al deposito e, rifacendo il percorso verso la prima linea, tutto quello che vedevo mi restava come annotato nella mente quasi a mò di rapporto.

Mi aveva un po' meravigliato accorgermi che, mentre durante i periodi di relativa stasi, in linea c'era come una gara di furberia per trovare o addirittura inventare difetti meccanici e fisici per poter essere mandati, carri e uomini, al deposito, in tempo di battaglia gli uomini dei carri e i meccanici non dormivano la notte per affrettare i tempi della messa a punto dei loro mezzi, magari col fil di ferro, e facevano miracoli pur di tornare il più presto possibile in linea. Così quando riuscii finalmente ad arrivare al Comando di Divisione fui in grado di annunziare al Generale Balotta l'imminente arrivo di sei carri che avevo sorpassato sulla Balbia e il prossimo arrivo di altri cinque carri che i meccanici stavano finendo di riparare al deposito all'Arco dei Fileni.

Il Generale Balotta al ricevere questa notizia scese dal suo TRE RO e mi abbracciò per la contentezza. Infatti il Comando della Divisione Ariete consisteva in un Lancia TRE RO (che era contemporaneamente l'Ufficio e l'alloggio del Generale che in quel momento comandava ciò che rimaneva dell' Ariete) un autocarro radio e non più di altri sette-otto autocarri e camionette con personale molto eterogeneo che faceva tutti i mestieri ma che comunque manteneva un livello di efficienza del Comando stesso superiore non solo a quello che sarebbe sembrato possibile ma addirittura al livello standard dei tempi normali.

Consegnata la mia tabella di passaggio al furiere che faceva funzioni di capo ufficio matricola oltre ad altre innumerevoli mansioni diverse, fui assegnato ridendo alla «Compagnia Motociclisti dell'Bo Bersaglieri» e con una certa sorpresa raggiunsi i due bersaglieri che ne costituivano l'intera forza in qualità di unici sopravvissuti alle battaglie in cui erano state ingoiate tutte le iniziali 100 e più motociclette.

Non deve essere molto frequente la opportunità per un solo uomo di rappresentare l'aumento del 50% degli effettivi di una unità combattente divisionale.

È chiaro che il mio arrivo rese felici i due bersaglieri che da soli stavano svolgendo tutti i compiti di collegamento per il comando e che intravedevano la possibilità di poter dormire e riposare qualche mezz'ora di più.

Nonostante i continui spostamenti e lo sfinimento permanente da fatica e da sonno passai alcuni giorni felici pieno dell'euforia e dell'esaltazione, magari assurde, ma tipiche di chi, a venti anni e con spirito e fegato sani, si trova in mezzo ad una grande battaglia.

Dire fegato sano è naturalmente un modo di dire perché fra parassiti intestinali, pidocchi, dissenteria, malattie della pelle, scarsità di cibo e di acqua e mancanza di sonno le condizioni fisiche erano disastrose.

Basti dire che una volta benché avessi controllato se vi fossero scorpioni o altro, mentre stavo accoccolato per una necessità corporale, spiccai un salto di almeno due metri, compiendo una prodezza atletica degna di un'olimpiade, credendomi assalito da una vipera del deserto mentre invece si trattava di un'ascaride che avevo appena evacuato io stesso.

Non parliamo poi della mancanza di calcio che un eroico medico cercava di curare con iniezioni endovenose che disgraziatamente venivano eseguite con aghi arrugginiti, la cui punta doveva ogni volta essere affinata con limette da unghie dato che tutta l'infermeria della Divisione era finita chissà dove e ne erano rimasti nella borsa del medico solo quattro o cinque che dovevano servire a tutto e per tutti. È meglio non parlare della dieta prescritta per certe malattie che non solo non poteva essere seguita ma che costituiva oggetto di risate a bocca storta dato che, per esempio, nonostante si soffrisse di dissenteria, gli unici liquidi di cui si disponeva erano acqua salata ed una specie di petrolio sciacquabudella che nell'esercito si chiamava pomposamente cognac.

Quanto al sonno ormai si calcolava a minuti e se ne rubavano alcuni aspettando a cavalcioni della motocicletta con la testa sul manubrio fra il dare un messaggio e ricevere la risposta; era frequente il caso di addormentarsi perfino guidando la motocicletta con conseguenti ruzzoloni per fortuna quasi sempre senza conseguenze.

Con l'arrivo dei sei carri da me preannunciati le «forze» corazzate della Divisione Ariete consistevano in meno di una ventina di carri, incluso un carro inglese catturato in buone condizioni; era tutto quello che rimaneva dei poveri 137 carri M 13/40 (più 19 del RECO) con i quali, insieme ai 166 carri tedeschi l'Ariete si era validamente opposta ai 756 possenti Matilda, Crusader, Valentine e Stuart con cui Auchinleck aveva attaccato il 19 novembre. C'erano con noi anche alcuni carri tedeschi di vari reparti della 15ª Panzer che cercando di trovare il loro Comando si erano aggregati all'Ariete.

Un bel giorno mentre tutti e tre noi motociclisti dormivamo all'ombra del camion comando, l'Aiutante del Generale Balotta ci svegliò con uno strillo ed il Generale stesso ci diede l'incarico di raggiungere immediatamente i nostri carri e di trasmettere loro l'ordine di ripiegare a tutta velocità lì dove eravamo perché un radiogramma in chiaro lo aveva appena informato che si stavano dirigendo su di noi due squadroni corazzati inglesi al completo.

Le parole testuali di commiato del Generale furono: « ...e ditegli di fare più presto possibile perché io li aspetto e dopo cercheremo insieme di prendere posizione per tentare di fermarli ad ogni costo, come abbiamo fatto a Bir el Gobi».

Mi sentii commosso dalla sua decisione (che pochi altri Generali Italiani, come Maletti e Tellera, per esempio, sono stati capaci di prendere) che significava la quasi certezza di essere cannoneggiato e, se fortunato, fatto prigioniero; pur avendo ancora la disponibilità di qualche ora per evitare qualunque di queste due evenienze, scelse invece da buon soldato di rimanere con i suoi uomini nel combattimento, anche se con probabilità infinitesime di non essere ridotto in briciole.

Di Generali come Balotta l'Esercito italiano, ne ha, per fortuna, avuti alquanti, ma, per disgrazia, ne ha avuti troppi dell'altro tipo, quello cioè che preferisce prima ripiegare e poi mandare gli ordini.

Con una fretta ben comprensibile noi tre motociclisti ci scapicollammo dove sapevamo essere i nostri carri e quelli tedeschi sperando di arrivare in tempo e cioè prima che gli Inglesi li avvistassero.

La sorte volle altrimenti e quando noi arrivammo sotto i nostri carri già una settantina di mezzi della 22nd Armoured Brigade si stavano profilando sul ciglione a circa 2 chilometri di distanza mentre sulla sinistra cominciavano a schierarsi i carri di un'altra formazione presumibilmente della stessa Brigata.

I nostri, all'apparire dei carri prima del nostro arrivo, avevano già raccolto le loro poche cose, avevano acceso i motori e si stavano schierando fronte al nemico.

In mezzo al polverone incipiente ed al fracasso del motori noi tre trasmettemmo l'ordine del Generale Balotta a gesti e cioè appoggiando sul polso destro tre dita stese e separate della mano sinistra per significare «Generale», avvicinando alla bocca le due mani a coppa per significare «dice» e battendo di taglio la mano sinistra sul gomito del braccio destro la cui mano tesa si muoveva contemporaneamente in archi di cerchio per segnificare «filare».

I capi carro cui trasmettemmo così l'ordine di ripiegare ci risposero tutti con gli stessi gesti: alzando sopra la testa le braccia con le mani strette a pugno e, successivamente appoggiando con violenza la palma della mano sinistra sull'incavo del braccio destro che contemporaneamente si levava in alto col pugno chiuso.

Dopo aver espresso chiaramente con quel gesto la rabbia di doversi ritirare anche quella volta dopo averlo fatto da ormai troppo tempo pur avendo vinto ogni singolo scontro, e la decisione di giuocare il tutto per tutto pur di finirla, i capi carro si chiusero i portelloni sulla testa e tutti i carri italiani e tedeschi si lanciarono a tutta velocità su una sola linea di fronte, contro i carri inglesi che, anche loro su una sola linea di fronte scendevano lentamente dal ciglione incontro ai nostri carri forse convinti che dopo la finta manovra di attacco i nostri avrebbero effettuato una mezza volta e sarebbero scappati come la logica del numeri (oltre 140 carri contro meno di 30) imponeva.

Noi tre, trovato una specie di piccolo avvallamento, ci entrammo con le nostre motociclette e cominciammo con le mani a cercare di farlo un po' più profondo per nasconderci meglio e perché ci fosse di riparo contro i proiettili di ogni tipo che entro pochi minuti avrebbero riempito l'aria.

Infatti entrati nell'atmosfera di esaltazione che si crea immancabilmente quando si da battaglia, pur pieni di paura, non ci passava neanche per la testa di andarcene anche perché oltre tutto dovevamo aspettare l'esito, certamente disastroso, dello scontro per poterne poi riferire al generale Balotta che non dubitavamo di poter raggiungere in qualunque momento con le nostre tre motociclette.

Dopo pochi minuti si scatenarono tutto le forze dell'inferno.

Io non ho mai capito perché gli inglesi attaccarono in modo tanto balordo anziché attestarsi sul ciglione e distruggere i nostri carri uno ad uno con un facilissimo tiro al bersaglio concertato e concentrato con la loro potenza di fuoco (pur escludendo i carri leggeri Bren Carrier) almeno quattro volte la nostra. Ma tant'è, non lo fecero, e per un'ora e mezza circa durò il carosello accompagnato da tanti di quei colpi sparati con tutte le armi che più che un cannoneggiamento era piuttosto un boato continuo.

Noi tre spiaccicati sul terreno alzavamo ogni tanto gli occhi per vedere quello che succedeva ma più che polverone, fiamme, fumo nero ed ombre che apparivano e sparivano in un attimo, non potevamo distinguere.

Poi successe una cosa incredibile. Sul ciglione cominciarono ad apparire, dove il fumo ed il polverone lo permettevano, i primi carri inglesi che lo risalivano e sparivano al di là della cresta, i colpi diminuivano ad un ritmo sempre più percepibile, finché, prima le mitragliatrici e poi i cannoni, restarono silenziosi.

Noi tre, più che increduli eravamo attoniti, tanto che, esitando ci alzammo in piedi e, mentre il polverone calava ed il fumo spariva, decidemmo di mettere in moto le motociclette e di andare a dare un'occhiata.

Quello che sentimmo subito, oltre al rumore dei motori ed alle grida e lamenti dei feriti furono i rauchi urli di esultanza selvaggia del carristi nostri e tedeschi che saltavano fuori dai carri come impazziti e si concedevano qualche attimo di danza incomposta prima di cominciare ad occuparsi dei feriti.

Man mano che il polverone calava lo spettacolo si presentava sempre più irreale: almeno 37 carri inglesi erano restati sul campo distrutti od immobilizzati o in fiamme. Dei nostri solo 7 erano fuori combattimento. L'artiglieria del 132° Reggimento Corazzato (cinque cannoni da 75 in servizio dal 1906 e due da 105) al comando del Capitano Piscicelli-Taeggi, avevano dato come sempre, una mano, ogni volta che avevano potuto individuare un bersaglio.

Questo risultato confermava la balordaggine dei comandanti inglesi e la saggezza sperimentata dell'apparente follia del nostro attacco assurdo.

Infatti in una mischia «corpo a corpo» fra carri armati nel deserto la regola elementare per sopravvivere è quella di essere rapidi il più possibile nel puntare e di far fuoco, subito appena pronti, contro qualunque oggetto indistinto che può o no (più no che sì) essere riconosciuto. In fondo è la vecchia regola del «prima spara, poi domanda chi è».

Evidentemente seguendo questa regola la maggior parte delle perdite inglesi erano quasi sicuramente dovute ai loro stessi colpi ed una semplice operazione con la formula del calcolo delle probabilità dà come risultato uno contro cinque o 7 contro 37.

Naturalmente queste cifre furono poi controllate dopo lo scontro che, seguito pochissimo tempo dopo da un altro fatto d'armi incredibilmente simile (28 carri inglesi distrutti contro 7 dei nostri), fu accomunato dalla storiografia a quest'ultimo per essere, insieme, chiamati Battaglia di Agedabla o di El Glafia e citati senza enfasi nei Bollettini n° 575 e 576 del Quartier Generale delle Forze Armate.

Sul momento noi, calcolato ad occhio quello che era il risultato dello scontro, tornammo dal Generale Balotta che, con tutto il suo Comando in assetto di marcia e con i motori accesi, aspettava a piè fermo il nostro ritorno. Lo trovammo scuro in viso e con la testa fra le mani dato che aveva sentito le cannonate ed aveva visto il fumo levarsi dal campo di battaglia che secondo la logica avrebbe dovuto essere il cimitero definitivo di quello che restava della sua Divisione.

Quando gli fummo vicini si alzò stancamente in piedi e mentre noi urlavamo, prima ancora di mettere piede a terra «abbiamo vinto, abbiamo vinto» il suo volto mostrò la rabbia crescente che gli stava montando in petto un po' perché non capiva bene quello che noi urlavamo ed un po' perché non si aspettava un contegno così pazzesco da parte di chi, a regola di bazzica, avrebbe dovuto annunciare l'ultima e più amara delle sconfitte.

Finalmente riuscimmo ad esprimerci in modo chiaro benché a dire il vero fummo costretti a ripeterci decine e decine di volte dato che il Generale non riusciva a crederci e continuava a darci dei cretini, mascalzoni e farabutti tutti titoli frammischiati a frasi come: «non è possibile», «non può essere vero», «bugiardi», «spudorati». ecc; finalmente si convinse e, dopo aver mandato subito via infermieri e medicinali in avanguardia dispose lo spostamento di tutto il suo comando sul campo di battaglia.

Noi tre, ci mandò sul ciglione da dove erano apparsi la prima volta gli inglesi per stare all'erta in caso di un eventuale loro ritorno. Nonostante la nostra vittoria infatti gli inglesi restavano ancora forti di quasi un centinaio di carri mentre i nostri erano ormai meno di una ventina.

Gli Inglesi non ricomparvero e la mia personale spiegazione consiste nella incredibilità di quanto era successo per cui tanto gli attaccanti Inglesi quanto i loro comandi rispettivi, anche per giustificare la sconfitta, dovevano aver attribuito alle nostre forze una consistenza molto maggiore di quella reale.

Il fatto è che l'avanzata inglese e tutta l'operazione Crusader si fermò lì e quella fu la sua fine, anzi il Generale Balotta diede a Piscicelli l'ordine di condurre l'inseguimento con tutte le forze motocorazzate consistenti in ben 6 carri e 10 pezzi di artiglieria.

Il giorno dopo a turno ci dedicammo al saccheggio del carri nemici rimasti sul terreno, alcuni ancora fumanti e qualcuno ancora arroventato dalle fiamme (in questo caso con la testa e le mani protetti da pezzi di coperte venivamo calati a testa in giù per i piedi e brancicavamo arraffando tutto quello che potevamo nei pochi secondi di «apnea») per carpire il povero bottino di guerra di scatolette, sigarette e bevande già appartenuti ai poveri diavoli che ne erano stati in possesso prima della battaglia.

Tutto il bottino raccolto venne poi diviso a sorte fra tutti noi.

A me toccò una scatola di latta del peso di circa un chilo senza indicazione di contenuto.

Nessuno volle effettuare il baratto dandomi in cambio sigarette o altre cose pregiate ed io mi decisi a vedere cosa c'era dentro.

Apertala con la baionetta vidi una pasta marrone chiaro che aveva un odore conosciuto, anche se non familiare, comunque qualche cosa di mangereccio; provatone un boccone preso con la punta del coltello continuai ad assaggiarla ad una «coltellata» per volta. Essendone il gusto piacevole, la fame immensa ed il tempo disponibile, continuai a mangiarne fino ad ingozzarmi.

Ad un certo momento mi ricordai anche di che si trattava e precisamente di patè di foie gras ma la cosa, a parte la reminiscenza di casa e di cene di altre epoche, non mi richiamò particolarmente l'attenzione.

Il risultato fu che dopo essere stato un giorno in coma ed altri due o tre in uno stato ed in condizioni non elegantemente descrivibili, rispuntai alla conoscenza e riacquistai progressivamente la capacità di muovermi e di pensare.

Prima che io potessi rimettere in bocca del foie gras dovevano passare 15 anni.

Dopo la battaglia di Agedabia, Inglesi, Italiani e Tedeschi pensarono bene di leccarsi le ferite e, salvo qualche scontro avvenuto più per caso che per volontà strategica o tattica dei rispettivi comandanti, non ci furono azioni degne di nota.

Senonché gli inglesi avevano sì avanzato fino a dove gli italiani e tedeschi glielo avevano permesso ma il loro spirito era quello di soldati sconfitti e non di soldati vittoriosi mentre il modo con cui gli italiani e tedeschi si erano ritirati infliggendo al nemico più perdite di quante ne ricevessero, li faceva sentire intimamente come vincitori (non per niente Auchinleck tolse il comando a Cunningham sostituendolo con Richtie).

I comandanti inglesi che in tutta l'operazione Crusader erano rimasti nel continuo dubbio che i rapporti di avanzata non fossero veri, date le botte da orbi che avevano preso ad ogni passo e da chiunque avessero incontrato, sembrarono perdersi in discussioni accademiche su come continuare ad attaccare.

Mentre queste discussioni andavano avanti, alla fine di gennaio la 15ª Panzer, Il XX Corpo Italiano e la 90ª Leggera tedesca, con una faccia tosta incredibile, trasformavano in attacco a fondo delle puntate esplorative e dopo aver improvvisato delle fulminee manovre di penetrazione e di sfondamento entravano a Bengasi riconquistandola.

Nonostante le molte soste improvvise dovute a mancanza di benzina, si fermarono solo oltre Mechili e Tmimi, quasi a Ain el Gazala.

Nel bel mezzo di questa esaltante avanzata che ci ripagava con interesse delle contrarietà dei precedenti due mesi di ritirate, e mentre io aspettavo la promozione ad Ufficiale (che, per aver trascorso il periodo prescritto in prima linea col grado di Sergente, per avere li titolo di studio adeguato e per essere stato decorato sul campo, mi toccava di diritto e stava per arrivare da un momento all'altro) la burocrazia sempre onnipotente la ebbe vinta ancora una volta: mi arrivò infatti l'ordine di rientrare in Italia per partecipare al corso allievi ufficiali.

Le mie proteste non servirono a niente perché nel clima di battaglia durante l'avanzata nessuno aveva tempo per darmi retta ed alla fine, per levarmi da torno, mi dissero a brutto muso che non rompessi le scatole e che facessi quello che mi era ordinato. Così mentre tutti i miei compagni si esaltavano avanzando io mi ritiravo verso Tripoli.

Dopo aver passato El Agheila mi sorpresi di trovarmi a percorrere la stessa strada insieme con una quantità enorme di profughi civili che, mi resi subito conto, erano altrettanto rabbiosi quanto me.

Infatti mentre le nostre truppe continuavano ad avanzare ben oltre Bengasi, i profughi di tutta la Cirenaica e buona parte di quelli lungo le coste sul golfo della Sirte, anziché essere mandati nelle loro case di nuovo italiane, dovevano continuare l'esodo destinati a diventare profughi in Italia.

Non era il primo impatto, ma sicuramente non fu l'ultimo, che io ebbi con la burocrazia uscendone naturalmente amareggiato e frustrato.

Rimandato a Tripoli addirittura con armi e bagagli tanto per dimostrare la stupidità dei burocrati che non solo erano stati incapaci di utilizzare un uomo che già era al fronte senza far rischiare al poveraccio che lo avrebbe sostituito di essere silurato o bombardato o mitragliato nel cammino, ma addirittura imponevano il rientro di un militare equipaggiato anziché fargli lasciare in prima linea almeno il fucile che avrebbe dovuto essere rimpiazzato da un altro mandato dall'Italia. Per fare arrivare al fronte quel fucile, che viceversa io ero obbligato a riportare con me, se ne sarebbero dovuti spedire tre perché due sarebbero finiti in fondo al mare secondo la media statistica delle perdite dei convogli italiani in quell'epoca. Sembra che gli inglesi sapessero tutto sui nostri convogli per aver avuto la sorte, subito all'inizio della guerra, di trovare intatti in una nostra nave che stava affondando i codici di decrittazione Italiani. I comandi superiori non pensarono mai a questa possibile spiegazione delle incredibili perdite che gli italiani subivano in mare e non cambiarono i codici per tutta la durata della guerra.

Arrivato a Tripoli mi fu detto di rimanere a disposizione in attesa di imbarcarmi su una delle navi che facevano la spola fra l'Italia e Tripoli portando materiale all'andata e portando profughi e feriti al ritorno.

Mentre attendevo il mio turno alcuni Sottufficiali dell'Aeronautica vennero ad aggirarsi per il campo di raccolta dei profughi, dove mi era stato detto di aspettare ordini, chiedendo se qualcuno sapeva maneggiare mitragliere. Dopo essermi discretamente accompagnato a loro facendo ogni tanto con indifferenza domande apparentemente casuali appresi che il loro scopo era di trovare mitraglieri per i trimotori SM 81 che, come le navi, facevano la spola fra la Sicilia e la Libia. Con una iniziativa lodevolissima e certamente contraria alla mentalità burocratica degli alti comandi, i comandanti di squadriglia avevano infatti avuto la buona idea di sfruttare al massimo ogni volo eliminando dall'equipaggio i mitraglieri e sostituendoli con soldati che andavano al fronte verso il sud e con chiunque sapesse sparare verso il nord.

Offrirmi come mitragliere, raccogliere la mia roba, correre all'aeroporto, imbarcarmi sull'SM 81 e trovarmi dietro la mitragliera di babordo in mezzo a una sessantina di profughi fu questione più di minuti che di ore. Completato il carico il trimotore decollò e dallo sportello aperto della mitragliera cominciai a vedere sfilare sotto di me la costa tunisina.

Dopo una decina di minuti il secondo pilota venne a dirmi di effettuare la prova delle armi, cosa che feci con disinvoltura, sparando un paio di raffiche. Con minore disinvoltura ma con molto maggiore impegno dovetti sparare poco dopo in pieno mare contro un caccia nemico isolato che per fortuna, per motivi a me sconosciuti, smise quasi subito di attaccarci. Arrivammo così felicemente a Castelvetrano.

In meno di ventiquattro ore riuscii a salire su un treno e in un tempo record arrivai, fra mitragliamenti, bombardamenti, deragliamenti e traversate avventurose (nonché una breve sosta a Roma per farmi vedere vivo dai miei che mi credevano morto) al 7° Reggimento Genio a Firenze dove, come consuetudine nei confronti dei reduci dal fronte, fui mandato in licenza di convalescenza per quindici giorni nonostante fossi ingrassato di 6 chili.

CAPITOLO III
MATURI ALLO SPRECO CON BOMBE E TRITOLO

RIMPATRIATA FRA PILOTI

Lo Spregiudicato arrivato con l'autostop da Soluch a Tripoli, con un trimotore S 81 da Tripoli a Castelvetrano, con treno a traghetto da Castelvetrano a Roma, poté così sfoggiare la sua giubba sahariana di tela kaki che ancora indossava, oltre che per vanità, per aver ceduto tutto quanto era possibile ai suoi compagni della Divisione Corazzata Ariete. Il suo gesto, normale per chi lasciava la prima linea, risultò poi inutile in quanto i suoi compagni motociclisti e carristi con la fulminea avanzata cominciata proprio al momento della partenza dello Spregiudicato facevano un tale bottino di eccellente roba inglese che non avevano proprio alcun bisogno delle povere cose lasciate loro dallo Spregiudicato.

Per fortuna, all'unica maglia militare di lana rimastagli, che non bastava a ripararlo dal freddo sotto la leggera sahariana, a Roma passando da casa lo Spregiudicato poté aggiungere alcune maglie pesanti.

Con tre o quattro maglie sotto la camicia e con un paio di mutandoni di lana tagliati però al ginocchio perché altrimenti non gli sarebbero entrati gli stivali (che per un Sergente del Genio erano ovviamente fuori ordinanza) senza cappotto e con uno spavaldo berretto di tela kaki con visiera (anche quello naturalmente fuori ordinanza) lo Spregiudicato si presentò al 7° Reggimento Genio di Firenze, dove trovò più di 20 cm di neve.

Come aveva fatto a Roma nel paio di giorni di licenza arbitraria che si era concesso prima di presentarsi al Reggimento (favorito dalla impossibilità di controllare la durata del suo viaggio da Castelvetrano a Firenze) anche a Firenze si pavoneggiò senza apparire troppo ridicolo con la sua tenuta africana messa sù apposta per far vedere ben chiaro a tutti che era un prode veterano del deserto, cosa che in realtà non impressionava nessuno tranne le proprio più sprovvedute fra le pochissime ragazze che aveva la sorte di avvicinare.

Come d'uso, benché non ci fosse nel regolamento, come reduce dal fronte gli fu data, anche se non se la meritava, una licenza di convalescenza. Prima però di andare in licenza il magazzino gli fornì un equipaggiamento completo, cappotto compreso, così che lo Spregiudicato dovette smetterla di pavoneggiarsi con la sua fantasiosa divisa tornando a Roma con la meno appariscente ma molto più calda uniforme regolamentare da Sergente del Regio Esercito.

Il termine «di convalescenza» era del tutto convenzionale perché lo Spregiudicato (che aveva patito nel vero significato della parola la fame e la sete nell'ultimo periodo di frenetici spostamenti, prima lungo gli 800 chilometri dalla Marmarica all'Arco del Fileni e poi lungo i 130 km nel deserto fra El Agheila e Marada e poi ancora da quella linea fino a oltre Mersa El Brega, Agedabia e Soluch all'inizio di quella che sarebbe stata la Vittoriosa corsa fino ad El Alamein) pesava ben 78 kg, 6 in più del suo peso forma.

Prima di andare al corso Allievi Ufficiali, lo Spregiudicato decise di rifarsi del caldo (non solo climatico) del deserto andando a rinfrescarsi (non solo fisicamente) sulla neve anche per perdere un po' dei chili messi su assurdamente forse per l'euforia data dall'ebbrezza di partecipare, sia pure talvolta da lontano e sia pure con non proprio frequenti contatti diretti col nemico, a vari scontri. Non c'era di meglio, per rifarsi del sole africano, che andare a sciare sulle nevi, abbondantissime in quel febbraio del 1942, dell'Abetone.

Presi i vecchi sci e pochi indumenti di lana, come Dio volle arrivò all'Abetone e si sistemò in un bell'alberghetto di montagna pieno di ragazze e di feriti di guerra convalescenti; data l'abbondanza di ragazze rispetto agli uomini, più che cercare di «attaccare» come si soleva dire allora, era piuttosto questione di scegliere con quale ragazza accompagnarsi.

A quell'epoca gli impianti di salita erano, se non inesistenti, molto scarsi, per cui lo Spregiudicato ed i suoi occasionali compagni, sempre accompagnati dal campione italiano di sci e di bob Sisto Gilarduzzi, facevano gite stupende sulla neve alta delle abetaie pistoiesi cui partecipavano di solito due ragazze romane che stavano insieme, serie, ma non scostanti, colte senza essere pedanti e disinvolte senza strafare, come solo sanno esserlo le ragazze educate come si deve.

Pur essendo in piena forma ed avendo una certa capacità, anche se non proprio abilità, nell'uso degli sci, lo Spregiudicato fu molto fortunato a non fratturarsi o slogarsi altre ossa oltre alle molte che già aveva danneggiato negli anni anteriori. Infatti le sue rovinose cadute erano molto frequenti, per lo più dovute non a difficoltà di percorso ma alla paura che provava immancabilmente quando, con le gambe ancora stanche per le lunghe salite, si lanciava nella neve alta e, mano mano che acquistava velocità, si vedeva sfrecciare sempre più velocemente migliaia di abeti a destra e a sinistra.

Come succede montando a cavallo o inforcando una motocicletta, il momento in cui non si sa più vincere la paura è quello in cui si cade.

La scarsità di gente che si avventurava a salire faticosamente sulle cime per poi godere di una lunga discesa fra i boschi impediva il consolidamento di piste battute per cui lo Spregiudicato non era il solo a rovinare scompostamente a valle ogni volta che la velocità superava i limiti consentiti dal suo grado di addestramento.

Una volta un compagno di gita fece una caduta spettacolare e gli si ruppe uno sci così che Gilarduzzi gli cedette uno dei suoi continuando ad accompagnarci in discesa sciando su una gamba sola.

Non che per lui facesse molta differenza dato che nelle sue numerose partecipazioni ai Campionati Italiani ed alle Olimpiadi si era rotto l'una e l'altra gamba tante volte che dopo ogni ingessatura doveva ricordarsi qual'era, per il momento, la gamba più corta e quale la gamba più lunga.

Nel prosieguo della discesa anche una delle due ragazze che erano con la comitiva ebbe la malasorte di fare una brutta caduta andando a sbattere contro un albero rompendosi gli sci e rimanendo in stato di shock.

Dopo aver considerato tutte le possibilità il maestro dispose un paio di sciatori in testa ed un paio di coda (tanto per aprirgli in qualche modo la pista come per poter prestare soccorso immediato in caso di ulteriori difficoltà) fece qualche utile raccomandazione, si prese in braccio la ragazza, che per fortuna pesava abbastanza poco e, con un solo sci, ripartì disinvoltamente per l'albergo.

Lo Spregiudicato ed i suoi compagni quasi facevano fatica a precedere e seguire quello spericolato vecchiaccio, trentenne e zoppo, che con una gamba sola faceva vedere a tutti i baldi giovani quelli che allora si chiamavano «i sorci verdi».

Come Dio volle, lo Spregiudicato ed i suoi compagni riuscirono comunque ad arrivare, anche se chi prima e chi dopo, all'albergo, un po' perché l'essere investiti della responsabilità di accompagnatori e salvatori faceva loro dimenticare la paura, ed un po' perché se appunto la paura non li tradiva, chi per l'allenamento e chi per la guerra, avevano tutti delle gambe abituate a resistere a sforzi non proprio usuali. Lo Spregiudicato pensò che quello fosse il momento giusto per iniziare una corte pressante alla ragazza della caduta nonostante fosse sempre insieme alla sua compagna.

Ma la scelta era stata sbagliata anche in termini di libertà di azione. Infatti due cretinoidi sottosviluppati, bassetti e chiassosi, si davano da fare in ogni possibile momento per accaparrarsi le due ragazze facendo di tutto per escludere dal loro tavolo e per tenere comunque lontano da loro ogni concorrente.

A quell'epoca si era ben lontani dal multimiliardario mercato della moda sportiva che oggi condiziona qualunque poveraccio giovane o vecchio che voglia dedicarsi a qualche sport. Per chi voleva sciare era sufficiente avere un paio di scarponi dalla punta quadrata, un paio di pantaloni tipo norvegese, quelli cioè che si infilavano nello scarpone o che si rimboccavano al ginocchio se si preferiva portare i calzettoni, un maglione di lana ed un giubetto di stoffa forte possibilmente di lana, oppure impermeabile.

Gli indumenti da sci dello Spregiudicato comprati con i pochi soldi guadagnati lavorando fuori dell'orario di scuola fin da quando era al Ginnasio, erano per lo più lisi e rappezzati, dovunque era stato possibile, con scudetti, distintivi e tutto quanto era cucibile o spillabile. Sul giubetto aveva appuntato con la scusa di nascondere una bruciatura ma in realtà per esibizionismo, il distintivo militare in ottone di pilota di autoblinde datogli in segno di amicizia e gratitudine dall'equipaggio della SPA 41 che le circostanze gli avevano permesso di portare fortunosamente in salvo, in Africa Settentrionale, prendendo il posto del pilota dopo che una cannonata troppo vicina li aveva ridotti a mal partito.

Lo Spregiudicato, sempre più irritato per le manovre delle due gnappette che cercavano di tenere le ragazze lontane da lui, scoprì che, come lui si fregiava del suo distintivo della PAI, così loro si fregiavano di uno scudetto che rappresentava Minnie con l'ombrello (Minnie era la moglie di Mickey Mouse, cioè Topolino) che riconobbe subito come il distintivo della Squadriglia di Caccia Fiat CR 42 che aveva avuto la sorte di vedere in combattimento poco tempo prima in Marmarica.

Ricordando i momenti memorabili ed entusiasmanti di quello scontro aereo la ostilità dello Spregiudicato contro quei due rammolliti imboscati che avevano l'impudenza di fregiarsi dello stesso distintivo degli spericolati piloti che aveva visto combattere tanto gagliardamente, crebbe fino al punto di fargli cercare la lite. La gelosia ed il voler fare il bullo di fronte alle ragazze oggetto della comune cupidigia forse in quel momento diventavano irrilevanti.

Ben deciso a punire i sacrileghi lo Spregiudicato decise di attaccare briga cominciando con domande innocenti come «bello quel distintivo, che cosa è?», «che rappresenta quel numero?» e via di seguito, per continuare in crescendo fino ad arrivare al punto di considerarsi provocato e cominciare con la zuffa. Senonché quelle due mezze cartucce gli rispondevano ogni volta con lo stesso tipo di domande sul suo distintivo di pilota di autoblinde. Da ambo le parti le risposte erano date con un aria di sufficienza, di arroganza e di superiorità che non lasciava adito ad alcun possibile dubbio che non fossero intese esattamente per quello che erano e cioè provocatorie.

Però il senso delle risposte reciproche, pur arrivando in ritardo alle rispettive menti spingeva, da una parte e dall'altra, ad approfondire certi punti che lasciavano perplessi.

Per esempio la risposta concisa e sprezzante che sarebbe bastata ad un imboscato, «sì ho guidato delle autoblinde», provocava invece un'altra domanda «ah si, quale tipo?» e la risposta «ma, è un distintivo dell'aeronautica» induceva a sua volta a domandare di che reparto e con quali aerei.

Ogni risposta, per quanto concisa e data a mezza bocca conteneva elementi che di volta in volta indicavano una conoscenza abbastanza approfondita dei rispettivi argomenti finché, quasi contemporaneamente tutti e tre si trovarono ad esclamare: «ma allora tu vieni dall'Africa!».

E così, dimenticando come se non fossero mai esistite le velleità di litigare e cambiando di colpo atteggiamento i tre dopo altre poche domande e risposte pertinenti (con sempre più frequenti manate sulle spalle e sempre più frequenti bevute) scoprirono di essersi trovati vicini al fronte, e, sbalorditi di aver partecipato insieme a quella battaglia aerea ricordata dallo Spregiudicato, lui come spettatore e gli altri come primi attori e protagonisti degni degli applausi a scena aperta che tutti quelli a terra avevano loro tributato con entusiasmo.

Lo Spregiudicato non si meravigliò più, dopo un po', nell'accorgersi che gli costava fatica vincere la loro riservatezza e modestia e che accettavano di dare qualche particolare dello scontro solo quando era lui ad entrare nei dettagli della descrizione di quanto aveva visto.

Di particolare in particolare arrivò perfino ad identificare in uno di loro due il pilota che, guardandolo da terra durante il combattimento, lo aveva entusiasmato di più fra tutti.

Anzi dovette ricorrere quasi ad un amichevole terzo grado per fargli ammettere che quel pilota che aveva ammirato tanto era proprio lui. La ragione della loro presenza all'Abetone era appunto la concessione di una tardiva licenza premio per il loro comportamento in quella battaglia. A parte il trito luogo comune che il mondo è veramente piccolo, un'altra considerazione cominciò a formarsi nella mente dello Spregiudicato e cioè che comunque si possa giudicare una persona in un certo ambiente ed in certe circostanze non si può immaginare o arguire il suo comportamento in circostanze ed in un ambiente dove il pericolo o lo sforzo ne rivelino il vero carattere.

Quei due mammalucchi piccoletti, vani e mondani erano in verità due uomini le cui doti di coraggio e di semplicità lo Spregiudicato avrebbe invidiato per tutta la vita.

Da quel momento i tre restarono sempre insieme fino alla fine delle loro licenze trascurando un po' perfino le due ragazze che involontariamente erano state causa del loro avvicinamento.

SOTTUFFICIALI E GENTILUOMINI

Trascorsi 15 giorni di licenza «di convalescenza» un po' a Roma ed un po' all'Abetone, finita la bella parentesi sulla neve, e passata la regolamentare visita di controllo all'Ospedale Militare di Roma, fui rinviato al mio Reggimento di Firenze dove mi raggiunse da (chissà perché) Napoli, l'ordine di trasferimento alla Scuola Allievi Ufficiali di Complemento del Genio di Pavia dove feci il mio ingresso trionfale il 1° marzo 1942.

Alla Caserma Menabrea sede della Scuola, si ripeté un'altra delle balordaggini burocratiche che hanno contribuito non poco a far perdere la guerra al Regio Esercito.

Infatti il giorno dopo l'arrivo, mentre ancora continuavo a dare ed a ricevere grandi pacche sulle spalle e sulla nuca ad ogni incontro con i molti camerati di Firenze e d'Africa arrivati li come me per frequentare il corso, dovetti, insieme a tutti gli altri, presentarmi al magazzino, consegnare tutti gli indumenti ed altro equipaggiamento ricevuti a Firenze da pochi giorni per ricevere altri indumenti ed altro equipaggiamento esattamente uguali che però, secondo le norme della burocrazia militare dovevano essere dati dalla Scuola come diceva il regolamento concepito in tempo di pace quando arrivavano solo allievi provenienti dalla vita civile o dall'Università, logicamente perciò senza uniforme.

Dall'inizio della guerra erano già passati 20 mesi e a tutte le Scuole Allievi Ufficiali d'Italia arrivavano solo allievi già in uniforme. Nessuno aveva però modificato quel dettaglio della vestizione e la cosa continuava con uno spreco di tempo, di materiale e di soldi che, se non raggiungeva i record della futura Repubblica Italiana però ne era discreto prodromo.

L'atmosfera grigia e nebbiosa di Pavia di fine inverno, il cipiglio di tutti quelli che facevano parte del personale della Scuola, dalla sentinella al Capitano d'Ispezione, la ottusità di imporre disposizioni studiate per le reclute a soldati veterani (il caso era generale per gli allievi di quel particolare corso) costituivano un insieme di segni premonitori di quanto sarebbe stata difficile la vita alla caserma Menabrea per i prossimi quattro mesi e mezzo.

Il clima non costituiva motivo di preoccupazione in quanto con l'arrivo della primavera sarebbe arrivato il sole anche nella umida e nebbiosa ex capitale amministrativa del Regno Italico.

Il cipiglio comune a tutti gli imboscati della Scuola era ostentato soprattutto dai Sergenti Maggiori per tentare di imporsi di primo acchito a gente che, venendo in buona parte dai vari fronti di guerra, non sarebbe stato facile sottomettere.

Nonostante questi presagi tanto io come i miei compagni che venivano dalla prima linea ci impegnammo sia con noi stessi che con gli altri a vincere ogni istinto di ribellione ed ogni velleità di rivolta (che certamente sarebbe stata più che giustificata dalla logica anche se non dal regolamento) giurando intimamente di comportarci correttamente, con disciplina e con il massimo rispetto delle regole dell'obbedienza che oggi, nell'anarchia automaticamente implicita in ogni forma di democrazia, non sono ricordate neanche come curiosità del passato.

Il precetto che «L'obbedienza deve essere pronta, rispettosa, assoluta» è scrupolosamente osservato ancora oggi solo dalle poche forze armate veramente degne di rispetto come, per esempio, dall'Esercito Sovietico, mentre la filiale in Italia del partito comunista di Mosca fa di tutto perché sia ignorato da quello italiano.

Quando vi fu l'inaugurazione ufficiale del Corso e fu comunicato l'orario delle attività giornaliere non risultò facile per nessuno nascondere lo scontento e tenersi in gola il mugugno. Tutto sembrava fatto per rendere la vita difficile agli allievi: sveglia alle 5.30; otto ore di lezioni o di addestramento militare dentro o fuori la caserma; sei ore di studio; cinquanta minuti di libera uscita

Più io ed i miei compagni cercavamo di rispettare il nostro giuramento intimo di essere disciplinati e non formalizzarci sulle regole più inutili e più le circostanze e le persone ci spingevano a ribellarci.

Del Colonnello Comandante si diceva avesse le mani apiccicose cui restavano attaccati i soldi del magazzino, dello spaccio, della mensa, della manutenzione, dei carburanti e dei viveri, il tutto con la complicità di vari Marescialli e Sergenti che avrebbero fatto di tutto pur di restare imboscati in quella prestigiosa oasi di tranquilla routine burocratico-militare.

Il vice comandante era visto come un prototipo di bigotto baciapile, ipocrita e per di più «convinto».

La burocrazia e la stupidità di chi rivestiva un qualunque grado o doveva assolvere ufficialmente a qualche funzione sembravano allora insopportabili per chi era in grado di ragionare. Il susseguirsi per 40 anni dei governi democratici in Italia avrebbe poi mostrato a quali altezze stratosferiche può arrivare la stupidità umana, soprattutto dei politici. L'Italiano in genere ha sempre sopportato come un male incurabile ed inevitabile la mascalzonaggine, le ruberie, le vigliaccherie e le bugie dei politici ma tutto questo può diventare intollerabile quando i politici si dimostrano oltretutto anche stupidi fidando, non completamente a torto, nella stupidità ancora più grande dei babbioni che votano per loro.

Non essendo gli italiani di allora di una razza differente da quella di adesso la Scuola aveva la sua razione di ladri, farabutti, prevaricatori e bugiardi cominciando appunto da qualcuno ben situato in alta posizione che affamava gli allievi e li faceva punire con futili pretesti per obbligarli a rifocillarsi, naturalmente a pagamento, nello spaccio gestito da Sottufficiali complici che avevano stabilito prezzi da bagarini e che punivano senza appello chi si azzardava a protestare.

Qualche persona per bene si trovava fra gli Ufficiali subalterni ma erano poche eccezioni. I Sottufficiali poi, forse perché avevano a che fare con allievi tutti col grado di Sergente, erano addirittura meritevoli di compassione per la loro meschinità, grettezza e cattiveria imposte dall'ambiente.

Non passarono neanche ventiquattro ore perché ci si accorgesse che gli allievi provenienti dal fronte costituivano l'obiettivo preferito del sadismo dei Sottufficiali, del risentimento del subalterni, della malignità degli Ufficiali superiori e della perfidia rapace di chi approfittava del grado per rubare.

Proprio perché noi provenienti dal fronte avevamo usato le armi, le più astruse domande di teoria ci venivano poste durante le classi di Armi e Tiro; per la stessa ragione eravamo tormentati durante le lezioni di Tattica, durante quelle di Topografia e durante quelle di Fortificazioni, ufficialmente dette Lavori del Campo di Battaglia.

Ma nel complesso, in classe e nelle esercitazioni sul campo, le cose non andavano poi tanto male purché si stesse sempre in guardia contro le continue sottili provocazioni originate dal senso di colpa e dal complesso di inferiorità degli imboscati che dovevano difendere ad ogni costo il posto al sicuro faticosamente conquistato con chissà quali armeggi.

Soggetti alle angherie, dispetti e ingiustizie dei vari Sergenti Maggiori, Marescialli e Ufficiali Superiori fra cui in principio non distinguevamo bene chi era veramente cattivo e chi invece si limitava ad adeguarsi all'ambiente, considerammo praticamente tutti come dei nemici antipatici da buggerare ogni volta che potevamo.

Col tempo però ci accorgemmo che non tutti erano bastardi per merito proprio, ma che, per nostra fortuna, c'erano anche dei bastardi per meriti materni. Ce n'erano perfino due o tre che a pensarci bene avrebbero anche potuto non essere bastardi.

Uno di questi ultimi era un Sottotenente, naturalmente napoletano; di aspetto elegante, abbastanza rassomigliante al Principe di Piemonte, se poteva ci trattava con partenopea umanità arrivando perfino al punto di stare lui stesso con noi invece di lasciarci in balia dei Sottufficiali e dandoci una 'nticchia in più di confidenza di quello che era tollerato nella Scuola. Se se ne fossero accorti i suoi superiori avrebbe perso perciò quel comodissimo posto di Istruttore alla Scuola, ambito da tutti coloro che, pur apprezzando i vantaggi del portare una divisa, non erano d'accordo sul fatto di farsela sciupare da qualche pallottola al fronte.

Ufficiali, Sottufficiali, Caporali e Soldati della Scuola Allievi Ufficiali del Genio di Pavia dovevano essere inappuntabili nelle loro divise e nel loro comportamento e gli stessi Ufficiali subivano rimproveri o punizioni anche solamente per portare la sciabola con una inclinazione di pochi gradi differente da quella prescritta.

Mediante l'uso di una macchina fotografica di poco valore (ragione per la quale poteva essere prestata senza problemi a chiunque la chiedesse) alcuni di noi cercarono di fotografare in atteggiamenti compromettenti o poco corretti i vari Sottufficiali, senza però ottenere alcun risultato perché quei maledetti stavano sempre sul chi vive.

Passati alla caccia di azioni reprensibili degli Ufficiali, anche con questi avemmo scarsissimi risultati dai nostri tentativi di procurarci materiale per mettere in pratica quella insuperabile forma di pressione, così cara ai comunisti, detta comunemente ricatto. Gli unici che ci diedero qualche occasione di sorprenderli «in un atteggiamento naturale e disinvolto» furono quei due o tre ufficiali simpatici e buoni, fra cui naturalmente il napoletano, sorpreso durante una marcia mentre faceva pipì contro un muretto. Dopo lunghe discussioni rinunciammo ad usare quella fotografia e le poche altre che avrebbero potuto essere utili, ma quando consegnammo negativo e copie alle vittime, tutte, ma soprattutto il napoletano, impallidirono per il terribile pericolo corso.

Il problema era come non essere colpiti da punizioni quando a mensa pretendevano di sfamarci con minestre di acqua sciapa e con un mestolo a testa di pescetti in salamoia; nei giorni di festa ci veniva dato un pezzetto di formaggio «Roma». Dopo cinque giorni di pescetti ammanniti a giovanotti che lavoravano come schiavi tutta la mattinata e studiavano come laureandi tutto il pomeriggio era difficile, arrivando a mensa il sesto giorno, non tirare qualche moccolo con la conseguente annotazione per essere consegnati per una settimana.

Altrettanto difficile era non inveire al momento di pagare quelle poche porcherie che si potevano comprare, ai prezzi astronomici imposti dal gerente, allo Spaccio cui tutti, affamati come lupi ed impossibilitati ad uscire, dovevamo ricorrere per non morire di fame. L'alzare la voce allo Spaccio veniva punito con una settimana di consegna.

Il vicecomandante si faceva vanto di dare una settimana di consegna a chiunque avesse la tosse durante la Messa.

Quelle poche volte che si riusciva ad andare in libera uscita (evidentemente per qualche errore di calcolo del Sergenti aguzzini), che durava cinquanta minuti, chiunque non camminasse a centoventi passi al minuto o fumasse per la strada o sostasse a guardare una vetrina, veniva immediatamente rimandato in caserma e consegnato per una settimana.

Altre finezze dello stesso tipo, che d'altronde fanno parte delle tradizioni di quasi tutte le scuole militari, facevano sì che chi avesse problemi personali arrivasse prima o poi al punto di rottura compromettendo irreparabilmente la promozione ad ufficiale.

Ma anche per chi aveva i nervi saldi era oltremodo difficile resistere alle continue angherie, soprattutto perché queste erano smaccatamente concentrate sul sempre più ristretto gruppo di reduci dal fronte, quasi tutti arruolatisi volontari e perciò invisi a molti degli stessi compagni, volontari per forza, che li consideravano responsabili del loro arruolamento forzoso.

L'antipatia e il risentimento di lunga data della maggioranza del compagni e le mascalzonate del personale della Scuola non solo aumentavano giorno per giorno in senso assoluto ma aumentavano anche in senso relativo in quanto dopo circa un mese cominciarono ad essere rinviati al rispettivi reparti quei reduci (e anche qualche non reduce) che non riuscivano a sopportare in silenzio quella vergognosa situazione, per cui il gruppo su cui concentrare tutti i dispetti, le angherie e le meschine punizioni si riduceva sempre di più facilitando l'opera di oppressione.

La goccia che fece traboccare il vaso fu il rinvio ai reparti di origine di un gruppetto di volontari che, per una delle più idiote disposizioni fasciste, escludeva dalla promozione ad Ufficiale chi in famiglia avesse precedenti antifascisti. Per cui giovanotti onesti, sinceramente amanti della Patria, che si erano arruolati volontari ed erano andati a combattere in prima linea guadagnandosi, alcuni di essi, ricompense al valore per atti di indubbio coraggio, non erano ritenuti degni di diventare Ufficiali. Quando questo gruppo di cari compagni dovette abbandonare la Scuola, i pochi sopravvissuti del gruppo dei reduci capirono che ogni speranza di farcela contro la gretta ottusità burocratica e la protervia militaresca era svanita.

Persi per persi, era meglio divertirsi rendendo la vita difficile ai nostri aguzzini come loro la rendevano difficile a noi. L'unico problema era quello di fare le cose in modo che essi non potessero coglierci in fallo in modo da giustificare il rinvio al reparti, ed a questo studio ci dedicammo con la stessa astuzia ed ingegnosità che si sviluppano nei campi di concentramento.

Così cominciarono a succedere fatti strani. Più volte nella notte alcuni di noi, di plotoni e compagnie diverse, da diverse finestre dei vari piani delle camerate, si alzavano dalla branda, aprivano le finestre gridando due o tre volte «aiuto!» come se li stessero trucidando, poi richiudevano le finestre e se ne tornavano in branda a dormire. Data l'antipatia di cui godevano i nostri aguzzini, era raro che qualcuno facesse la spia fra i compagni onesti; fra i disonesti ogni velleità di tradirci veniva annullata dal timore che nonostante tutto, ogni tipo poco pulito prova in genere nei confronti di persone rette.

In altre notti, naturalmente alternate a quelle delle urla, si aprivano tutti i rubinetti delle docce contigue agli alloggi dei Sottufficiali Istruttori facendo rumori discreti ma misteriosi (fare la doccia di notte non era proibito quando si cominciò ma lo fu presto dopo il successo ottenuto) impedendo così ai nostri aguzzini di dormire e costringendoli a vari appostamenti senza risultato.

Le notti precedenti le marce organizzate di cinquanta chilometri di tutta la Scuola qualcuno raccoglieva furtivamente in ogni camerata tutte le scarpe, ammucchiandole alla rinfusa in cima alle scale rendendo umanamente impossibile effettuare la marcia stessa e provocando pericolosi aumenti di pressione nel comandante e nei suoi accoliti.

Quando uno di noi aveva l'occasione di trovarsi solo in camerata con uno dei Sottufficiali istruttori, si metteva seduto (cosa proibitissima) sulla branda, con i piedi sulla rete (cosa arciproibitissima) e si accendeva tranquillamente una sigaretta (cosa super arciproibitissima) affettando la massima calma; quando il Sottufficiale istruttore si avvicinava sogghignando malignamente certo di poter fare un feroce rapporto, si estraeva fulmineamente una baionetta da sotto il pagliericcio e puntandogliela alla gola lo si avvertiva pacatamente che se avesse fatto cenno alla cosa sarebbe stato sgozzato. Bisognava però stare attenti a coglierlo quando di sicuro non ci fossero stati testimoni.

Queste ed altre piacevolezze ci rendevano meno dure le sofferenze che dovevamo patire ogni giorno ed ogni giorno che passava senza che nessuno di noi fosse rinviato ai reparti era considerato come una battaglia vinta.

La cosa più strana fu che, per ragioni facilmente intuibili a posteriori, le angherie, i dispetti e le cattiverie diminuirono.

Fu facile dedurne che tutta quella gentaglia si sarebbe vendicata ed avrebbe preso la sua rivincita al momento degli esami finali, ragion per cui ci mettemmo tutti a studiare come dannati: tanto più che ormai non solo non si parlava più di libera uscita ma addirittura per tutti noi l'abituale punizione ricevuta era la Sala di rigore che, nella sede della Scuola Allievi Ufficiali di Complemento del Genio di Pavia si trovava all'ultimo piano nelle torri.

L'essere quelli del nostro gruppo praticamente gli unici abitatori abituali delle celle ci fece inventare nuovi scherzi.

Quando c'era di servizio di picchetto un Ufficiale che non ci conosceva personalmente ci scambiavamo il nome ed il numero di cella assegnato al momento di entrarvi cosi che il giorno dopo la confusione nei rapporti e il malanimo fra Ufficiale e Sottufficiale ci davano almeno la magra soddisfazione di aver fatto un buon dispetto per purgare le loro anime peccatrici.

Dopo che ci accorgemmo che passando per i cornicioni (a circa trenta metri d'altezza dal suolo) si poteva passare dall'una all'altra di tre fra tutte le celle, allora la gamma di scherzi si ampliò di molto. Per esempio quando io mi trovavo In una di quelle tre celle suonavo il campanello per far salire i più di centoventi gradini all'Ufficiale di picchetto che doveva aprirmi la cella per permettermi di andare ai gabinetti perché, allievi puniti o non allievi puniti, come Sergenti il regolamento ci riconosceva certi diritti. Dopo aver suonato il campanello con molta insistenza per essere sicuro che l'Ufficiale di picchetto sarebbe salito, me ne uscivo sul cornicione e facendo il giro della torre me ne andavo a trovare qualche compagno. Quando l'Ufficiale di picchetto arrivava, trovava la mia cella vuota e dava l'allarme (se ispezionava le altre celle io me ne uscivo sul cornicione); richiudeva la mia cella e riscendeva al corpo di guardia per mettere in moto il meccanismo opportuno in caso di evasione. A questo punto io ricominciavo, rientrato nella mia cella, a suonare con insistenza il campanello; quel povero disgraziato di Ufficiale di picchetto, vittima di turno designata per quella notte, si rifaceva trafelato i centoventi gradini, apriva la cella tutto infuriato per trovarmi disteso sulla branda a studiare e per sentire le mie lamentele sul ritardo con cui era venuto dopo le mie tante chiamate.

Dall'usare la finestra per rendere la vita difficile all'Ufficiale di picchetto all'usarla per delle vere, sia pure temporanee, evasioni, il passo è breve e dopo molte esplorazioni a raggio sempre più ampio sui tetti, terrazzi ed altri cornicioni, finalmente riuscii a trovare una via per uscire dopo essere passato attraverso un abbaino delle scale degli alloggi annessi.

Il che, sempre che non mi avessero beccato, mi permetteva finalmente di godere di libere uscite senza limite di tempo.

Senonché una sera trovandomi in una strada stretta e senza traverse, accompagnato da una gentile fanciulla, mi vidi venire incontro da lontano il vice-comandante della Scuola che, per avermi punito personalmente un sacco di volte, mi avrebbe riconosciuto benissimo una volta giunto a distanza ravvicinata. L'unica possibile salvezza pensai fosse cercare rifugio in una chiesa che provvidenzialmente si trovava ad essere situata proprio fra noi ed il Colonnello.

Vi entrai con la ragazza e mi appostai vicino alla porta, pronto a svignarmela appena possibile; il Colonnello, bigotto com'era, entrò anche lui in chiesa e la mia fuga improvvisa al suo entrare fu così precipitosa che non gli permise non solo di fermarmi ma neanche di vedermi bene per quanto io non avessi dubbi sull'essere stato riconosciuto.

Dalla chiesa all'entrata degli alloggi della Scuola e da questi, per tetti e cornicioni, alla mia cella fu tutta un corsa affannosa. Come previsto, dopo una buona mezz'ora sentii aprire la porta della cella e mi misi, semi nudo, sugli attenti di fronte alla faccia indignata e stravolta del Colonnello ansimante per aver salito, dopo chissà quanti anni, centoventi gradini.

Per lo sforzo fatto, l'indignazione per l'uso sacrilego di una chiesa a scopo di fuga e la rabbia di essere stato giocato, il poveraccio non riusciva quasi a parlare e tutti i suoi tentativi per far confessare, a me di essere uscito ed all'Ufficiale di picchetto di avermi permesso di uscire, risultarono naturalmente vani. Stette ammalato nei suoi alloggi per tre giorni ma mi punì comunque con la seguente motivazione: «Consegnato, usciva a diporto, unendosi in luoghi sacri con giovane donna non legata a lui da vincoli di parentela».

Dopo questo ed altri fatti simili non avevo più dubbi sulla mia bocciatura ma, approfittando appunto del fatto che ero sempre in cella mi preparai comunque con molta coscienza a tutti gli esami e, quando venne il momento, li superai tutti più o meno brillantemente.

Ero però molto perplesso sul modo che avrebbero scelto per bocciarmi.

Quei poveri fessi scelsero, naturalmente, l'unico modo sbagliato.

Infatti motivarono la mia bocciatura dichiarando che io possedevo «scarsa attitudine militare» (ero naturalmente stato molto attento a non incorrere in punizioni gravi dal punto di vista di una valutazione tecnica) indicando come dimostrazione della fondatezza di questo giudizio il fatto che io portassi, non autorizzato, i nastrini di Volontario, della campagna in A.S. e di una decorazione al Valor Militare.

Evidentemente pensarono che l'accusa di «miles gloriosus» fosse sufficiente a giustificare la bocciatura di un allievo che aveva praticamente trascorso in cella o consegnato, tutto il periodo del corso come risultava dal foglio matricolare.

In realtà l'autorizzazione a fregiarmi del nastrino della campagna non era stata ancora trasmessa in copia al Comando della Scuola per ritardi burocratici e lo stesso dicasi per il nastrino di volontario (che gli altri allievi volontari per forza non erano autorizzati a portare); il decreto di ricompensa al Valor Militare sul Campo, mentre era stato inviato a casa direttamente dal Comando Forze Armate Africa Settentrionale durante il periodo in cui ero stato dato per disperso, non era stato da me comunicato in copia al Comando della Scuola probabilmente per un lapsus freudiano da parte mia.

Quando mi fu comunicata ufficialmente la mia bocciatura motivata e, contemporaneamente, la bassa di passaggio come Sergente per il mio Reggimento di Firenze, io feci immediatamente ricorso allegando le copie, procuratemi da mio Padre, di tutto quanto smentiva le loro dichiarazioni.

Il Colonnello Comandante e tutto lo Stato Maggiore della Scuola si trovarono improvvisamente di fronte ad un dilemma che, secondo la loro decisione, avrebbe potuto mettere in pericolo la loro comoda posizione a Pavia.

Potevano infatti far finta di niente, lasciarmi partire e sottoporsi poi ad un procedimento di indagini che certamente sarebbe seguito al mio ricorso che senza dubbio io avrei mandato avanti a tutti i costi. Oppure potevano correggere i verbali, promuovermi e, pur perdendo la faccia davanti a me, chiudere il caso e rimanere tranquilli senza problemi nelle loro comode poltrone.

Scelsero naturalmente questa seconda strada e mi promossero.

Una vendetta però se la presero, anche se ciò creò qualche complicazione.

Era norma in tempo di pace che un allievo ufficiale all'atto della sua promozione dovesse godere di un mese di «licenza in attesa di nomina» ma in genere nel 1942, forse a causa dello stato di guerra, la licenza non superava due o tre settimane. Fino alla nomina ufficiale a Sottotenente, l'allievo della scuola era sì stato promosso, ma rimaneva tuttavia col grado che aveva, nel mio caso di Sergente. Approfittando di questa situazione mi chiusero in cella come Sergente e mi ci tennero ben guardato fino all'arrivo dell'ordine di trasferimento come Sottotenente al 9° Reggimento Genio di Trani per il servizio di prima nomina.

La soddisfazione di averli fregati all'ultimo minuto mi rese meno penosa la punizione inscritta sul mio foglio matricolare (già trasformatosi in Stato di servizio) sotto la dicitura «Trattenuto in sede per motivi disciplinari». Per di più mi divertiva molto il fatto che, con la Scuola vuota di personale fino all'inizio del prossimo corso il 1° agosto, dovessero prestarvi i turni di servizio giornaliero due Ufficiali, quattro Sottufficiali e ventiquattro soldati solo perché la meschina vendetta del Colonnello fesso vi lasciava un unico ospite come prigioniero da custodire.

Non era la prima, ma credo fu l'ultima, volta che succedeva una cosa simile ed in un certo senso la cosa mi procurava una certa soddisfazione tanto che non infierii oltre misura con i soliti scherzi contro quei poveracci che, vittime anche loro della ottusa burocrazia vestita di panni militari, dovevano rimanere lì per colpa mia.

Una cosa ricordo sopra le altre di quel periodo: per tutti i diciotto giorni durante i quali passai il tempo abbronzandomi tutto nudo sul tetto, dove arrivavo per il solito finestrone aperto, ascoltavo continuamente una canzone di Kern (forse l'unico disco in possesso degli operai che provvedevano alla manutenzione della scuola fra la fine di un corso e l'inizio di un altro) dal film "Roberta" con Fred Astaire, Irene Dunne e Ginger Rogers; canzone famosa che ancora oggi si ascolta volentieri. Si chiama «Smoke gets in your eyes». Fatta l'uscita solitaria dalla Scuola appena arrivata la nomina, ebbi appena il tempo di comprarmi a Roma una divisa all'Unione Militare, di farmici vedere dentro da un paio di ragazze ed arrivai a Trani per iniziare la mia carriera da ufficiale cominciata con il grado di Sottotenente e terminata con lo stesso grado tre anni più tardi.

TUTTI I PAESI SONO LO STESSO MONDO

Ogni animale (ma soprattutto l'uomo) ha momenti di potere durante i quali, consciamente o inconsciamente, lo usa per «fare» qualcosa, come i grandi della storia, o semplicemente per «goderlo», come i gatti.

L'uomo però è l'unico animale che ha scoperto come anche soltanto «avere» il potere é di per se appagante, e da ciò a porsi la domanda che scaturisce dalla essenza della natura umana «A che serve il potere se non se ne abusa?» il passo é breve.

Questa generale tendenza umana all'eccesso si manifesta meglio là dove esiste una rigida gerarchia formale per cui, tranne che al gradino più alto ed al più basso, tutti sono soggetti agli eventuali abusi dei superiori e sono in grado a loro volta, se vi sono inclini e se ne presenta l'occasione, di commettere abusi nei confronti dei subordinati. Per esempio negli eserciti.

Essendo gli eserciti (tranne quelli delle formiche) composti di uomini, ve ne entrano di buoni, di cattivi e di disponibili ad agire da buoni o cattivi secondo le circostanze. Nel Regio Esercito le percentuali tendevano, secondo le esperienze dello Spregiudicato, piuttosto verso una maggioranza di buoni, nonostante a Pavia avesse trovato una vera organizzazione camorristica in formato ridotto.

Né fu quella la sola volta che lo Spregiudicato ebbe a notare come la disonestà si fosse trasferita dalla vita civile all'esercito.

Giunto al 9° Reggimento Genio di Trani per prestarvi il Servizio di Prima Nomina, e distaccato al presidio di Pescara che dipendeva da quel reggimento, in attesa di essere trasferito a qualche Unità operativa fu assegnato come tappabuchi ai più vari servizi. Fra l'altro fu incaricato del servizio di controllo sui prelievi effettuati dai vari reparti della zona presso i locali Magazzini della Sussistenza.

Giunto alle 4 del mattino ai Magazzini come stabilito dall'ordine di servizio, lo Spregiudicato si stupì di esservi accolto prima con grande sorpresa e poi ancora più grande untuosità dal Maresciallo preposto alla consegna di viveri alle corvè delle varie Unità. Il Maresciallo tentò di convincerlo in tutti i modi che la sua presenza non era assolutamente necessaria, che non era richiesta neanche la sua firma (per abitudine anche se non per regolamento), e che a memoria d'uomo l'Ufficiale che avrebbe dovuto compiere quel servizio secondo un turno settimanale non si era mai visto. Visto che non riusciva in alcun modo a convincerlo ad andarsene fuori dai piedi, giunse perfino a dire che lui avrebbe ritenuto la sua presenza un'offesa personale in quanto manifestazione di mancanza di fiducia di un imberbe giovincello nei confronti di un anziano ed onorato Sottufficiale.

Lo Spregiudicato non aveva molte qualità che compensassero tutti i suoi difetti ma fra le due o tre che aveva c'era la testardaggine, per cui, anche senza sospettare che ci fosse del marcio, più il Maresciallo parlava e più in lui si rafforzava la decisione di sorvegliare anche i minimi dettagli delle operazioni di scelta, pesatura, preparazione e distribuzione dei viveri descritti nelle bollette preparate dalla Sussistenza per i vari reparti secondo le razioni stabilite.

Richiamato all'ordine il Maresciallo, che pur di mandar via quel giovane macilento sottotenentino di primo pelo era giunto ad essere non solo sgarbato ma anche insolente, lo Spregiudicato ordinò seccamente di cominciare le operazioni e passò di sorpresa in sorpresa nel vedere le bilancie che segnavano in più, le lenticchie, i fagioli ed i ceci pieni di buchi di vermi anche se non riuscì a scoprire nessun verme, le conserve ed il formaggio con la muffa e la farina e lo zucchero in sacchi che presentavano evidentissimi segni di manomissione.

Al far notare puntigliosamente al Maresciallo tutte queste cose non si stupì più neanche troppo quando costui passò da minacce più o meno larvate a veri e propri avvertimenti specifici; allora, perfidamente, lo Spregiudicato annunciò papale papale che il giorno stesso avrebbe fatto un preciso rapporto su tutto quanto aveva constatato nell'adempimento del suo dovere come Ufficiale addetto alla distribuzione viveri.

Prima di sera presentò puntualmente il suo rapporto; il giorno dopo fu chiamato dal Colonnello da cui dipendeva la Sussistenza e ricevette prima il suggerimento, poi il consiglio, poi l'invito e poi l'ordine di ritirare il suo rapporto. Al rifiuto dello Spregiudicato quel Colonnello lo minacciò di spedirlo subito al fronte al che lo Spregiudicato ebbe il lampo di genio di precipitarsi a stringergli la mano con movimenti a stantuffo ringraziandolo calorosamente per esaudire un suo desiderio di lunga data.

Lo Spregiudicato non seppe mai che fine avesse fatto quel suo rapporto perché meno di 15 giorni dopo veniva trasferito d'urgenza al 5° Reggimento Genio di Trieste in accoglimento della sua domanda di ammissione ai Corsi Guastatori.

Evidentemente la guarnigione di Pescara in quel periodo si era, di proposito o no, conformata alla convenienza di avere il minimo di fastidi, fare il minimo degli sforzi e ricavare il massimo di vantaggi seguendo una delle più antiche regole della burocrazia: «Non fare oggi quello che puoi fare domani e se proprio non puoi fare a meno di farlo, fallo fare a un altro»; in più, precursori (o erano poi gli stessi?) dei lucratori della Resistenza, pullulavano i lucratori della Guerra.

Così quella volta che allo Spregiudicato toccò il turno di montare di picchetto in un distaccamento alla periferia della città, nessuno si preoccupò di dirgli dove fosse il suddetto distaccamento e come ci si arrivasse in quanto sembrava che tutti considerassero scontato il fatto che solo un cretino firmaiolo potesse effettivamente presentarsi per compiere il suo dovere.

Quando lo Spregiudicato si preoccupò di informarsi per filo e per segno come poteva raggiungere il posto lo guardarono con sospetto e ci fu qualcuno che si preoccupò di avvertire l'Ufficiale che avrebbe dovuto essere di servizio in modo che fosse presente per dare le consegne allo Spregiudicato.

L'Ufficiale di Picchetto uscente arrivò al distaccamento insieme allo Spregiudicato e lo informò amichevolmente della inutilità della sua presenza sul posto, anche se fu poi tanto gentile da prestargli la sua sciarpa azzurra che mostrava chiarissimamente di non essere mai stata usata. Lo Spregiudicato, che aveva trascorso la sua licenza in attesa di nomina nella Sala di Punizione della Scuola Allievi Ufficiali di Pavia, non aveva avuto molto tempo per farsi il corredo prima di raggiungere Trani e poi Pescara e ne era sprovvisto.

Mentre lo Spregiudicato, pur ringraziando il collega per i suoi amichevoli consigli, manifestava chiaramente il proposito di compiere scrupolosamente i doveri inerenti al suo turno di servizio, un Sergente presente al Corpo di Guardia cercò di sgattaiolare via inosservato riuscendo senz'altro, naturalmente, a farsi notare.

Lo Spregiudicato capì subito la ragione della manovra quando si accorse che un paio di soldati seminudi (si era in agosto) si affrettavano maldestramente a preparare una branda nel corpo di guardia e a trascinare con fatica e qualche botta tre o quattro altri soldati, ugualmente seminudi, verso dei locali interni.

Accomiatatosi il collega, lo Spregiudicato si mise alla ricerca delle istruzioni per l'Ufficiale di Picchetto, che trovò solo dopo una lunga ricerca, e dopo averle spolverate cominciò a leggere quali erano i suoi minuti doveri per quelle 24 ore di servizio. Il tutto sotto lo sguardo, fra stupito e deprecatorio, del Sergente di ispezione rivestito si alla meglio in fretta e furia.

Lo Spregiudicato, con le istruzioni in mano, cominciò, accompagnato dal Sergente sempre più disorientato, a fare il suo giro controllando le armi e le munizioni del Corpo di Guardia, i lucchetti e le serrature della porta carraia e delle entrate dei vari magazzini, la chiusura delle varie bocchette di acqua, l'oscuramento di tutte le porte e finestre, (come doveroso in tempo di guerra col costante pericolo di bombardamenti) e la pulizia (o meglio la sporcizia) e l'ordine (o meglio il disordine) dei locali, oltre a tutte le altre minute particolarità di quel posto particolare.

Mentre compiva scrupolosamente il suo primo giro nel distaccamento dando man mano ordini correttivi delle varie anomalie riscontrate, lo Spregiudicato continuava a sentire grida e parolacce da quelle che dovevano essere le prigioni che erano molto vicine al Corpo di Guardia e che sarebbero state l'ultima tappa del suo giro.

Chiestane l'origine al Sergente fu informato da questi che le proteste in generale provenivano da tutti quelli che, a causa dei suoi ordini, erano stati messi di corvè, ma che le urla erano emesse da un prigioniero il quale normalmente, benché punito di cella di rigore, passava invece il suo tempo in camerata o in giro per il distaccamento e che non sembrava gradisse molto il fatto che per le assurde pretese dello Spregiudicato dovesse scontare la sua prigione di rigore in prigione. L'individuo era uno di quelli trascinati frettolosamente di forza nella cella quando il Sergente aveva capito che lo Spregiudicato non stava lì per finta ma, chissà perché, sembrava volesse fare sul serio.

Arrivato alle prigioni lo Spregiudicato avverti tutti i puniti di non dargli fastidio e, bene o male, un po' per la novità della cosa un po' perché sbraitare e dimenarsi è più faticoso che stare distesi, tutti aderirono all'ordine-invito dello Spregiudicato. Solo l'energumeno continuò ad urlare non tanto per ottenere qualche cosa come per far vedere allo Spregiudicato che lui era un ribelle e che non si faceva pestare i piedi da nessuno.

Lo Spregiudicato pensò che piano piano quell'ammirevole spirito libero si sarebbe stancato e tentò di rilassarsi un po' stendendosi sulla branda e pensando alla giovanissima, bella e gentile figlia del Podestà che aveva conosciuto sulla spiaggia e con la quale sperava iniziare un casto e sentimentale rapporto romantico.

Ma il rivoltoso in prigione non glielo permise perché continuava a gridare a più non posso con accanimento degno di miglior causa, finché lo Spregiudicato si seccò ed andò ad avvertirlo che se non avesse smesso subito gli avrebbe affibbiato le peggiori punizioni. Non sapeva che quel bravo soldato si aspettava da un momento all'altro di essere mandato in Russia per i suoi molti misfatti militari e che perciò era assolutamente indifferente a qualunque minaccia di punizione.

Tornato nel corpo di guardia e quasi ossessionato dagli urli del prigioniero che ormai si faceva un punto d'onore di continuare a sbraitare a più non posso e ad insultare lo Spregiudicato in tutti i modi possibili, soprattutto chiamando in causa la sua famiglia e particolarmente i suoi ascendenti di sesso femminile, lo Spregiudicato tornò dal rivoltoso e lo avvertì che se non la avesse piantata lì per lì sarebbe entrato nella cella e lo avrebbe picchiato di santa ragione.

Il rivoltoso, sapendo che un Ufficiale non può in nessun caso picchiare un soldato, rispose con sberleffi ed insulti ancora più sanguinosi. Ormai lo Spregiudicato non aveva più alternative. Tornò al corpo di guardia, si tolse speroni, cinturone, fascia, giubba e camicia, prese le chiavi della cella e, dando ordini al Sergente che nessuno si avvicinasse ad un certo cortiletto isolato che aveva visto in precedenza, andò alla cella e fatto uscire il prigioniero si fece accompagnare al cortiletto.

Arrivati là lo Spregiudicato invitò il fiero rivoltoso ad accertarsi con cura che non ci fosse nessuno a spiare nelle vicinanze e gli spiegò che non avendo addosso nessun segno del suo grado lo avrebbe picchiato da uomo a uomo senza che lui dovesse temere di subire alcuna conseguenza se gli fosse saltato il ticchio di reagire.

Il rivoltoso, da principio sospettoso e diffidente, si convinse della buona fede di quell'ufficialetto magro e testardo che lui aveva sapientemente ed abbondantemente insultato fino a pochi minuti prima e senza neanche troppe esitazioni si convinse che quella era per lui una occasione unica per poter picchiare a suo piacere un Ufficiale.

E lo Spregiudicato e il rivoltoso se le diedero di santa ragione con una discreta superiorità del rivoltoso che in un regolare match di boxe avrebbe senz'altro vinto ai punti, o forse per K.O. se non avesse usato prudenza nello sfogarsi. Stancatisi tutti e due non ci fu esitazione nel considerare l'incontro terminato e con un certo apprezzamento reciproco il rivoltoso fu rinchiuso in cella con una pacca amichevole sulla spalla e lo Spregiudicato se ne tornò sulla sua branda a smaltire i colpi ricevuti in numero notevolmente superiore a quello che si era aspettato. In compenso aveva ottenuto che il ribelle stesse zitto.

SE NON SON MATTI…

Confermato l'appuntamento con la biondina salita in treno a Venezia lo Spregiudicato prese le valige e scese a Trieste dove era stato soltanto due volte in precedenza solo di passaggio.

La carrozza, il cui vetturino riuscì a fargli percorrere un paio di chilometri per portarlo dalla stazione a Piazza Oberdan che dista soltanto cinquecento metri, lo sbarcò al capolinea del tram funicolare che porta a Opicina dove appena arrivato trovò la diligenza a cavalli che portava fino alla Caserma Monte Cimone a Banne, sede del 5° Reggimento Genio presso cui era, nel 1942, la scuola Guastatori del Genio.

Mentre lasciava le valige alla Mensa Ufficiali si informò sui suoi amici già arrivati. Gli fu detto che tutti gli Ufficiali Guastatori erano sul poligono per cui decise di andarci subito dopo aver appreso il nome dell'istruttore dal quale doveva dipendere.

Lo trovò quasi subito, e gli si presentò in modo impeccabile, fiero e rutilante dal berretto rigido alle rotelle degli speroni, senza far caso ad un vago sorriso canzonatorio sulle sue labbra.

Lucio (cosi ci chiamava il Tenente Istruttore) gli domandò se voleva cominciare subito e lo Spregiudicato sconsideratamente accettò.

Dopo qualche minuto si trovava con l'elmetto in testa steso per terra, appoggiato soltanto sui gomiti e sulle punte del piedi, con i due mignoli che premevano a chiudere le narici, l'anulare, il medio e l'indice che riparavano gli occhi ed i pollici che tenevano tappate le orecchie mentre la lingua era rivoltata contro il palato e tratteneva il respiro.

Lucio accese la miccia e a tre metri dalla testa dello Spregiudicato scoppiò una carica di cento grammi di tritolo che oltre a sanzionare il suo ingresso alla Scuola Guastatori ridusse fuori uso la sua bella divisa nuova di diagonale che fu la prima di una serie di divise ridotte miserevolmente dalla pratica da guastatore.

Le mani, il collo ed i punti del corpo dove si era strappato il tessuto della uniforme si coprirono di petecchie che si trasformarono quasi subito in sudore di sangue.

Lo sperato successo con la biondina (che come tutte le biondine ci teneva molto al contenente oltre che al contenuto) veniva così fortemente compromesso ed iniziava il breve ma intensissimo periodo di addestramento.

La sostanza di tutta la faccenda si poteva riassumere così: data una posizione fortificata stabilmente (leggere cemento armato) e dotata di difese a distanza e di difese ravvicinate (leggi cannoni, obici, mortai, cannoncini, mitragliere, mitragliatrici, fucili mitragliatori, mitra, fucili, pistole, bombe, mine, lanciafiamme, baionette, coltelli, temperini, trappole, cavalli di frisia, reticolati ed alta tensione), prenderla senza perdite, consegnarla alla Fanteria e andarsene.

Ad una buona percentuale dei volontari che arrivavano per frequentare il corso, appena si rendevano conto di persona del significato di tutto il precedente enunciato, restava impressa solo l'ultima parola: «andarsene»; e da gente disciplinata, come si supponeva che fossero, eseguivano rapidamente in buon ordine e se ne tornavano, dopo un po' di prigione, ai luoghi di provenienza.

Un'altra buona percentuale marcava visita alle prime esercitazioni a fuoco ed un'altra percentuale ragionevole veniva eliminata d'ufficio durante il corso, per cui la percentuale di quelli che arrivavano ad ottenere il brevetto era piccola piccola piccola. Se si tolgono anche quelli che, fregiati di bellissimo distintivo, riuscivano a farsi raccomandare per un servizio sedentario dove poter fare i «milites gloriosi» bisogna riconoscere che la percentuale di matti convinti di poter mettere in pratica quanto spiegato più sopra non risultava molto alta.

Si faceva la domanda per diventare guastatori per i più svariati motivi: abbreviare la permanenza nelle patrie militari galere, evitare un processo, sfuggire a qualche tanghero di superiore o ai parenti di compiacenti ma incaute donzelle, cambiare per cambiare, fastidio di essere imboscati, amore per il rischio, desiderio di appartenere a un corpo scelto e, cosa strana, piuttosto spesso perfino per il desiderio di servire meglio la Patria.

Una caratteristica però era comune a tutti ed era l'insofferenza di qualsiasi disciplina. Ragion per cui dal primo istante del corso ci si trovava di fronte alla necessità contro natura di diventare disciplinati come automi a meno di non voler crepare alla prima azione a fuoco.

Quello di appartenere ai reparti d'assalto del Genio é infatti un mestiere che esclude la possibilità di operare da soli ma che và fatto da tutto un gruppo nel quale non è ammessa la presenza letale di chi possa commettere errori fra i quali errori è incluso quello di morire ammazzati.

Ognuno ha un compito ben definito da eseguire al momento stabilito, nel modo determinato, al posto giusto, qualunque cosa avvenga.

Non è facile addestrare diciotto italiani a percorrere dai due ai tre chilometri senza vedersi l'un l'altro, senza farsi segnali, sotto il fuoco di tutte le armi possibili, (ivi comprese quelle amiche che normalmente risultavano poco meno che micidiali) per ritrovarsi ad un appuntamento il cui luogo è il caposaldo nemico ed il cui tempo è costituito dalle qualche diecine di secondi compresi fra l'apertura del varco dell'ultimo reticolato e lo scoppio delle cariche di esplosivo su qualunque riparo che l'inimico ha scelto per non essere buggerato; è chiaro che i moccoli che gli istruttori tiravano dalla mattina alla sera durante tutte le sessioni di addestramento del corso non si potevano contare.

L'istruttore era un dio e se ne attribuiva quindi tutte le prerogative compresa quella di affidare il mantenimento della disciplina agli Ufficiali allievi.

Per fortuna i soldati, non potendo attribuire agli ufficiali gli stessi motivi per i quali loro stessi avevano «fatto domanda», pensavano che un ufficiale che va nei guastatori deve essere senz'altro matto e di conseguenza portavano ai loro ufficiali quel rispetto timoroso che l'uomo di sana e normale costituzione porta sempre a chi, sprovvisto di qualche rotella, si viene a trovare in posizione di comando e le reazioni del quale, appunto perché matto, sono imprevedibili. Si aggiunga che gli ufficiali che non precedevano di qualche lunghezza i soldati nell'arrivare alla perfezione in ogni singola tappa delle esercitazioni venivano allontanati e si capirà come i soldati allievi guastatori ubbidissero, bontà loro, quasi sempre, agli ufficiali purché fossero guastatori o allievi guastatori.

L'esperienza in Africa Settentrionale facilitò moltissimo allo Spregiudicato ambientarsi perfettamente in questa atmosfera, e seguire senza problemi tutto il corso prendendo il relativo brevetto. Avuto assegnato un plotone di allievi, divenne a sua volta istruttore degli uomini che avrebbero costituito la sua squadra da portare in azione una volta andati al fronte.

Un giorno che con un collega milanese chiamato il Negro tornava sul poligono di addestramento dalla mensa, vide un altro collega, siciliano, chiamato da tutti il Terrone, che dormiva pacificamente. Incurante degli spigoli e dei sassi su cui era steso a pancia all'aria, dormiva il sonno del giusto che ha mangiato, anche se non bene, in compenso non abbondantemente. Le mani incrociate sul petto, la borraccia sotto la testa e l'elmetto sulla faccia per ripararsi gli occhi dal sole, riposava tanto bene da non sentire il fischio lontano dell'istruttore capo che indicava la ripresa pomeridiana delle esercitazioni. Su quegli stessi sassi la ferocia slava lo avrebbe fatto dormire per sempre un anno più tardi. Lo Spregiudicato e il Negro rallentarono il passo; «guarda il Terùn» disse il Negro «Lo svegliamo?». Tirò fuori la Beretta calibro nove dalla fondina e senza quasi fermarsi centrò in pieno l'elmetto sulla faccia del dormiente. Il Terrone senza scomporsi per il brusco risveglio si alzò mollemente sul gomito e con accento di dolce rimprovero disse: «Carmelina sognavo»; raccolse l'elmetto ammaccato, e si unì al Negro ed allo Spregiudicato per raggiungere la sua squadra. Come logico, gli Ufficiali ed i Sottufficiali si alternavano nei vari compiti, sia di allievi che di istruttori: ad uno toccava difendere il finto fortino, ad altri toccava comandare l'assalto, ad altri far parte (o guidare) delle unità mortaio, lanciafiamme, mitragliatori, cariche allungate o cubiche o cave. Quella volta allo Spregiudicato toccò difendere il finto fortino. Al Negro e al Terrone toccò assalirlo. Lo Spregiudicato si avviò al fortino con un fucile modello 91 e qualche pacco di caricatori. Il Negro ed il Terrone distribuirono ciascuno due tubi di gelatina (per aprire varchi nei reticolati), due cariche di tritolo (per distruggere la fortificazione), un fucile mitragliatore Breda, quattro cassette di munizioni, un lanciafiamme, un mortaio Brixia da 45 con relative munizioni e qualche cassetta di bombe a mano OTO, Breda e Balilla. Dopo di che partirono alla distruzione dello Spregiudicato.

Il mortaio doveva tirare sempre venti metri avanti al primo uomo, calcolandoli sul tempo di avanzamento fissato, dato che il primo (come d'altronde tutti gli altri) avrebbe dovuto essere invisibile fino al raggiungimento dell'obiettivo.

Il fucile mitragliatore doveva tirare, sopra la testa della squadra, sul fortino, cioè sullo Spregiudicato.

Il mortaio cominciò a tirare cambiando l'alzo ogni tanti secondi calcolati per spazzare il terreno davanti alla squadra (così un eventuale cecchino all'agguato avrebbe fatto poco danno e, con un po' di fortuna, si sarebbe provocata l'esplosione di eventuali mine).

Il fucile mitragliatore cominciò a sparare sullo Spregiudicato per costringerlo a tenere la testa bassa.

Il lanciafiamme, i tubi e le cariche incominciarono a balzare avanti seguendo un ordine determinato ma apparentemente sconclusionato per non permettere al nemico di aggiustare la mira.

Lo Spregiudicato, che era un buon tiratore, cominciò a sparare con il suo fucile su tutto ciò che vedeva muoversi.

Dopo un'ora e mezza lo Spregiudicato era vergognosamente fatto prigioniero ed un giro della borraccia di grappa del Terrone festeggiava il fatto che non ci fossero nè morti nè feriti gravi.

Inutile dire che le armi erano vere armi, le pallottole vere pallottole e che si tirava a colpire anche se non ad ammazzare.

Le squadre avevano così dimostrato di essere bene addestrate e gli uomini di essere praticamente pronti ad andare a morire ammazzati su qualche fronte anche entro pochi giorni salvo il superamento di una serie di prove singole, per la selezione definitiva, come la prova delle bombe a mano che coronava la preparazione del guastatore.

Lo Spregiudicato cominciava ad essere seccato. Era già la terza squadra che gli facevano addestrare (nei plotoni guastatori la squadra è comandata da un ufficiale). Quando, tanto per la prima squadra come per la seconda, si era affiatato con i suoi uomini, quando era sicuro di poter contare su ciascuno di essi come tutti loro avevano imparato a contare su di lui, arrivavano ordini di trasferimento isolati e gli facevano partire all'improvviso i suoi Guastatori per varie unità come complementi e rimpiazzi per le compagnie decimate in linea o, peggio, per reparti sul territorio nazionale destinati a lavori di smantellamento o di posa di mine.

Ed ogni volta si era preparato una nuova squadra, ogni volta sperando che sarebbe stata finalmente la squadra che lui stesso avrebbe condotto dovunque fosse.

Stavolta era contento degli uomini assegnatigli ma anche un po' imbarazzato perché dei più di trenta uomini affidatigli in partenza non sapeva proprio quali scegliere e quali eliminare fra i rimasti in forza per formare la sua squadra di diciotto, dato che tutti erano soldati di prim'ordine.

Decise allora di affidarsi alla serie di prove singole.

Un paio si fecero ferire malamente nel corpo a corpo col pugnale, altri tre al mitragliatore avevano il grilletto troppo facile, un altro paio dimostravano troppa confidenza con il pericolo; il numero dei papabili si ridusse così ad una cifra ragionevole.

Per la selezione definitiva non restava che la prova delle bombe a mano.

L'esercizio consisteva nel tirarsi addosso reciprocamente delle bombe a mano per imparare a buttarsi a terra non prima di aver risposto con il proprio lancio al lancio avversario;
non troppo presto, senza aver valutato prima dove sarebbe caduta la bomba avversaria,
non troppo tardi quando non spiacciccarsi a terra sarebbe stato fatale, e nella posizione e
nella direzione prescritte per subire il minor danno possibile.

Lo Spregiudicato voleva particolarmente bene ad un soldato di Sassari alto come un soldo
di cacio, coraggioso come tutti i sardi, bravissimo in tutto tranne che nella giustezza nel
lanciare le bombe a mano.

Dopo qualche giorno di prove eliminatorie, prima di mettere in libertà gli uomini lo Spregiudicato lo chiamò e gli disse: «fra tre giorni prendiamo cinque Balilla per uno e ci met-
tiamo a dieci metri; se tu non riesci a colpirmi o se ti fai colpire da me, ti sbatto agli zappa-
tori».

Il soldatino che da buon sardo era di poche parole, raggrinzò la faccia in un mezzo ghigno,
salutò e se ne andò.

La mattina stabilita, alle sei si avviarono tutti come di solito sulla cima del costone che dà
sopra Trieste e mentre la squadra percorreva in discesa il percorso da rifare poi in salita
nell'attacco simulato dalla parte del Carso, lo Spregiudicato ed il soldatino si fermarono in
un piccolo spiazzo pianeggiante, si misero a distanza di dieci metri e, ricordate le regole, si
disposero a provare ad ammazzarsi a vicenda.

Uno... due...tre ...via! Lo Spregiudicato vide la bomba del soldatino per aria, lanciò la sua,
si buttò per terra e si ritrovò con i polpacci, le coscie e le natiche pieni di sassi e di schegge
di bomba ed i pantaloni, tutti inzuppati di sangue, ridotti a brandelli.

Il soldatino non vedendolo rialzarsi gli andò vicino e dopo aver constatato che lo Spregiudicato era solo ferito e non morto aprì la bocca ad un enorme ghigno amichevole e mentre
lo aiutava come poteva, prima di chiamare qualcuno in aiuto per portarlo all'infermiera gli
disse: «adesso ci sono in squadra!». E lo scornato Spregiudicato, ridotto come un colabro-
do, dovette congratularsi con lui e stringergli la mano.

Solo dopo qualche giorno il soldatino si decise a raccontare allo Spregiudicato che con alcuni suoi compagni, sardi come lui, si era esercitato tutte le notti con bombe disinnescate
per riuscire a piazzargli la sua bomba proprio in mezzo alle gambe e guadagnarsi così il
posto nella sua squadra.

FUOCO ALLE POLVERI

Il Pitecantropo ed io ci eravamo conosciuti a Pavia alla Scuola Allievi Ufficiali di Complemento del Genio.

Benché assegnati a differenti plotoni, l'amicizia tra noi si era sviluppata spontaneamente
pur senza essere favorita dalla vicinanza di branda o di camerata come in tanti casi di amicizie di vita militare.

Comunque lui era presto diventato celebre e ben conosciuto dentro e fuori la Scuola per
alcune caratteristiche proprie molto particolari.

Di famiglia armatoriale genovese, il suo ramo aveva cercato ed ottenuto meritata fortuna
in Indocina dove lui era cresciuto insieme al ragazzini di Saigon con tutto quello che ciò
implica; tuffarsi e nuotare come un coccodrillo in mezzo al coccodrilli, trovarsi a suo agio
con serpenti ed altri rettili, saper distinguere e gustare gli insetti mangerecci e possedere
sia pure inconsciamente una filosofia di tipo orientale che gli procurava il vantaggio di un
atteggiamento molto adatto ad affrontare i molti problemi di quell'epoca. Di possente ta-

glia atletica, alto e forte, era fanatico di D'Annunzio e di Beethoven. Trovatosi in Italia allo scoppio della guerra si era arruolato volontario anche per non essere di peso ai suoi parenti genovesi che, essendo armatori non se la passavano troppo bene con gli affari in tempi di blocco.

La sua celebrità derivava dal fatto che aveva messo a frutto la sua capacità di mangiare cavallette per il modico compenso di qualche pacchetto di sigarette o qualche razione di viveri dei quali aveva estremo bisogno data la sua costituzione.

Promosso Ufficiale senza problemi date le sue notevoli cultura e intelligenza, aveva immediatamente fatto domanda per essere assegnato ai reparti guastatori essendo rimasto affascinato dagli uomini del XXX Battaglione Guastatori Alpini che lui aveva conosciuto quando, rientrati dal fronte greco si stavano riorganizzando prima di partire per il fronte russo.

Ritrovatici a Banne alla Scuola Guastatori diretta dallo stesso comandante del 5° Reggimento Genio, il Colonnello Mario Ferrari, comunemente conosciuto come il papà dei guastatori, divenimmo, neanche a dirlo, inseparabili compagni, nella stessa Compagnia, nella stessa stanza assegnataci come alloggio all'ultimo piano della palazzina comando nella Caserma Monte Cimone ed in tutte le attività extra militari che svolgevamo a Trieste e dintorni.

Dopo aver brillantemente conseguito il brevetto di Guastatori partecipando insieme all'addestramento durissimo, uguale per soldati ed ufficiali e con percentuali di eliminazione altissime, cominciammo a nostra volta ad addestrare i soldati nuovi arrivati tra i quali dovevamo selezionare quelli che poi, secondo le regole, avrebbero dovuto essere i componenti delle nostre. rispettive squadre con cui saremmo andati insieme al fronte.

In realtà poi succedeva che per la solita burocrazia imperante nel livelli superiori dell'esercito Italiano i nostri soldati addestrati uno ad uno personalmente con tanta fatica e tanto amore a formare una omogenea ed affiatata unità di guerra perfettamente efficiente ed allenataci venivano tolti senza tenere in alcun conto il loro valore come parti integrante di un reparto specializzato.

Questo naturalmente riempiva tutti, ufficiali e soldati, di rabbia impotente che sfogavamo, quando bastavano i soldi, con potenti sbronze, possibilmente insieme alle ragazze di turno.

A proposito delle ragazze, dato che non era facile prevedere quando saremmo potuti scendere in città data la variabile durata delle esercitazioni a fuoco, avevamo escogitato un sistema semplicissimo per comunicare l'ora degli appuntamenti, non disponendo, sul poligono di addestramento né di telefono né di radio.

Stabilito in precedenza da ciascuno il posto dove incontrarsi con la sua ragazza, quando tutte le varie squadre avevano finito le esercitazioni del pomeriggio uno di noi veniva mandato all'estremo limite dell'altipiano, sul ciglione che sovrasta la città per lanciare nel vuoto tante bombe a mano tedesche (quelle col manico di legno e lo spago di accensione a tempo) secondo l'ora in cui tutti noi prevedevamo di essere ciascuno al suo posto particolare all'appuntamento. Una bomba per le ore diciotto, due per le ore diciannove, ecc.

Il non sapere in anticipo a che ora saremmo potuti scendere dipendeva dal fatto che gli Ufficiali avevano il compito di ripulire il terreno dell'esercitazione dai residuati, cioé dalle cariche di esplosivo, dalle bombe a mano e dalle bombe di mortaio, inesplose. Ogni caposquadra addestratore doveva tenere accuratamente conto di ogni tiro, lancio o carica effettuati dalla sua squadra. e in caso non scoppiasse includerli in una lista mentale cercando di ricordarsi il posto esatto per poi procedere alla sua distruzione. Da qui l'incertezza sul tempo richiesto che poteva andare da mezz'ora a tre ore.

Finita l'esercitazione ed affidati gli uomini all'Ufficiale o Sottufficiale allievo facente parte della squadra, ogni Ufficiale istruttore tornava al punto da cui la sua squadra era partita per l'esercitazione e, munito di saponette di tritolo, detonatori e miccia, ripercorreva l'area battuta dalla sua squadra cercando uno per uno tutti i residuati inesplosi della giornata perché non ne rimanessero sul terreno dove il giorno dopo avrebbero ripreso le esercitazioni.

La regola tassativa era di collocare non a contatto una piccola carica vicino all'oggetto inesploso, accendere la miccia, mettersi al riparo, attendere l'esplosione, controllare che il residuato fosse realmente stato distrutto ed andare a cercare il prossimo.

In pratica, come tutti i giovani di tutte le epoche, noi eravamo dell'opinione che le regole fossero fatte al solo scopo di non essere rispettate e l'esempio di quelli che erano passati per la stessa routine, cioé i nostri istruttori e colleghi più anziani, non ci aiutava certo ad essere ligi alle norme.

Diventava perciò un punto d'onore tentare di far brillare i residuati senza usare l'esplosivo. Senza entrare in descrizioni tecniche dei congegni di esplosione dei vari tipi di bombe usate è sufficiente ricordare che normalmente i congegni detonatori già liberati al momento del lancio e che non hanno funzionato al momento dell'impatto sono in genere sensibili anche a un lievissimo urto e che basta toccare l'ordigno per farlo esplodere.

Chi più chi meno tutti usavamo diversi metodi per contravvenire alle regole cominciando, in ordine di rischio, dal cercare di colpire l'ordigno inesploso con una fucilata, con un colpo di pistola o addirittura con un sasso. Entrati in questo atteggiamento incosciente, dopo un po' si arrivava al momento in cui ritenevamo indispensabile dimostrare la propria freddezza sollevando con mano fermissima l'ordigno inesploso senza fargli cambiare posizione e lanciarlo con una perfetta coordinazione di movimenti, cercando di farlo esplodere con un altro impatto. Quando poi la follia e l'incoscienza arrivavano al massimo, dopo esser passati senza restare dilaniati attraverso tutte le fasi fin qui descritte, si acquistava quella eccessiva confidenza (come la si acquista con i cavalli, con le donne e con le automobili) e ci si considerava laureati se si riusciva a portare alcuni ordigni inesplosi tutti allo stesso posto per fare, questa volta sì per mezzo dell'esplosivo, un bel botto. Considerando il terreno pietroso ed accidentato del Carso dove si svolgevano le esercitazioni questa, onestamente non era cosa da indurre a giudicare sani di mente i guastatori in generale ed i loro ufficiali in particolare.

Quanto siano infidi gli ordigni inesplosi lo scoprii per l'ennesima volta (ma neanche quella volta l'avvertimento servì a qualcosa) quando, trovando una bomba a mano Balilla cercai di farla esplodere col sistema del rilancio: presala delicatissimamente con tre dita la sollevai in verticale mantenendola sempre nella stessa posizione ed accelerando lentissimamente il movimento la lanciai verso il lato discendente del pendio accucciandomi subito dopo: non successe niente. Mi avvicinai di nuovo, la ripresi come avevo fatto prima, la lanciai di nuovo, mi accucciai e di nuovo niente. Ci misi allora un segnale e proseguii nel rastrellamento degli altri residuati fino sul ciglione; mi accordai con gli altri compagni sull'ora dell'appuntamento con le ragazze e mentre uno di loro lanciava le solite bombe per indicare l'ora, me ne tornai indietro per rientrare in caserma.

Ritornato vicino alla bomba Balilla di prima mi venne la tentazione di rilanciarla di nuovo ma ormai mi sentivo già pronto per la doccia, la cena e l'incursione in città e decisi di farla esplodere secondo le prescrizioni. Mentre cominciavo ad aprire il tascapane per tirar fuori la saponetta di tritolo e il resto stando seduto, con un'infantile gesto di irritazione presi un sasso e lo lanciai sulla bomba. Dopo essermi riavuto dallo shock da esplosione constatai che per fortuna l'unica conseguenza fu di cucire alcuni tagli sulla divisa e prolungare un po' la doccia per pulirmi bene dalla polvere e dal terriccio che l'esplosione da relativamente breve distanza m'aveva fatto penetrare nei pori della pelle scoperta.

Facendo sempre quasi tutto insieme e procedendo perciò di pari passo, il Pitecantropo ed io avevamo raggiunto insieme lo stato di incoscienza e di pazzia rispetto alla bonifica del terreno di addestramento, per cui ormai preparavamo un unico mucchio di ordigni inesplosi da far brillare tutti insieme per fare il botto ancora più grosso.

Una sera, dopo aver ammucchiato una quantità record di ordigni, piazzammo sul mucchio una saponetta col detonatore e la miccia, accendemmo quest'ultima e ce ne andammo a sederci dietro un muretto dove, defilati, accendemmo le sigarette in attesa di quella che avrebbe dovuto essere un'esplosione notevole.

Controllando il tempo prestabilito dalla lunghezza della miccia con i nostri orologi lo vedemmo trascorrere senza che succedesse niente. A me era già successo altre volte soprattutto durante il periodo che avevo passato a Firenze come recluta da Artiere. Per il Pitecantropo era viceversa una cosa cui non era abituato benché avesse visto succederlo un paio di volte.

Il regolamento anche in questo caso era molto preciso come tutti i manuali dell'Esercito. Bisognava aspettare al riparo un tempo quattro volte quello fissato e solo allora chi aveva predisposto il brillamento ed accesa la miccia poteva avvicinarsi con molta cautela per controllare quale era l'inconveniente che aveva causato lo spegnimento della miccia.

Questa volta, data la legittima curiosità del Pitecantropo per arricchire le sue esperienze in quelle anomale circostanze pur possibili nel maneggio di esplosivi e detonatori, andò lui avanti a controllare, dopo però che, per un insolito rigurgito di prudenza, avevamo aspettato non quattro ma bensì otto volte il tempo stabilito.

Quando il Pitecantropo arrivò a circa sei metri dal mucchietto di ordigni che avremmo dovuto far saltare lanciò improvvisamente l'urlo «GIÙ!!!» che per convenzione significava «Ripararsi all'istante»; senza domandare spiegazioni mi buttai a terra con la rapidità quasi supersonica che l'addestramento mi aveva fatto acquisire mentre il Pitecantropo, con una prontezza di riflessi addirittura gattesca, spiccava un volo al di là di un muretto di sassi lontano da lui circa due metri. Considerando la partenza in volo praticamente da fermo e la distanza dal muretto, solo un fisico eccezionale come il suo poteva permettergli un exploit come quello; subito dopo seguirono il suo urlo a svanire come quello del fischio di un treno che si allontana a tutta velocità, ed il botto assordante dell'esplosione che mi coprì letteralmente di terra e di sassi.

Per l'ennesima volta la miccia lenta si era dimostrata difettosa e la velocità di combustione era stata di gran lunga inferiore a quella stabilita. L'urlo a svanire del Pitecantropo era dovuto al fatto che durante il suo volo, appena passato il muretto si era accorto che il muro delimitava una dolina a cono ad angolo acuto ed invece di atterrare al di là del muretto allo stesso livello da cui era partito, aveva continuato il volo in caduta per buoni cinque o sei metri verso il fondo della dolina.

Il suo «GIÙ!!!» mi aveva permesso di guadagnare quella frazione di secondo per raggiungere il terreno e spiaccicarmici prima che avvenisse l'esplosione ricevendo così tutti i sassi e le schegge di bombe e di proiettili in caduta dall'alto e non in linea tesa, e perciò mortale, mentre ero a mezz'aria. In parole povere il Pitecantropo, usando quel grido di avvertimento corto e perentorio cui tutti i guastatori erano abituati a reagire senza discutere, proprio come avevo fatto io, mi aveva salvato la vita.

Tutti e due pieni di ammaccature e di terra ma di certo con il Pitecantropo ben più dolorante di me ma per fortuna con niente di rotto, ci avviammo ai nostri alloggi in caserma e dopo una doccia calda e la cena alla mensa ci avviammo verso Villa Opicina per prendere la funicolare che ci avrebbe portati in città dalle rispettive ragazze. Era ormai troppo tardi per avere una seconda cena alla Mensa Ufficiali in Via Ghega.

Infatti con il nostro stipendio di 917 lire al mese dovevamo: prima di tutto provvedere a mantenere decenti le nostre divise continuamente strappate e mal conciate dal tipo di addestramento attivo o passivo che faceva parte della nostra vita quotidiana; poi al sostentamento; poi alle spese personali, al fumo, ai piccoli piaceri; dovevamo pagarci perfino le munizioni delle pistole. Non potevamo quindi permetterci non solo di andare al ristorante ma neanche di andare in rosticceria (gli Ufficiali a differenza dei soldati, non ricevevano la lira in più al giorno dovuta come indennità per la specialità Guastatori). L'attività fisica estenuante svolta tutti i giorni dalle sei di mattina fino in media alle sei di sera a ritmo frenetico richiedeva invece una dieta con perlomeno il doppio di calorie necessarie ad una persona normale.

Per fortuna esistevano sia la Mensa Ufficiali reggimentale sia la Mensa Ufficiali distrettuale dove con poche lire si ottenevano un pranzo od una cena se non molto sostanziose per lo meno decenti (i prezzi bassi delle mense militari hanno mantenuto per anni affollatissimo nel dopoguerra il Circolo Ufficiali di Palazzo Barberini a Roma dove migliaia di ufficiali in aspettativa o in congedo, sempre dignitosi ma senza un lira, riuscivano a mantenersi in vita senza essere costretti a mendicare o a praticare il mercato nero per sopravvivere).

Il sistema che molti di noi seguivano era stato messo a punto studiando orari e ritardi delle due mense (reggimentale e distrettuale) e della funicolare. Se si riusciva a mezzogiorno ad arrivare fra i primi alla mensa reggimentale e ad essere serviti subito dai soldati addetti al servizio di cameriere si poteva, ancora col boccone in bocca, fare di corsa a piedi i due chilometri dalla Caserma al capolinea della funicolare di Opicina, prenderla al volo in corsa, arrivare alla mensa distrettuale in Via Ghega un attimo prima che chiudesse e fare di nuovo colazione per correre di nuovo al capolinea cittadino della funicolare, tornare ad Opicina, correre di nuovo per due chilometri fino alla caserma ed essere puntuali, o quasi, per l'inizio delle esercitazioni pomeridiane. La sera si faceva lo stesso senza per fortuna dover fare le corse di ritorno.

Quasi sempre gli affamati maratoneti, percorrendo le scorciatoie nei bellissimi boschi sul Carso da Banne a Opicina, sorpassavano o incrociavano, correndo a piedi, la diligenza a cavalli che faceva regolare servizio di spola tra la caserma Monte Cimone ed il capolinea, ad uso degli Ufficiali del Reggimento.

Nonostante questa vita infernale che avrebbe ammazzato un bue da lavoro, tutti, se non scoppiavano con qualche carica esplosiva, scoppiavano di salute e nei giorni di riscossione dello stipendio si permettevano il lusso di ubriacarsi alla Dreher e di passare la notte in gozzoviglie; gli Ufficiali cui sarebbe toccato svolgere le esercitazioni il mattino dopo alle sei risolvevano il problema semplicemente risparmiandosi il fastidio di andare a dormire.

Gli ordini di mobilitazione (e di pagamento) che ci arrivavano all'improvviso per raggiungere questo o quel reparto sul fronte russo o sul fronte africano ci offrivano ogni tanto qualche altra occasione di baldoria.

Quando in una azione sul Don o a Tobruch o in qualunque altro punto del fronte il XXX (Alpini) o il XXXI o il XXXII Battaglione Guastatori (d'Africa) subivano delle perdite, chiedevano i rimpiazzi tanto di soldati come di sottufficiali e ufficiali e la burocrazia ministeriale si metteva in moto.

I soldati, essendo calcolati in numeri, venivano raggiunti per primi dall'ordine di trasferimento, compilato nello stesso reggimento in base a richieste o ordini che dicevano pressappoco « .... 15 Guastatori devono essere mobilitati per raggiungere il tale reparto in Africa Settentrionale (o in Russia)» ... Con grande rabbia di chi se li era personalmente curati come uomini della sua squadra, venivano tolti i componenti delle unità di ciascun ufficiale, e né proteste né trucchi servivano per evitare il compiersi di questa cretina assurdità.

Per gli Ufficiali invece l'ordine di trasferimento doveva essere nominativo, c'erano graduatorie di anzianità di comando e di conseguenza l'ordine di trasferimento era più lento a raggiungerci. Succedeva perciò che ci fossero soldati senza ufficiale o, ancora più frequentemente, ufficiali senza soldati.

Inoltre il tempo più lungo richiesto per rendere operante il trasferimento dell'ufficiale dava adito a successive decisioni che derivavano dai frequenti mutamenti della situazione in prima linea al fronte.

Si verificava così la situazione opposta a quella che, quando ero sergente, mi aveva costretto a tornare in Italia in seguito all'ordine di partecipare al Corso Allievi Ufficiali quando aspettavo solo l'arrivo delle carte necessarie a convalidare la mia automatica promozione di diritto ad Ufficiale. Ma allora ero solo Sergente e, come i miei soldati a Banne, una volta arrivato l'ordine di trasferimento non potei far altro che ubbidire e partire subito.

A Banne invece agli Ufficiali arrivava l'ordine di mobilitazione cui avrebbe fatto seguito l'ordine di trasferimento. Successe spesso ed a parecchi di essere mobilitati, prepararsi per partire ed essere poi smobilitati senza spiegazioni. Dopo i primi fatti del genere imparammo ad arrabbiarci meno ed a sfruttare la situazione per quel poco che potevamo.

Infatti, ogni volta che arrivava l'ordine, veniva versato un premio di mobilitazione più un anticipo per acquisto d'effetti personali ed altre cose varie. Al momento della smobilitazione, chi non era partito, doveva restituire quanto ricevuto. Imparammo subito a mangiarci tutti i soldi ricevuti entro 24 ore in modo da non essere comunque in grado di restituirli e costringendo l'amministrazione militare ad addebitarci le somme dovute detraendole dai prossimi stipendi che però non potevano essere soggetti a trattenuta oltre un certa percentuale.

Quasi tutti riuscimmo così a fare crescere i nostri debiti nei confronti dello Stato (rimborsabili con trattenute previste per un notevole numero di anni a venire) ridendo sguaiatamente in faccia agli Ufficiali di Commissariato e di Amministrazione che con la loro mentalità da impiegati ci minacciavano di provocare il nostro immediato invio al fronte non rendendosi, evidentemente conto che ciò sarebbe stato l'appagamento dei nostri più forti desideri dato che nonostante la nostra volontà solo pochissimi riuscivano ad andarci.

IL GEORGIANO

La vita degli altri reparti al 5° Reggimento Genio di Banne era condizionata dalla presenza, mal sopportata da tutti, dei reparti Guastatori e della relativa scuola di addestramento voluta e potenziata dal Colonnello Mario Ferrari.

Avere come comandante di reggimento un Colonnello che era stato uno dei primi a brevettarsi Guastatore per fare poi di questa specialità un insieme di unità da combattimento scientificamente preparate e tecnicamente valide, non contribuiva certo a calmare i bollenti spiriti degli sfegatati sbruffoni che guardavano tutti gli altri come se fossero dei vermi e che per ingenua deformazione professionale si ritenevano gli unici depositari dell'ardimento.

Che, secondo il lessico, consiste nel coraggio generoso ed audace che spinge ad affrontare una impresa rischiosa con coscienza e sprezzo del pericolo. Onde l'ammirazione generale per gli arditi. Mentre, altrettanto in generale, nessuno apprezza (o si rende conto) dell'anonimo e molto più difficile coraggio del fantaccino senza nome che come pecora fra pecore viene mandato al macello (non importa se sull'Ortigara o sull'Isonzo o nelle Fiandre o in Normandia o sul Don) senza alcuna facoltà o possibilità di agire individualmente, vittima di una morte di massa che coglie a casaccio, vedendosi cadere intorno i compagni a mucchi, e continua ad attaccare. La forza d'animo nel sopportare e affrontare con decisione un pericolo, cioè il coraggio senza aggettivi, è più, o é meno, apprezzabile dell'ardimento?

Comunque, nel clima che si crea dove convivono tanti «arditi» é difficile che qualcuno non ceda alla tentazione di fare lo spaccone.

Solo il Colonnello Ferrari con la sua autorità che derivava soprattutto dal suo prestigio come Guastatore, riusciva ad evitare che alla mensa reggimentale si posassero sulla tovaglia bombe a mano, cartucce di dinamite o capsule detonanti, perché perfino gli Ufficiali Guastatori (istruttori o allievi) cadevano talvolta in un esibizionismo della peggiore specie.

Purtroppo lo studio della chimica e della fisica oltre che dei manuali di «armi e tiro» e di «lavori del campo di battaglia» diminuiva notevolmente il tempo da dedicare allo studio dei regolamenti e dei manuali di servizio, per cui quando un ufficiale dei guastatori era di servizio di picchetto o di giornata tutta la caserma «Monte Cimone» diventava area di rischio.

Fallito miseramente il tentativo di far esonerare dal servizio di picchetto gli Ufficiali dei reparti Guastatori, quelli cui toccava indossare la fascia azzurra assolvevano i loro compiti con la stessa disinvoltura con cui maneggiavano gli esplosivi. Era la volta quando tutti i guastatori uscivano vestiti con panni che si potevano senz'altro definire divise ma che in nessun caso potevano chiamarsi uniformi, con variazioni che andavano dalle camicie alla Robespierre ai calzettoni rivoltati alla caviglia su scarpe Clark evidente preda bellica di qualche reduce dal deserto Nord Africano.

Era anche la volta in cui chi avesse voluto controllare le presenze dei Guastatori allo scadere dell'orario della libera uscita sarebbe rimasto sorpreso a trovare le loro camerate prevalentemente vuote dato che l'Ufficiale di picchetto considerava parte dell'addestramento dei suoi Guastatori il rientrare in caserma da qualunque parte meno che dalla porta a patto che non si facessero cogliere in flagrante.

Il guaio era che quando un ufficiale del guastatori era di picchetto, quasi mai era Guastatore il Capitano di Ispezione il quale non faceva in tempo ad annotare qualche irregolarità in uno dei tanti servizi della caserma che gliene venivano segnalate dieci altre. La tecnica del subalterno in questi casi era di farsi responsabilizzare della soluzione di un problema abbastanza grave in modo da poter sparire, con la scusa di dedicarsi a detto problema, senza che il Capitano lo potesse più rintracciare per incaricarlo della soluzione degli altri. Se il problema grave non sorgeva al momento giusto, crearlo apposta era un gioco da bambini.

Una volta un Tenente spilungone, conosciuto come Totò, che, chissà perché, aveva deciso di moltiplicare i rischi derivanti dai suoi due metri di altezza facendosi guastatore, fu particolarmente preso di mira da un capitano telegrafista di origine georgiana. Essendo il «Georgiano» di ispezione e Totò di picchetto, quest'ultimo al momento di mettere in cella i puniti, aveva messo nelle celle di rigore quei poveri soldati che soffrivano di scabbia perché non sapendo cosa questa fosse, nella lista dei vari gruppi da sistemare, gli «scabbiosi» erano per errore finiti vicino ai «pericolosi». Anzi non essendo sicuro su che tipo di crimine fosse la scabbia li aveva, per buona misura, insultati a sangue minacciandoli delle peggiori punizioni se si fossero solo azzardati a «scabbiare» mentre era lui di picchetto.

Il conseguente rapporto tutt'altro che benevolo fatto dal Georgiano sull'equivoco di Totò procurò a questi alcune note negative che, rese note ai suoi compagni, li predisposero, per spirito di cameratismo, a malevoli sentimenti verso il Georgiano.

Benché tutti sappiano che la vendetta appartiene al Signore gli Ufficiali dei Guastatori morivano dalla voglia di effettuarla tenendo anche conto che é un piatto da gustare freddo.

Così la prima volta che un Generale importante andò in visita a Banne e volle assistere ad un esercitazione a fuoco dei Guastatori, naturalmente seguito dal codazzo di tutti gli Ufficiali del Reggimento incluso il Georgiano, gli Ufficiali dei Guastatori colsero al volo l'occasione.

Dopo essersi comunicati con pochi sguardi che era giunta l'ora di vendicare Totò, riuscirono a distanziare il Georgiano e il suo gruppetto dal Generale quel tanto che bastava ai loro fini.

Quando lo ebbero alla mercé cominciarono a succedere cose stranissime: proiettili di pistola e di fucile che passavano dieci centimetri sopra la sua testa, colpi di mortaio Brixia che esplodevano a 15 metri, cariche di tritolo che scoppiavano a pochi passi e perfino un lanciafiamme sbagliò di direzione sporcandogli la faccia e la divisa con gli spruzzi laterali, per fortuna spenti.

Non essendo del tutto stupido il Georgiano si rese conto che non era salutare restare nei paraggi e, benché fosse del Genio, fece, insieme a quelli del suo gruppetto, un'ottima imitazione del passo del bersagliere fino a quando arrivò alla rete di recinzione del poligono di addestramento.

Lì si erano radunati alcuni subalterni dei Guastatori fra cui Totò, i quali con la massima cortesia offrirono al Georgiano e ai suoi compagni, nel caso non fossero rimasti soddisfatti di quanto avevano visto, di partecipare lì per lì ad un duello a bombe a mano. Al Georgiano e ai suoi compagni, non restò che riprendere il passo di corsa verso i rispettivi alloggi.

Nella spirale delle vendette la mossa toccava adesso al Georgiano il quale però fece l'imperdonabile errore di sfruttare il proprio grado per mettere in atto i più meschini soprusi non già contro gli Ufficiali che erano i soli ed unici responsabili della sua umiliazione ma coinvolgendo nelle sue angherie anche i soldati.

Cercava di cogliere in fallo tutti i Guastatori che trovava dentro e fuori la caserma proponendoli per punizioni sproporzionate alle colpe, visitava continuamente gli alloggiamenti dei Guastatori per poter fare rapporto contro l'Ufficiale di giornata per ogni irregolarità riscontrata e cercava di negare la libera uscita ai Guastatori per un granellino di polvere sulle scarpe o per un bottone un po' lento sulla giubba.

Non che i Guastatori non fornissero ampi motivi per essere puniti, ma le persecuzioni del Georgiano erano talmente smaccate che i soldati cominciarono a covare a loro volta un desiderio di vendetta.

Una delle angherie più care al Georgiano era quella che poteva esercitare al momento della distribuzione del rancio. Questo veniva distribuito su un grande piazzale all'interno della caserma con i reparti che si avvicinavano riga per riga ai sei pentoloni fumanti da dove la sbobba (minestra, per il volgo) veniva messa nelle gavette dai cuochi.

Su un podio dietro i pentoloni il Capitano d'Ispezione sorvegliava tutto il procedimento ed indicava quale dei reparti in attesa nei vari viali di accesso al piazzale avesse il turno per avvicinarsi alle pentole. I reparti poco disciplinati perdevano il turno a favore di quelli che si comportavano più correttamente.

Era del tutto naturale che i reparti Guastatori un po' perché effettivamente erano meno disciplinati degli altri e molto perché tutti li avevano in antipatia per le loro arie di superiorità (supposta o reale) perdessero regolarmente parecchi turni. Quando poi c'era il Georgiano era facile prevedere che i reparti Guastatori sarebbero stati sicuramente gli ultimi ad arrivare alle marmitte.

I Guastatori per quella miserabile lira al giorno in più che prendevano nella loro cinquina facevano però veramente una vita molto più dura degli altri e per di più l'orario più esteso del loro addestramento quotidiano e la distanza dal poligono per le esercitazioni lasciavano pochissimo tempo per il riposo. Perfino il rancio era qualcosa che si doveva consumare in fretta per tornare subito al lavoro, piovesse, nevicasse o tirasse la bora. Non gradivano perciò l'essere privati di quei pochi minuti di rilassamento di cui potevano godere al momento del rancio (una delle regole da non trasgredire mai era quella che imponeva di non disturbare un soldato mentre mangiava).

Il soldato in generale é sempre abituato a subire una quantità di angherie, soprusi e prepotenze da parte di tutti i suoi superiori dal caporale in su; questo fa parte della vita militare come tributo che si paga alla idiozia regolamentata caratteristica dei poveri di spirito che vogliono darsi importanza.

Il soldato per lo più accetta ed ammette che siano commesse alcune ingiustizie considerandole come un prezzo da pagare per non essere oberato da responsabilità che, dovendo sempre appartenere a chi ha un grado ed una autorità, non possono essergli assegnate. Quello che qualunque soldato sa sopportare più o meno allegramente può sembrare incredibile ma é certamente molto. Ma c'é un limite a tutto (meno che alla stupidità ed alla cialtroneria dei politici).

Non ci volle molto ai Guastatori per accorgersi che il Georgiano sfruculiava pavoneggiandosi e cercando di far notare il più possibile le angherie che commetteva contro di loro. Quel poveraccio per sottolineare ancora meglio l'uso del potere di cui egli godeva in quei momenti cercava di imitare perfino gli atteggiamenti ed i gesti visti fare da Mussolini nei Giornali Luce, così come, durante ed oltre il bieco ventennio, li hanno imitati tutti gli italiani dalla più umile camicia nera scelta ai capi della Resistenza incluso lo stesso «più amato», come testimoniano le fotografie d'epoca prese nel 1945.

Dopo essersi abbondantemente sfogati col mugugno i più insofferenti cominciarono ad accennare a pallottole e morti atroci ma come al solito prevalse il buon senso e si arrivò, all'insaputa degli ufficiali, ad un accordo su una vendetta senza spargimento di sangue.

Non fu difficile per i soldati procurarsi dei detonatori al fulminato di mercurio che, a parte l'onda d'urto, non sono pericolosi data la leggerezza del loro involucro di alluminio. Altrettanto facile fu costruire dei marchingegni per farli esplodere al momento giusto ed una volta preparati 6 artefatti che erano uno strano connubio tra mine di profondità e bombe a tempo in miniatura si attese con pazienza il giorno in cui il Georgiano sarebbe stato di servizio.

Quando venne il giorno atteso le quattro Compagnie Guastatori fecero in modo di trovarsi in testa ciascuna in uno dei viali di accesso al piazzale dove veniva distribuito il rancio. Quel giorno nessuno si mosse da una perfetta posizione di attenti e non ci fu vespa o zanzara o tafano che riuscisse a fare battere ciglio al reparto Guastatori scelto come Kamikaze di cui la seconda riga (la prima serviva per coprire i dinamitardi) era pronta all'impiego degli ordigni micidiali preparati con tanta cura.

Di fronte a un comportamento tanto stranamente corretto da far apparire i Guastatori come Qeen's Guards, il Georgiano non potè insistere molto nel voler far passare avanti ai Guastatori altri reparti e finalmente diede via libera a quella particolare Compagnia Guastatori quando le marmitte erano ancora quasi piene.

Dispostasi la Compagnia in file impeccabili ognuna di fronte ad una marmitta dopo un esame minuzioso del Georgiano che fino all'ultimo sperava di poter trovare un pretesto per rimandarli indietro, finalmente fu dato l'ordine di avanzare alla prima riga e mentre l'attenzione del Georgiano era rivolta ai sei della prima riga che si facevano riempire le gavette, i sei della seconda riga innescarono gli ordigni nascondendoli
dentro la gavetta ed attesero che toccasse loro andare alle marmitte mentre le miccie con accensione a strappo già bruciavano doverosamente.

Quando toccò ai 6 dinamitardi andare alle marmitte, vi si affiancarono, con un rapido gesto gettarono al centro di ogni marmitta i loro marchingegni, fecero inaspettatamente 4 passi avanti ed in quel momento esplosero con perfetta sincronia i 6 ordigni provocando 6 bellissimi getti di minestra molto più spettacolari dello zampillo sul molo di Ginevra.

I cuochi, i loro aiutanti, gli inservienti ed il Georgiano furono sommersi da una pioggia di minestra dai componenti prevalentemente vegetali e, avendo provato a scappare, si ritrovarono tutti per terra su uno strato di minestra sul quale erano naturalmente sdrucciolati al primo passo.

Quando il Georgiano riuscì a rimettersi in piedi ed a pulirsi gli occhi dalle foglie di bieda e di cavoli bolliti, al vedere le facce impassibili dei guastatori che lo guardavano con degnazione rimanendo in fila al loro posto, capì che da allora in poi sarebbe stato meglio per lui mandare un sostituto ad occuparsi della distribuzione del rancio ed andò di corsa a farsi una doccia ed a cambiarsi per provvedere alla preparazione di un nuovo rancio mentre tutto il reggimento era sul punto di ammutinarsi causa l'imprevista sparizione della minestra.

Per preparare il nuovo rancio in sostituzione di quello trasformato in fuochi d'artificio ci vollero due ore ed il costo fu addebitato a tutti i Guastatori che lo pagarono con notevole soddisfazione.

Da quel giorno l'antipatia per i Guastatori crebbe notevolmente ma in egual misura aumentò il timore nei loro confronti.

ROTAIE

Nel '42 qualcuno aveva deciso che i Guastatori dovevano essere capaci di distruggere, o per lo meno fermare, i carri armati nemici anche in mancanza di mezzi adeguati. Così nel '43 io ed alcuni altri fummo mandati ad un corso anticarro per poter poi insegnare ai nostri colleghi ed ai nostri soldati quanto vi avremmo appreso noi stessi.

Il corso si teneva ad Aurelia, vicino Civitavecchia, ed io potei così godere di qualche scappata, autorizzata o no, a casa mia a Roma, e di qualche rapido bagno nell'acqua di scoglio di quel litorale, a quell'epoca non molto frequentato.

A parte la seccatura di alzarmi alle 4 di mattina per poter prendere la corriera delle 5 e 1/2 che partiva per Aurelia appositamente per noi partecipanti ai corsi dalla piazza di Civitavecchia sovrastante il porto, il corso risultò abbastanza interessante e divertente anche per la sua varietà di materie ed esercitazioni. La prima cosa che ci insegnarono fu come usare, per così dire, a braccio (puntandolo cioè a tiro teso su carri in movimento) tanto il cannoncino anticarro da 47/32 come il "fucilone" Solothurn cal. 20.

Fu molto divertente mettere in pratica personalmente quello che avevo visto fare dai miei compagni in Africa con il 47/32 adoperato con una celerità ed una abilità incredibili tenendo sotto mira il carro nemico in movimento col semplice mezzo di avere dei serventi a muovere il cannoncino come se fosse un giocattolo fino a quando il capo pezzo non diceva «Stop! Giù! Fuoco!» azzeccandoci molto più di quello che si potesse credere. Purtroppo i risultati erano scarsi anche quando si centrava il bersaglio, per la forte corazzatura dei carri inglesi, soprattutto i Mathilda, ma anche gli Stuart, che i nostri proiettili non riuscivano a perforare neanche a distanza ravvicinata come erano per forza di cose obbligati a sparare i nostri soldatini. Se non riusciva a perforare il 47/32 figuriamoci se otteneva risultati il Solothurn chiamato appunto Fucilone dato che il tiratore se lo appoggiava alla spalla come si appoggia un fucile.

È anche vero che ambedue le armi potevano però essere usate con successo, contro autoblinde, autocarri o veicoli in generale, ma allora subentrava per i capi pezzo e per i puntatori la difficoltà della molto maggiore velocità degli autoveicoli rispetto a quella, allora abbastanza inferiore, dei carri armati. A parte le manovre che Ufficiali, Sottufficiali e Soldati facevano a turno ad ogni singola mansione nella squadra anticarro, per ciascuno arrivava sempre il momento del divertimento che consisteva nel tirare proiettili senza carica esplosiva contro un finto carro armato che procedeva per gravità su rotaie in discesa, a circa 200 m. di distanza dalle postazioni.

Quando acquistammo sufficiente disinvoltura per sentirci padroni della manovra e del tiro di ambedue le armi sulle piazzole situate nel poligono di addestramento (il che ha alcuni vantaggi sull'effettuare la stessa manovra ed il tiro mentre un carro armato nemico ti sta sparando addosso) cominciammo anche a gareggiare nel tiro a segno. Io fui fra quelli che vincevano di più perché con altri due o tre colleghi disonesti avevo calcolato esattamente il tempo che il finto carro armato ci metteva ad arrivare ad un certo punto ben individuabile delle rotaie dopo che era passato da un altro punto altrettanto ben individuabile, per cui, anziché seguire il bersaglio mobile bastava puntare con precisione sul secondo punto e calcolare esattamente il momento di premere il grilletto (o tirare la cordicella) dopo che era passato dal primo punto.

A parte questi trucchi, ottimi per vincere bicchieri di vino o di grappa ma poco utilizzabili in guerra, le già scarse disponibilità finanziarie degli Ufficiali furono ulteriormente ridotte per le spese di riparazione dei danni prodotti sulle uniformi dal «combattimento contro carro con mezzi di circostanza». In italiano voleva dire: «Arrangiati a distruggere quel carro». Data la penuria di mezzi messi a disposizione dell'esercito italiano il corso ci addestrava a distruggere i carri armati quando, appunto, mancavano i cannoni, fuciloni, mine o qualunque altro mezzo idoneo.

L'essenziale era imparare ad usare convenientemente o qualunque esplosivo o le PAC (Pazzaglia Anti Carro), come avevano dovuto fare, trovandosi inermi contro i «Valentine» inglesi, i guastatori del XXXII a Tobruch ed i Giovani Fascisti a Bir el Gobi, riuscendo insperatamente a ricacciare in fuga il nemico decimato ed umiliato. Le PAC si preparavano essenzialmente con una bottiglia di benzina ed una bomba a mano ed avevano preso il nome del Tenente dei Guastatori loro inventore. In seguito, l'uso fattone, prima dai partigiani russi contro i tedeschi, e poi dai pacifici comunisti italiani manifestanti contro la polizia, ne fece cambiare il nome in «Cocktail Molotov». La preparazione ed il lancio delle bombe Pazzaglia non richiedevano un addestramento particolare tranne la conoscenza della ubicazione delle feritoie contro le quali lanciarle, ma l'esplosivo richiedeva tecniche più affinate e rischi molto maggiori che il corso ci insegnava ad evitare per quanto possibile.

Una tecnica per la quale ci voleva un po' di sangue freddo benché in sostanza non fosse poi tanto pericolosa, era quella di giacere come morti sul terreno dove si prevedeva sarebbe passato il carro armato, rotolarsi rapidamente (appena per la vicinanza ci si sarebbe trovati nell'angolo morto delle armi del carro), in modo da situarsi sulla rotta del carro; bastava poi farselo (lo scafo, non i cingoli) passare sopra, aggrapparsi a volo agli appigli della sua parte posteriore in modo da balzarvi su, sistemare la carica o alla giunzione fra torretta e scafo o, in mancanza di meglio, sul vano motore, e saltare poi giù in corsa per cercare riparo dalla imminente esplosione. Lavoretto studiato apposta per chi soffriva di artriti reumatoidi.

Prima del nostro corso c'era stata gente che lo aveva fatto in combattimento (uno dei nostri istruttori era uno di quelli) c'era gente sui fronti che continuava a farlo mentre noi ci addestravamo e ci sarebbe stata gente che lo avrebbe fatto nel futuro (tra cui alcuni anche fra i partecipanti al corso che io frequentavo) per cui non c'era dubbio che la cosa fosse possibile. Facendolo con carri armati che procedevano a velocità limitata e stando bene attenti a non capitare sotto i cingoli non c'era assolutamente nessun pericolo ma é certo che io ogni volta che mi facevo passare sopra un carro armato non potevo trattenermi dal provare un certo nervosismo non proprio in carattere con le mie pose da giovane leone della specialità Guastatori del Genio.

Comunque, arrampicarsi sul carro armato dopo esserselo fatto passare sopra costituiva la prova più impegnativa che dava generalmente la misura delle possibilità di un uomo in combattimento e c'era perfino qualcuno, beato lui, che la trovava ricreativa forse perché richiedeva notevoli doti atletiche nonché una coordinazione eccezionale. Una manovra senza dubbio divertente era invece quella di portare le cariche esplosive sul carro armato partendo da un buca di appostamento nel momento in cui, ad una distanza di 10 o 15 metri, il carro armato vi passava vicino. Si trattava prima di tutto, naturalmente, di scavarsi una buca dove nascondersi in modo da non farsi vedere (e bersagliare) dai carristi nemici (e stando bene attenti a non restarvi dentro se per caso i cingoli del carro armato vi si dirigevano) dopodiché bisognava scattare verso il carro armato appena questo arrivava all'altezza della buca, correre in diagonale fino a trovarsi (secondo il tipo di carro armato) dietro uno dei suoi cingoli, usare il cingolo come scala mobile per aiutarsi a balzarvi sopra e poi sistemare la solita carica esplosiva. Altro tipico esercizio da sofferenti di uricemia gottosa.

Per l'agilità, la coordinazione, il calcolo preciso dei tempi e l'equilibrio richiesti, questa era una manovra che tutti (o quasi tutti) consideravano molto dilettevole. Anche io la considerai molto divertente fino a quando, un giorno, la suola dello stivale mi scivolò lateralmente sulla piastra del cingolo ed io mi trovai a cavallo del cingolo, trascinato per mezzo del fondo dei miei pantaloni verso la lamiera orizzontale che fa da piattaforma e da parafango sopra il cingolo; per fortuna il capocarro mi teneva d'occhio e prima ancora che io riuscissi ad emettere un secondo urlo di terrore riuscì a trasmettere ed a fare eseguire l'ordine di arresto del carro quando il mio osso pelvico e le parti circonvicine stavano già quasi a contatto del parafango. Ancora mi meraviglio come invece che ad età avanzata non mi siano venuti i capelli bianchi in quel preciso momento.

Altro insegnamento prezioso fu come utilizzare per fare cariche dirompenti le sezioni di esplosivi contenuti nelle mine anticarro di recupero, dato che in uno sprazzo di lucidità perfino lo Stato Maggiore dell'Esercito Italiano aveva pensato di ovviare ai mancati rifornimenti di armi e munizioni ai reparti in guerra con l'insegnamento scientifico dell'arte di arrangiarsi.

Il divertimento, le emozioni e l'interesse del corso erano però un po' velati dalla frustrazione che tutti i partecipanti provavano vedendo e confrontando i 3 cm. di corazza dei nostri antiquati e malearmati M 13/40 da 14 tonnellate, con gli 8 cm. delle piastre dei Mathilda da 26 tonnellate o addirittura i 10 cm. di acciaio fuso dei carri armati KV russi da 40 tonnellate, tutti esposti alla Scuola perché imparassimo a conoscerne le caratteristiche per meglio combatterli.

La parentesi di Aurelia fu una delle tante che interruppero la mia movimentata ma piacevole permanenza al 5° Genio di Banne per compiere varie missioni di ogni genere.

Una volta fui mandato a Milano per cercare di ottenere l'equipaggiamento invernale (di cui a Milano sembrava vi fosse una notevole quantità) per i nostri Guastatori in procinto di partire per il fronte. In quella circostanza viaggiando su un treno militare mi capitò uno di quei fatti strani da cui raramente si sa quali insegnamenti trarre.

La tradotta era composta da un numero molto alto di vagoni e di carri merci e mentre a notte fonda viaggiavamo con notevole fragore immersi nel buio più assoluto, ci rendemmo conto che il treno rallentava progressivamente la sua marcia con una decelerazione che, senza sapere precisamente perché, mi parve differente dai normali rallentamenti che precedevano le moltissime fermate cui la tradotta era soggetta.

Quando il treno si fu fermato definitivamente nessuno sembrò aver fatto caso alla dolcezza con cui aveva terminato la sua marcia ed all'assenza degli usuali contraccolpi dovuti al comprimersi ed al distendersi delle molle dei respingenti. Il tutto era avvenuto pianamente e silenziosamente nel mezzo di una campagna senza luci e lontano da qualsiasi strada.

Dopo più di 10 minuti cominciai, insieme ad altri, ad avere una sensazione di pericolo senza però capirne la causa ma a poco a poco le precedenti impressioni e la stranezza di quanto era successo anche senza che vi fermassimo la nostra attenzione ci portò a scambiarci commenti e congetture anche perché il silenzio assoluto nel quale eravamo immersi era una novità rispetto a quanto normalmente succedeva ogni volta che il treno si fermava.

Dopo pochi ragionamenti e qualche discussione decidemmo di andare a vedere che cosa era successo anche perché ormai era passato un tempo notevole da quando ci eravamo fermati, e 4 o 5 di noi scesero per avviarsi verso la testa del treno.

Rimanemmo sorpresi e poi diventammo molto preoccupati quando, raggiunta molto prima del previsto la testa del treno, ci accorgemmo che non c'era la locomotiva e che a vista d'occhio, notte o non notte, non si vedeva il minimo segno di vita sulle rotaie nel senso di marcia che stavamo seguendo.

Cercando di renderci conto di cosa potesse essere successo e guardando con un po' più di attenzione e con l'aiuto di una torcia elettrica il gancio di attacco anteriore del vagone in testa ci accorgemmo che pendeva quasi toccando le traversine.

Non ci volle molto a capire che si era rotto, così come si era rotto il secondo agganciamento di sicurezza, con la logica conseguenza del progressivo rallentamento e poi l'arresto dei vagoni dopo la rottura e l'allontanamento, immagino più veloce, della locomotiva e dei vagoni rimasti attaccati ad essa.

Dopo aver discusso l'evento un po' scherzando ed un po' imprecando, tornammo ai rispettivi vagoni avvertendo di quanto era successo chi ci interrogava dai finestrini.

Non fu se non quando, già ritornati nei rispettivi posti, cominciammo a fare ipotesi su come e quando ci sarebbero venuti a recuperare che ci si presentò improvvisamente l'idea che potevamo anche essere investiti in qualunque momento da un treno che ci stesse seguendo sulla nostra stessa linea.

A quell'epoca pochi erano quelli che viaggiavano senza portare una torcia elettrica in tasca o nel tascapane e fu con molta ansia che corremmo in due o tre, incespicando e cadendo abbastanza spesso, verso la coda del treno dove, essendosi ormai diffusa la voce di quanto era successo, ci raggiunse un ferroviere con due graduati della Milizia Ferroviaria che, mentre noi ci allontanavamo sulle rotaie per arrestare un eventuale treno sopravveniente, provvidero a disporre secondo i regolamenti i fanali di emergenza per segnalare il treno fermo sui binari.

Con l'oscuramento, i bombardamenti e mitragliamenti, e le condizioni normalmente difficilissime con cui funzionavano (in modo incredibilmente efficiente) le Ferrovie dello Stato durante quel periodo di guerra, passò un certo tempo prima che qualche centro di controllo (che allora non erano elettronici) registrasse quanto era avvenuto, prendesse gli opportuni provvedimenti e ci mandasse a recuperare.

Ci vollero comunque più di due ore prima che arrivasse una locomotiva per agganciarci e farci proseguire. Nel frattempo erano arrivati due treni nello stesso nostro senso di marcia fermandosi però a distanza regolamentare in quanto evidentemente avvertiti dell' accaduto.

Purtroppo le cose non andarono così lisce in un'altra occasione quando, non so se per mancato funzionamento dei meccanismi o per qualche errore umano, il treno proveniente da Vienna, che io avevo preso a Padova per andare a Roma, investì in pieno un treno merci fermo alla stazione di Castello circa 6 km prima della stazione di Santa Maria Novella a Firenze.

Per fortuna la velocità del treno internazionale su cui io viaggiavo non era la massima proprio perché da Sesto Fiorentino la linea passava praticamente in mezzo all'abitato e da poco il conduttore aveva cominciato a rallentare.

Era ancora notte benché si intravedesse il sopraggiungere dell'alba. Quasi tutti i passeggeri erano addormentati o sonnecchiavano, per lo meno quelli che avevano trovato posto da sedere mentre quelli che non lo avevano trovato cercavano di dormicchiare, rimanendo seduti sulle loro valigie, senza cadere. I treni erano sempre molto affollati, soprattutto quelli che viaggiavano di notte perché di notte c'erano meno pericoli di bombardamenti e mitragliamenti.

Senza capire quello che succedeva passammo di soprassalto dallo stato di sonnolenza allo stato di folle spavento, fra nuvole di vapore e di polvere, fra stridore di metalli che si contorcevano e fracasso di vetri che si rompevano, fra urla di terrore che venivano da tutte le parti, sempre in balia di urti e sobbalzi incontrollabili e continui che durarono per una eternità.

Quando finirono i sobbalzi mi ritrovai fra il pavimento ed una parete dello scompartimento, con la testa e le spalle quasi incastrate sotto il sedile (che allora erano, in seconda classe, di velluto verde a righine nere) e con uno o due corpi che mi si agitavano addosso insieme ad una valigia sbalzata dalla reticella.

Anche gli stridori erano finiti ma non così le nuvole di vapore e di polvere e le urla cui si era aggiunto un coro di lamenti agghiaccianti che aumentavano sempre più di tono e di intensità.

Riuscii a districarmi con molta fatica dai sedili, dai corpi e dalle valigie per rendermi conto che il mio vagone era inclinato di 45° nel senso della lunghezza e si era girato anche intorno al suo asse. Il mio scompartimento era al centro del vagone e, chissà per quale lampo di lucidità, riuscii a trattenere un paio di uomini che si accingevano a buttarsi giù dai finestrini, essendomi reso conto che da quel punto la caduta sarebbe stata di almeno 7 o 8 metri con la quasi certa conseguenza di rompersi se non l'osso del collo, quanto meno una gamba se non tutte e due. Qualcuno che evidentemente ci aveva provato doveva essere l'origine dei lamenti che venivano proprio da sotto il punto dove io mi trovavo.

Non fu molto difficile, data l'inclinazione del vagone, scivolare verso la sua estremità più bassa correndo l'unico pericolo di ferirmi con i frammenti di cristallo dei finestrini o di cadere al suolo attraverso proprio uno dei finestrini aperti.

Arrivato alla porta dopo aver scavalcato tre o quattro corpi apparentemente senza vita, riuscii ad uscire dal vagone ed a tirarmi fuori non solo dalla confusione e dal groviglio di esseri e di cose ma anche dalla densa e persistente nuvola di fumo, polvere e vapore che gravava sulla massicciata, finché giunsi ad intravedere, al fuggevole lampo di qualche torcia ed al bagliore di qualche inizio di incendio, l'allucinante spettacolo dei vagoni accatastati quasi uno dentro l'altro, per lo meno fino a dove io potevo distinguerli.

Dovetti sedermi per qualche minuto per riavermi dallo shock e, dopo aver constatato che non avevo niente di rotto anche se mi sentivo ammaccato praticamente dappertutto, mi decisi a cercare di fare quello che potevo per quelli meno fortunati di me.

Pur con la paura che i vagoni rampanti potessero crollarmi addosso da un momento all'altro, mi rifeci sotto il treno e cominciai con alcuni altri volenterosi, di cui non riuscivo a distinguere neanche i lineamenti, a trascinare o a portare ad una certa distanza tutti i corpi su cui inciampavamo. Alcuni inebetiti dallo shock si riprendevano a seguito del nostro intervento e se ne andavano, anche se barcollando, sulle loro gambe; altri restavano, apparentemente senza vita, dove li depositavamo dopo averli allontanati dal treno; altri ancora si allontanavano per poi, come folgorati da un pensiero improvviso, tornare di corsa verso il treno inciampando e cadendo, gridando il nome di qualche persona cara che viaggiava con loro.

Man mano che passavano i minuti la schiera di quelli che si davano da fare per aiutare i viaggiatori meno fortunati aumentava sempre di più tanto che io potei dedicarmi insieme ad altri due o tre volenterosi ad azioni di soccorso più specifiche percorrendo addirittura l'interno dei vagoni e tirandone fuori quelli che vi trovavamo. Tutto questo al buio interrotto solo da qualche lampo della mia e di un'altra torcia elettrica della cui luce però cercavamo di non abusare non sapendo quando sarebbero arrivati i soccorsi. Nessuno di noi sapeva che eravamo praticamente in città.

Infatti dopo un tempo relativamente molto breve arrivarono automezzi e ambulanze che, tolte dai fari le mascherine obbligatorie per l'oscuramento del tempo di guerra, si piazzarono intelligentemente in modo da illuminare il più possibile la scena del disastro. Qualcuno degli intervenuti ci informò anche che eravamo appunto a meno di un chilometro dalla stazioncina di Castello.

Stranamente le situazioni più assurde le trovammo nei vagoni letto. Un poveraccio in pigiama, svenuto evidentemente per il dolore, era appeso, per metà fuori del finestrino, per un piede che si era incastrato fra due longheroni. Una anziana signora austriaca o tedesca, con tutte e due le gambe incastrate chissà come dietro il lavandino ribaltabile della cabina letto, si teneva aggrappata con tutte e due le mani ad un groviglio di metalli continuando a ripetere a bassa voce con molta calma 'Per favore venite a tirarmi giù perché io non resisto a tenermi' il tutto a dieci metri d'altezza dal suolo.

Mentre per il poveraccio incastratosi col piede non c'era niente da fare se non attendere che arrivasse una scala, tentammo in due di arrampicarci fino a quella povera signora per tentare di liberarla ma non potemmo trovare niente con cui fare leva per aprire la morsa di ferraglie che le attenagliava le gambe, oltretutto probabilmente fratturate. Il mio compagno riscese a scivoloni per andare a cercare una barra di ferro con cui fare leva ed io rimasi appollaiato per aria sistemandomi il meglio che potevo per sostenere sulle mie spalle il peso di quella povera signora e dare un po' di tregua alle sue braccia che ormai non avrebbero potuto resistere più a lungo. Mi sembrò di essere inchiodato lì da un'eternità quando finalmente cominciarono le prime luci dell'alba e tutto sembrò meno terribile nonostante con la luce fossimo ormai in grado di vedere lo strazio dei corpi feriti o mutilati peggio che in un bombardamento.

Nel frattempo da Firenze, da Sesto e da Prato erano arrivati tutti i soccorsi possibili e quando due pompieri mi raggiunsero per provvedere a liberare la vecchia signora potei finalmente scivolare anch'io verso il suolo e stendermi per qualche minuto per recuperare un po' di forze. Visto che ormai non era più necessaria la mia opera di soccorso mi trascinai penosamente fino alla stazione di Castello dove abbondanti bicchieri di caffé di cicoria e di caffellatte d'orzo mi ridiedero un po' di vita.

Rifocillato e relativamente più calmo, mi fumai due o tre sigarette generosamente offerte dai presenti fra cui le sempre efficienti crocerossine (che non ho mai capito come avessero fatto a presentarsi cosi linde ed inappuntabili in cosi poco tempo in piena notte) e cominciai finalmente a pensare ai casi miei scoprendo che la mia uniforme non aveva subito più di qualche strappo e mi ricordai finalmente che ero partito con una grossa valigia dove gli effetti personali brillavano per la loro scarsità mentre invece tutto lo spazio era occupato da una caciotta di malga e da un prosciutto di montagna, pagati praticamente a peso d'oro, che intendevo portare ai miei a Roma dove simili leccornie erano diventate abbastanza rare. Me ne tornai perciò al treno ed ispezionai accuratamente non solo il mio scompartimento ma tutti quelli del vagone ed alcuni dei vagoni vicini senza però ritrovare la mia valigia. Quando già mi ero convinto dell'esistenza dei soliti sciacalli e, dimentico della fortuna di avere salva la vita, imprecavo contro la sfortuna di aver speso inutilmente un sacco di soldi, trovai invece la mia valigia insieme a tante altre in uno dei vagoni rimasti meno danneggiati in fondo al treno. Dio benedica gli onesti.

IN SELLA

Dopo due o tre volte che si era ripetuto lo smembramento dei nostri reparti per rimpiazzare le perdite delle Unità Guastatori sui vari fronti, quasi tutti noi Ufficiali eravamo rimasti senza soldati e, con la praticità tipica dei reparti speciali, ci eravamo organizzati in modo che i pochi soldati rimasti a ciascuno fossero raggruppati in unità complete, benché fittizie, in modo da poter svolgere un lavoro serio senza tener conto degli organici.

Così i tre soldati della prima squadra, insieme agli otto della seconda squadra del 1° Plotone, uniti ai due soldati della prima squadra ed ai tre della seconda squadra del 2° Plotone, uniti ai cinque della prima e ai quattro della seconda del 3° Plotone ecc. ecc. venivano raggruppati in squadre o plotoni effettivi cui davamo nomi di fantasia e che certamente non avevano nulla a che fare con i ruolini ufficiali o con l'organico fissato per il reggimento.

È chiaro che per nove ufficiali su dieci era assolutamente impossibile svolgere qualsiasi attività utile e di conseguenza si era stabilito un turno per mantenere in esercizio i provvisori appartenenti a queste unità che, quando occorreva, venivano completate da alcuni di noi che a turno assumevano il ruolo dei soldati mancanti.

Nonostante la cronica e disperata penuria di soldi, gli ufficiali liberi da impegni riuscivano lo stesso a fare le ore piccole in città e di conseguenza si rimettevano dalle fatiche cittadine restando a letto negli alloggi in caserma fino all'ora di andare a mensa.

Dopo che il Colonnello Ferrari era andato a comandare il 3° Reggimento Genio a Pavia il nuovo Colonnello dimostrò di non avere nessuna particolare tenerezza per i reparti Guastatori senza peraltro maltrattarci.

Una mattina verso le 10 e mezzo il Pitecantropo, sempre il più mattiniero di tutti, scendendo le scale dal terzo piano dell'edificio comando dove erano situati i nostri alloggi, si fermò al pianerottolo degli uffici per dare doverosamente la precedenza al Colonnello che stava andando con il suo Stato Maggiore a compiere una qualche ispezione. Il Colonnello dopo aver risposto al saluto fu colto da un dubbio e gli chiese cosa facesse a quell'ora nella palazzina comando invece di essere col suo reparto. Il Pitecantropo già imbarazzato per l'incontro e sincero ed onesto per natura forse per la sua educazione ispirata ai principi buddisti, riuscì a malapena a farfugliare qualcosa riguardo ad un fazzoletto dimenticato o cose del genere.

Il Colonnello fece mostra di essere soddisfatto benché la sua faccia esprimesse seri dubbi su quanto udito, e continuò a scendere le scale seguito dal Pitecantropo che a sua volta faceva finta di tornare al reparto.

Appena fuori di vista, il Pitecantropo, non convinto della credulità del Colonnello, tornò di corsa su per le scale e si affacciò in tutte le stanze dei nostri alloggi dicendoci «vestitevi e sparite». Non uno solo di noi era pronto, chi stava sotto la doccia, chi poltriva steso sul letto, chi scriveva o leggeva ma tutti quanti eravamo, data la stagione, nudi o quasi.

Abituati dallo speciale addestramento a capire quando un avvertimento qualsiasi significava che c'era un'emergenza, non stemmo lì a discutere e, dato che molti non erano nelle proprie stanze, ci fu un periodo di confusione nel corridoio con uomini nudi o semi nudi che correvano da tutte le parti per rientrare nelle proprie stanze e fare quanto il Pitecantropo ci aveva suggerito.

Il Colonnello nel frattempo aveva seguito il suo proprio filo di ragionamento e, colto da qualche dubbio, aveva preso rapidamente una decisione, quella cioé di tornare senza perdere tempo a vedere quello che succedeva negli alloggi ufficiali.

Non é difficile immaginare la faccia e la confusione del Pitecantropo che, dopo aver dato l'allarme, scendeva di corsa le scale, nell'incontrare di nuovo il Colonnello che da questo secondo incontro ebbe la conferma della fondatezza dei suoi sospetti. Il Colonnello rispose al saluto con un sorriso significante «con te me la vedrò dopo» e continuò a salire fino agli alloggi ufficiali entrando nella prima stanza di fronte al pianerottolo seguito da due o tre degli ufficiali che lo accompagnavano tra cui quel Capitano di origine georgiana che, per alcuni scherzi un po' pesanti subiti in passato, vedeva i guastatori come fumo negli occhi.

Nella prima stanza un Sottotenente bolognese che aveva appena finito di asciugarsi dalla doccia ed il Terrone che era appena riuscito ad infilarsi mutande e pantaloni si irrigidirono sull'attenti guardando alto e dritto davanti a sé per non vedere la faccia del Colonnello che al vedersi salutato da un uomo nudo alle 11 del mattino non esprimeva certo la sua soddisfazione. Chiesti nome e reparto il Colonnello li invitò a rapporto per mezzogiorno e passò alla stanza successiva. Lì trovò altri due Ufficiali uno che per un pelo non ce la aveva fatta a vestirsi e l'altro che non trovando i pantaloni, essendo molto pudico si era ammantato di un lenzuolo a mò di antico senatore romano. Anche qui richiesta di nome e reparto e invito a rapporto a mezzogiorno.

Quando il Colonnello entrò nella mia stanza io ero riuscito già ad infilarmi mutande, calzini, pantaloni e stivali mentre il mio compagno di stanza stava tentando di allacciarsi gli scarponi cosa che quando entrò il Colonnello provocò la sua rovinosa caduta perché alzandosi e facendo un passo in avanti per il saluto inciampò in un laccio sciolto e quasi baciò gli stivali del Colonnello forse con trasporto un po' eccessivo.

Il Colonnello mi domandò nome e reparto dopo di che aggiunse la domanda «Chi è il vostro comandante di compagnia?» al che io risposi «Io, Signor Colonnello». Rivolte le stesse domande all'altro ufficiale questi, dopo aver declinato nome e reparto, alla domanda su chi fosse il suo comandante di compagnia non trovò di meglio che indicare timidamente me con un dito tenendo gli occhi rivolti al soffitto.

A rapporto nell'Ufficio del Colonnello poco dopo ci furono alcuni maldestri tentativi da parte mia e degli altri facenti funzioni di comandanti di compagnia per spiegare come mai combattevamo eroicamente la guerra stando a letto o poltrendo ad ore inammissibili.

Il Colonnello, che non era poi uno stupido, pur comprendendo perfettamente il perché di quel comportamento, dato che più volte gli stessi ufficiali si erano messi a rapporto in precedenza per manifestargli la assurda situazione di ufficiali senza soldati tenuti per forza o per burocrazia lontani dalla loro destinazione legittima che era il fronte, cionondimeno non poteva permettere che nel suo reggimento accadesse quanto aveva poco prima scoperto e tagliando corto alle chiacchiere cominciò ad assegnare a ciascuno compiti abbastanza gravosi da tenere tutti occupati intensamente per almeno 15 ore al giorno senza possibilità alcuna di scappatoie.

Quando arrivò a me mi domandò se sapevo montare ed alla mia risposta affermativa (mai dire di no a un superiore) mi assegnò il compito di far lavorare tutti i cavalli che c'erano nelle scuderie del Reggimento. Essendo i cavalli poco meno di venti (esclusi naturalmente quelli addetti al servizio della diligenza tra Banne ed Opicina) c'era di che tener bene occupata non una ma 4 persone.

Senonché questa punizione pesantissima per chiunque altro fu per me quasi un premio perché fin da quando all'età di sei anni ero stato messo da mio Padre in groppa ad un cavallo, non avevo mai potuto soddisfare decentemente il mio desiderio di andare a cavallo. Ero riuscito talvolta a montare per qualche minuto qualche cavallo quando ne trovavo nelle fattorie in campagna andando la domenica a visitare gli amici agricoli di mio padre; montavo in qualche modo anche quando le gite domenicali della famiglia mi portavano a Rocca di Papa dove c'era l'uso di noleggiare alcuni poveri cavalli per mandare i gitanti in giro per i boschi intorno al paese (per far cambiare l'andatura a quei cavalli c'era un solo ed unico sistema: per andar piano bastava dirigerli lontano dalla scuderia, per farli correre di gran carriera bastava dirigerli verso la scuderia).

Più grandicello, per mezzo di sacrifici inauditi come il non pagare il biglietto del l'autobus per andare a scuola sia andando a piedi di corsa, sia sfuggendo al fattorino,

o comprare i libri di scuola in comune con i compagni e così via, riuscivo talvolta a pagarmi cinque o dieci lezioni di equitazione al maneggio della Farnesina al Foro Mussolini avendo una volta avuto per istruttore niente meno che il padre dei fratelli D'Inzeo (dove si vede, come nel mio caso, che non basta un buon istruttore per ottenere buoni risultati dall'allievo).

Paradossalmente non avevo mai avuto il tempo di dedicarmi all'equitazione come si dovrebbe, soprattutto per colpa di quel cavaliere eccezionale che era mio Padre il quale mi negava il diritto di pretendere i soldi per le mie piccole spese (e, all'Università, per i miei studi) pagandomi però lautamente per eseguire i lavori ed i compiti che lui mi offriva di svolgere; ciò per farmi entrare in testa il concetto che qualunque cosa si voglia bisogna guadagnarsela.

Gli addetti alle scuderie del Reggimento, dal Maresciallo in giù, non erano abituati da tempo a vedere qualcuno all'infuori dell'ufficiale di picchetto che passava di lì ogni giorno; limitandosi a preparare due cavalli, uno per il Colonnello e l'altro per il suo aiutante, in occasioni rarissime come riviste o cerimonie, si erano perfino dimenticati cosa volesse dire tenere i cavalli pronti per uscire senza preavviso e furono molto sorpresi al vedermi arrivare con l'incomodo ordine di far rimettere le scuderie a regime di lavoro.

Gli ordini sono ordini e tutto il personale delle scuderie dovette fare buon viso a cattivo gioco, ma è chiaro che io divenni l'oggetto del loro risentimento per cui dovevo controllare scrupolosamente ogni volta cavallo e finimenti per evitare che qualche loro scherzo maligno mi mettesse troppo in difficoltà

Difficoltà comunque ne avevo a sufficienza anche senza che altri me ne procurassero, prima di tutto a causa della mia impreparazione tanto teorica che pratica, poi per la mancanza di una guida nell'apprendere, poi per il lungo tempo in cui i cavalli erano rimasti praticamente fermi, poi per la scarsa collaborazione degli addetti alle scuderie (per cui di ogni cavallo dovetti imparare tutto per conto mio) e poi perché anche con la più buona volontà non potevo montare più di quattro cavalli al giorno e di sicuro nessuno mi lavorava i cavalli alla corda quando non era il loro turno di uscire.

Se si aggiungono le particolari caratteristiche del terreno carsico, tutto pietroso, con scarsissimi prati e dove i tratti percorribili in piano senza incontrare muretti o altri ostacoli erano rarissimi si capisce come dopo neanche due settimane la mia contentezza segreta d'aver avuto assegnato quel compito diventava sempre più opinabile ed i fini punitivi della decisione del Colonnello cominciavano a farsi sempre più manifesti mano mano che l'entusiasmo iniziale veniva messo a dura prova.

Naturalmente ero sempre molto contento di poter montare e di godermi quello che in pratica era in realtà una vacanza come non mi sarei mai sognato di poter godere soprattutto dopo quello che avevo passato in Africa Settentrionale e considerando che eravamo in guerra.

A parte il fatto che questo compito non mi esonerava dal mio turno di doveri tanto reggimentali come di reparto, non riuscii mai a trovare tra i miei colleghi, guastatori e non, qualcuno che avesse voglia di dedicare le sue ore di libertà ad uscire con me a cavallo.

Quando cominciai a conoscere, sia pure superficialmente, tutti i cavalli ed a trovare un discreto affiatamento, maggiore o minore, con ciascuno di essi, cominciai a rendermi conto con quali mi trovavo meglio e naturalmente ad imbrogliare un po' le carte per uscire di preferenza con quelli con cui mi sentivo più a mio agio.

Fra tutti il mio preferito era un morello che dimostrava una vivacità ed una intelligenza sempre crescenti mano mano che ci conoscevamo meglio. Dall'apparenza dimessa e dall'atteggiamento agnostico che aveva in scuderia, quando capiva, chissà come, che saremmo usciti insieme, si ringalluzziva prima ancora che lo sellassero ed assumeva istantaneamente l'aspetto e l'atteggiamento che si vedono nelle stampe inglesi illustranti un campione stallone arabo.

Credo fermamente che lui interpretasse le nostre uscite come una specie di gioco in cui osservando certe regole si dovesse stabilire ogni volta chi vinceva e chi perdeva. Niente stupidaggini come smontonare od impennarsi o scalciare, salvo naturalmente le prime volte. La sua tattica era molto più sottile, far finta di non aver capito ed eseguire tutto il contrario di quanto io gli indicavo, sorprendermi con decisioni sue proprie per scoprire se io ero distratto e così via.

Per infinite ed enormi che fossero le mie manchevolezze e la mia ignoranza, uscendo solamente con me non c'era dubbio che lui avesse capito perfettamente tutto quello che io gli comunicavo ed io cercavo di essere alla sua altezza facendo in modo che lui capisse che io capivo che lui cercava di ingannarmi e che ero lì appunto per non farmi fregare.

Non mi sentivo in condizioni di poter andare dovunque volessi saltando gli eventuali ostacoli che per lo più erano muretti di pietra di cui raramente si riusciva a capire lo spessore senza parlare del perfetto mistero che avvolgeva quanto si sarebbe trovato oltre (non dimenticavo l'esperienza del Pitecantropo nella dolina) per cui io cercavo di evitare i salti sempre sconsigliabili comunque su un terreno pietroso. Perciò preferivo le zone cespugliose sperando sempre di scoprirvi dei prati dove godere un po' di galoppo: su quel terreno neanche il trotto era molto salutare per il cavallo.

Lui naturalmente con aria sorniona cercava di rimanere sulle strade e sui sentieri dove normalmente lo tenevo al passo e faceva finta di non capire quando tentavo di farlo entrare nei campi attraverso qualche breccia dei muri.

Un giorno che mi ero allontanato più del solito scoprii un bel prato enorme in lieve pendio con un solo grosso albero al centro. Sotto pochi centimetri di humus il fondo naturalmente era sassoso ma c'era abbastanza erba per potercisi permettere una bella galoppata.

Il morello ubbidì immediatamente all'impulso, percorse in salita tutto il prato vicino ai bordi, fece correttamente la sua brava mezza volta al galoppo e cominciò a ripercorrere in discesa deviando leggermente dalla linea che io intendevo fargli seguire e puntando con una precisione da artigliere dritto sull'albero. Io provai a saggiare una leggera deviazione a destra, poi a forzare sempre di più con il capo, il corpo, la mano e la gamba finché il cavallo accennò ad aver capito e modificò la posizione della sua testa e del collo facendomi credere che sarebbe passato a sinistra dell'albero.

Ad un certo punto mi accorsi che la sua risposta era un imbroglio perché nonostante sembrasse diretto a sinistra seguiva sempre la stessa linea retta centrata sul tronco, ma ormai eravamo talmente vicini da non lasciarmi altra alternativa e mi irrigidii nell'atteggiamento significativo di andare a sinistra.

Quando fummo a pochi metri dall'albero mentre galoppava a tutta velocità quel bruto accennò perfino a passare a sinistra e poi sfiorando col naso il tronco passò, scartando, a destra.

Per fortuna, benché ingannato dal suo contegno, io non avevo rilassato la presa delle ginocchia e riuscii a rimanere in sella benché, tutto scompostamente sporto in fuori durante lo scarto improvviso, strisciassi con la testa il tronco dell'albero e solo la bustina, che naturalmente perdetti, mi evitò di restare scotennato.

Il morello, che avrebbe potuto approfittare del momento favorevole per sbalzarmi di sella accentuando lo scarto o sgroppando, si fermò invece subito appena lo richiamai. Io scesi immediatamente e insultandolo a gran voce gli diedi un pugno sul naso; per tutta risposta quella bestiaccia mi rise in faccia con una soddisfazione talmente chiara e aperta per avermi fregato col suo trucco diabolico che non potetti resistere e scoppiai a ridere anch'io.

Ripresi la bustina, ormai segnata come lo deve essere il copricapo di ogni veterano, rimontai in sella e ce ne tornammo alle scuderie tutti e due felici e contenti di aver innalzato la nostra amicizia reciproca a un superiore livello di comprensione.

Continuai le mie passeggiate con il morello senza più cercare neanche di nascondere la mia preferenza per lui rispetto agli altri cavalli ma poi dovetti dare addio a quella meravigliosa parentesi equestre quando cominciarono a destinarci, singolarmente o per reparti, nei vari distaccamenti isolati di presidio nell'interno dell'Istria.

Infatti Tito, dopo l'incertezza degli anni '39-'41 quando vigeva l'accordo russotedesco, aveva nel 1942 messo in piedi un movimento partigiano e perfino i nostri generali da tavolino si accorsero che per tener testa alle infiltrazioni titine sempre più moleste era opportuno impiegare soldati formati individualmente al combattimento anziché reclute addestrate in massa.

FUNICOLI FUNICOLA, TEPPISMO E MALVAGITA

I giovani leoni che frequentavano, con pari doveri e pari diritti dei soldati semplici, i corsi Guastatori in qualità di Ufficiali, mantenevano un certo contegno per non perdere il rispetto dei loro soldati, ma solo nelle zone dove i soldati potevano osservarli. Cioè la Caserma Monte Cimone, il territorio circostante limitato dalla semicirconferenza che va da Opicina a Orle, Gropada e Padriciano e dal costone che dà su Trieste dal ciglione del Carso, più il percorso del tram funicolare che da Piazza Oberdan porta a Villa Opicina.

Arrivati a Piazza Oberdan, essendo Trieste una grande città, gli incontri dei teppisti vestiti da Ufficiali con i teppisti vestiti da soldati diventavano del tutto improbabili e quindi il contegno degli uni e degli altri diventava spesso sfrenato ed assolutamente riprovevole.

Lo stupido vandalismo di sparare con la pistola prendendo come bersaglio i lampioni oscurati di via Giulia tornando ubriachi dalla birreria Dreher era pari solo alla criminale incoscienza con cui, saltando ritmicamente sulla piattaforma posteriore della carrozza rimorchio monocarrello del tram che dalla Rotonda del Boschetto portava a Piazza Goldoni, si otteneva il deragliamento della suddetta vettura.

Il buon Colonnello Mario Ferrari, costretto a sopportare le lamentele e le denuncie che arrivavano al Comando di Reggimento per colpa degli scalmanati Guastatori o futuri Guastatori dava punizioni severissime ma riusciva a limitare un po' le intemperanze di tutti quel discoli cresciutelli più con l'esempio del suo contegno da gentiluomo che con i castighi.

L'abitudine al deragliamento non ci servì però a niente quando scendendo da Opicina a Piazza Oberdan, per il mancato funzionamento di uno scambio di arresto nel tratto non trainato, il nostro tram che scendeva si scontrò violentemente con un tram che saliva.

Dei due conduttori uno morì sul colpo e l'altro rimase gravemente ferito e privo di sensi mentre le due vetture, incastratesi una nell'altra, dopo brevi attimi di sosta cominciarono a scendere sempre più velocemente sulle rotaie. In mezzo ai vetri rotti ed ai metalli contorti, fra le urla dei pochi passeggeri di una e dell'altra vettura, cercammo di rimetterci in piedi malgrado gli scossoni ed i sobbalzi e l'allenamento alla freddezza e all'autocontrollo praticato alla Scuola Guastatori ci aiutò un po' a non farci prendere dal panico; ma la nostra abituale spavalderia quasi ci mancò proprio quando ne avremmo avuto più bisogno.

Ognuno di noi agì secondo il suo istinto del momento: chi si stese pancia a terra riparandosi la testa con le mani, chi si precipitò verso la porta posteriore per essere il più lontano possibile dal punto di impatto quando le due vetture avessero trovato un ostacolo o fossero uscite dalle rotaie e chi si sforzò freneticamente di aprire i finestrini non sbarrati da vetri rotti per potersi gettare sulla scarpata a monte prima che la velocità aumentasse troppo. Io mi sorpresi a gridare scioccamente per avvertire un collega che stava per saltare, di aspettare perché in quel punto c'era del filo spinato.

Ancora sotto shock nessuno si comportò in principio col sangue freddo ed il raziocinio che dovrebbero sempre distinguere un Ufficiale quando deve prendere una decisione immediata da cui dipende la sopravvivenza. Tranne uno; un sardo dal nome spagnolo che viveva a

Milano, il quale aiutandosi con le mani per scavalcare le spalliere dei sedili, arrivò al posto di guida tutto deformato dallo scontro e, spostato il corpo del povero conduttore provò a muovere la ruota che comandava il freno a mano.

Poiché sembrava che ancora funzionasse, si mise a girare la manovella ottenendo che la velocità diminuisse, anche se di poco. Il Pitecantropo, un collega soprannominato così per la sua potenza fisica, si rese conto di quanto faceva il sardo e a balzi lunghissimi arrivò all'altro freno a mano situato nella piattaforma posteriore per fare lo stesso. La duplice a-zione ebbe come risultato una notevole diminuzione della velocità. Tanto notevole che quando si arrivò su un tratto di pendio meno ripido le due vetture incastrate l'una dentro l'altra miracolosamente si fermarono.

Effettuata l'opera di soccorso per i feriti, quando arrivarono le barelle dei soccorritori ed i dottori, ci demmo una spolverata alle divise ed andammo a riprendere le normali gozzovi-glie come se nulla fosse accaduto.

Quell'incidente ci costrinse però ad essere meno categorici nel continuare a ritenerci dei superuomini che non avevano paura di nulla, perché anche con il più spudorato aggiusta-mento dell'esame dei nostri comportamenti, nessuno a parte il Sardo ed il Pitecantropo, poteva affermare di non aver avuto paura. L'episodio perciò ci servì per ridimensionarci soprattutto di fronte a noi stessi e per due o tre giorni ci comportammo anche con una certa modestia.

D'altra parte per fortuna nessuno di noi era stato preso dal panico o si era comportato da vile, e siccome l'aver paura quando si è in pericolo è un sacrosanto diritto di tutti gli ani-mali compreso l'uomo, il nostro ascendente sui nostri soldati (che seppero tutti i dettagli del fatto dai loro camerati presenti con noi nella vettura) non fu diminuito e anzi, per qual-che esagerazione inevitabile quando un racconto passa di bocca in bocca, fu forse aumen-tato.

Continuando l'addestramento nei dintorni brulli a Sud della Caserma Monte Cimone ci venne in mente che oltre ad abituare i soldati ad operare sulle pietraie del Carso non sareb-be stato male addestrarli anche ad operare in terreni insidiosi come quelli costituiti dai bo-schi che circondavano il poligono destinatoci per l'addestramento.

Colleghi e superiori furono unanimi nel concordare che l'addestramento nei boschi era es-senziale soprattutto per quelli che sarebbero stati inviati in Russia o nei Balcani. Il trascu-rabile particolare che i boschi erano fuori dai limiti del poligono ed erano proprietà privata non fu naturalmente neanche preso in considerazione.

Da bravi ecologi «ante litteram» badavamo bene a prendere tutte le precauzioni per non provocare incendi ed eravamo pronti a combatterli se per un caso disgraziato fossero av-venuti; naturalmente cercavamo anche di fare meno danni possibile.

Un giorno mi capitò di essere spaventato per un attimo dal balzo improvviso di un capriolo fuori da un cespuglio e quando raccontai ai miei colleghi quanto mi era successo venne fuori che anche a due o tre di loro era capitato di vedere dei caprioli. Seguendo il nostro impulso di feroci giovani incoscienti (stavolta completamente irriguardosi dell'ecologia) organizzammo una battuta di caccia al capriolo ed un paio di giorni dopo andammo in cin-que a cercare di ammazzare quelle povere bestie con i nostri moschetti modo 91.

Colpire un capriolo in un bosco con un fucile a pallottola a colpo singolo non è una cosa facile ma la prontezza dei nostri riflessi, la bontà del nostro addestramento e la nostra atti-tudine militare furono dimostrate dal fatto che uccidemmo due poveri caprioli in poco tempo, portandoli poi trionfalmente in caserma fra gli applausi dell'inclita evitando però accuratamente che il fatto arrivasse alle orecchie degli Ufficiali Superiori.

Con trucchi, minaccie e soprattutto cartamoneta elargita ai conducenti delle carrette militari che per una ragione o per l'altra facevano la spola fra Banne e Trieste, riuscimmo a far portare i due caprioli morti (dopo esserci fatti fotografare abbondantemente a mò di «grandi cacciatori bianchi» non rendendoci conto della barbarie che avevamo commesso) ad un rinomato ristorante vicino alla Chiesa di S. Antonio, specializzato in cacciagione.

Uno di noi concordò l'organizzazione di una cena a base di capriolo e avemmo il piacere di invitare il Colonnello Ferrari, che era in procinto di assumere un altro comando, oltre ad alcune diecine di colleghi.

La cena fu un successo in tutti i sensi e, nonostante l'assenza di rappresentanti del sesso femminile (o forse proprio per questo motivo) ci divertimmo tutti da matti e bevemmo quantità incredibili di Merlot, Cabernet e Refosco.

Quando ormai tutti si erano allentati di un paio di buchi la cinta dei pantaloni si passò alla grappa ed al fumare accendendo con voluttà chi le mai abbastanza lodate sigarette «Milit» o «Tre Stelle» o «Africa», e chi addirittura dei mezzi toscani. Pochi a quell'epoca fumavano la pipa, anche perché svolgendo in genere intensa attività fisica, la pipa costituiva un impiccio (infatti la pipa è fumata solo da gente che, per abitudine, è abituata a non lavorare, come per esempio gli inglesi o i presidenti della repubblica o i sindacalisti).

A quel punto il Colonnello Ferrari si alzò in piedi, richiamò l'attenzione, ed in poche ma chiare parole ci raccontò come qualmente era riuscito per tutti quei giorni a trattenere o a far ritirare le denunce (al Commissariato, al Municipio, agli Uffici Demaniali, alla Guardia Forestale, ai Carabinieri e a chi più ne ha più ne metta) presentate dal proprietario dei boschi, e perciò dei caprioli, solo promettendo un abbondante generoso indennizzo.

Con una malignità che non si addiceva al suo carattere gentile e paterno fece capire che chi doveva pagare l'indennizzo erano i cinque cacciatori partecipanti alla battuta che aveva prodotto la cacciagione da cucinare in modo tanto succulento, così che dopo averci tenuti in un lunghissimo suspense disse finalmente la cifra da pagare.

Io e gli altri quattro poveracci che con me avevano sconsideratamente ucciso quelle due povere bestie, quando ci riprendemmo dal deliquio cercammo di fare rapidamente i conti di quanto avremmo dovuto pagare a testa e il primo pensiero che ci venne alla mente fu che la guerra avrebbe dovuto durare almeno altri 10 anni per permetterci di pagare il dovuto con rate da detrarre dallo stipendio.

Il buon Colonnello Ferrari, dopo averci lasciato cuocere nel nostro amaro brodo per un po' di tempo, così che potessimo pentirci dei nostri peccati, almeno momentaneamente, propose di dividere l'importo fra tutti i presenti alla cena che erano una buona quarantina.

Venendo il suggerimento dal Colonnello Comandante ed essendo perciò tutti i presenti di grado inferiore e, per la maggioranza, subalterni, nessuno osò rifiutarsi e, considerandolo come prezzo, sia pure esoso, della cena, tutti pagarono o si impegnarono a pagare l'importo corrispondente al valore venale dei due poveri caprioli.

L'importo, invece, delle multe, ammende e contravvenzioni relative alle infrazioni alla legge che avevamo commesso noi cinque furono addebitati, come era giusto, solamente a noi. Tutto sommato non ci andò poi molto male ed il nostro prestigio di fronte ai nostri soldati, che non erano molto più conformisti di noi, aumentò assurdamente proprio a causa del cattivo esempio che avevamo dato.

L'addestramento passivo ed attivo che subivamo o imponevamo sull'altopiano carsico, mentre da un lato aumentava di molto le nostre possibilità di sopravvivenza per le future prevedibili circostanze di guerra, dall'altra ci procurava parecchi fastidi dato che stupidamente usavamo vantarci delle nostre abilità acquisite.

A forza di vantarci a destra e a sinistra sulle nostre capacità specifiche di arditi pattugliatori ottenemmo quello che proprio non desideravamo affatto: l'andare a prestare servizio d'ordine e di sicurezza nelle località più impervie ed isolate a cavallo delle principali vie di comunicazione dell'Istria.

I partigiani slavi che non avevano mosso un dito finché era rimasto valido il patto di alleanza tra Hitler e Stalin firmato da von Ribbentrop e Molotov, dal momento dell'attacco tedesco alla Russia avevano cominciato la loro attività sia contro i tedeschi che contro gli italiani. Lo Stato Maggiore italiano non rendendosi conto del tipo di nemico subdolo, feroce e senza scrupoli che aveva di fronte nei Balcani, aveva dovuto registrare molte perdite soprattutto dove le guarnigioni in territori di lingua slava erano formate da reclute o comunque da reparti non addestrati non solo al combattimento, ma neanche alla guerra.

I poveri soldatini delle Guardie alla Frontiera o della Fanteria che arrivavano a quelle sedi infelici addirittura da reclute, venivano facilmente sorpresi e sgozzati o sparati nella schiena da qualunque seguace di Tito che ne avesse voglia.

La decisione di mandare reparti più esercitati, anche se non sempre più aggueriti, venne presa non già dove doveva essere logico prenderla e cioè a Roma, ma a livello regionale dove il problema era molto più sentito e conosciuto.

Così vennero mandati a turno nelle zone più insidiose praticamente tutti i Guastatori, in gruppi non superiori alla mezza squadra, accompagnati da altrettanti Genieri di qualunque specialità che li affiancavano così da acquistare nel più breve tempo possibile quell'addestramento al servizio operativo che loro mancava e che invece i Guastatori bene o male possedevano.

Le squadre così costituite operarono principalmente con pattugliamenti ampii ed estemporanei sulle tre direttrici della strada e della ferrovia che vanno da Trieste a Pola passando per Pinguente e Pisino, sulla ferrovia e le strade della Val d'Arsa e sulla strada e ferrovia che arrivano a Fiume. Gli Ufficiali si alternavano con rotazione intensa per brevi periodi nel massimo possibile dei posti dove vi erano distaccamenti e ci capitava spesso di non poterci levare gli stivali per tre o quattro giorni di fila fino a quando cioè si capitava in posti importanti come Ciana o Mattuglie.

Non che tutti i reparti vicino ai quali ci capitava di operare fossero costituiti da novellini o da sprovveduti ma certo il nostro modo di battere con moto browniano le zone intorno al posto assegnatoci causò sorpresa nei nostri colleghi e sconcerto nei nostri nemici.

Nonostante la prosopopea, arroganza e sbruffoneria con cui io mi presentavo nei vari posti, ero invece in pratica ancora un ingenuo principiante perché due o tre volte mi trovai a protestare vigorosamente contro l'incendio di capanne o casupole, ordinato da miei colleghi per impedirne l'uso come rifugio per i partigiani ed i cecchini che ci sparavano a tradimento. Fino a quando non spararono a me ed alla mia pattuglia e cercando di inseguire i partigiani capitammo su una capanna dove prima di attaccarci, quelli che ci avevano sparato avevano lasciato munizioni, viveri e coperte così da potersi spingere, alleggeriti al massimo, fino alle vicinanze del nostro presidio.

Non esitai molto ad ordinare di dare fuoco alla capanna e, pentendomi amaramente di aver criticato i miei colleghi e di aver fatto un rapporto deprecatorio al Comando, da quel momento badai sempre ad avere fiammiferi in tasca in modo da non trovarmi impreparato quando dovevo dar fuoco a qualche cosa.

Ai duri ed estenuanti periodi di servizio in Istria si alternavano per fortuna periodi di riposo in caserma dove per la mancanza di truppa operativa tanto noi come i soldati stavamo solo per riposarci fino al prossimo servizio antibande.

Il febbraio del 1943 fu benedetto da quasi tre settimane di tempo incredibilmente caldo e da un sole limpido così che fra un incontro e l'altro con compiacenti ragazze, alcuni di noi, soldati e ufficiali, potemmo sperimentare l'eccezionale piacere di andare a fare il bagno a Barcola usufruendo degli impianti, naturalmente ancora chiusi ed inoperanti, degli stabilimenti Ausonia ed Excelsior. Non ci sorprese il fatto di non essere soli ma di bagnarci insieme ad un buon numero di barcolani e di triestini, come noi attratti da quella anomala primavera anticipata. Dopo affrettate nuotate nell'acqua gelida, data la cronica mancanza di soldi, io avevo trovato la soluzione di ricostituire le energie andando alla trattoria Miramare che a Barcola mi forniva per una somma irrisoria pane, un litro di vino e 12 bei grossi sgombri grassi di almeno due etti l'uno, cotti a puntino alla griglia. Nel piatto rimanevano solo le lische.

La scoperta che i problemi nutritivi potevano essere risolti tanto soddisfacentemente e tanto economicamente in quella trattoria, gestita evidentemente da filantropi, mi fu molto utile quando cominciò la stagione dei bagni ed io potevo saziarmi allo stesso modo con sgombri alla griglia dando appuntamento alle ragazze per il primo pomeriggio così da essere ben nutrito ed in forze senza dover offrire un pranzo che non sarei stato in grado di pagare.

Il 25 luglio, benché facessi parte ufficiosamente del XXXI Btg. Guastatori Alpini del Genio già formato agli effetti pratici, anche se non ufficialmente, fui assegnato per pochi giorni alla ispezione dei vari distaccamenti che erano stati moltiplicati un po' dovunque con funzioni poliziesche per ordine del Marchese di Caporetto; fra quei distaccamenti ce n'era uno con sede a Barcola proprio a 20 metri dalla trattoria dei benefattori che per poche lire mi nutrivano di succulenti sgombri.

Successe che, preterintenzionalmente, il distaccamento di Barcola fu quello da me più frequentemente ispezionato e che le suddette ispezioni avvenissero quasi sempre all'ora di pranzo. Fu un vero peccato che un malinteso senso del dovere non mi permettesse di fare dei bagni mentre ero di ispezione, ma non si può avere tutto nella vita.

Ascoltare alla radio la notizia della caduta del governo di Mussolini era stato per me come ricevere un colpo basso non tanto perché fosse caduto il fascismo, di cui agli Ufficiali e al Soldati in genere importava tutto sommato ben poco, quanto per il fatto che a capo del governo era andato quella ambigua figura di "revenant" la cui responsabilità del disastro di Caporetto, 26 anni prima, non era mai stata chiarita.

La conoscenza personale delle linee generali e dei dettagli della tragedia del 1917 mi erano noti per documenti e testimonianze visti e sentiti da gente che vi si era trovata coinvolta e pertanto la figura del Marduca presentava per me tutte le sue oscure e vergognose faccette comunque io la esaminassi. Senza poter prevedere quanto sarebbe avvenuto 45 giorni dopo non potei però fare a meno di avere un vago ed assillante presentimento di sciagura. La gioventù, l'incoscienza, il trasferimento ad Asiago col XXXI e la novità dell'addestramento alpino da impartire ai soldati mi facevano dimenticare spesso quella deprimente premonizione ma ogni tanto il brutto presentimento tornava a galla. E, inevitabilmente, venne l'8 settembre.

CAPITOLO IV
CHI HA DETTO CHE BISOGNA METTERSI CON IL VINCITORE?

XXXI BTG. GUASTATORI ALPINI DEL GENIO

Un Maggiore famoso per molti motivi, il nome della sua casata, le sue opere come architetto, il suo comportamento durante la Grande Guerra, la sua capacità di scrittore, le sue campagne in Africa sia Orientale che Settentrionale e la sua abilità nell'osservare soprattutto la quarta regola del perseguimento del successo (Sapere, Saper fare, Fare, Far Sapere) aveva deciso che la quasi totale distruzione del suo battaglione di Guastatori del Genio in Africa Settentrionale non costituiva ragione sufficiente per restare senza un comando che gli desse quel lustro cui a buon diritto era abituato.

Facendo leva su tutte le sue altolocate parentele titolate nei Ministeri italiani e nella Curia vaticana, ottenne che fosse firmato un ordine secondo il quale si doveva costituire un battaglione di Guastatori Alpini del Genio di cui, era ovvio, lui aveva assegnato il comando.

Il 5° Reggimento Genio di stanza a Banne era la sede della scuola addestramento Guastatori del Genio e, con una logica molto rara a riscontrare nel Regio Esercito, era anche la base per la formazione e la gestione di tutte le unità della specialità.

In conseguenza il Maggiore installò subito a Banne il suo comando (composto da una sola persona e cioè lui stesso) e cominciò a formare il suo battaglione selezionando soldati, sottufficiali ed ufficiali fra quelli che, in forza ai vari reparti di Marcia, ne avevano fatto domanda cominciando dai 77 reduci dai vari fronti.

In men che non si dica fu impostata una struttura che cominciò subito a funzionare soprattutto perché tutti i prescelti, essendo due e anche tre volte volontari (una volta perché molti erano volontari di guerra, una volta come volontari nei Guastatori, ed una volta volontari nel nuovo reparto) non avevano nè il motivo nè l'intenzione di battere la fiacca.

Mentre il Maggiore faceva la spola tra Trieste e Roma per superare tutte le difficoltà burocratiche che ritardavano la messa a punto del suo nuovo reparto, compreso l'avvio a Banne senza ritardi amministrativi di tutti i suoi fedeli reduci dall'Africa dispersi fra i vari ospedali e depositi, tutti quelli che entravano a far parte del battaglione cominciarono ad adeguarsi a tutto ciò che era implicito nella nuova qualifica di «alpini».

Pochi furono gli ufficiali che andarono nelle cappellerie per comprarsi il cappello alpino mentre quasi tutti cercarono di procurarsi quello da truppa presso il più vicino reparto con la penna. La penna fu un vero problema soprattutto per gli ufficiali che avrebbero dovuto inalberare una penna d'aquila praticamente introvabile, cosi come risultò oltremodo difficile trovare le nappine con uniti il verde degli Alpini e l'amaranto del Genio, colori distintivi del battaglione.

Man mano che ciascuno trovava qualche capo di vestiario corrispondente a quella che avrebbe dovuto essere l'uniforme del battaglione, lo vestiva senza esitare in una gara continua che faceva cambiare a tutti qualcosa ogni giorno e rendeva il battaglione uno dei più fantasiosi reparti del Regio Esercito che già era abbastanza pittoresco per conto suo anche senza le estemporanee idee immaginifiche che passavano per la testa a ciascuno dei suoi componenti tanto a livello di militari di truppa, di sottufficiali, di ufficiali subalterni, come a livello di ufficiali superiori o di Generali.

Non essendo stato possibile rispettare la regola del Corpo, consistente nel reclutamento regionale e nella selezione attitudinale, c'erano Alpini siciliani, pugliesi, veneziani, napoletani, anconetani, e perfino romani, benché di questi ultimi non ve ne fossero molti in quanto l'andare volontario non fa parte delle abitudini romane. C'erano naturalmente anche guastatori che venivano dal Genio alpini o che erano stati, come quelli del XXX, in Russia con il Corpo d'Armata Alpino. Questi ultimi si divertirono fino alla sazietà seviziando tutte le «burbe» che, nella loro ansia di acquistare il diritto di portare la penna, si sottoponevano fanaticamente agli scherzi più feroci ed alle mistificazioni più spinte inventate con assoluto sadismo dagli anziani.

Un povero sottotenente toscano, soprannominato il Becero, fu convinto che il vero alpino non fa la prima colazione con caffè o simili ramollite raffinatezze ma con cipolle e grappa; un'altro sottotenente siciliano, soprannominato il Terrone, cercò con tutte le sue forze di abituarsi a quello che gli fu indicato come il piatto tipico delle truppe di montagna e chiamato «Trote 'ndellacc» che gli era regolarmente preparato dagli anziani col semplice sistema di pestare teste e spine di pesce dentro una ciotola di legno che veniva poi riempita con latte andato a male; tutti cercavano poi di imitare l'andatura degli anziani che si erano segretamente messi d'accordo per esagerare l'importanza del passo di montagna accentuando la lentezza dei movimenti in una specie di impossibile beccheggio imitando il quale le burbe rischiavano di cadere a faccia avanti ad ogni passo; la richiesta di pipe aumentò tanto che in una settimana non c'era più un tabaccaio di Trieste e dintorni che ne avesse ancora disponibili; scarponi e calzettoni sostituirono rapidamente stivali e fasce mollettiere e ci fu una anomala crescita di barbe oltreché un forte incremento nel consumo di grappa. Un ufficiale dovette essere cacciato via dalla mensa fra lazzi e beffe perché nell'euforia di un momento di entusiasmo si era addirittura presentato con una piccozza.

A parte le bambinate che riguardavano la divisa ed il comportamento, l'addestramento intensivo continuava in modo molto serio e, nonostante il 25 luglio con tutte le complicazioni che ne derivarono per i sempre mutevoli ordini impartiti continuamente al reparti dell'esercito, il battaglione si trasferì con i suoi 1054 uomini e 51 ufficiali sull'altopiano dei Sette Comuni ad Asiago.

Per lo Spregiudicato, che comandava un plotone della compagnia Uragano del battaglione, arrivare sui luoghi dove suo Padre aveva combattuto durante la guerra '15 -'18 fu motivo, purtroppo poi dimostratosi del tutto infondato, di speranza per una conclusione gloriosa.

Si dedicò perciò in pieno all'addestramento dei suoi uomini soprattutto dal punto di vista delle operazioni in zona di montagna dato che la maggior parte dei componenti il suo plotone erano già perfettamente addestrati come Guastatori.

Le lunghe marce, da principio sulle strade, poi progressivamente sui sentieri ed infine su terreni impervi, servirono per imparare qual'era la migliore andatura da tenere, come aggiustarsi addosso lo zaino e le armi e come misurare le proprie forze dovendo continuare a camminare, portando 30 kg. di roba, per più di 12 ore.

Le cadute per sfinimento, per distorsioni di caviglie, per cattiva scelta dell'appoggio e per varie altre ragioni, non si contavano e lo Spregiudicato aveva continuamente motivo di maledire la tradizione alpina secondo la quale l'ufficiale parte per una marcia sempre senza carico perché in caso di necessità si deve addossare quello del soldato inabilitato da qualche accidente. Almeno così dicevano i «veci».

Purtroppo soldati inabilitati ce n'erano sempre e per non fare brutta figura lo Spregiudicato tornava quasi sempre con due zaini sulle spalle senza però potersi lamentare perché i soldati che dovevano caricarsi l'infortunato stavano evidentemente peggio di lui. Per fortuna ogni tanto il Maggiore lo mandava in missione di recupero di uomini o materiali in viaggio lampo a Chiavari o Verona o Firenze; mai a Roma.

Il fatto che si fosse in estate non facilitava certo le cose anche perché tutto l'altopiano era pieno di villeggianti che nonostante la guerra riempivano ogni posto disponibile. Naturalmente il 90% dei villeggianti erano di sesso femminile e l'arrivo di più di 1.100 baldi giovanotti provocò una specie di movimento di massa a causa del quale nessun soldato, sottufficiale o ufficiale riusciva a sottrarsi alla caccia spietata che gli davano turiste abilissime nell'organizzare trappole, trabocchetti e imboscate (dette, in linguaggio volgare, feste per i soldati, balli di beneficienza, visite di madrine di guerra, nonché inviti personali), per compiere il sacrosanto dovere di sostegno morale agli eroici componenti delle forze armate.

Continuare a mostrarsi baldi ed aitanti dopo 12 ore di marcia sui sassi e con i piedi e altre parti del corpo pieni di vesciche, ecchimosi ed escoriazioni varie non era facile, ma i 1.100 Guastatori fecero del loro meglio perché non si registrassero lamentele da parte di alcuna delle villeggianti tranne, naturalmente, quelle delle escluse.

Lo Spregiudicato una volta trovato il passo più adatto per tutti i suoi uomini e raggiunta una discreta amalgama arrivò perfino a trovare divertenti degli itinerari che avrebbero ammazzato uno stambecco. Riuscì anche a ritrovare le caverne e le postazioni a Campomulo dove suo Padre era stato al comando di un raggruppamento di artiglieria nel 1916 reduce da Gorizia dove era stato uno dei primi ad entrare al comando della sua batteria di obici. Lo Spregiudicato localizzò molti dei luoghi dove il Generale Boriani aveva difeso caparbiamente l'altopiano facendone uno dei pochi settori del fronte che resistessero, come nella disgraziata disfatta di Caporetto quando i suoi Bersaglieri erano rimasti compatti a resistere agli austriaci. È vero che ad Asiago non c'era il Marduca a provocare altre sciagure.

Una volta giunto l'addestramento ad un ritmo normale con un ottimo livello di rendimento tale che la più lunga e difficoltosa marcia non provocava più l'affaticamento quasi insopportabile dei primi giorni, il tempo da dedicare allo svago ne risultò automaticamente aumentato.

BREVE VITA FELICE DEL NUOVO XXXI

Il fatto che tutto l'Altopiano dei 7 Comuni fosse pieno di villeggianti in stragrande maggioranza donne costituiva una vera pacchia per i giovani leoni del nuovo XXXI che trovarono conferma ancora una volta di quanto Tom Antongini racconta circa lo spirito di sacrificio delle donne.

Data la situazione non c'era stanchezza che potesse impedire ai guastatori di partecipare la sera, nei migliori alberghi come nelle più umili case, a balli, feste e trattenimenti che, con lo spirito di sacrificio già citato, le donne organizzavano in loro onore.

Durante le innumerevoli feste danzanti da cui ufficiali e soldati non potevano, nè volevano, essere esclusi, seguendo la cattiva abitudine di non badare troppo alla quantità di alcool ingurgitato, lo Spregiudicato si trovava spesso a partecipare ad una tradizionale gara di precisione di mira in cui erano molto apprezzate, oltre che indispensabili, la lucidità e la coordinazione.

Il giochetto consisteva nel tenere una mano distesa aperta su un tavolo e con il pugnale, impugnato nell'altra mano, sfiorare in rapida successione da una parte e dall'altra le cinque dita andando dal mignolo al pollice e viceversa, piantando ogni volta la punta del legno. Vinceva chi eseguiva l'intera serie di 19 colpi nel tempo minore senza ferirsi.

Chi si tagliava un dito veniva squalificato.

Una variante praticata da pochi eletti consisteva nel lanciare il pugnale a filo delle suole degli scarponi, tra brocca e brocca, in modo che si piantasse nel pavimento di legno.

Lo Spregiudicato si era dimostrato particolarmente abile in questi innocenti passatempi riuscendo sempre a fare la sua brava rappresentazione cavandosela con al massimo qualche scalfittura alle dita della mano.

Una bella sera durante la quale lo Spregiudicato aveva evidentemente bevuto qualche bicchierino di troppo di grappa, il pugnale, invece di piantarsi nel pavimento all'esterno della suola dello scarpone entrò nella parte superiore della tomaia morbida vicino al puntale e trapassò calzettone, pezza da piedi, giuntura dell'alluce, sottopiede, suola interna e doppia suola, infilandosi solidamente nelle tavole d'abete del pavimento.

I gridolini di spavento e di orrore delle signore furono subito sommersi dal fragore delle oscene risate dei colleghi dello Spregiudicato che davano libero sfogo al loro divertimento al constatare il piccolo errore di mira in cui era incorso lo stesso dimostrando così di non essere poi tanto abile come si credeva.

L'autolesionista involontario rimase immobile per un certo tempo molto scosso per il crollo del mito della sua infallibilità nel lancio del pugnale, poi afferrò il pugnale e ce la dovette mettere tutta per riuscire a sfilarlo con notevole sforzo.

Alla vista del sangue che cominciava ad uscire tanto da sopra che da sotto lo scarpone, alcune dame fecero finta di svenire ed i compagni dello Spregiudicato si precipitarono a soccorrerle slacciando camicette e reggiseni; i meno veloci, per rifarsi, decisero di armare un pittoresco caos con la scusa di applicare il regolamento riguardante i casi di pronto soccorso.

Lo Spregiudicato, afferrato da dozzine di mani poco delicate, fu trasportato di peso all'infermeria del battaglione attraversando con varie deviazioni il centro della cittadina in una specie di corteo di scomposti avvinazzati che cantavano a squarciagola canzoni adeguate fra cui spiccava doverosamente la classica «È morto un bischero».

Lo Spregiudicato aveva la sensazione, derivatagli sia dall'istinto che dalla conoscenza che aveva dei suoi amici, che l'obiettivo dei suoi accompagnatori non fosse proprio quello di curarlo e di provvedere all'iniezione antitetanica d'obbligo ed ebbe conferma dei suoi sospetti quando, arrivati all'infermeria, anziché lasciarlo solo con il medico e l'infermiere, affollarono tutti la saletta adibita all'uopo e continuarono a tenerlo immobilizzato malgrado si agitasse e scalciasse come un ossesso mentre qualcuno gli calava i calzoni mettendo allo scoperto le sue parti meno nobili.

Il ghigno satanico, gli occhi iniettati di sangue, la difficoltà di parola del medico, soprannominato il Truce, non solo misero lo Spregiudicato in uno stato di sano terrore ma, al vedere il dottore agitato da una specie di delirium tremens, lo convinsero che era giunta la sua ultima ora.

Non ebbe però molto tempo per rimuginare la sua paura e pentirsi dei, propri, molti, peccati, perché una volta che il Truce lo ebbe davanti a se steso bocconi, denudato dalla cintola al ginocchio, afferrò il bottiglione di alcool denaturato e, fra l'entusiastica approvazione dei presenti, cominciò, con la scusa di disinfettare la zona dove doveva effettuare l'iniezione, ad infierire sul suo forzato paziente con ripetute aspersioni là dove non batte il sole ed organi adiacenti.

Accertamenti ed indagini effettuati da storici degni di fede testimoniarono che al sentire le urla inumane dello Spregiudicato gli abitanti dell'Altopiano credettero che fosse la sirena indicante un allarme aereo e si rifugiarono di corsa dove poterono.

Quando il Truce si fu rimesso dalla sbornia, conoscendo il carattere dello Spregiudicato, pensò bene di chiedere un permesso, che gli fu subito concesso, e di sparire dalla circolazione mentre lo zoppicante Spregiudicato chiedeva a tutti se lo avevano visto in giro con l'evidente proposito di prendersi una sanguinosa vendetta.

Nonostante questi innocenti ed infantili svaghi l'addestramento e la preparazione per la partenza per il fronte continuavano finché, due giorni dopo che il Maggiore comandante del Battaglione era partito in motocicletta per andare, si malignò, a visitare un parente cardinale, i guastatori che frequentavano l'osteria con pergolato a fianco della Caserma Riva sentirono alla radio che era stato firmato l'armistizio. Fra le varie voci contrastanti relative al testo del comunicato che praticamente nessuno, al battaglione, aveva ascoltato di persona, si riuscì solo ad accertare che il marchese di Caporetto aveva concluso il suo messaggio di Capo di Governo affermando «... le forze armate italiane però reagiranno ad eventuali attacchi di qualsiasi altra provenienza».

Il marconista del battaglione piazzato subito alla ricevente militare insieme a due ufficiali che lo assistevano in permanenza, non riusciva a captare alcun messaggio da qualche comando militare e tutti i vari tentativi per mettersi in contatto via radio o per telefono con i vari comandi italiani della zona o della regione territoriale risultarono infruttuosi. Il Marduca era riuscito a ripetere Caporetto.

L'avvilimento e la vergogna per la mossa di Badoglio non permisero a nessuno di gioire per la fine della guerra e dovettero passare molte ore prima che ufficiali e soldati cominciassero a rendersi conto di essere stati abbandonati a se stessi senza ordini o direttive di alcun tipo. Il giorno dopo un anziano montanaro, parlando con alcuni guastatori di corvè alla stazione se ne uscì con l'informazione «El vecio (il Re) ghè scapà».

La situazione era resa ancora più difficile dalla assenza del Maggiore, sostituito al comando del battaglione dall'ufficiale più anziano che in quell'occasione dimostrò di non essere all'altezza del compito che circostanze eccezionali ed il suo grado di Capitano gli imponevano.

Eppure i suoi precedenti non erano poi tanto cattivi.

Fu perciò solo la sera seguente che, mentre i sottufficiali e la truppa rimanevano disciplinati ai loro posti, gli ufficiali si riunirono per affrontare la pesante responsabilità di decidere di propria iniziativa quali ordini dare in mancanza di quelli che avrebbero dovuto ricevere dai comandi superiori e che comunque avrebbero eseguito senza discutere, qualunque essi fossero, se dati con fermezza dal capitano responsabile del comando.

Quella prima sera la discussione molto accesa anche se non violenta fece sì che si manifestassero a poco a poco tre diverse tendenze. Un gruppo numeroso sosteneva che si dovesse restare a piè fermo sul posto in attesa che arrivassero ordini precisi, quali che fossero, che non potevano tardare; un gruppo sparuto sosteneva che si dovesse interpretare il messaggio di Badoglio come un ordine di ostilità contro i tedeschi anche senza riceverne alcuna conferma formale; uno scarso gruppetto, verso cui però propendeva il Capitano lasciato dal Maggiore a fare le sue veci, parlava sempre più apertamente di travestirsi in borghese in attesa degli eventi e mimetizzarsi presso gli abitanti dell'Altopiano. Molti fra i reduci d'Africa manifestavano, o condividevano internamente, lo sdegno per il voltafaccia, se non il tradimento, perpetrato nei riguardi dei camerati tedeschi.

La vergogna e l'umiliazione nel vedere realizzata l'arrogante affermazione di Churchill quando l'Italia era entrata in guerra "Costringeremo l'Italietta a fare un altro giro di valzer" (alludendo al primo «giro di valzer» effettuato nel 1915 quando l'Italia era passata dalle braccia della «Triplice» a quelle dell' «Intesa») facevano piangere di rabbia i più incalliti veterani.

Non fu presa alcuna decisione e la notte fu passata da tutti con le armi al piede raggruppati reparto per reparto mentre all'interno di ogni singola compagnia ripresero le discussioni dato che ben poca gente provava il desiderio di dormire.

La mattina dopo cominciarono ad arrivare notizie contradditorie portate da gente che veniva da Vicenza, da Bassano e da Schio. Chi diceva che truppe italiane asserragliate nelle caserme sparavano contro chiunque si avvicinasse; chi diceva che le caserme si erano svuotate ed erano state saccheggiate dalla popolazione, chi diceva che i tedeschi avevano occupato le caserme e disarmati e fatti prigionieri tutti i soldati italiani.

Di comandi italiani in funzione nessuno ne aveva sentito parlare e nessuno ne aveva visti.

Nel pomeriggio del 10 cominciarono ad arrivare voci circa soldati italiani disarmati spediti in carri bestiame verso ignota destinazione e la compattezza del battaglione, rimasto purtroppo senza nessuno che lo comandasse e con la presenza deleteria di un vice comandante indeciso cominciò ad incrinarsi. L'ultima notizia ad arrivare alle orecchie degli ufficiali fu quella che un reparto di tedeschi era già arrivato sull'altopiano con la evidente intenzione di impossessarsi di Asiago.

Quando altri viaggiatori confermarono la presenza dei tedeschi sulla strada di Gallio fu indetto immediatamente un consiglio di guerra cui furono invitati anche i sottufficiali; mentre il capitano, sopraffatto dalla enorme responsabilità si agitava senza prendere alcuna decisione, i singoli comandanti di reparto concordarono sulla risoluzione di attestare il battaglione su posizioni difendibili e di non cedere a nessuna minaccia o pressione finché non arrivasse un ordine formale da qualche autorità legittima; fu anche deciso di mandare lo Spregiudicato a Vicenza, accompagnato da un collega e seguito a distanza da un altro ufficiale in borghese, per cercare qualche comando italiano, rendersi conto della situazione ed eventualmente, al limite, prendere contatto ed arrivare a qualche conclusione con un comando tedesco.

La scelta dello Spregiudicato benché fosse ancora sofferente della stupida ferita al piede che si era fatto, come dicono a Roma, per fare lo spiritoso, derivava dal fatto che era l'unico ufficiale disposto ad accollarsi quell'incarico pieno di incognite che parlasse qualche mezza parola di tedesco.

Presa questa decisione lo Spregiudicato affidò il suo plotone al suo sottufficiale e, non prevedendo nulla di buono dal viaggio che stava per compiere, mise in ordine le sue cose resistendo alla melodrammatica idea di fare testamento e si buttò sul letto per riposare un paio d'ore prima di andare ad affrontare l'ignoto.

Verso le due del mattino lo Spregiudicato cominciò a farsi la barba per potersi presentare in modo inappuntabile dovunque gli fosse riuscito arrivare ma mentre si rasava fu colto da una specie di attacco epilettico e i suoi colleghi che dovevano partire con lui e che si erano perciò trasferiti nella stessa stanza, dovettero chiamare aiuto a gran voce perché qualcuno venisse ad aiutarli a tener fermo lo Spregiudicato in preda a convulsioni.

Si trattasse della reazione tardiva alla iniezione antitetanica, o di tetania, o addirittura di un blando attacco di tetano (lo Spregiudicato, non essendo medico non lo seppe mai), esaurite le convulsioni che durarono peraltro quasi un'ora, il suo viaggio a Vicenza fu rimandato ad un miglior momento con grande sollievo dei suoi due accompagnatori che non ne presagivano nulla di buono per lo meno per quanto riguardava la loro incolumità personale.

Il pessimismo dei due accompagnatori, condiviso in pieno anche dallo Spregiudicato, si rivelò ampiamente giustificato quando ulteriori notizie date da altri viaggiatori provenienti da Thiene, Schio, Bassano, Vicenza e Cittadella non potevano più lasciare dubbi sulla sorte degli appartenenti alle forze armate italiane. Tutti riportavano infatti di aver sentito dire che nelle stazioni si erano visti carri merci riempiti di soldati italiani e guardati da sentinelle tedesche.

Lo Spregiudicato potè così concludere che la sua ferita al piede, oltre che essere la conseguenza di una stupida bravata ed una chiara manifestazione di incoscienza aveva però avuto anche un lato positivo in quanto gli aveva evitato almeno per il momento di andare a finire in qualche campo di concentramento.

Il capitano su cui pesava la responsabilità di più di 1.000 uomini dava segni sempre più chiari di aver perso completamente la testa per quanto, a sua parziale giustificazione, bisogna dire che trovarsi senza ordini, senza soldi, senza viveri e con pochissime munizioni avrebbe fatto tremare le vene e i polsi a gente ben più capace di lui.

Ci furono altre due riunioni: la prima di soli ufficiali e sottufficiali nella quale non solo non si raggiunse alcuna conclusione ma si dovette purtroppo registrare una notevole variazione di adesioni alle differenti tendenze con un forte aumento della consistenza numerica di quello dei tre gruppi che vedeva nello sbandamento la soluzione più facile. La seconda riunione fu praticamente una assemblea di tutto il battaglione nel corso della quale il capitano fu portato dai rinunciatari, che in verità si comportavano più come partecipanti ad un comizio che come soldati, a farsi imporre, in armonia con il suo stesso desiderio, lo scioglimento del battaglione. Tra l'altro, con una pastasciutta fuori ordinanza nel pomeriggio del 12 settembre terminarono i viveri.

Nonostante la comprensibile confusione mentale e materiale, la lunga abitudine alla disciplina e le doti naturali ed acquisite di tutti gli uomini del battaglione fecero sì che quelle ultime ore conservassero una certa dignità e fierezza benché molti, senza distinzione di età e di grado, avessero le lacrime agli occhi o addirittura piangessero apertamente.

Terminata la distribuzione alla popolazione, tramite il podestà ed i suoi assistenti, di tutto quanto costituiva le dotazioni di vestiario, rifornimenti e attrezzi non offensivi, ci fu una adunata generale intorno all'antenna della bandiera.

Cosa si sarebbe potuto fare se il famigerato Badoglio e gli imbelli alti comandi avessero fatto il loro dovere anziché sparire come nebbia al sole può essere indicato dal fatto che tutto il battaglione si presentò armato ed in divisa all'ultimo ammaina bandiera. Era il 13 settembre 1943.

Una volta compiuta la cerimonia dell'ammaina bandiera tutti (o quasi tutti) consegnarono le armi in dotazione all'armeria e si trovarono arbitri delle proprie azioni.

Il caso, o le affinità elettive o l'appartenenza alla stessa compagnia, fecero sì che lo Spregiudicato ed altri tre comandanti di plotone si trovassero insieme dopo lo sciagurato scioglimento del battaglione. Trovatisi ad esser gli ultimi ufficiali a rimanere nella caserma furono tutti e quattro d'accordo nell'effettuare la consegna della bandiera e delle chiavi dell'armeria al locale comandante dei Carabinieri che, secondo la loro secolare tradizione, continuavano a svolgere i loro compiti e, da quel momento, costituivano l'unica autorità militare nella zona. Non si aveva più alcuna notizia del reparto tedesco che per certo era arrivato fin dal giorno prima abbastanza vicino ad Asiago. Notizie ulteriori confermarono che, una volta accertata la presenza ad Asiago di un battaglione Guastatori al completo, le cui passate gesta i tedeschi conoscevano bene, avendo chiesto ordini in merito al loro comando, si erano saggiamente ritirati a fondo valle.

Una volta consegnate bandiera e chiavi ai Carabinieri i quattro (lo Spregiudicato romano, il Pitecantropo genovese, il Negro milanese e il Verginello barese) scoprirono di essere, oltre ai Carabinieri, gli unici quattro militari italiani in divisa nella città e presumibilmente in tutto l'altopiano.

Tornati in caserma dopo una brevissima discussione decisero di attendere gli eventi senza però abbandonare la divisa.

In men che non si dica i quattro si organizzarono per prepararsi ad un trasferimento in un posto inaccessibile dove nessuno avrebbe potuto sorprenderli fin quando loro stessi non avessero deciso il da farsi e dove non avessero dovuto trovarsi nella necessità di sparare sui tedeschi, cosa che ripugnava a tutti e quattro.

Mentre già cominciava il saccheggio di quanto era rimasto in caserma senza che i Carabinieri potessero opporvisi validamente, i quattro si fecero dare le chiavi di un Bianchi Miles, ne riempirono il serbatoio, vi caricarono le loro coperte e cose personali aggiungendo qualche cassetta di viveri e di munizioni, vi aggiunsero per buona misura qualche pagliericcio e qualche piccolo attrezzo ed informarono i Carabinieri della loro intenzione di arroccarsi in qualche postazione della Grande Guerra da dove prima o poi si sarebbero fatti vivi.

Durante le due o tre ore necessarie per preparare con calma quella spedizione i quattro furono avvicinati da molti dei loro soldati che, neanche a dirlo, avevano già tutti trovato abiti borghesi di giusta taglia nonché vitto e alloggio presso qualche famiglia dove erano stati evidentemente introdotti per merito soprattutto delle rispettive ragazze.

Tutti questi soldati, più altri ancora che, passata la voce, avevano saputo delle intenzioni dei quattro, si dichiararono subito disposti a rimettersi in divisa ed a seguire i quattro dovunque andassero ma questi, che prima dello scioglimento del battaglione avrebbero come ufficiali portato comunque i loro uomini dove e contro chi fosse stato loro ordinato, non se la sentivano adesso come avventurieri di decidere sulla vita di uomini che ormai erano stati sciolti da ogni dovere.

Quanto la grande maggioranza dei componenti del battaglione Guastatori Alpini fosse dotata di tutte le doti che fanno un uomo degno di questo nome, lo dimostra il fatto che quasi tutti loro, chi prima chi dopo, presero una decisione positiva rispetto all'atteggiamento ed al comportamento da tenere durante il tragico periodo della guerra civile. Una parte decise di combattere con i repubblichini, una parte decise di raggiungere e combattere con il Corpo Italiano di Liberazione, una parte decise di combattere con i partigiani (fra i pochi che sparavano di fronte) e solo una esigua minoranza se ne restò inattiva.

Accampatisi per la notte in un posto isolato non molto lontano da Asiago i quattro studiarono con cura tutte le località dove avrebbero potuto trovare le condizioni più adatte al loro scopo di mantenersi attivi ed autosufficienti considerandosi come un avamposto isolato ancora in stato di guerra. La discreta conoscenza del terreno, acquistata da ciascuno nel corso dell'addestramento su quelle tormentate montagne, permise loro di dirigersi dritti a Nord e di seguire una specie di pista appena accennata, non più toccata da ruote dal 1918, fino a dove l'autocarro non fu più in grado di proseguire. Comunque, per strade militari della Grande Guerra che il passare delle stagioni aveva progressivamente ma inevitabilmente smantellato durante 25 anni, i quattro erano riusciti a portare il Bianchi Miles oltre il Fiara ed il Lozze ai piedi delle pendici Sud dell'Ortigara e, preparata una postazione mimetizzata, ve lo sistemarono, organizzando subito il posto a caposaldo ed usando il cassone del Miles come abitazione.

SOLI IN SETTEMBRE

Sistemati il Bianchi Miles e gli impedimenta in una postazione mimetizzata ai piedi dell'Ortigara, lo Spregiudicato, il Pitecantropo, il Negro ed il Verginello non poterono più rimandare l'esame della situazione in cui li aveva cacciati il tradimento degli alti comandi nei confronti di tutti i militari delle Forze Armate Italiane l'8 settembre.

Ma i quattro avevano ben poco tempo per discutere o per riposarsi perché ciascuno aveva i suoi compiti, che passavano a rotazione dall'uno all'altro di giorno in giorno, e che comprendevano l'andare a fare rifornimento di acqua, tagliare la legna, fare da mangiare, mettere in moto l'autocarro e mantenerlo in efficienza e, il più importante di tutti, fare dei giri di perlustrazione allo scopo di incontrare qualche pastore o montanaro per raccogliere quante più notizie fosse possibile. Per di più ogni tanto capitavano avvenimenti che facevano stare i quattro con il cuore in gola.

Una volta per esempio i tre che stavano nel caposaldo mentre il quarto era in giro di esplorazione dovettero porsi concitatamente in stato di allarme prima ed in postazione poi per una serie di spari che si avvicinavano sempre di più alla loro posizione.

Le più varie ipotesi su ogni possibile disgrazia incombente comprendevano un attacco dei tedeschi, una aggressione alloro compagno assente, una scorribanda di qualche gruppetto di banditi a caccia di bottino e via di seguito, anche perché con gli effetti di eco e di rimbombo tipici delle zone di montagna era molto difficile definire l'origine e la qualità degli spari che si susseguivano benché il fatto che non si sentissero raffiche fosse di per se stesso abbastanza rassicurante.

Quella volta l'origine della loro ansia era stata la partita di caccia al gallo di montagna organizzata da un conte veneto che trovati i tre e raggiunto poi dal quarto, si unì a loro con i suoi accompagnatori godendo tutti insieme di un'ottima cena.

Il conte fornì delle preziose informazioni che furono molto utili per decidere il futuro comportamento e diede ottimi consigli sulle possibili mosse che i quattro avrebbero potuto fare riferendosi al diverso comportamento dei tedeschi per ogni singola zona dove i quattro si sarebbero potuti dirigere.

I quattro ospitarono i cacciatori per la notte ed il conte contraccambiò lasciando in regalo uno dei galli cedroni del suo carniere dopo di che se ne ripartì pacifico e soddisfatto per la sua villa sull'altipiano non senza aver ricordato di aver conosciuto il Padre dello Spregiudicato quando questi era stato aiutante maggiore dell'11 o Raggruppamento di Artiglieria durante la Grande Guerra.

Un'altra volta quello dei quattro che era di guardia svegliò concitatamente gli altri tre mettendo a ciascuno di loro di volta in volta la mano sulla bocca perché non parlassero e non ebbe bisogno di spiegare il perché dell'allarme perché i rumori che lo avevano insospettito furono immediatamente uditi dagli altri appena svegli.

Sembrava perfino impossibile che di notte ci fosse in giro tanta gente quanto quella che dava origine a tutti i rumori di passi che si sentivano e sembrava addirittura fantastico che qualcuno trascinasse qualcosa (cannone? mitragliatrice pesante? mortaio?) da provocare tonfi così cupi e rimbombanti come quelli che tanto preoccupavano i quattro.

Questi, messisi addosso in fretta qualcosa che permettesse loro di combattere dignitosamente e non in camicione da notte, si armarono più che poterono rifornendosi abbondantemente soprattutto di bombe a mano e cercarono di sbirciare sotto il telone del Miles per vedere che diavolo succedeva intorno a loro.

Non riuscendo a vedere niente, come è logico aspettarsi a notte fonda, si calarono faticosamente ma silenziosamente dall'autocarro e strisciando e saltando si allontanarono ciascuno in una direzione differente per cercare di scoprire da dove veniva la minaccia mortale.

La quale minaccia mortale consisteva in due gruppi di pecore evidentemente allontanatesi troppo dalle greggi di appartenenza per seguire ciascuno un giovane montone rubacuori. Quando i due giovani montoni si erano incontrati avevano iniziato subito il doveroso combattimento per la supremazia ed i tonfi ed i rumori che tanto avevano spaventato i quattro non erano altro che i movimenti delle due bestie per prendere le loro distanze, le loro rincorse per andare l'uno contro l'altro ed il cozzo delle loro corna secondo la più sana tradizione dei duelli montoneschi.

Proprio in quell'occasione lo Spregiudicato ebbe un'altra delusione che, dopo quella ancora recente sulla sua abilità nel lancio del pugnale, lo mise ancora più giù di morale.

I quattro infatti dopo esser tornati a dormire arrabbiati come cani idrofobi per essere stati messi in allarme da un paio di montoni in amore, si preoccuparono fin dall'alba di cercare le greggi principali allo scopo di parlare con i pastori e raccogliere notizie utili.

Trovarono infatti un pastore e questi riferì loro una quantità di dicerie; senonché il pastore parlava in un dialetto strettissimo che lo Spregiudicato, che si vantava di parlare e capire benissimo tutti i dialetti veneti, traduceva frase per frase ai suoi compagni. Lo scorno dello Spregiudicato fu grande quando il Pitecantropo dubitando della sua traduzione relativa a una frase interpretata nel senso che i tedeschi in una piazza avevano usato i carri armati contro centinaia e centinaia di soldati italiani fuggitivi, chiese al pastore di ripetere la frase; benché fosse genovese diede la corretta interpretazione secondo la quale i tedeschi avevano distrutto, passandovi sopra un carro armato, centinaia e centinaia di fucili ammucchiati in una piazza dai soldati italiani fatti prigionieri.

Passò molto tempo prima che lo Spregiudicato si azzardasse di nuovo a pronunciare anche una sola parola in un dialetto veneto.

Tutte le informazioni raccolte dai quattro, sia quelle casuali, sia quelle del conte, sia quelle dei pastori, non fornivano il minimo indizio sulla improbabile possibilità che vi fosse in qualche posto qualche unità o reparto dell' esercito italiano cui i quattro avrebbero potuto aggregarsi.

Ormai erano passati parecchi giorni da quando i quattro si erano accampati in attesa di decidere dove avrebbero dovuto andare. Convintisi con tristezza che non esisteva alcuna unità italiana cui unirsi, si trattava ora di prendere una decisione scegliendo fra il passare l'inverno in montagna senza peraltro aver chiaro alcuno scopo preciso, oppure scendere a valle ed affrontare la situazione comunque essa si presentasse.

Dopo un breve consiglio di guerra i quattro decisero di scendere ad Asiago ma non come fuggitivi o sbandati, bensì vestendo la loro uniforme e portando le loro armi.

Come scaramanzia per possibili molto probabili futuri giorni di pioggia i quattro fecero un pacco ben confezionato contenente quattro mitra Beretta, qualche diecina di bombe a mano e parecchie scatole di munizioni, lo nascosero accuratamente in una grotta il cui ingresso fu accuratamente mimetizzato e scesero con l'autocarro verso Asiago.

Scendendo lungo la Val di Nos i quattro furono sorpresi nel vedere che tutta la gente che incontravano andava verso il Nord cioè si allontanava da Asiago e per di più alla vista dell'autocarro dopo un primo attimo di sorpresa ogni viandante si dava a fuga precipitosa eclissandosi rapidamente.

Dopo quattro o cinque incontri sempre con la solita reazione i quattro decisero di prendere provvedimenti; fermarono l'autocarro prima di una curva, avanzarono a piedi e, saltandogli addosso all'improvviso, riuscirono a catturare un viandante che dopo il primo spavento si mostrò molto sorpreso di vedere degli ufficiali italiani in divisa ed armati spiegando loro che i tedeschi che avevano preso possesso di Asiago una settimana prima, dopo aver accertato lo scioglimento del Battaglione Guastatori, proprio quella mattina avevano posto la cittadina in stato di allarme.

La notizia lasciò perplessi i quattro che decisero seduta stante di approfondire la cosa e, mentre l'autocarro procedeva a piccolissime e lente tappe, due di loro andarono avanti a piedi per interrogare altri viandanti. Ve ne furono diversi ed uno di essi si fece riconoscere dagli ufficiali come uno dei soldati del loro battaglione rimasto ospite di una famiglia di montanari.

Il soldato fornì informazioni più attendibili e precise degli altri avvertendo gli ufficiali che i tedeschi avevano saputo dell'esistenza dei quattro interpretando però le notizie in modo tale da ritenere che in montagna vi fosse un grosso reparto a loro ostile dotato di mezzi e di armi.

Per una strana coincidenza proprio quella mattina avevano tratto la conclusione che quel fantomatico reparto ostile li avrebbe attaccati ad Asiago quello stesso giorno e perciò avevano ordinato lo stato d'assedio nonostante le vivaci proteste del parroco che per un'altra strana coincidenza proprio quel giorno aveva organizzato una Messa solenne ed una imponente processione per festeggiare il Patrono San Matteo Apostolo.

L'unica cosa positiva fra tutte le notizie date dal soldato consisteva nella conferma che i tedeschi che avevano occupato Asiago erano viceversa Alpenjager austriaci cioè alpini come i quattro.

Dopo una brevissima consultazione sulla convenienza o meno di ritornarsene in montagna in attesa di tempi migliori i quattro decisero di rischiare tutto per tutto e di andare fino in fondo secondo la decisione già presa.

Lasciarono l'autocarro dietro una casa prima dell'ultima curva in vista della cittadina e procedettero a piedi verso la piazza di Asiago fra lo stupore della gente e qualche timido saluto da parte di chi li riconosceva. Non passò molto tempo prima che una sentinella avanzata tedesca intimasse loro l'alt al che toccò, come sempre, allo Spregiudicato assumere il suo obbligatorio ruolo di poliglotta e non gli fu difficile impersonare la parte dell'ufficiale arrogante e prepotente che urla ordini senza ammettere discussioni.

Essendo questa l'unica maniera per farsi capire da chiunque abbia sangue teutonico, superare un altro avamposto fu praticamente un gioco da bambini.

Le cose si fecero meno facili quando i quattro incontrarono un posto di blocco comandato da un sottufficiale ma sia pure con qualche difficoltà, anche quello fu superato.

La marcia quasi trionfale dei quattro dovette però arrestarsi quando arrivarono ad un posto di blocco comandato da un ufficiale, per fortuna molto giovane e inesperto, che non sapendo che pesci pigliare di fronte a quattro facce di bronzo che pretendevano dargli degli ordini, pensò bene di mandare una staffetta al comando per chiedere istruzioni.

In men che non si dica la staffetta tornò con un tenente e la sua scorta che trovarono i quattro in amichevole conversazione con il sottotenente, il che mise il tenente in una situazione di handicap anche perché il suo occhio esercitato non mancò di notare che le fondine delle pistole ai cinturoni dei quattro erano tutte slacciate.

Al rifiuto dei quattro di rispondere a qualunque domanda e di fornire qualsiasi informazione ed alla loro richiesta di parlare con il comandante del reparto il povero tenente che probabilmente era convinto che i quattro fossero i parlamentari del grosso reparto che stava per assalire la città non potè far altro che accompagnarli al comando situato proprio nell'albergo dove lo Spregiudicato aveva compiuto la bella impresa di ferirsi con il suo stesso pugnale.

Per andare all'albergo si doveva passare per la piazza e la sorpresa, lo sconcerto, l'imbarazzo e la meraviglia di tutti i presenti che erano una folla, e di tutti i soldati tedeschi appostati in giro, contribuirono ad alzare di molto il morale dei quattro imprudenti ufficiali nonostante si rendessero conto che ogni passo che facevano li rendeva più vulnerabili.

Arrivati al comando il tenente anziano che li ricevette nell'atrio fu ridotto al punto di avere quasi una crisi isterica per la disperazione di non riuscire a far capire ai quattro che non potevano presentarsi al comandante con le armi mentre i quattro sostenevano con faccia tosta e sicumera che se il comandante non voleva riceverli armati loro se ne sarebbero tranquillamente tornati indietro.

(Non bisogna dimenticare che dall'armistizio dell'8 settembre alla dichiarazione di guerra del governo badogliano del 13 ottobre, ai soldati italiani in divisa ed armati toccava la sorte di essere fucilati dai tedeschi come partigiani).

Tale assurda enormità convinse quel poveraccio che c'era sotto qualcosa al di là della sua comprensione e dopo lunghe e bislacche discussioni lo Spregiudicato salvò capra e cavoli facendo contento il tenente anziano depositando la sua personale pistola da taschino (era un Derringer ad un colpo di quelle usate dai giocatori bari nel Far West e sulle navi del Mississipi) in modo che quel tapino potesse dire di aver compiuto formalmente il suo dovere di ricevere le armi, mentre i quattro restavano in possesso delle loro armi d'ordinanza.

I tedeschi, anche se austriaci, sembrano infatti trovare qualche difficoltà nell'avere più di una idea per volta su cui concentrare la loro attenzione e quando il regolamento non indica loro come agire, la mancanza di immaginazione non li aiuta a vederci chiaro nella soluzione di problemi imprevisti. Siccome il regolamento dice che i civili non devono essere armati e siccome l'alto comando tedesco aveva deciso che dall'8 settembre non esisteva più un esercito italiano, l'esistenza dei quattro in divisa non corrispondendo allo schema regolamentare, non poteva influire sulla decisione del tenente anziano che doveva perciò considerarli civili, ma il fatto di aver ricevuto la pistola Derringer soddisfaceva la sua necessità di credere che il regolamento era stato rispettato.

Entrati nell'ufficio del capitano degli Alpenjager i quattro non si stupirono di trovarlo seduto dietro un tavolo con una mano appoggiata indifferentemente su un cassetto aperto nel quale non era difficile indovinare la presenza di qualche Walther P 38 o di una Luger P 09.

Con una sicumera più apparente che reale i quattro si avvicinarono disinvoltamente come se fossero vecchi amici e dopo aver salutato, come dovuto al grado, stesero la mano ottenendo che l'imbarazzato Herr Hauptmann si alzasse per rispondere al saluto e stringesse successivamente le loro mani tese. AI capitano non restò altro che invitarli a sedere e da quel momento le cose diventarono sempre più facili.

Senza dissipare del tutto i dubbi del capitano sull'esistenza di un grosso gruppo di possibili assalitori, i quattro, tenendo conto che parlavano con un tedesco, fecero leva sui seguenti punti: -1) non avendo ricevuto alcun foglio di congedo rimanevano ufficiali delle forze armate italiane; -2) non avendo ricevuto alcun ordine specifico dalle autorità italiane direttamente superiori, si sarebbero presentati ciascuno al proprio distretto militare per prendere ordini; -3) non potendo ricevere il foglio di licenza ed il foglio di viaggio da alcuna autorità italiana chiedevano come favore eccezionale che le autorizzazioni a viaggiare fossero provvedute dall'alleato germanico; -4)non desiderando lasciare abbandonato il camion in loro possesso pregavano il capitano di prenderlo in consegna.

Il capitano se ne stette saggiamente zitto durante queste enunciazioni fatte un po' in tedesco e molto in italiano che per fortuna dei quattro lui capiva abbastanza bene. Ponderò a lungo su quanto aveva sentito ed arrivò alla conclusione che era a tutto suo vantaggio accettare pari pari quanto richiesto dai quattro. Diede la sua parola su quanto convenuto ed invitò i quattro a pranzare con lui avvertendoli che subito dopo sarebbero dovuti partire per Bassano dove c'era il comando del suo gruppo che avrebbe esaurito le formalità necessarie per mettere in atto quanto era stato concordato.

Durante la cena tentò con tutti i mezzi leciti di saperne di più sul reparto armato che lo minacciava ma i quattro riuscirono, pur tranquilizzandolo, a mantenerlo nel dubbio.

Questa evasività dei quattro aveva uno scopo ben preciso che era quello di ottenere tutte le concessioni possibili a favore delle centinaia di Guastatori che essi sapevano per certo trovarsi ancora sparsi in ed intorno ad Asiago.

Dopo un caffè orribile, un cognac ottimo e dei sigari discreti i quattro si congedarono dal capitano in modo più che amichevole e con lo Spregiudicato al volante ed un solo sergente come scorta scesero a Bassano con il camion. La Derringer era stata restituita.

Alla Kommandantur, dopo la prevedibile agitazione delle sentinelle tedesche con il conseguente atteggiamento di minaccia con armi puntate delle medesime al quale i quattro reagirono comportandosi con finta disinvoltura e fumando innumerevoli sigarette facendo mostra di non accorgersi delle armi puntate su di loro, finalmente venne fuori un ufficiale (accompagnato dal sergente che li aveva scortati) che dopo aver letto evidentemente il rapporto fatto dal capitano di Asiago ed aver preso ordini dal comandante locale diede inizio alla rispettosa e apparentemente amichevole accoglienza che cominciò con il gradimento formale per la consegna del camion, continuò con l'assegnazione di quattro comode stanze in un confortevole albergo e con la consegna di quattro tessere con le quali avevano diritto ad essere riconosciuti come ufficiali ed a ricevere ovunque lo stesso trattamento riservato agli ufficiali tedeschi. Dai discorsi di tutti quelli con cui i quattro ebbero contatti prima di andarsene a letto essi si resero conto che pur senza essersi impegnati in alcun modo, non solo conservavano il diritto di vestire ancora la loro uniforme e di girare armati ma che quasi sicuramente erano gli unici a ricevere il saluto dai soldati tedeschi in tutte le Tre Venezie.

Il giorno dopo i quattro, una volta confermato il loro «status» mentre gli uffici provvedevano a preparare gli Ausweis e le autorizzazioni a viaggiare valide per tutta l'Italia (tranne naturalmente quella già occupata dagli Alleati) proposero, ottenendo subito un caldo consenso, di pubblicare un manifesto che promettesse a tutti i soldati sia del loro che di altri reparti, la garanzia di un lasciapassare del comando tedesco per rientrare alle loro case se si fossero presentati nei due punti stabiliti e cioè Asiago e Bassano.

Considerando inutile rimanere tutti e quattro per garantire il corretto compimento di quanto annunciato dal manifesto, il Pitecantropo, il Negro e il Verginello partirono per i luoghi scelti rispettivamente come destinazioni, mentre lo Spregiudicato rimase per firmare il manifesto e per assistere i soldati che si fossero presentati. Se ne presentarono più di un centinaio, ebbero tutti il loro lasciapassare e tutti raggiunsero le proprie case senza problemi. Alcuni di essi tornarono poi agli ordini dello Spregiudicato quando questi si trovò di nuovo inquadrato in un reparto regolare; altri si unirono in seguito a delle formazioni di partigiani ed altri ancora riuscirono a barcamenarsi sopravvivendo bene o male fino alla fine della guerra. Alcuni ebbero il buon gusto di scrivere all'indirizzo di Roma dello Spregiudicato per comunicargli che tutto era andato bene e per ringraziarlo.

Quando il flusso di soldati che venivano a chiedere il lasciapassare diminuì fino quasi ad esaurirsi, lo Spregiudicato decise che era venuto il momento di usufruire del suo proprio lasciapassare e se ne partì per Roma dove potè finalmente prendersi un meritato riposo. Durante il quale, nonostante la deprimente atmosfera romana, si consolidava la decisione conseguente al concetto che in quella situazione «solo con l'arma in pugno di fronte al nemico ci si poteva sentire ancora uomini e riaffermare la propria dignità e umanità».

Perfino il PCI[1] capì la presa che questo concetto poteva avere su gli animi non imbelli e per fare leva sui sentimenti della gente generosa e strumentalizzarli per i suoi fini politici lo inserì sfacciatamente nel suo «Appello al popolo italiano» del settembre 1943.

Peccato che poi quasi sempre nella pratica molti comunisti abbiano cinicamente voluto ignorare la precisa indicazione « ... di fronte al nemico...».

«...IL GUASTATORE TROVERÀ IL GUASTATORE»

Rientrato a Roma da Bassano grazie all'Ausweis di quella Kommandantur, lo Spregiudicato si riposò convenientemente e dopo aver fiutato l'ambiente senza per altro percepire alcun odore gradevole, si presentò, come riteneva fosse suo dovere, al Ministero della Guerra. Pur prescindendo da propensioni di tipo politico, il solo fatto che a Bari ci fosse a capo del Governo colui che aveva fatto bollare l'Italia col marchio della doppiezza precludeva qualunque soluzione che portasse al Sud.

Dopo le frustrazioni subite al semideserto Distretto Militare e la cortese indifferenza dei tedeschi che avevano preso possesso del comando territoriale, lo Spregiudicato era preparato a non aspettarsi niente di buono dalla sua visita al Ministero ma il suo pessimismo risultò addirittura inadeguato alla realtà che era purtroppo molto peggiore di ogni più nera previsione.

Tutti gli uffici erano stati saccheggiati ed un sacco di gente si era attribuita titoli e funzioni di cui nessun altro era a conoscenza e che non si basavano su nessuna struttura.

Dopo tre giorni di inutili andirivieni alla ricerca di qualcuno veramente responsabile di qualche cosa che gli dicesse cosa doveva fare, lo Spregiudicato trovò finalmente una parvenza di ufficio più o meno strutturato e fu accolto da un ufficiale superiore che si comportava in modo meno sospetto degli altri.

L'entusiasmo con cui quel colonnello reagì alla richiesta di ordini avanzata dallo Spregiudicato avrebbe dovuto far subodorare a quest'ultimo che c'era qualcosa di non completamente chiaro. Ma il sollievo che lo Spregiudicato aveva provato nel trovare qualcuno che finalmente si comportava in modo corretto e per di più in un ambiente che, rispetto a tutti gli altri, era un modello di ordine e di organizzazione, addormentò ogni diffidenza.

Il Colonnello si fece riassumere dallo Spregiudicato il suo stato di servizio ed in cinque minuti diede gli opportuni ordini, prese le opportune note, fece le opportune telefonate e lo Spregiudicato si trovò di punto in bianco in un ufficio tutto suo nel Ministero come Ufficiale a disposizione per non ben specificate attività e comunque con la responsabilità dell'area delle Tre Venezie.

---

[1] Sigla corrispondente al nome di copertura di quella che nonostante tutte le più ardite acrobazie dialettiche non è riuscita a dimostrare di non essere la filiale in Italia del Partito Comunista Sovietico.

L'efficienza del Colonnello, la rapidità della decisione, il possesso di un ufficio personale che a suo tempo doveva essere stato l'ufficio di qualche Generale e l'essere rientrato nelle sue funzioni di subalterno che doveva ricevere ed eseguire ordini gli fecero abbassare la guardia che aveva tenuto fin da quando aveva abbandonato il ridotto sull'Ortigara per prendere contatto con gli Alpenjager di Asiago dopo l'8 settembre.

Mentre si ambientava nel suo nuovo ed imponente ufficio si rese però conto che la sua posizione non era affatto chiara ed ebbe il presentimento che non sarebbe stata affatto di suo gusto.

Pur svolgendo puntualmente tutti i lavori che il colonnello gli affidava a raffica, lo Spregiudicato ebbe tempo di informarsi in giro sui compiti dell'ufficio di cui era entrato a far parte così repentinamente, ma solo quando gli fu consegnata la carta intestata dell'ufficio e gli fu consegnata una carta d'identità falsa con la sua fotografia apprese di essere in forza al Servizio Informazioni Esercito con il nome di copertura «Ugo Santerra».

Evidentemente, chissà per quale spinta del suo subcosciente, al Colonnello era rimasto impresso soltanto un dettaglio di tutte le attività guerriere dello Spregiudicato e cioè la sua assegnazione come Sergente, in Africa Settentrionale, al Servizio di Informazioni Militari del Comando del Corpo di Armata di Manovra del Gen. Gambara.

Gli fu quasi imposto di provvedersi di una automobile, cosa che fece subito, trovandosi così possessore per qualche migliaio di lire di una fiammante Balilla 4 marce. Nelle more della registrazione del passaggio di proprietà della macchina, dovendo andare in giro per espletare le pratiche nei vari uffici, lo Spregiudicato si rese conto di quale caos avesse creato la fuga di Badoglio e di come fosse difficile per il neonato Governo Repubblicano organizzarsi in modo almeno decente. La confusione non era solo a livello ufficiale ma, volontariamente o involontariamente, era provocata anche dalla voglia infantile della gente di godere finché poteva la libertà individuale approfittando di tutti i vuoti lasciati dai fuggiaschi badogliani che avevano disertato i loro posti e che le nuove autorità non riuscivano a colmare.

Un giorno il venditore della macchina, dopo aver risalito via Veneto e aver oltrepassato Porta Pinciana per andare a Piazza Verdi imboccò via Pinciana sulla corsia contromano di sinistra; alle rimostranze dello Spregiudicato, che più che del regolamenti stradali si preoccupava della propria pelle, quello sciagurato anarcoide continuando a guidare contromano a tutta velocità osservò con autentica sorpresa «Ma allora, se non si può neanche andare contromano, a che serve la Repubblica?».

Stando bene attenti ad evitare i pochi tedeschi che però tenevano saldamente in pugno Roma, in effetti ognuno poteva fare quello che più gli pareva e piaceva ed è un miracolo che non siano successe cose che avrebbero fatto dimenticare il Sacco di Roma dei Lanzichenecchi di Carlo V.

Non passò molto tempo prima che allo Spregiudicato fosse assegnata la sua prima missione nella zona di sua responsabilità e così si preparò per andare a Venezia cercando di premunirsi contro ogni evenienza ed alla fine imboccò la Flaminia con due gomme e quattro taniche di benzina di scorta, avviandosi verso Terni.

Lo scarso traffico gli permetteva di sfruttare in pieno la potenza della 508 e, dopo aver cenato a Nocera Umbra, affrontò i tornanti della Scheggia attribuendo la maggiore disinvoltura con cui manovrava il volante all'adattamento automatico alla macchina dovuto all'accumularsi delle ore di guida. Fu solo dopo altri due o tre viaggi che, calcolando la media tenuta sia all'andata che al ritorno nei vari tratti, si rese conto che la velocità aumentava notevolmente in ogni tratto successivo ad un pranzo o ad una cena. Questo fatto strano non rimase a lungo un mistero quando gli venne in mente che ogni volta che si metteva a tavola si scolava un litro di buon vino e prendeva due

o tre grappini come bicchieri della staffa. La trasformazione da viaggiatore posato e prudente in emulo di Nuvolari non mancava di creare qualche problema quando, accettando di prendere a bordo dei viaggiatori appiedati conosciuti a tavola, doveva poi scaricarli al più presto in seguito alle urgenti e pressanti richieste (e talvolta minacce) quando quei poveracci si rendevano conto del suo disinvolto modo di guidare. Ce ne furono alcuni che preferirono addirittura essere lasciati di notte sulla neve in cima a qualche passo piuttosto che andare, secondo loro, a sicura morte viaggiando con lui.

Una volta, in Valtopina, su un ponte di ferro dalle stesse caratteristiche del Canale di Panama e cioè con l'entrata a valle più a monte dell'entrata a monte e perciò con la strada che faceva due curve a Z, per qualche misteriosa ragione da non collegare assolutamente alla quantità di alcool ingurgitato, una ruota anteriore della Balilla ebbe la malaugurata idea di andare a prendere in pieno il parapetto di acciaio del ponte. Mentre il parapetto non si accorse neanche della botta, la ruota viceversa ebbe a pentirsene così come ne soffrì molto anche l'assale anteriore senza parlare del parafango. Sostituita la ruota ormai inutilizzabile che fece un bel volo giù dal ponte, lo Spregiudicato proseguì in salita a passo d'uomo facendo la nuova esperienza di guidare una macchina con il passo dal lato sinistro più lungo di una diecina di centimetri del passo dal lato destro. Trovato finalmente un fabbro a Nocera Umbra, ebbe la soddisfazione di vedere quel brav'uomo accendere la forgia, smontare tutta la parte anteriore della Balilla e raddrizzare tutto quello che era storto con sapientissimi colpi di mazza e di martello sul metallo rosso.

Le manacce nere che avevano piegato l'acciaio incandescente si trasformarono in mani da orologiaio quando si trattò di rimontare tutto, compresi i cuscinetti a sfere, a regola d'arte e con allineamenti impeccabili.

Il tratto sull'Adriatica permise allo Spregiudicato di rivisitare Cattolica dove aveva passato spesso le sue vacanze anni prima e la scelta della Romea gli permise dopo due o tre viaggi di battere dei veri record per il viaggio da Roma a Venezia e viceversa.

A parte il recapito di messaggi e documenti confidenziali che costituiva sempre un importante obiettivo per tutti i viaggi dello Spregiudicato, questi aveva anche il compito, per altro abbastanza vago, di raccogliere tutte le informazioni che avrebbero potuto essere utili per la strutturazione delle forze armate repubblicane. In mancanza di indicazioni più precise, raccoglieva tutto quello che, a suo giudizio, poteva orientare gli organizzatori del nuovo governo.

Lo Spregiudicato si incontrava spesso con colleghi del suo ufficio che avevano compiti uguali o simili al suoi ma non tardò a rendersi conto della fatuità di questi incarichi, il risultato di uno del quali poté leggere in un rapporto, regolarmente accettato e registrato da chi di dovere, che consisteva nella seguente prosa degna senza dubbio di Mata Hari o di James Bond: «Arrivato a Venezia. -Cercato Caffè frequentato da marinai. -trovato caffè e ordinato cappuccino (vedere nota spese a parte). -offerto cappuccino a marinaio Marina Militare (vedere nota spese a parte). -marinaio detto che Marina Repubblicana non va.- firmato: Colonnello tal dei tali».

Nel suo piccolo lo Spregiudicato cercava notizie un po' meno importanti di quelle trasmesse dal colonnello autore del rapporto citato e si preoccupava di verificare quali caserme, depositi, arsenali e natanti fossero disponibili ed adatti per la installazione di una base della Marina Repubblicana. Fu così che giunse alla conclusione che l'unica Marina

Repubblicana che ancora funzionasse con insegne italiane era il gruppo di unità costituito dalla Decima Mas e che le altre forze navali repubblicane esistevano solo sulla carta.

Fra le tante informazioni raccolte ce ne fu una che lo interessò particolarmente e cioè la voce che a Pavia si stesse formando un gruppo di Guastatori che già dal 29 settembre avevano cominciato a raccogliersi intorno al Colonnello Mario Ferrari nella caserma Umberto I.

Si ricordò allora di un sibillino presagio avuto a metà settembre sull'Ortigara in conseguenza della sua non molto originale ma teatrale abitudine di trarre ispirazione, nei momenti di dubbio, dalla Bibbia, con il semplice sistema di aprirla a caso e considerare il versetto su cui capitava il suo dito come un segno di come agire.

Aver trovato allora il versetto « ...il guastatore troverà il guastatore ...», benché di forte impatto psicologico, non gli aveva però fornito alcuna indicazione su come comportarsi, ma quando seppe quanto succedeva a Pavia la predizione acquistò un chiaro significato.

Dato che Venezia non era altro che la base da cui lo Spregiudicato partiva per i suoi giri nel Veneto che lo portavano fino a Trieste, a Trento e al Garda, chiesta la necessaria autorizzazione, al viaggio successivo lo Spregiudicato arrivato a Bologna svoltò a sinistra ed andò a vedere cosa realmente succedeva a Pavia.

A Pavia ebbe la bella sorpresa di ritrovare tanti compagni d'armi di Firenze, di Tobruch, di Agedabia, di Trieste e di Asiago ed in quattro e quattr'otto decise di organizzare il suo trasferimento da Roma a Pavia qualunque potesse essere l'opposizione del Colonnello del Ministero.

Il trasferimento fisico, per consiglio dello stesso Colonnello Ferrari, fu posticipato in modo che lo Spregiudicato potesse approfittare della facilità con cui aveva accesso a tutti gli uffici del Ministero per essere utile al reparto Guastatori che si stava formando e senza badare troppo alla forma lo Spregiudicato sfruttò al massimo tutte le occasioni per far sì che il gruppo di Guastatori di Pavia ottenesse tutto quello che era possibile ottenere, compreso riconoscimento ufficiale, in tempo record.

Nel frattempo a Roma lo Spregiudicato apprendeva notizie interessantissime dal punto di vista delle Unità repubblicane cui il reparto guastatori avrebbe potuto scegliere di aggregarsi. L'analisi di tutte le voci e notizie raccolte portava ad una sola conclusione: che la formazione che dava più garanzie di indipendenza, oltre che di serietà di intenti e di fatti, era la Decima Mas, con base a La Spezia ma che aveva già anche un Battaglione di Fanteria di Marina, il Barbarigo, ed un gruppo di Artiglieria, il San Giorgio, che stavano combattendo in prima linea ad Anzio per fronteggiare gli angloamericani inchiodati sulla spiaggia. Delle altre formazioni militari, come per esempio il Battaglione Bersaglieri «Mussolini» ed il Reggimento Alpini «Tagliamento» operanti al confine orientale sotto bandiera italiana non se ne aveva notizia a Roma o alla loro esistenza non veniva dato il rilievo dovuto.

Tutte le informazioni pertinenti venivano riportate puntualmente dallo Spregiudicato ai suoi colleghi Guastatori a Pavia e quando il reparto poté essere regolarmente formato ed inquadrato lo Spregiudicato perfezionò le formalità del suo trasferimento, prese commiato dalla sua famiglia e si trasferì a Pavia.

Da Pavia lo Spregiudicato prese parte, anche se indirettamente, alle trattative che intercorsero fra i responsabili del reparto Guastatori ed il comando della Decima Mas, trattative che furono abbastanza lunghe e tutt'altro che facili perché i Guastatori non volevano entrare alla cieca in una formazione che non garantisse loro l'immediato invio al fronte e la Decima Mas a sua volta andava molto cauta nel selezionare chi avrebbe portato le sue insegne.

Mentre la maggior parte dei Guastatori riunitisi a Pavia potevano permettersi qualche momento di ozio pur facendo quanto potevano per amalgamarsi quasi spontaneamente in gruppi ed unità che avessero la maggior coesione per affinità di sentimenti, di origini e di formazione, lo Spregiudicato e pochi altri, per una ragione o per l'altra, erano invece sottoposti ad uno stress allucinante per provvedere, finché si era ancora in tempo, all'approvvigionamento di tutto quanto avrebbe potuto essere utile una volta entrati a far parte finalmente della Decima. L'abitudine all'appartenenza a reparti formalmente organizzati induceva a prevedere l'impossibilità di qualunque iniziativa una volta sottoposti ad una autorità centrale.

Di fatto, a parte la rigorosa ubbidienza agli ordini operativi, tutti sarebbero invece rimasti sorpresi della libertà assoluta che il Comando Decima lasciava a tutti i suoi reparti per quello che riguardava la loro organizzazione ed attività interne.

Ancora vestiti con le più varie divise i cui componenti andavano dalle pellicce – che qualcuno era riuscito a riportare da Nikolajevka – alle sahariane di tela kaki – che qualcuno ancora vestiva dal suo rientro da El Alamein – i Guastatori di Pavia si strutturarono in squadre, plotoni e compagnie, iniziarono una rigorosa attività tradizionale di addestramento e tentarono perfino di attrezzare poligoni funzionali quando il luogo di raduno iniziale non fu più sufficiente per le esercitazioni a causa del continuo arrivo di nuovi uomini.

Ci furono perfino un paio di tentativi per raggiungere prima La Spezia e poi, via, via, qualcuna delle altre sedi del grosso della Decima, ma ogni volta i reparti che già erano riusciti a spostarsi con enormi difficoltà dovettero rientrare perché il Comando Decima nel frattempo dava nuove disposizioni dovute in gran parte alla straordinaria affluenza di volontari che vi si arruolavano.

Finalmente arrivò l'ordine di trasferire ai Bagni di Jesolo tutti gli iscritti nei ruolini del Reparto Guastatori cui venne assegnato il nome di «Luca Tarigo» in omaggio ad una eroica unità della Regia Marina affondata in combattimento.

Questo nome, benché glorioso, non risultò di eccessivo gradimento per i Guastatori, tutti provenienti dal Genio, o dagli Alpini o dalla Fanteria, dato che fra loro non c'era neanche un marinaio. Il nome che i «marò» terricoli del Luca Tarigo usavano fra loro per il loro reparto era invece quello di «Valanga» che avevano ereditato dalla 9ª Compagnia del XXX Battaglione Guastatori Alpini del Genio (quasi annientato in Russia quando si era trovato a coprire la ritirata del Comando di Corpo d'Armata a Rossosh) ed il cui comandante era ora il comandante del Battaglione Guastatori della Decima.

Il trasferimento degli uomini da Pavia a Jesolo fu una specie di Anabasi considerando che gli uomini non avevano a disposizione alcun mezzo di trasporto, erano continuamente vessati dai tedeschi cui onestamente, non si poteva dare torto quando cercavano di opporsi agli spostamenti di gruppi più o meno facinorosi vestiti con uniformi che erano tutt'altro che uniformi e che come caratteristica comune avevano solo l'indisciplina. Per fortuna, essendo tutti senza armi non ci furono spargimenti di sangue e, come Dio volle, chi prima, chi dopo, arrivarono tutti più o meno felicemente a destinazione in quella che allora era poco più di una spiaggia deserta.

BATTAGLIONE «LUCA TARIGO»

Il primo nucleo di Guastatori veterani che si stavano installando ai Bagni di Jesolo fu raggiunto da un paio di centinaia di reclute volontarie per rinforzare l'organico ancora molto scarno del Battaglione «Luca Tarigo» con l'obiettivo di prepararsi in fretta per raggiungere al fronte il battaglione fratello «Barbarigo».

Il primo compito del Battaglione fu quello di trovarsi un accantonamento e, una volta trovatolo col semplice espediente di occupare l'edificio abbandonato della "Colonia Dux" della Gioventù Italiana del Littorio proprio sulla spiaggia, di metterlo in condizioni di funzionare come caserma.

La cosa fu molto meno facile di quanto possa sembrare dato che il comprensorio, già requisito dai militari, una volta abbandonato dopo l'8 settembre era stato saccheggiato completamente a mancavano perfino la maggior parte degli infissi.

Benché solo pochi avessero avuto contatti con la Decima Mas o a La Spezia o sul fronte di Anzio, però gli Ufficiali ed i Sottufficiali avevano percepito subito l'anticonformismo della Unità di loro nuova appartenenza ed avevano adottato con fervore alcuni dei comportamenti di cui avevano sentito parlare, primo fra tutti quello di assumersi senza esitare quelle responsabilità intrinseche ad ogni decisione che le circostanze imponevano di prendere senza perdere tempo ad osservare troppo le formalità.

Senza aspettare una improbabile assistenza da parte delle autorità locali, tutti si misero subito all'opera: chi si occupò di ripristinare la rete ed i rifornimenti idrici (quasi tutti i rubinetti erano stati rubati), chi si occupò di rimettere in ordine le cucine e gli impianti sanitari, chi ricostruì tutto l'impianto elettrico, chi si occupò di provvedere i castelli di legno per dormirci, chi procurò le coperte, e così via, inclusi alcuni volonterosi che intagliarono da alcuni muraletti di legno un paio di dozzine di fucili finti tanto per dare qualcosa da tenere alle sentinelle ed al corpo di guardia in quanto fra le altre cose quei bravi guerrieri non possedevano nemmeno un'arma se si escludono quelle individuali di proprietà personale di qualche ufficiale o sottufficiale.

Il litorale fra Porto di Piave Vecchia e Porto di Cortellazzo, all'inizio della primavera del 1944, non aveva lo stesso aspetto che ha oggi la edificatissima spiaggia del moderno Lido di Jesolo, ma era niente altro che un arenile semi deserto fra il mare e le distese paludose createsi in un batter d'occhio quando, per ragioni di difesa passiva contro eventuali sbarchi o per mancata conduzione del sistema di regolazione delle acque, si erano allagate tutte le terre basse e costituiva il dominio incontrastato di miliardi di zanzare grandi come libellule. Comunque serviva ottimamente per l'allenamento, se non altro atletico, dei marò nonostante questi fossero letteralmente imbottiti di chinino che fra imprecazioni e boccacce dovevano sforzarsi di ingurgitare ogni giorno per tentare di immunizzarsi dalla malaria.

C'era però sempre da ringraziare Iddio per la fortuna di risiedere su una spiaggia, così che si poteva stare la più parte della giornata a piedi nudi, cosa oltremodo conveniente per un reparto in cui la scarsità di scarpe era uno dei problemi di più alta priorità.

Mantenere la disciplina in una comunità di quasi quattrocento giovanotti tutti, senza distinzione di grado, in stato di nudità quasi totale (peraltro apertamente apprezzata dalle ragazze che si occupavano della pulizia, della lavanderia e delle cucine) era difficile però necessario anche, tra l'altro, per individuare tra le reclute coloro (pochi) che non avevano le qualità ed il carattere per integrarsi in un reparto di élite. Alcuni risultarono subito inadatti e vennero «scaricati» senza discussioni, ma altri che erano solo un po' recalcitranti a «mettersi in riga», vennero aiutati con ogni mezzo ad adeguarsi alla disciplina, essenziale in un battaglione speciale.

Nella Decima si era adottata la consuetudine «africana» di punire non già con la prigione (che nel deserto non era facile trovare) ma con qualche corvé particolare sempre relazionata con il trasporto di qualcosa di pesante. Solo per mancanze gravi si legava il colpevole per un tempo determinato alla ruota di un cannone o di qualunque mezzo a disposizione. La punizione più dura era la esposizione del colpevole legato in un posto di passaggio con sul petto un cartello su cui era scritto in chiare lettere secondo i casi «Ladro» o «Imbroglione».

Essendo l'accantonamento privo di prigione e di sbarre, l'adottare questi usi afrodecimini fu, più che un atto di volontà, una necessità. Si preferì non pensare alla eventualità di trovarsi di fronte a casi di reati più seri perché non solo non si disponeva, per legare i colpevoli, di ruote di cannoni, ma neanche di mezzi qualsiasi che costituivano il sogno di un reparto i cui componenti per il 90% non avevano in dotazione neanche le scarpe regolamentari. Ma non ci furono reati seri.

Si decise di unire l'utile al dilettevole adottando il sistema di punire gli indisciplinati obbligandoli a portare sulle spalle, per periodi di venti minuti, su un circuito di circa 50 metri, un sacco pieno di 20 chili di sabbia. Un paio di ufficiali si sottoposero, a dire il vero senza molto entusiasmo, a due turni «di sacco» per essere sicuri che la punizione non fosse rischiosa per la salute.

Nonostante i mugugni, le parole poco rispettose e, talvolta, le imprecazioni di chi, a piedi nudi, sulla sabbia, sotto il sole, doveva portare in giro una cosa assolutamente inutile fra i lazzi e gli sberleffi dei commilitoni, gli Istruttori scoprirono ben presto che quell'esercizio costituiva un ottimo addestramento per gente che aspirava a portare, prima o poi, la penna. Divenne perciò una abitudine affibbiare qualche turno di sacco praticamente a tutti, con grande beneficio dei puniti anche se non colpevoli.

Intanto si continuava a cercare senza tregua tutto ciò che serviva per trasformare qualche centinaio di giovani patrioti generosi ed entusiasti ma un po' anarchici, in un reparto inquadrato ed equipaggiato.

Neanche a farlo apposta, pur avendo il comando di un plotone, lo Spregiudicato, dati i suoi precedenti contatti con i Comandi di Venezia, ebbe il compito di procurarsi costà tutto quello che poteva, ed anche quello che non poteva, soprattutto scarpe, armi e munizioni.

Per sua fortuna a comprare tutti i giorni all'alba dai barconi dei pescatori le seppie, menù fisso per tutti, ci pensava qualcun altro.

Con la sua strana divisa che suscitava la legittima ma deridente ed irritante meraviglia di quanti lo vedevano (in quanto era composta da un cappello alpino con relativa penna d'aquila, da una giubba da campagna di stoffa militare ornata con cordelline da caposquadra Guastatore, e con due scudetti, uno da Guastatore ed uno della Decima, da pantaloni in gabardine con banda nera ed amaranto del Genio, e da stivali e speroni) lo Spregiudicato riprese contatti con quelli che aveva conosciuto durante le sue missioni del S.I.E.

Gira e rigira riuscì ad entrare in amicizia con un Capitano di Vascello della Kriegsmarine, assegnato all'Arsenale, dal quale ottenne un primo lotto di 40 paia di scarpe ferrate in dotazione all'esercito di cui evidentemente la Marina Germanica non sapeva che fare. Questo primo successo lo invischiò sempre di più nei problemi di approvvigionamento del battaglione soprattutto dopo che, avendo fotografato 40 marò mettendo bene in risalto le scarpe ferrate, ottenne dal buon capitano, cui fece omaggio della foto, l'assegnazione di tutto lo stock di scarpe da fanteria esistenti nell'Arsenale e potè vantarsi con pieno diritto di aver fatto camminare tutto il battaglione.

Il suo secondo successo fu il conseguimento dell'assegnazione di qualche chilometro di pesante tela kaki con cui, mediante l'appalto a tutte le sarte e sartine della Bassa Veneta, l'intero battaglione potè essere vestito con uniformi che finalmente erano uniformi. Tutti i piccoli maglifici e tutte le macchine individuali da maglieria della zona lavorarono a pieno ritmo per fabbricare calzini, calzettoni, magliette e maglie tanto che il battaglione, pur non avendo ancora alcuna caratteristica guerriera, per lo meno apparente, cominciava ad assumere l'aspetto quanto meno di una unità di boy-scouts magari un po' cresciutelli. Era sempre un inizio, anche se l'aver sostituito il cappello alpino con il basco della Decima dispiaceva parecchio ai veterani.

Le armi continuavano ad essere l'assillo che più disturbava lo Spregiudicato che non riusciva ad ottenere nemmeno un moschetto modello '91 in quanto i tedeschi dopo l'8 settembre li tenevano evidentemente raccolti tutti in qualche deposito su cui non c'era modo di arrivare con mezzi spiccioli individuali.

Anche una spedizione sull'Altipiano dei 7 Comuni, effettuata dallo Spregiudicato accompagnato dal suo Serg. Magg. Marco (approfittando del trasferimento costà di una Compagnia del Battaglione NP, sempre della Decima) per recuperare i mitra, le munizioni e le bombe a mano nascoste in una grotta sulle pendici dell'Ortigara dallo stesso Spregiudicato e da tre suoi colleghi dopo l'8 settembre 1943, era risultata infruttuosa. I partigiani avevano scoperto il nascondiglio e si erano appropriati di tutto. Sarebbe stato il colmo se, durante la spedizione, lo Spregiudicato fosse stato ucciso dal suo stesso mitra.

Quasi a beffarlo per la sua insistenza nel richiedere armi, il Capitano accompagnò una volta lo Spregiudicato a visitare l'officina della armeria e lo fece assistere ad una dimostrazione di tiro della Maschinengewehr 42 chiamata volgarmente la «sega di Hitler» perché i suoi milleseicento colpi al minuto producevano un terrificante rumore più tipico di una sega a nastro che di un micidiale strumento di morte. I tedeschi avevano dovuto inventare quell'arma incredibile per poter fronteggiare in qualche modo gli attacchi di massa della fanteria sovietica mandata al macello con spaventoso cinismo da Stalin.

Lo Spregiudicato comunque, insistendo fino ad esasperare il povero Capitano tedesco, riuscì ad ottenere un preziosissimo buono di consegna per una mitragliera da 20 millimetri che portò trionfalmente a Jesolo dove fu installata vistosamente sul tetto dell'accantonamento da dove ogni tanto si sparavano quattro o cinque colpi sia per concludere l'addestramento degli uomini al suo uso sia per fare sapere a tutti che il battaglione era armato.

A causa di quella mitragliera lo Spregiudicato fu poi onorato da una condanna a morte e da un mandato di cattura emanato dall'Alto Comando Tedesco perché, per una improvvisa ispirazione, approfittando di un momento di distrazione del responsabile dell'armeria dell'Arsenale, aveva recuperato con un azzardato gioco di prestigio il buono di prelevamento già consegnato, conservandolo per un po' di tempo finché dopo alcuni mesi gli era riuscito di truffare un'altra armeria della Wehrmacht facendosi consegnare un'altra mitragliera usando lo stesso buono. Per fortuna, con la protezione e la connivenza del suo comandante e del Comando Decima riuscì sempre a sfuggire alla Feldgendarmerie e neanche quella condanna a morte, come le precedenti e le seguenti, ebbe la sua logica conclusione.

Essendo ormai il battaglione abbastanza presentabile il Comandante, Manlio, fece presente al Comandante della Decima che una sua visita sarebbe stata opportuna e finalmente fu comunicata la data in cui il Comandante sarebbe arrivato a passare in rassegna il «Tarigo», che nel frattempo aveva ricevuto un'altra notevole quantità di reclute che si erano arruolate volontarie nella Decima e che erano state assegnate ai vari battaglioni secondo i rispettivi desideri espressi.

Quando tra i marò, o i sottufficiali o gli stessi ufficiali (cui secondo l'uso della Marina non ci si indirizzava più chiamandoli col grado ma facendo precedere il nome da «signor») si parlava del «Comandante» lo si configurava automaticamente come un personaggio che avesse tutte le caratteristiche che l'immaginazione popolare attribuisce ad un principe che per di più ha ripetutamente dato prova di eccezionale coraggio e di capacità di grande condottiero: alto, magro, elegante, sguardo magnetico, profilo classico, figura imponente.

Era così che tutti se lo immaginavano e ci fu perciò una certa delusione quando il battaglione schierato vide arrivare il Comandante il cui aspetto non corrispondeva esattamente alla idealizzazione fattane dai suoi uomini. Per di più non essendoci alcun palco da cui dominare lo schieramento dei marò, solo quelli delle prime righe avevano visto il loro Comandante quando li aveva passati in rivista mentre tutti gli altri lo avevano solo intravisto e, tranne la prima riga, non poterono vederlo più quando raggiunse il posto da cui avrebbe loro rivolto un saluto.

Poi il Comandante cominciò a parlare e successe il miracolo. Tutte le facce si sollevarono sorridenti e tutti seppero con certezza dalle prime parole che chi li comandava era un principe di nome e di fatto e che lo avrebbero sempre obbedito e seguito dovunque.

Dopo anni di battaglie perdute, di ritirate più o meno strategiche e di umiliazioni immeritate dovute sempre alla debolezza, alla incapacità o, peggio, all'assenza dei comandi, sentire di dipendere da un uomo su cui si poteva contare in tutti i sensi fece provare a tutti, dal primo all'ultimo, la magnifica sensazione di essere invincibili.

NON FARE AGLI ALTRI...

Il Comandante della Decima Mas aveva formato la sua Fanteria di Marina senza sottrarsi alla nostalgia dei suoi comandi in mare per cui tutti i suoi battaglioni avevano nomi di navi perdute in battaglia: Barbarigo, Lupo, Colleoni, Freccia, Fulmine, Tarigo, ecc., oltre ad un battaglione speciale indicato, brevemente, come NP: Nuotatori Paracadutisti.

Ogni battaglione raggruppava gli uomini provenienti possibilmente dalla stessa Arma o Corpo o Specialità, per cui il Colleoni era un Gruppo di Artiglieria, il Freccia era un Battaglione di Genieri, il Fulmine era un Battaglione di Bersaglieri, il Tarigo era un Battaglione di Guastatori e così via, oltre naturalmente le unità di Marina che erano rimaste autonome.

Nonostante la buona impressione ricevuta nella sua prima visita di ispezione al Tarigo, il Comandante non accolse la pressante richiesta di Manlio di lasciar portare al Battaglione il nome di «Valanga» con cui si era formato a Pavia.

I veterani del XXX del XXXI e del XXXII pensarono che «Quod differtur non offertur» e si ripromisero di tornare sull'argomento quando le circostanze avessero favorito migliori probabilità che la loro richiesta fosse accolta. Cosa che si verificò puntualmente qualche mese dopo.

Dopo la visita del Comandante a Jesolo erano cominciate ad arrivare, sia pure col contagocce, le armi che, soprattutto in principio, dovevano però essere passate da una unità all'altra perché tutti potessero esercitarcisi a turno.

Non essendoci armi ed esplosivi sufficienti per tutti si procedette ad un addestramento a scacchiera dando prevalenza a quelle attività che comunque non richiedevano più del semplice allenamento fisico o del lavoro di gruppo, non perdendo occasione per tenere gli uomini (qualcuno dei quali non arrivava a 17 anni pur avendone dichiarati di più all'atto dell'arruolamento volontario) in piena forma atletica; fra l'altro si instituì la regola che per andare in libera uscita bisognava eseguire in corsa un salto mortale passando davanti al capoposto.

Il portare un sacco pieno di sabbia sulle spalle era divenuta usuale pratica di allenamento nei tempi morti fra una esercitazione e l'altra.

Avendone avuta l'idea da una visita al reparto paracadutisti del Btg. NP accantonato un po' più a Nord verso Cortellazzo, lo Spregiudicato propose, ottenendo l'immediata approvazione, di effettuare parte dell'addestramento al lancio per abituare gli uomini a buttarsi dall'alto ed a cadere in modo corretto senza farsi male.

Fu chiesto il permesso al Btg. NP di usare la loro scaletta da salto e tutti gli ufficiali e sottufficiali del Tarigo inventarono tutte le scuse possibili per andare ad osservare come si addestravano i paracadutisti per poter poi a loro volta addestrare i propri uomini facendosi passare per esperti. I più coscienziosi fecero anche molte visite furtive di notte per provare di persona ciò che avrebbero dovuto insegnare e molti apparivano il giorno seguente zoppicanti o bendati quando le loro imitazioni non erano riuscite alla perfezione. Tutto per non voler ammettere che avevano bisogno dell'insegnamento di gente già esperta.

La scaletta consisteva in un largo muro con cinque gradini, lungo cinque metri, a lato di un recinto colmato di sabbia. Il primo metro del muro era alto un metro da terra, il secondo due metri, il terzo tre, il quarto quattro ed il quinto logicamente cinque.

L'addestramento consisteva nel buttarsi giù dal primo gradino finché il salto, con conseguente rotolamento sulla schiena a corpo completamente rilassato, non risultasse facile, naturale, corretto e disinvolto, oltre che incruento dopo di che si ricominciava il tutto dal secondo gradino. Arrivati alla perfezione sul secondo gradino si passava al terzo e così via fino al quinto.

Lo Spregiudicato da solo o con qualche collega si era sobbarcato a parecchie passeggiate notturne per apprendere alla perfezione come cadere correttamente ma una volta appresa la tecnica aveva trascurato le prove dai gradini superiori al secondo.

Quando cominciò l'addestramento al salto del suo plotone lo Spregiudicato si esibì in una serie di salti con una disinvoltura da acrobata e, per convincere i più restii fra i suoi soldati dovette ripetere innumerevoli volte la dimostrazione finché tutti impararono a buttarsi ed a cadere correttamente dal primo gradino. Cominciò così a farli saltare dal secondo gradino e, non dovendo più dare alcuna dimostrazione dirigeva ciascuno dei suoi uomini da terra, consigliandoli, incitandoli o urlando a seconda dei casi.

Quando tutti superarono brillantemente la prova del secondo gradino li fece passare al terzo con una leggera diminuzione nella percentuale dei consigli e rispettivi aumenti delle percentuali di incitamento ed urla. Al quarto gradino non dava più consigli, gridava qualche incitamento, urlava ordini a più non posso e procedeva ad insultare con sempre maggiore frequenza.

Arrivati al quinto gradino ci furono veramente dei problemi perché costò allo Spregiudicato molta fatica far saltare anche i più spericolati che naturalmente erano saliti per primi, ma quando il quinto o sesto dei suoi uomini si rifiutò terminantemente di saltare, dopo averlo insultato per cinque minuti lo Spregiudicato lo minacciò di salire lui e di buttarlo giù con una pedata se non si fosse lanciato da solo.

Quel povero cristo in piedi sull'ultimo gradino non abboccò alle lusinghe ed ignorò le ingiunzioni dello Spregiudicato e questi dovette salire per realizzare quanto aveva minacciato.

Quando lo Spregiudicato si trovò a fianco del suo soldato e guardò in basso vedendo i suoi uomini piccoli piccoli in fondo ad un abisso senza fine, si rese conto che quel poveraccio non aveva tutti i torti nel resistere a chi, secondo ogni apparenza, voleva costringerlo a suicidarsi.

È vero che il suolo era sabbioso e non di roccia, è vero che la tecnica di caduta era ben collaudata e dava un ottimo affidamento, ma vedere il punto di arrivo dai sei metri e 70 circa di altezza degli occhi di chi stava sul quinto gradino non costituiva una vista rassicurante e qualunque persona con un briciolo di buon senso aveva il diritto di rifiutare di buttarsi giù. A rendere le cose peggiori quello spregevole verme che dava prova della sua bassa vigliaccheria rifiutando di buttarsi, pronunciò le vili ed esecrande parole «Ma Signore, perché non ci si butta Lei?».

In quel momento lo Spregiudicato pensò seriamente di dare le dimissioni in pubblico e di andare a farsi frate mentre tutti i suoi soldati che lo guardavano dal fondo del precipizio cominciavano ad accennare a sorrisi se non proprio sarcastici, per lo meno ironici.

Passò un'eternità finché il buon senso fu sconfitto e lo Spregiudicato si convinse che aveva più timore di fare brutta figura che di rompersi l'osso del collo e la meschina paura della vergogna che avrebbe dovuto sopportare se non fosse saltato gli fece vincere l'abbietto terrore che lo aveva preso di fronte al dover saltare.

Forse proprio perché gli mancarono le gambe lo Spregiudicato piombò giù dal quinto gradino in modo non precisamente corretto, ma per fortuna l'allenamento gli fece effettuare istintivamente per lo meno quell'abbozzo di movimenti che gli permise di non avere troppi danni da quella caduta non programmata.

Una volta resosi conto che aveva tutte le ossa sane benché malconce, lo Spregiudicato tutto ringalluzzito si rimise a gridare insulti contro quel poveraccio che si era fatto piccolo piccolo in cima al quinto gradino, ma dopo cinque minuti, con la scusa che effettuare il salto in condizioni psicologiche non adeguate sarebbe stato troppo pericoloso, annunciò pomposamente che chi arrivato in cima non se la sentiva di buttarsi avrebbe potuto ripiegare sul salto da quattro metri. Salvati così capra e cavoli lo Spregiudicato ebbe la bella soddisfazione di vedere entro pochi giorni tutti i suoi uomini saltare dal quinto gradino almeno una volta. Lui personalmente non si riprese mai dalla vergogna intima di non essere andato a saltare una seconda volta.

Le passeggiate notturne per esercitarsi a saltare avevano reso popolare fra gli ufficiali e sottufficiali lo sport di allenare ad una sicura vigilanza le sentinelle cercando di sorprenderle al momento del rientro. Questo giochetto (facile ed innocuo in principio finché le sentinelle erano armate di finti fucili di legno, ma poi abbastanza pericoloso una volta distribuiti fucili e pallottole veri), era venuto in mente agli interessati per alcune reminiscenze dei tempi di Banne. A Trieste i Guastatori, che per colpa e merito di qualche ragazza si trattenevano in libera uscita molto oltre l'orario della ritirata, per evitare le severe punizioni previste dal regolamento si radunavano in punti prestabiliti nei boschi che circondavano la caserma del Quinto Genio e mettevano in pratica una tattica che aveva sempre successo a condizione di non usarla quando il turno di guardia toccava a reparti di veterani. Quando le sentinelle che di venti in venti metri sorvegliavano la rete di recinzione che separava la caserma dal bosco erano reclute o comunque soldati non addestrati, uno dei ritardatari, scelto per elezione o perché era il più ubriaco di tutti, si avvicinava a gattoni dall'esterno ad una delle sentinelle e cominciava a tirargli delle pietre.

La povera recluta innocente presa di mira già era a disagio per vari fattori esterni come il buio, i fruscii del bosco e rumori non identificabili come ci sono sempre dove convivono quattro o cinque mila persone; al diventare bersaglio di corpi contundenti di materia ed origine sconosciute, dopo i primi attimi di paralisi da panico e dopo i primi «alto là», «chi va là», «parola d'ordine», «fermi o sparo» pronunciate con voce tremante, non resisteva alla tentazione di premere il grilletto. Dopo il primo scatto a vuoto riusciva a ricordarsi di togliere la sicura e di mettere la pallottola in canna ed alla fine riusciva perfino a sparare. Al primo colpo della sentinella presa di mira tutte le altre cominciavano a sparare all'impazzata secondo le migliori tradizioni di tutti gli eserciti e finalmente arrivava di corsa il sottufficiale responsabile che immancabilmente fungeva da calamita per tutte le sentinelle più vicine.

A quel momento il gruppo di ritardatari si precipitava verso il punto più sguarnito della rete e dopo avervi praticato un taglio con qualche tronchese asportata dal magazzino ed opportunamente prenascosta, sgattaiolava verso la camerata e ciascuno si infilava nella sua branda per sostenere poi la mattina dopo con il povero ufficiale di servizio che non era colpa loro se risultavano non rientrati, in quanto, da bravi soldati disciplinati, avevano dormito tutta la notte come angioletti come potevano testimoniare tutti i loro compagni, i quali non si peritavano, da guastatore a guastatore, di commettere con animo sereno e faccia di bronzo i reati di spergiuro e di falsa testimonianza.

Con il vivo ricordo di queste spassose distrazioni di epoche felici e ormai passate, tutti quelli che rientravano dalla Caserma NP, e poi, visto che il metodo era buono, ognuno dei responsabili dell'addestramento delle reclute, attuavano sistematicamente il tentativo di sorprendere le sentinelle specialmente di notte e soprattutto quando il vento o una mareggiata o la pioggia rendevano più penoso il compito di chi doveva effettuare quel servizio.

Ognuno si sceglieva la sua sentinella e si faceva un punto d'onore di avvicinarsi alla sua vittima predestinata senza farsi vedere né sentire in modo da poterla sorprendere e disarmare senza colpo ferire. Logicamente si davano severissime punizioni a chi si faceva sorprendere e ambitissimi premi, per lo più in natura, a chi invece scopriva il subdolo attaccante. Altrettanto logicamente, di quanto succedeva ogni notte si faceva il giorno seguente oggetto di discussione generale con relativo insegnamento di tutti i trucchi che potevano aiutare chi era di guardia a svolgere una perfetta vigilanza.

Si insegnava, tra l'altro, a situarsi nei posti meno esposti e meno visibili, a muoversi sempre tanto lentamente da sembrare immobili ad un osservatore non troppo vicino, a volgere di scatto la testa da una parte o dall'altra o all'indietro per sorprendere un eventuale aggressore che si fosse mosso fidando di trovarsi in un angolo morto, a contare i cespugli o gli oggetti di una certa rilevanza dentro il proprio campo visuale in modo da non prendere per un cespuglio un aggressore o per un aggressore un innocente cespuglio, a tenere il fucile puntato in anticipo su ciò che fosse apparso sospetto e così via.

In principio era facile sorprendere e disarmare quasi tutte le reclute quando erano di sentinella ma piano piano, un po' per l'insegnamento ed un po' per la sete di vendetta di chi era stato sorpreso una o più volte, cominciò a succedere sempre più spesso che il furbo veterano, arrivato a pochi metri dalla sentinella sua vittima prescelta, si sentisse dire con voce bassa e pacata: «adesso stai lì buono buono e immobile finché mi verrà dato il cambio altrimenti ti pianto una pallottola fra gli occhi». Secondo le regole del gioco, in quei casi non c'era grado che tenesse e l'aggressore doveva restarsene, immobile talvolta perfino per due ore mentre la supposta vittima se la godeva un mondo vendicandosi delle punizioni sofferte in precedenza.

Quando i veterani non riuscirono più a sorprendere nessuno, cominciarono a rifare il giochetto a coppie o addirittura in tre, ma in meno di una settimana dovettero registrare l'assoluta impossibilità di sorprendere comunque le sentinelle.

La soddisfazione per aver addestrato alla perfezione a questo compito tutte le reclute non era però disgiunta da una certa irritazione per non riuscire a fregare delle spregevoli burbe ritenute imberbi e sprovvedute che fino al giorno prima facevano la sentinella come agnelli da esca e che, praticamente il giorno dopo, si erano trasformati in leopardi in agguato.

Fu grazie a questo addestramento che il battaglione, quando prestò servizio sulla Selva di Tarnova potè catturare senza colpo ferire e senza nessuna perdita qualche diecina di esploratori delle pattuglie del IX Korpus di Tito.

Uno dei problemi più pressanti durante il primo periodo di permanenza ai bagni di Jesolo era la necessità di riallenare i veterani e di addestrare le reclute al loro mestiere di guastatori, cioè di gente che usa in tutti i modi e in tutte le forme soprattutto gli esplosivi. Ciò presenta qualche difficoltà quando non si possiede neanche un grammo di qualsivoglia tipo di esplosivo, senza parlare di detonatori, di capsule detonanti e di micce.

Per gente che deve andare a giocarsi la pelle, l'addestramento a «linea fredda» (tanto per usare il gergo degli elettricisti) fatto cioè con finti esplosivi, finte micce e finte capsule, pur essendo di qualche aiuto, non ha assolutamente niente a che fare con l'addestramento a «linea calda» e la naturalezza e disinvoltura necessarie per usare correttamente l'esplosivo giusto, nel momento giusto, nella quantità giusta e sul punto giusto si acquista solamente con l'esperienza con esplosivi che scoppiano; sempre che per fare la medesima non ci si rimetta qualche mano o braccio o gamba o occhio o addirittura la pelle.

Un problema secondario era invece quello di poter far fare il bagno ai soldati durante le pause dell'addestramento o durante le ore di libertà. La difficoltà consisteva nelle migliaia di mine sparse su tutta la battigia e sull'arenile lungo tutta la spiaggia di Jesolo, con pochissimi varchi, tutti guardati da sentinelle tedesche meno quello, insufficiente perché troppo angusto, vicino all'accantonamento del battaglione.

A forza di rimuginare, insieme agli altri, questi due problemi, lo Spregiudicato, il Pitecantropo ed il T'cineis (cioè un Tenente milanese di Porta Ticinese) pensarono di aver trovato la soluzione mettendo in atto un piano che, per essere destinato ad essere proibito dal comando per ovvie ragioni, dovettero essi stessi attuare più o meno di nascosto.

Quando non erano di turno all'addestramento, o di guardia o in missione di reperimento di approvvigionamenti, i tre, in slip da bagno, procedevano ad una sistematica ricerca di mine sia antiuomo che anticarro in una fascia che avevano opportunamente delimitato con biffe e segnali di loro esclusiva interpretazione, proprio a lato dell'accantonamento.

Il loro obiettivo era di aprire un comodo varco dalla strada al mare e, con le mine così disattivate, costituire una riserva di esplosivi e detonatori con cui addestrare gli uomini a caldo.

La fascia da ripulire dalle mine era di circa 20 metri di larghezza e di circa 50 metri di lunghezza, quanti ne correvano dalla strada al mare.

I tre cominciarono questo lavoro usando naturalmente le sole mani, cui vennero presto dei magnifici calli, rovinandosi completamente la schiena, per le prolungate esposizioni al sole, e le ginocchia, su cui dovevano stare e muoversi sulla sabbia tutto il tempo dato che un lavoro del genere non si può fare altro che imitando la posizione di preghiera dei credenti di Maometto.

Nonostante la lentezza obbligata e la delicatezza con cui dovevano rimuovere a mano le circa 500 tonnellate di sabbia, dato che ogni granello non doveva essere spostato più di 30 o 40 cm il lavoro procedette con una rapidità insperata e il materiale raccolto superava le più rosee previsioni.

Quando i tre ripulirono dalle mine la prima striscia larga 5 metri per tutta la lunghezza dalla strada al mare, e cominciarono a bonificare una seconda striscia di 5 metri, in uno dei momenti critici, che si ripeteva per ogni mina portata alla luce e che consisteva nel disinnescarla sul posto o nel rimuoverla secondo i casi ed il tipo di mina, furono agghiacciati da un ordine dato in tedesco da un capo pattuglia dei vecchietti territoriali che il comando tedesco aveva destinato all'occupazione di quella parte del Adriatisches Kustenland.

Più che dal fatto di essere stati sorpresi dai tedeschi, cosa che si aspettavano potesse capitare da un momento all'altro, la loro paura derivò dal fatto che la voce di quel prode richiamato (i tedeschi ormai reclutavano vecchi e ragazzini per rimediare alle spaventose perdite subite in Russia) era sensibilmente tremolante e indubbiamente in falsetto, cosa che è sicuro indice di emozione la quale a sua volta è una pericolosissima condizione se la persona emozionata ha l'indice sul grilletto di un fucile; situazione pericolosa, si intende, per colui sul quale il fucile è puntato.

Restando immobili come statue i due compagni dello Spregiudicato gli sussurrarono di prendere lui l'iniziativa di cavarli da quella situazione doppiamente esplosiva sia per la mina che tenevano in mano sia per i tre fucili puntati su di loro; infatti, nonostante tutti i suoi sforzi, lo Spregiudicato non era riuscito a scrollarsi di dosso la fama di poliglotta specializzato in lingua tedesca.

Lo Spregiudicato cercò di spiegare al capo pattuglia che era un ufficiale del battaglione di stanza lì vicino ma la tenuta sua e dei suoi compagni che per coprire le loro nudità avevano solo uno slippino non molto più grande dei triangolini dei monokini degli anni '80, non contribuiva all'opera di convinzione che lui tentava di esercitare sul tedesco. Convinto dopo molti tentativi che era inutile continuare a spiegare al tedesco quello che, con una certa dose di buone ragioni dovute all'apparenza, quello non voleva capire, e soprattutto perché ormai aveva le braccia anchilosate per lo sforzo di tenere immobile la mina, lo Spregiudicato cambiò registro.

Dalla apparentemente cortese e pacata (ma intimamente frenetica) opera di persuasione passò direttamente alle minacce senza toni intermedi anche perché si ricordò opportunamente che con i tedeschi l'unico modo di farsi capire è quello di urlare più forte e di dare ordini perentori. Un tedesco che per lunga educazione è abituato a qualunque livello a ricevere ordini e ad eseguirli senza discutere, quando riceve un ordine dato fermamente e con tono altezzoso è portato istintivamente ad ubbidire anche se chi glielo ha dato è un giovanotto semi nudo; se per le apparenze si trova a dubitare dell'autorità di chi gli ha dato l'ordine, diventa vittima di un conflitto psicologico e comunque, in quel momento di scontro fra l'abitudine ed il buon senso, si trova in stato di inferiorità.

Lo Spregiudicato si limitò a dire, sperando di essere capito, che alzassero i fucili, che avrebbe depositato la mina e che al minimo movimento falso sarebbero saltati tutti in aria; dopo di che con la morte nel cuore ed il sudore che lo accecava colandogli dalla fronte, cominciò il lentissimo movimento che gli avrebbe permesso di ricollocare la mina nel posto da dove l'aveva tolta.

Per fortuna di tutti e sei, i tedeschi non spararono e la mina non scoppiò, dopo di che i tre giovanotti seminudi si avvicinarono ai tedeschi e quando furono sulla strada lo Spregiudicato ormai molto meno terrorizzato che pochi minuti prima, diede spudoratamente l'ordine al tedesco di accompagnarli alla loro Kommandantur.

Benché impudente, l'ordine corrispondeva perfettamente ai desideri del crucco ed i sei procedettero fino al comando dei tedeschi senza neanche che apparisse, a chi li vedeva, che i tre erano prigionieri.

Con qualche difficoltà ma senza grossi problemi, in quanto il capo del reparto tedesco era un austriaco che era stato nella stessa zona durante la guerra '15-'18 e sapeva molto bene l'italiano perché tornava tutti gli anni lì a passarci le vacanze, i tre sminatori ottennero che fosse chiamato un ufficiale del loro battaglione.

All'arrivo di questi un maligno ammiccare dei suoi occhi riempì di ansia i tre prigionieri in quanto capirono che a quel bel tomo era balenata l'idea di giocare loro un tiro mancino facendo mostra di non riconoscerli; ma poi per fortuna tutto fu risolto.

Il tedesco e la pattuglia furono invitati a bere un bicchiere alla mensa del battaglione e, mediante alcuni incontri successivi, si ottenne addirittura il permesso ufficioso di continuare discretamente lo sminamento della zona prescelta ed il battaglione poté avere un ricco deposito di esplosivi oltre che un proprio «corridoio di Danzica» per avere uno sbocco al mare.

L'affiatamento fra Ufficiali preparati, Sottufficiali esperti ed efficienti, e Marò volenterosi ed entusiasti permise di raggiungere un livello di preparazione impensabile al tempo delle antidiluviane strutture del fu Regio Esercito.

L'atteso ordine di trasferimento legittimò la soddisfazione che tutti gli uomini del Battaglione provavano per aver completato l'addestramento di base e per essere finalmente divenuti un reparto operativo la cui dotazione di armi, munizioni, equipaggiamento ed attrezzature era ad aspettarli ad Ivrea. Rimasero però tutti un po' sorpresi per essere indirizzati (forse come tappa intermedia?) sulle rive della Dora Baltea invece che su quelle del Tevere.

Fu così che con spensierata baldanza, plotone per plotone, o in qualche caso addirittura squadra per squadra, il Battaglione si trasferì quasi magicamente, seguendo itinerari diversi ed in pratica usufruendo di tutti i più disparati mezzi di trasporto secondo come la sorte li mandava, dal Piave alla Dora riunendosi di nuovo con tutti i suoi effettivi in un tempo incredibilmente breve.

13 UOMINI

In principio nel Canavese e ad Ivrea in particolare, i rapporti fra i marò della Decima ed i civili erano abbastanza buoni ed avrebbero potuto costituire la base per un modus vivendi con i partigiani comportandosi con reciproca indifferenza e ignorando ostentatamente la parte avversa in tutti e due i campi. Ciò avrebbe permesso loro di non dover stare continuamente in allarme per lo meno nelle zone dove erano dislocati i nostri reparti ed avrebbe permesso a noi di perfezionare l'addestramento degli uomini con cui andare al fronte senza doverci preoccupare di tutte le fastidiose misure di sicurezza altrimenti necessarie.

Qualche sporadico incidente, sempre possibile quando fra tanta gente capita che ci sia qualcuno dal grilletto facile, non avrebbe avuto, come non ebbe, nessuna conseguenza e le cose marciarono abbastanza bene per circa un mese.

Ma i 40 milioni mensili (divenuti poi 60) pagati per il solo Piemonte da Maitland Wilson erano molto concupiti non solo dal CLNRP ma anche da quelli che vedevano tutta la faccenda dal punto di vista del tornaconto personale, come ce ne erano in abbondanza fra i capi degli pseudopartigiani e da quelli che, anziché agire avendo in mente la salvezza del Paese, operavano in funzione di ordini che venivano trasmessi da oltre il Volga tramite Togliatti.

Tanto gli Alleati per fini strategici come i comunisti per fini politici non volevano ci fosse alcuna intesa fra Italiani di opposte fazioni. Gli inglesi perché volevano mantenere lontano dal fronte il maggior numero possibile di soldati Italiani e tedeschi ed i russi perché volevano preparare il terreno per la presa di potere finale da parte del comunisti.

Il potere del dollaro e quello del commissario del popolo si trovarono pertanto concomitanti nel provocare qualunque cosa che perpetuasse la cruenta frattura fra italiani, al doppio fine strategico e politico.

Dopo una serie in crescendo di varii piccoli incidenti in cui alcuni, tanto dei nostri come dei loro, erano stati feriti e catturati, un nostro comandante combinò un incontro con alcuni capi partigiani con lo scopo di scambiare i prigionieri e trattare un accordo che mettesse fine a quanto stava avvenendo ed evitasse nel futuro scontri fra italiani.

L'incontro avvenne l'8 luglio in un paesino chiamato Ozegna. Le auto con il comandante di uno dei nostri battaglioni reduci dal fronte di Anzio e la sua scorta, arrivarono al centro della piazza del paesino e gli occupanti, scesi dalle macchine, accesero le sigarette attendendo l'arrivo della delegazione dei partigiani, all'arrivo del quali, per tranquillizzarli, tolsero addirittura i caricatori dai mitra.

Dopo circa mezz'ora di colloquio, i partigiani, con la scusa di andare a prendere i prigionieri da liberare, si allontanarono dal gruppo della Decima avviandosi per una delle strade che partivano dalla piazza.

Quasi contemporaneamente ad una improvvisa intimazione di resa cui l'ufficiale della Decima rispose gridando «Barbarigo non si arrende!», dalle strade che davano sulla piazza i mitra cominciarono a sparare crivellando di colpi ufficiali e soldati che furono così trucidati a tradimento nello spazio di pochi secondi.

L'obiettivo degli inglesi e dei russi era stato così raggiunto scatenando, secondo la collaudata tecnica comunista, la spirale di assassinii a tradimento di marò disarmati in libera uscita e delle relative rappresaglie.

La caccia agli autori dell'eccidio di Ozegna ed ai loro forse inconsapevoli complici, benché intrapresa come blitz estemporaneo ed a termine per vendicare i fratelli trucidati e punire i miserabili assassini, costituì comunque un ottimo supplemento di addestramento pratico al combattimento per preparare la x^a ad andare a combattere la «guerra grossa» contro gli Alleati.

Ad ogni nuovo agguato succedeva fulminea la ripulitura d'intere vallate tanto che la nostra statica sistemazione provvisoria in quella zona al solo scopo di completamento del quadri e dell'armamento, dovette trasformarsi in una organizzazione dinamica logisticamente efficiente, senza scadenza prevedibile.

Anche il «Tarigo» vi fu coinvolto praticamente dal suo arrivo a Ivrea e la necessità di farci rispettare per la nostra stessa sicurezza ci forzò a distrarci dal nostro obiettivo principale che era appunto quello di andare a fronteggiare inglesi, americani e marocchini come avevano fatto il Btg. Barbarigo ed altri reparti della Decima prima della caduta di Roma.

Ad un certo momento alla mia compagnia fu dato l'ordine di garantire ad ogni costo la sicurezza e la percorribilità di una strada provinciale di circa 17 chilometri di lunghezza che avrebbe costituito l'arteria vitale principale per quasi tutte le nostre comunicazioni, rifornimenti e spostamenti.

Il Comandante la Compagnia, soprannominato per varie ragioni «il Pazzo», dopo aver protestato fino a diventare afono contro l'assurdità di una simile pretesa disponendo di non più di 100 fra ufficiali, sottufficiali e soldati come forza combattente, dovette alla fine fare buon viso a cattivo gioco ed ubbidire agli ordini.

Parti con due macchine con tutti i comandanti di plotone e percorremmo insieme i 17 chilometri in ricognizione preventiva mentre i reparti si mettevano in ordine di marcia e cominciavano a piedi a percorrere la strada che sarebbe stata oggetto delle nostre cure. Viaggiando in macchina ci rendemmo tutti conto della situazione topografica e sulla via del ritorno fu assegnata a ciascuno di noi la rispettiva sede e la rispettiva area di responsabilità totale. Io ebbi assegnato un tratto di quattro chilometri quasi alla fine del quale c'erano poche case ed una osteria che dava il nome al posto. Quando il Comandante di Compagnia mi aveva assegnato quella zona e mi aveva indicato, o meglio ordinato, di sistemarmi alla Osteria io avevo cercato di protestare ma non avevo ottenuto con lui più successo di quello che lui aveva ottenuto con il comando.

Una volta ricongiuntici con i nostri uomini proseguimmo con loro a piedi ed ogni comandante di plotone si fermò nel posto assegnatogli cominciando immediatamente ad organizzarsi come meglio poteva salutato dagli altri che proseguivano con un: «che Dio te la mandi buona».

Il mio tratto di strada aveva al Nord tutti boschi fitti che scendevano ripidi fino sulla strada ed a Sud campi coltivati in piano tagliati da innumerevoli roggie, canali, canaletti e fossati d'irrigazione. Per di più c'era un ponte di notevole altezza e varie altre opere d'arte come ponticelli, muri di sostegno, cunicoli e tubi tutti facilissimamente sabotabili con incursioni di pochi minuti. Quanto al posto dove sistemarci, cioè l'osteria, si trovava a meno di 200 metri da un costone nudo il cui ciglio incombeva quasi sulle nostre teste esponendoci così come facili bersagli fissi a chiunque avesse voglia di spararci da lassù.

Per fortuna, dopo aver lasciato una corvè per pulire e sistemare i quattro locali dove avremmo alloggiato, calcolai che avevo abbastanza tempo per dare un'occhiata in giro prima che facesse buio e me ne andai con Marco (il mio Sergente Maggiore) e gli otto soldati disponibili a fare un giro sotto quel maledetto costone che mi impensieriva più di ogni altro problema.

Arrivati lì sotto scoprimmo un camion, evidentemente abbandonato da poco in tutta fretta perché a parte la mancanza del distributore e delle chiavi appariva essere in condizioni di marcia. A quei tempi e nelle nostre condizioni un camion era un bottino ambitissimo.

Decisi subito di spingerlo a mano fino ai nostri alloggiamenti data la breve distanza ma quel costone sopra le nostre teste era come un giallo di Edgar Wallace, cioè prometteva di non lasciarmi dormire, e prima di fare qualunque altra cosa dissi a Marco (che era stato mio superiore quando io ero Sergente in Africa Settentrionale) di arrampicarsi con un altro soldato in cima al costone per dare un'occhiata.

Messomi al riparo con gli altri uomini per qualsiasi evenienza, seguimmo, fumandoci delle meritate sigarette Milit, l'arrampicata di Marco e del suo compagno che costituiva tutta la forza di spedizione ai suoi ordini. Il costone non era alto più di una quarantina di metri e l'arrampicata fu sorprendentemente veloce.

Ad un tratto quando Marco arrivò in cima e si drizzò in piedi sul ciglio mentre il suo compagno era ancora due o tre metri più in basso, lo sentimmo gridare: «il plotone di destra fuoco a volontà, il plotone di sinistra di corsa all'attacco alla baionetta» e contemporaneamente imbracciare il mitra e sparare tutti i colpI del caricatore da 20.

Il soldato che l'accompagnava, senza aspettare di arrivare in cima, dando prova di prontezza di riflessi eccezionale, soprattutto considerando il suo precario equilibrio, imbracciò anche lui il suo mitra e cominciò a sparare in aria raffiche di tre o quattro colpi per volta. Anche noi laggiù in basso, resici conto della situazione, cominciammo a sparare colpi chi con i moschetti e, chi lo aveva, con il mitra, tanto per fare un po' di rumore.

Dopo neanche un minuto quando già anche il compagno di Marco aveva raggiunto il ciglio del costone ed era anche lui scomparso dalla nostra vista sentimmo molte altre raffiche di mitra che riconoscemmo essere del Sergente Maggiore e del suo compagno che evidentemente si stavano allontanando dopo aver cambiato i caricatori.

Dopo neanche altri cinque minuti i due componenti del corpo di spedizione riapparvero sul ciglio facendoci segno che tutto era a posto e dopo essersi scelti una strada più facile per scendere, si accesero tranquillamente una sigaretta ciascuno e iniziarono il rientro alla base. Notai che ognuno portava qualche fucile o mitra oltre ad un paio di tascapane.

Fidandomi ciecamente di Marco diedi subito inizio all'operazione di trasferimento a mano del camion e rientrammo tutti con il nostro bottino all'alloggio, che la corvè aveva messo abbastanza in ordine, poco dopo che si era fatto buio.

Per una attività di meno di un'ora avevamo ottenuto un bottino ricchissimo: un camion, due fucili, un mitra, due moschetti, un paio di chili di pane, due salami e un grosso pezzo di lardo oltre ad un paio di tascapane.

Il Sergente Maggiore ci raccontò poi che mano mano che si arrampicava sul costone bestemmiava sempre di più contro la mia testardaggine nel volergli far fare quella sfaticata che lui riteneva inutile in quanto non concepiva come su un costone ci potessero essere dei nemici perché, se ci fossero stati, ci avrebbero già bersagliati da quando ancora stavamo avvicinandoci.

Non poteva trattenersi dal ridere raccontandoci come una volta arrivato sul ciglio e messosi tranquillamente in piedi era poi rimasto letteralmente a bocca aperta vedendo una dozzina di sciagurati tutti stravaccati a destra e a sinistra lontani dal ciglio, intenti a bere e mangiare e fumare.

Gli anni di guerra passati in Africa gli permisero di ritrovare immediatamente la sua presenza di spirito e, visto che qualunque tentativo di sganciarsi sarebbe stato più che inutile addirittura letale, passò fulmineamente all'attacco verbale e materiale inventando su due piedi i due plotoni, quello di destra costituito dal suo unico compagno e quello di sinistra addirittura inesistente.

Preparato a vendere cara la pelle fu di nuovo sbigottito nel vedere quella dozzina di scombinati alzarsi di colpo e prendere un fugone da Speedy Gonzales, rendendosi subito invisibili per le nuvolette di polvere che alzavano scappando su una zona erbosa dove di polvere non c'era traccia. Aveva così raccolto quello che i fuggiaschi avevano lasciato ed aveva giudicato che per lo meno per quella notte potevamo stare tranquilli.

Fu infatti solo dopo qualche giorno che dal balconcino della casa dove ci eravamo sistemati vidi col binocolo muoversi qualche cosa sul ciglio che, a torto o a ragione, io continuavo a considerare il punto debole della nostra fortezza.

Perciò avevo dato la consegna tassativa che chiunque restasse nei nostri alloggiamenti (mai più di due individui e cioè il piantone e un eventuale malato) doveva sistematicamente guardare il più frequentemente possibile col binocolo il ciglio del costone durante tutto il corso della giornata.

Quando al quarto giorno constatai la presenza di uno o più osservatori sul ciglio, diedi ordine di sparare ogni quattro ore un colpo di fucile molto ben mirato in modo da scheggiare qualche sasso sul ciglio stesso a prescindere dalla presenza o meno di qualcuno. Non so se per queste disposizioni o per altri motivi, dal costone non avemmo mai alcun fastidio.

Sulla strada invece era tutto un altro discorso. Mantenere la sicurezza su un tratto di strada di 4 chilometri con 12 uomini è un problema difficile quasi quanto la quadratura del cerchio.

Ciascuno dei miei colleghi (tre per l'esattezza) aveva cercato di risolverlo a suo modo secondo la situazione particolare e la morfologia della sua zona.

Uno per esempio aveva messo trappole su tutti i sentierini di accesso alla strada, posti ben mimetizzati di osservazione a portata di udito delle trappole stesse che erano costituite in genere da barattoli e bottiglie legate a fili neri per cui chi vi inciampava provocava un fracasso tale che, se non lo faceva morire all'istante di un colpo apoplettico certamente lo faceva catturare dagli uomini degli appostamenti.

Un altro faceva innumerevoli maratone a passo di corsa sulla strada senza orari fissi e con due pattuglie diverse.

Io, data la particolare topografia dell'area assegnatami, avevo deciso che qualunque cosa facessi non avrebbe potuto impedire il successo di una qualsiasi azione di qualunque tipo ai nostri danni se qualcuno avesse voluto prendersi il fastidio di intraprenderla

Conclusi che per mantenere pulita la zona dovevo mettere una salutare paura nei cervelli e negli animi di tutti i potenziali attaccanti. Vedi per esempio la periodica fucilata sui sassi del ciglio del costone. Uno dei sistemi di primo grado per mettere paura a qualcuno è quello di fargli credere che gli sei enormemente superiore ed io decisi di moltiplicare le mie forze proprio come aveva fatto il sergente maggiore quando si era trovato di fronte a quella dozzina di mammalucchi. E poi era una questione di prestigio fra me e lui.

Perciò ci dividemmo in tre gruppetti, uno comandato da me, il secondo comandato da Marco ed il terzo comandato da un caporal maggiore sardo che avrebbe dovuto essere riformato perchè credo che non fosse alto più di un metro e 50 e che perciò veniva soprannominato «il Topolino».

Ognuno dei tre gruppetti che, se la matematica non è un'opinione era composto di quattro individui, aveva un settore assegnato su cui si alternava con gli altri due.

In questo settore il gruppetto poteva fare tutto quello che pareva al suo comandante, incluso il dividersi in due coppie, purché percorresse ogni giorno più strada possibile, andasse in quanti più posti possibile e si facesse intravedere da quanta più gente possibile, possibilmente senza che nessuno si facesse riconoscere individualmente.

Perdi più, ogni volta che si fosse stati arcisicuri di avere una rapida via di sganciamento per ogni eventualità, si sarebbero sparati una diecina di colpi in modo tale da fare credere ad un ingaggio possibilmente gridando a squarciagola «arrenditi che sei morto». Con questo sistema speravo che per qualche chilometro a Nord e a Sud della strada si riuscisse a dare l'impressione di essere almeno in cento e per di più molto attivi.

Quando poi prendemmo dimestichezza con il territorio e dopo che avemmo confermata la nostra impressione che dal Sud non c'era praticamente nulla da temere, le nostre scorribande nella parte collinosa a Nord aumentarono del 50% ottenuto con l'impiego contemporaneo del terzo gruppo che inizialmente era stato destinato al lato Sud e potemmo comprovare il successo del nostro moto browniano perpetuo con la constatazione che tutte le capanne e casette nella zona assegnataci erano state abbandonate.

Naturalmente questo vagare a passo bersaglieresco in mezzo a boschi e dirupi aveva il suo inconveniente e più di una volta soprattutto al principio, ci si perse spesso e volentieri mentre qualche altra volta ci successe di catturare dei nemici che, nonostante vestissero vistose divise piene di stelle rosse, naturalmente negavano con stolida incongruenza l'appartenenza a qualunque reparto arrivando talvolta perfino a dichiarare di essere dei nostri. Queste catture ci mettevano sempre in imbarazzo perché quando succedevano dovevamo per forza interrompere la nostra uscita, tornare il più rapidamente possibile alla base e spedire i prigionieri al comando prima che si rendessero conto che noi eravamo solo quattro gatti e prima che potessero farlo sapere a quelli delle loro bande.

Una volta che ci perdemmo (per uno scherzo della sorte ciò successe proprio dopo che la mia pattuglia e quella di Marco si erano incontrate correndo il rischio tra l'altro di spararci l'un l'altro) cominciammo a cercare insieme di capire dove eravamo, cercando di ritrovare una strada o un paese o un posto da dove fare il punto topografico.

Mentre vagavamo per i boschi il rumore del motore di un'auto ci fece capire che c'eravamo allontanati molto più del solito perché come accennato prima, nei quattro, cinque chilometri dalla strada che costituivano la fascia di terreno da noi battuta normalmente, era quasi subito scomparsa ogni traccia di circolazione umana, animale o di mezzi meccanici. Con molta fretta ma anche con molta cautela ci precipitammo giù per il bosco fino a dove evidentemente ci doveva essere una strada. Infatti arrivammo su una strada nello stesso momento in cui da una curva appariva un camioncino di quelli fatti tagliando la metà posteriore della carrozzeria di un'autovettura e sostituendola con un cassone di legno. Questo era il sistema adottato da quasi tutti i possessori di autoveicoli dato che i camioncini erano esentati dalla requisizione. Quel povero camioncino per di più sbuffava ed ansava in salita perché, come quasi tutti gli autoveicoli dell'epoca rimasti in mano ai civili, aveva avuto il motore a benzina trasformato per funzionare con gas di combustione di legna o, come si diceva allora, era stato dotato di gasogeno.

Ansante e tremante per la precipitosa corsa a perdifiato nel bosco dopo già molte ore di pattugliamento e preso alla sprovvista dalla immediata apparizione del camioncino non ebbi la freddezza necessaria per studiare il da farsi e non potei far di meglio che gridare ai soldati di sparare al camioncino se non si fosse fermato subito alla mia intimazione. Gridai l'alt al camioncino stesso senza però azzardarmi a mettermi in mezzo alla strada per sbarrargli il cammino per paura che sopra ci fosse gente armata il che voleva dire che se fossero stati in gamba mi avrebbero fatto fuori a vista. Invece sul camioncino c'era solo il proprietario che viaggiava, come tutti a quell'epoca, per fare quel piccolo commercio a base di scambi di cibo o di altre cose che permetteva alle meschine popolazioni di sopravvivere in qualche modo.

Quel povero diavolo naturalmente non sentì la mia intimazione di fermarsi, però sentì benissimo i colpi che i miei uomini, secondo i miei ordini, gli spararono subito dopo e, senza neanche fermare la macchina che comunque essendo in salita si fermò da sola, si buttò per terra. E dopo essersi infilato strisciando carponi nel fossetto al lato della strada cominciò a gridare «non mi ammazzate».

Arrivatigli subito addosso ci rendemmo conto che era un innocuo poveraccio capitato lì per disgrazia proprio in quel momento. Dopo che, approfittando del suo terrore, ci facemmo spiegare dove eravamo, ci demmo molto da fare per tappare con dei cunei di legno, fatti lì per lì con le baionette, i buchi che gli avevamo fatto al gasogeno e lo aiutammo a spinte a rimettere in moto la macchina non senza avergli ordinato di andare al suo paese per dire a tutti che entro 48 ore vi avremmo fatto una incursione in forze catturando tutti gli uomini dai 14 ai 65 anni. Quel poveraccio riuscì a partire non si sa come, dato che l'accavallarsi di avvenimenti lo aveva addirittura stravolto tanto che era chiarissimo come non si rendesse conto di essere ancora miracolosamente vivo.

L'unica cosa che ancora oggi mi disturba è l'occhiata che mi diede Marco e che, nella frazione di secondo che durò, mi espresse tutta la sua disapprovazione per avere ordinato di sparare al camioncino prima di essere certo che questi costituisse un pericolo. Io capii al volo ciò che quella occhiata voleva dire, lui capì che io avevo capito, e la nostra amicizia ed il nostro cameratismo rimasero inalterati; quell'occhiata mi servì per non ripetere mai più quell'errore e per farmi poi agire sempre e non solo in guerra con correttezza verso i miei avversari. Il che mi ha procurato poi innumerevoli fregature in tutti i campi.

La necessità di dover riportare e poi spedire in fretta i prigionieri e l'episodio del camioncino mi indussero a seguire un'altra linea di azione quando ci capitava di incontrare qualcuno soprattutto se armato o vestito da nemico.

Secondo il posto dove ci trovavamo quando effettuavamo la cattura e secondo il tipo di prigioniero, cominciavamo con lo scambiarci frasi o ordini relativi a inesistenti reparti nelle immediate vicinanze, facevamo poi finta di voler giustiziare là per là il prigioniero per non averlo fra i piedi, poi, dopo una piccola discussione prevaleva l'opinione di chi aveva proposto di usarlo come ambasciatore e gli concedevamo salva la vita perché portasse il nostro ordine tassativo di sgombero, pena la strage, al capo partigiano più vicino. Dopo di che con due o tre, o magari anche quattro o cinque pedate nel sedere per agevolare la sua partenza a razzo, lo lasciavamo scappare a tutta velocità verso il suo comando.

Anche questa procedura risultò efficacissima e la zona dove avevamo fatto il vuoto si estese sempre di più. Ma questo nostro successo aveva anche un lato negativo che consisteva nel materializzarsi di un grosso pericolo potenziale.

Tutti i vari gruppetti, gruppi, reparti (si fa per dire) e formazioni scacciate dalle nostre rodomontate ma soprattutto dalla loro paura, si erano concentrati in un paesino situato in una amena valletta a circa 6 chilometri dall'Osteria.

Anche ridimensionando tutte le informazioni che in un modo o nell'altro raccoglievamo o ci pervenivano dalle fonti più disparate e che davano il numero dei nostri nemici in quel paese fra i mille ed i duemila uomini, non potevamo fare a meno di considerare che un concentramento sia pure di più probabili tre o quattrocento Fiapi[2] a meno di due o tre ore di marcia da noi costituiva un pericolo reale anche se la nostra opinione sui nostri oppositori non era fra le più alte. Il capo di quella formazione che pomposamente veniva chiamata «Divisione» era uno che, per non fargli perdere il rispetto dei suoi eventuali figli, chiamerò Belando, di chiara fama resistenziale (soprattutto dopo la fine della guerra quando penso gli abbiano dato almeno tre o quattro medaglie al valore partigiano oltre alle gratuite promozioni a titolo onorifico elargite a tredici la dozzina a destra e a manca).

Quella valle, quel paese e quel Belando cadevano sotto la mia giurisdizione ed era compito mio impedire che ci dessero fastidi di qualunque genere così, contro ogni legge dei grandi numeri, decisi di tentare ancora il bluff e destinai all'area verso il paese il maggior numero possibile di pattugliamenti cercando di farne io stesso quanti più ne potevo allo scopo di catturare il massimo numero di nemici tanto sprovveduti da capitarci fra le mani.

Benché costretti a rischiare non volevamo però eccedere fino a diventare troppo imprudenti e stabilii dei limiti precisi oltre i quali le mie pattuglie non dovevano assolutamente andare.

Ma evidentemente la paura che avevamo inspirato a quei balordi era talmente forte che non incontrammo mai nessuno entro i limiti stabiliti. Così mi toccò oltrepassare quei limiti

---

[2] Fiapi = Futuri iscritti alle associazioni partigiane d'Italia.

e naturalmente quello era un compito che non potevo assegnare ad alcun altro e mi dovetti sobbarcare ad eseguirlo personalmente.

Quell'emerito cretino incapace di Belando dopo la negativa esperienza delle sue vedette messe in fuga supersonica dal Sergente Maggiore sul costone il giorno del nostro arrivo non aveva messo nessuna postazione di difesa o di guardia intorno al paese e per i primi due giorni di arrischiate incursioni in profondità non riuscii a catturare nessuno pur avvicinandomi a meno di mezzo chilometro dal paese stesso.

Il terzo giorno, tentando un approccio differente dal solito (non bisogna dimenticare che ogni volta dovevo farmi una corsa campestre di 5 chilometri di andata e 5 di ritorno) mi resi conto con terrore che mi ero perduto e che avevo un tempo ormai molto ristretto per poter tornare alla base sempre quando avessi imbroccato la direzione giusta. In montagna, si sa, per tornare alla base basta andare in discesa, purché sia quella giusta.

Perciò giocando il tutto per tutto ci mettemmo a scendere per la linea di massima pendenza sperando che la sorte ci assistesse anche quella volta.

Arrivammo presto su una stradina e dopo qualche centinaio di metri che l'avevamo seguita in discesa ci si rizzarono i capelli in testa quando ci rendemmo conto che eravamo a monte del paese dove Belando aveva sistemato la sua «Divisione».

Ci infilammo (eravamo in quattro) quasi a tuffo nel bosco con l'intenzione di aggirare il paese, quando un nemico in uniforme di gala si avvicinò sulla strada fischiettando, diretto, come poi ci disse farfugliando, ad un appuntamento con la sua ragazza.

Dopo esserci rapidamente assicurati che non c'era nessun altro in vista, gli piombammo addosso come falchi e chiusagli la bocca spalancata per lo spavento che lo aveva colto con un convincente manrovescio, lo trascinammo precipitosamente nel bosco a prudente distanza dalla strada. Dopo avergli messo sotto gli occhi le bocche dei nostri fucili, mitra e pistole e sotto il naso le punte delle baionette per essere sicuri che non ci fossero equivoci sulle nostre intenzioni, portatolo al punto giusto di cottura gli insegnammo parola per parola il messaggio che doveva portare a Belando da parte nostra: «sgombrare l'intera valle entro 24 ore altrimenti avremmo preso d'assalto il paese e avremmo trucidato tutti gli uomini». Per sicurezza gli facemmo ripetere più volte le parole del messaggio fin quando, benché balbettando, riuscì a impararlo a memoria. Gli affibbiammo le tre o quattro pedate di prammatica e non avemmo neanche il tempo di vederlo scappare a tutta velocità verso il paese perché noi eravamo a nostra volta coscienziosamente impegnati a scappare nel bosco ad altrettanta, se non superiore, velocità.

È un peccato che nessun giudice olimpionico cronometrasse il tempo che ci mettemmo a percorrere i 6 o 7 chilometri fino alla base perché sicuramente battemmo qualunque record mondiale.

Tornati trafelati all'Osteria, per prima cosa tracannai almeno mezzo litro di grappa dopo di che mi consultai immediatamente con Marco per decidere quali fossero i migliori punti di osservazione per controllare ogni movimento di Belando e dei suoi.

Ne stabilimmo due ed il Sergente Maggiore e il Caporal Maggiore sardo vi si diressero, ciascuno con il più fresco dei loro uomini, dopo essersi debitamente equipaggiati, a passo di corsa, pur avendo scorazzato tutto il giorno secondo il solito.

Io con gli altri otto uomini li avrei attesi, pronto a sbaraccare tutto e partire all'istante in caso di necessità.

L'attesa di notizie da parte loro fu snervante fino a quando a mezz'ora di distanza l'uno dall'altro rientrarono calmi calmi e sorridenti verso le cinque del pomeriggio del giorno dopo per annunciarmi che Belando aveva cominciato, in mezzo ad una incredibile confusione, a prepararsi ad una precipitosa partenza fino dall'alba, mentre la maggior parte dei suoi avevano cominciato a scappare alla spicciolata.

L'ultimo mammalucco (meno mammalucco degli altri, però, perché era carico di quanta più roba aveva potuto raccogliere) aveva lasciato il paese ad andatura appesantita ma abbastanza allegra alle 12.

Il bluff era così riuscito anche quella volta e da allora e fino a quando rientrammo tutti in città, le nostre pattuglie furono molto meno frenetiche avendo il solito obiettivo di controllare se c'erano segni di ritorno da parte di Belando. Non ce ne furono.

Questa relativa calma che però non era assoluta in quanto avrebbero potuto sempre verificarsi incursioni dai settori vicini, ci permise di rimetterci un po' in forze e di riacquistare qualcuno dei chili persi durante i primi giorni, quando, andando ancora allo scoperto per iniziare i nostri pattugliamenti eravamo stati spesso bersaglio di cecchini isolati, per fortuna molto distanti ed abbastanza imprecisi nella mira benché il secondo o terzo giorno uno dei miei uomini che portava l'elmetto appeso alla cintura anziché in testa se lo era visto perforare da un proiettile di Mannlicher che non era però passato dalla parte opposta rimanendo dentro l'elmetto per essere trasformato immediatamente in portafortuna (che evidentemente aveva funzionato perché dopo qualche anno ritrovai il soldato a Roma vivo e vegeto).

Quando partimmo lasciando definitivamente l'Osteria non seppi resistere alla tentazione di cedere all'esibizionismo e scrissi col catrame a grandissime lettere sulla parete esterna dell'Osteria: «Belando, sei un fesso, eravamo solo in 13».

DA OZEGNA A 3000 METRI

Rientrato il Battaglione a Ivrea dopo aver ripulito e disinfestato la parte assegnatagli del Basso Canavese, fu ripreso il lavoro di inquadramento delle nuove reclute, tutti volontari, e di completamento ed integrazione dell'armamento sia di reparto che individuale.

Veterani e reclute si familiarizzarono presto con tutti gli strumenti di morte la cui rapida assegnazione aveva meravigliato un po' soprattutto coloro che fino a poco prima avevano dovuto organizzare dei turni per maneggiare le poche armi disponibili e che avevano avuto solo poche munizioni per provarle. Come al solito, ora che non c'erano più problemi di disponibilità di armamento, a molti. parve una affermazione di personalità la scelta di un'arma individuale che non fosse quella assegnata in dotazione, così che, approfittando dell'abbondante bottino di armi catturate ai partigiani, molti sostituirono il moschetto '91 chi con uno Sten, chi con un Thompson e chi addirittura con un Bren, sobbarcandosi volentieri all'onere, imposto necessariamente dai comandanti di reparto, di portarsi appresso personalmente tutta la scorta di munizioni per l'arma scelta.

Questa mania di differenziazione non si limitava alle armi individuali ma, quando possibile, diventava di gruppo. Una volta una pattuglia trovò nascosta in un boschetto una mitragliatrice calibro 12.7 che probabilmente proveniva dall'armamento di qualche aereo. L'intera squadra si trovò d'accordo nel prenderla in dotazione extra e tutti si misero di buzzo buono per trovare nastri e munizioni e per fabbricare artigianalmente il supporto su cui montarla.

Sotto l'autoritaria ma approssimativa guida di un Sergente alquanto presuntuoso, fu costruito un treppiede rudimentale e, di nascosto da tutti, la squadra portò tutto il necessario sul greto della Dora per effettuare le prove di tiro contro la ghiaia sotto una sponda, in modo da evitare il pericolo di colpire qualcuno accidentalmente.

Questa lodevole precauzione sortì il suo effetto solo per i primi quattro o cinque colpi, perché ai conseguenti sobbalzi l'arma si separò dal treppiede proprio mentre la brandeggiava il sergente 'esperto armaiolo' e questi, senza riuscire a togliere le mani dalle maniglie di sparo, si trovò a sorreggere un infernale sputafuoco impazzito che continuava a lanciare pallottole in tutte le direzioni mentre i suoi accoliti si esibivano in tuffi di altissimo stile cercando di mettersi al riparo. Esaurito il corto nastro di prova finalmente tutti poterono rimettere fuori il naso da dove si erano rifugiati e fu deciso all'unanimità di rinunciare all'uso di quell'arma infernale.

Il giorno seguente si poté leggere sul giornale locale che un forte gruppo di ribelli badogliano-comunistl (peraltro difficilmente identificabili nonostante le molte fantasiose versioni di vari testimoni oculari) avevano vigliaccamente sparato all'impazzata con armi pesanti dalla periferia contro il centro della Città, per fortuna senza ferire nessuno ma provocando danni all'esterno ed all'interno di qualche appartamento nei piani alti, distruggendo tra l'altro un artistico lampadario nella abitazione di un notabile, presumibilmente obiettivo del proditorio attacco. I marò del Tarigo che avevano tentato di improvvisarsi mitraglieri pensarono bene di non inviare al giornale alcuna precisazione in merito ed il fatto passò, come tante altre imprese mai compiute, agli annali della Resistenza.

Mentre questa ed altre simili piacevolezze ci distraevano talvolta dal duro lavoro di messa a punto di una efficiente unità da guerra, ci fu una improvvisa recrudescenza di imboscate del tipo «sparare e sparire» tanto caro ai comunisti.

Non ce ne preoccupammo più che tanto fino al giorno in cui i partigiani tesero una imboscata ad un nostro camion che trasportava viveri e se ne impossessarono dopo aver crivellato di colpi l'autista ed i due marò di scorta.

Noi avemmo notizia dell'assassinio (e dello scempio fatto ai cadaveri) qualche ora dopo mentre eravamo quasi tutti sui campi di addestramento in camicia e pantaloni corti, data la stagione. Era il periodo in cui si faceva «Scuola di roccia».

Il laconico ordine di gettarci subito all'inseguimento degli assassini fu eseguito talmente alla lettera che nessuno perse tempo a prepararsi lo zaino completo e, arraffate quante più munizioni si poteva, tutti gli uomini validi si precipitarono a risalire la valle alla ricerca dei grassatori e dei loro compagni.

Evidentemente chi aveva ordinato l'imboscata aveva previsto la nostra reazione, anche se non così rapida ed immediata, e per due giorni risalimmo un fiume ed i sui affluenti agganciando a vista o a tiro solo quei due o tre gruppi di partigiani non comunisti lasciati volutamente all'oscuro dai compagni ideatori del «casus belli». Ma al terzo giorno cominciammo a venire a contatto con i fuggiaschi ed il giorno successivo procedemmo alla cattura di alcuni sprovveduti che non avevano corso abbastanza in fretta.

Questi sciagurati ci fornirono preziose indicazioni sulle principali direttrici di fuga dei più consistenti reparti fra cui dovevamo ricercare gli assassini (i mandanti, è chiaro, si erano già messi al sicuro in qualche convento o in qualche altro rifugio).

Potemmo così concentrare le nostre poche forze costituite per una buona metà da reclute non ancora completamente addestrate, nelle tre o quattro vallette secondarie dove era accertata la presenza di fuggiaschi. Ma per procedere in fretta lungo i pendii, arrivando a quote sempre più alte, e per non perdere contatto con i fuggitivi che ormai correvano come lepri pur essendoci, in numero, molte volte superiori, non potevamo certo aspettare che ci arrivassero indumenti pesanti e coperte e, cosa ancora più importante, i viveri.

Continuavamo così a rastrellare tutte le aree, ciascuno nel suo settore, riscaldandoci con il moto ma purtroppo senza riuscire a nutrirci a sufficienza.

Quando con sforzi ed exploits eccezionali qualcuno dal Comando riusciva a portarci vestiario o viveri tanto l'uno che gli altri erano destinati ai meno forti o ai più sfiniti. Quando alla fine arrivammo sulla neve molti avevano già la divisa completa, alcuni avevano addirittura il cappotto ma alcuni erano ancora in pantaloni corti così come erano partiti appena arrivato l'ordine. Quando si hanno l'entusiasmo dei vent'anni, ed in più la rabbia e la sete di vendetta, il freddo è una cosa che ancora si può sopportare con una certa indifferenza. Ma la fame no e pur non andando troppo per il sottile quando trovavamo qualche gallina o qualche prosciutto nelle case di quei poveracci che si trovavano sul nostro cammino eravamo cronicamente affamati tanto da cominciare ad avere allucinazioni e disturbi che molto presto ci avrebbero costretto a por fine al nostro inseguimento.

Io facevo parte di un gruppo comandato dal Pazzo che ci trascinava con una testardaggine ed una perizia che ci avevano fatto trovare sempre avvantaggiati permettendoci di non perdere mai il contatto con quelle patetiche figure che ci stavano scappando davanti e che ormai dovevano essere in condizioni miserande pur avendo potuto prepararsi in tempo per la fuga. Il guaio era, come al solito, che procedendo tanto veloci non potevamo dare abbastanza tempo per raggiungerci a chi doveva portarci le vettovaglie e perciò, sempre come al solito, avevamo lo stomaco attanagliato dai morsi della fame.

I fuggiaschi sentendo continuamente il nostro alito sulle calcagna abbandonavano sempre più spesso ciò che rallentava la loro fuga ed una volta, in mezzo ad un piccolo spiazzo riparato, oltre a varie munizioni trovammo un mucchio di fagioli tutti sparsi nella neve; evidentemente si era loro rotto un sacchetto di fagioli ed avevano considerato poco prudente fermarsi per raccoglierli.

Alla vista dei fagioli il Pazzo che, essendo il comandante di compagnia era sempre l'ultimo ad avere la sua parte di qualunque cosa fosse mangiabile e che spesso, come gli altri ufficiali, rimaneva addirittura a bocca asciutta per poterne dare di più al soldati, aveva già gli occhi come doveva averli il Conte Ugolino buonanima.

Decise seduta stante di raccogliere i fagioli pur se questo avrebbe dato ai fuggiaschi un certo vantaggio e cominciammo così a setacciare la neve finché anche l'ultimo fagiolo fu raccolto. Preparammo un fuoco con i pochi rametti secchi dei cespugli e, non avendo pentole, decidemmo di cuocerli dentro un elmetto dopo aver strappato l'interno di cuoio. Gli occhi adoranti con cui guardavamo i fagioli bollire nell'elmetto indicavano quale tipo di sogni di fagiani, pernici ed altre leccornie stessimo facendo. Quando finalmente giudicammo che i fagioli erano cotti venne fuori miracolosamente un cucchiaio di alluminio ed il Pazzo indicò ad un soldato di cominciare il banchetto. Con la lingua di fuori e gli occhi febbricitanti quel povero affamato prese una cucchiaiata di fagioli e senza curarsi del fatto che erano bollenti se li mise avidamente in bocca.

Dopo qualche secondo di masticazione quel poveraccio però li sputò fuori tenendosi lo stomaco con le mani per i conati di vomito. Il secondo soldato a prendere il cucchiaio, evidentemente pensando che la reazione del primo commensale era dovuta al lungo digiuno, si mise in bocca una cucchiaiata di fagioli bollenti, cominciò a masticarli e, idem come sopra, li sputò con forza soffrendo anche lui di conati di vomito.

È vero che i fagioli erano stati cotti senza sale e per di più con neve disciolta invece che con acqua normale, ma ciò non impedì al terzo, al quarto ed al quinto soldato di provare lo stesso a mangiarli sempre però con lo stesso risultato. Nessuno volle rendersi conto che c'era qualche cosa di strano e tutti vollero provare ad assaggiarli però ormai un solo fagiolo alla volta. Niente da fare, il risultato era sempre lo stesso finché venne il mio turno. Anch'io provai e anch'io sputai con disgusto il mio fagiolo.

Ormai la mente ci si era un po' schiarita e capimmo la ragione dell'ignobile sapore che avevano acquistato quei poveri fagioli. C'eravamo dimenticati che insieme ai fagioli si era cotta anche la vernice dell'elmetto e fagioli conditi con vernice erano un piatto abbastanza esotico perché i nostri delicati palati non fossero in grado di apprezzarlo.

Il Pazzo, come sempre quando aveva un problema da risolvere, cominciò a manifestare il tic che gli faceva muovere la testa come un uccello e, alzandola lentamente, mostrare il bianco degli occhi chiudendo pian piano le palpebre come un inspirato.

La conclusione delle sue riflessioni fu che la vernice dell'elmetto non era velenosa e che anzi, secondo lui, era a base di olio di lino per cui una dieta a base di fagioli senza sale conditi con vernice era fra le più sane che si potessero consigliare.

Da buon comandante cercò di convincerci di quanto sopra ed offrì di nuovo l' elmettata di fagioli a ciascuno di noi cominciando dal primo soldato che li aveva assaggiati che ancora si dibatteva boccheggiante nella neve domandò scrupolosamente a tutti uno per uno se volevano riprovarci ricevendo sempre in risposta violenti dinieghi accompagnati talvolta da commenti poco rispettosi e da osservazioni poco confacenti alla disciplina ed al contegno di un soldato nei confronti di un suo superiore.

Dopo essersi accertato che nessuno voleva mangiare quei fagioli si dedicò a concentrarsi per due o tre minuti in modo da autosuggestionarsi e si mise tranquillamente a mangiare tutti i fagioli fino all'ultimo (dovevano essere almeno mezzo chilo).

Oltre tutto il Pazzo aveva il dono di una forza di volontà d'acciaio ed il dono ancora più grande di trasmettere la sua volontà agli altri così che dopo aver mangiato quell'immondo piatto di cui Lucrezia Borgia avrebbe potuto benissimo servirsi per distruggere tutte le case regnanti d'Europa, satollo e rinfrancato si lanciò alla nostra testa con maggiore lena all'inseguimento. Lo stesso giorno ottenemmo dei buoni risultati catturando una buona metà di quelli che cercavano di sfuggirci e tutto dopo appena un breve scambio di colpi.

Le informazioni dateci con molto entusiasmo dai prigionieri che al vedere le nostre facce venivano presi da improvvisa ed inarrestabile logorrea ansimante, ci permisero di passare in un'altra valle, dopo aver valicato una cresta, dividendoci in tre gruppi sulle tre diverse direttrici indicateci dai prigionieri. Questi erano stati rimandati indietro accompagnati dai due o tre dei nostri che erano al limite delle loro forze e dal nostro unico ferito nel brevissimo scontro. Poco dopo iniziata la discesa potei vedere col binocolo, insieme ad un collega che mi accompagnava, l'immediato successo ottenuto dal secondo gruppo prima che questo si distanziasse tanto da non essere più visibile. Infatti potemmo vedere, in una forra ad angolo con la valletta che stavamo percorrendo noi, che i nostri all'iniziare la discesa dentro la forra avevano scorto il gruppo di fuggiaschi assegnato loro che si stava affannosamente arrampicando sulla sponda opposta.

Mentre la distanza calcolata in tempo (cioè il tempo necessario ad uno dei nostri per arrivare al punto dove era l'ultimo dei fuggiaschi) era di una mezz'ora abbondante, la distanza in linea d'aria tra una sponda e l'altra non superava i 50-100 metri. I miei colleghi al comando di quel gruppo inchiodarono subito i fuggitivi con il fuoco preciso di fucili e moschetti (i mitra a quella distanza servivano solo ad incutere un salutare timor di Dio, cosa che peraltro non è mai inutile). Dopo aver sfiorato un paio di poveracci ottenero una resa quasi immediata e poterono così catturare l'intera banda praticamente senza colpo ferire anche perché i fuggiaschi erano sfiniti quanto noi e per di più ormai avviliti se non terrorizzati.

Quelli del mio gruppo non poterono fare a meno di esprimere con poco castigate espressioni l'invidia che provavano per quel compagni più fortunati di noi che potevano così tornare indietro, coprirsi, rifocillarsi e riposare al coperto mentre a noi non restò altro che proseguire ed affrontare la notte imminente con tutti i suoi disagi esasperati dalle nostre pancie vuote. Il Pazzo era sparito al comando del terzo gruppo e non ne sapemmo niente per altri tre giorni.

Quella sera io ed un mio collega, con il nostro gruppo ridotto ormai ad una diecina di uomini, nonostante la stanchezza, procedemmo mettendo in atto gli stessi accorgimenti inventati e perfezionati nelle valli eporediensi e che avevamo collaudato con successi altrimenti impensabili; tra gli altri, uno che non falliva mai era l'inseguimento con attacco notturno.

Continuammo così, inciampando, cadendo continuamente e graffiandoci nel buio contro le roccie per circa due ore, finché avemmo di nuovo il premio della nostra perseveranza. Arrivammo infatti su un gruppo di tre costruzioni di pietra, una stalla, un piccolo magazzino ed una capanna fra cui le braci ancora rosse e vari oggetti sparsi ci confermarono che ancora una volta avevamo costretto i fuggiaschi a rimettere i sacchi in spalla ed a fuggire precipitosamente mentre stavano mangiando. Trovammo anche un paio di armi e molte munizioni il che ci faceva ben sperare per l'ormai inevitabile prossimo incontro.

È chiaro che armi, munizioni ed oggetti vari non furono il primo obiettivo delle nostre ricerche e come poveri cani affamati seguimmo i nostri nasi per cercare cibo o rimasugli di cibo qualunque esso fosse. Con nostra grande gioia trovammo una mezza testa di maiale ormai quasi senza carne.

Sotto gli occhi stralunati ed attenti di tutti noi, meno quelli dell'infelice che avevamo messo di guardia per evitare sorprese, lo scalco nominato per acclamazione tolse dal mezzo cranio fino all'ultima fibra microscopica di carne. Tutto il ricavato fu messo su una tavola e fu diviso scrupolosamente fra i dieci soldati presenti che ci misero meno di un millesimo di secondo per far sparire ognuno la sua misera parte. Mentre stavamo, io e il mio collega per prendere ciascuno la nostra parte tirando a sorte per chi avrebbe avuto i pezzetti di carne e chi avrebbe avuto l'orecchio che costituiva la dodicesima porzione e che toccò a me, ci ricordammo dell'uomo che avevamo appostato di guardia. Era fuori discussione che l'undicesima razione dovesse essergli assegnata ed il mio collega gliela portò personalmente non fidandosi in quei momenti di affidarla a chiunque altro.

Io, come un cretino, non mi ero affrettato ad ingoiare subito l'orecchio che mi era toccato anche perché era ancora coperto di peli e stavo cercando di toglierli raschiandolo con il pugnale. Mi resi conto della mia idiozia quando vidi alla luce del fuoco che li faceva sembrare ancora più iniettati di sangue, gli occhi del mio collega fissi su quel prezioso, impagabile, delizioso orecchio crudo di maiale.

Quel mio collega era mio amico fraterno da poco meno di due anni, avevamo vissuto insieme circostanze tragiche e boccaccesche, tristi ed allegre ed ognuno dei due sapeva con certezza assoluta che in caso di necessità l'altro avrebbe dato la vita per lui.

Ma di fronte a quell'orecchio di maiale cominciammo a litigare come due galli spennacchiati cominciando ad argomentare sull'esito del sorteggio appena avvenuto continuando con le vicende della serata, poi di quelle del giorno prima, poi del periodo di settimane e poi di quello di mesi relativo ai nostri rapporti finché nel miglior stile dei marinai del Ghost di Wolf Larsen tirammo in ballo i nostri antenati prossimi e lontani e ad un certo punto i nostri due pugnali cominciarono ad agitarsi molto vicino ai rispettivi nasi. Forse il luccichio delle lame ci fece ritornare al livello umano che avevamo abbandonato per diventare due lupi famelici tanto che io ricordandomi di avere il comando del gruppo gli diedi l'orecchio con la morte nel cuore sperando con tutte le mie forze che lui facesse il bel gesto di restituirmelo o almeno di darmene la metà. Non lo fece.

Dopo aver dormito alla meno peggio per terra per qualche ora ricominciammo l'inseguimento che poco prima del tramonto del giorno seguente fu coronato dalla cattura di quasi tutti quelli che inseguivamo meno due o tre che durante la cattura dei loro compagni, avvenuta senza spargimento di sangue, o per astuzia o per paura erano rimasti immobili e silenziosi senza farsi vedere.

Quando già ridiscendevamo a valle con tutti i nostri prigionieri scorgemmo tre sciagurati inerpicarsi sopra il posto dov'era avvenuta la cattura. Avrei preferito non averli visti perché mi toccò scegliere due poveri volontari per forza fra i miei uomini e vedendo il mio collega con gli altri tornare felicemente a valle con i prigionieri, ripresi ad inerpicarmi con la morte nel cuore all'inseguimento di quei tre maledetti.

Benché in teoria avrebbe dovuto essere relativamente molto più facile ora inseguire dei fuggiaschi dato il diradarsi dei boschi e la prevalenza di coste rocciose senza ripari, dovemmo invece continuare la ricerca dei tre fuggitivi per tutto il giorno dopo, senza per altro riuscire a ritrovarli. È anche vero che a loro volta essi avevano il vantaggio di non essere più un gruppo ma di poter nascondersi isolatamente nel qual caso avevano la quasi certezza di sfuggirci come infatti avvenne per due di loro. Il terzo per volere fare il furbo fu viceversa catturato perché avendo chissà come trovato un cavallo da lavoro sperduto al limite dei boschi aveva pensato di poter affrettare la sua fuga montandogli in groppa o facendosi tirare dopo avergli afferrato la coda.

Quasi gli riuscì ma, anche stavolta quasi all'imbrunire, lo scorgemmo mentre si cacciava in una stretta gola dando gambe più che poteva. Inseguitolo a perdifiato li trovammo, lui e il cavallo, che erano scivolati in una specie di pozza in un torrente fra due pareti di roccia e sotto una cascatella senza alcuna possibilità di uscire da nessuna parte ed immersi nell'acqua fino al ginocchio.

Tirato fuori l'uomo e legatolo per bene non potemmo non renderci conto che lasciare lì il cavallo senza tirarlo fuori in qualche modo voleva dire far morire quella povera bestia se non di sete però certamente di fame.

Arrivato il buio senza che i nostri futili tentativi avessero il minimo successo io decisi di rimandare i miei due soldati ed il prigioniero verso la nostra base, qualunque e dovunque fosse, con l'ordine di rimandarmi indietro un gruppo fresco con le migliori attrezzature disponibili (la pomposa parola non inganni nessuno dato che al massimo avrebbero potuto trovare corde, cinghie e coperte), mentre io avrei atteso lì vicino al cavallo anche con la speranza che mi cascasse in mano l'uno o l'altro o anche tutti e due gli altri fuggitivi.

Passai così la notte all'addiaccio facendo ogni tanto delle discussioni di alta filosofia con il cavallo che ragionava molto meglio di me e cercando di giustificare la mia assurda decisione con argomenti validi mentre la verità era che io non gliela facevo più, letteralmente, a stare in piedi.

Verso il primo pomeriggio del giorno dopo arrivarono freschi e paffuti come cherubini una venticinquina di uomini che non avendo avuto emozioni sufficienti durante le varie fasi dell'inseguimento per essersi trovati in aree morte volevano ricavare il massimo del divertimento dove potevano trovarlo.

Furono tanto intelligenti da portarmi abbondante cibo e grappa di quella fatta in casa che aveva almeno 65 gradi.

Dopo essermi abbuffato quasi senza masticare ed aver ingollato il doppio di quanto sarebbe stato conveniente di grappa, mi avvolsi in una coperta dato che ero ormai duro dal freddo accumulato a stomaco vuoto e mi misi a dirigere le operazioni per tirar fuori il cavallo dall'acqua.

Quella povera bestia cui la poca erba che io gli avevo buttato nella mattinata non era certo bastata a dargli forza, pur capendo che lo stavamo aiutando era piuttosto restio a sottomettersi passivamente ai vari marchingegni di corde, pali e coperte con cui cercavamo di impacchettarlo per poterlo tirare fuori da quella specie di pozzo facendolo scivolare in su sullo stesso pendio di roccia muschiosa in fondo alla quale lo aveva spinto quel disgraziato che lo montava sperando evidentemente di poter uscire a monte dove invece aveva trovato la cascatella fra le pareti di roccia.

Le doppiette, i morsi e le impennate che dovettero subire i soldati subito infradiciatisi in mezzo all'acqua terminarono solo quando quella povera bestia non ebbe più forze per resistere ed allora, completamente estenuati tanto noi che il cavallo, riuscimmo a tirarlo in su facendolo scivolare sul muschio. Benché sfinito, approfittò di un nostro momento di distrazione per sparire dalla vista di quel mucchio di forsennati come evidentemente aveva dovuto giudicarci.

Senza neanche perdere tempo per asciugarci dopo quell'impresa omerica di tirare su trecento chili di carne viva e scalcitante spingendo, tirando, difendendoci da morsi e calci, cascando ripetutamente nell'acqua e soffrendo di tutto quello che può capitare in simili casi, come escoriazioni, lussazioni, storte, bozzi, graffi e lacerazioni, riprendemmo la strada di casa.

Durante brevissimi momenti per tutta la fase del salvataggio del cavallo io ero riuscito a mettermi in bocca qualche altro boccone di cibi vari senza neanche riconoscere che cosa mangiavo. Ero talmente intirizzito che non mi rendevo neanche più conto del freddo che stavo prendendo tutto zuppo come ero e continuavo a prendere grandi sorsate dalla borraccia di grappa. Mentre la grappa ingurgitata abbondantemente mi dava l'illusione di avere abbastanza energie per poter tornare di buon passo alla base, d'altro canto mi rendeva le gambe sempre più malsicure tanto che un paio di bravi soldatini pur senza arrivare all'estremo di sorreggermi costantemente mi tenevano però sempre d'occhio stando a portata di mano per darmi un sostegno quando (sempre più spesso mano a mano che andavamo avanti) ne avevo bisogno per non cadere.

Tutto andò bene o per lo meno abbastanza bene finché continuammo a scendere per le vallette e valli successive fino ad arrivare a fondo valle dove era stata piazzata una base provvisoria. Senonché la base era stata messa in una malga che era in cima ad una specie di basso mammellone pratoso.

Arrivati all'attacco del mammellone a non più di 30 metri dalla malga i soldati si dispersero verso le varie tende, stalle, fienili e capanne dove ognuno di loro avrebbe passato la notte ormai sopraggiunta. I due che mi avevano tenuto d'occhio durante tutta la discesa ormai tranquilli perché non c'erano da fare che pochi metri su un prato liscio e facile verso la malga, mi salutarono allegramente e se ne andarono lasciandomi solo.

Io cominciai a salire verso le luci delle lampade a petrolio che si diffondevano dalle finestre e dalla porta della malga e mi sorpresi molto, nel mio stato di semiebbrezza, di sentire le gambe pesanti come se mi avessero attaccato a ciascun piede qualche quintale di piombo vaneggiando con irritazione sulla cattiva scelta del momento per farmi un simile scherzo da prete; comunque continuai eroicamente a salire verso le luci trascinandomi tutto quel piombo pensando che non valeva la pena di togliermelo dai piedi dato che ormai ero quasi arrivato.

Riuscii così ad arrivare a circa dieci metri dalla porta facendo passi sempre più brevi e sempre più lenti.

Ma lì caddi a faccia avanti e con gli occhi fissi sulla luce che usciva dalla porta rimasi completamente inebetito fino a quando qualcuno, uscendo per caso, mi vide e, chiamato aiuto, fra lazzi, scherzi e risate non fui portato dentro.

Da quella volta i miei soldati non mancarono occasione nei miei momenti di crisi o di mugugno, di onorarmi con una strofetta creata in quell'occasione che diceva:

«sulle cime dei nostri bei monti
abbiam visto il tenente La Serra
che gridava disteso per terra:
Alpini miei abbiate pietà».

Il che anche se non li può far laureare come sommi poeti certamente rivela una delle loro caratteristiche di ragazzi allegri, coraggiosi, menefreghisti, generosi e spregiudicati. Ma i lucratori della Resistenza ne fanno ancora oggi oggetto di basse calunnie tendenti a farli bollare come feroci carnefici, torturatori e assassini secondo i canoni della storiografia ufficiale.

In realtà, a cominciare da quella di Luigi Longo tanto sfacciatamente propagandistica da far sembrare Goebbels un modesto dilettante, migliaia di Storie della Resistenza troppo fantasiose inducono paradossalmente i lettori a dubitare che la Resistenza abbia realmente avuto luogo altro che nei vaneggiamenti a posteriori dei suoi «storici»,

Nelle innumerevoli descrizioni di epiche battaglie resistenziali, sempre eroiche, raramente vengono indicati il luogo e la data (comunque non tutti e due) forse per non correre il rischio che con semplici controlli si scopra essere il tutto una «spiritosa invenzione»,

Quanto alla disinvoltura con cui si è sconvolta la verità bastano tre esempi: l'assassinio con una carica di esplosivo a miccia lenta di 32 inermi sessantenni altoatesini a Roma è stato descritto come «l'attacco di audaci patrioti contro una colonna di SS in pieno assetto di guerra sconfitti in combattimento»; il rapido dileguarsi dei Fiapi sul Cansiglio ad ogni accenno di rastrellamento è passato alla storia come il susseguirsi di «episodi epici in tutto il periodo della lotta. Principale quello di Col Moschin dove 'Fracassa' ed i suoi tennero testa in 5 o 6 a migliaia di tedeschi sterminandoli con le armi e poi con i sassi rotolati giù dal pendio quando le munizioni vennero a mancare»; le cocenti sconfitte subite per ben due volte dal IX Korpus di Tito nella Selva di Tarnova ad opera della DECIMA (riportate con amarezza nelle misurate ed obbiettive relazioni militari ufficiali Jugoslave) vennero trasformate in vittorie nelle retoriche versioni del commissario politico comunista di una formazione di rinnegati italiani agli ordini degli jugoslavi.

Nemmeno uno scrittore di riconosciuta e meritata fama come il Paolo Monelli di «Le scarpe al sole» che la mia generazione aveva idolatrato, ha saputo resistere ai vantaggi garantiti dall'esaltazione della mitica Resistenza e dalla denigrazione dei Repubblichini. Trasformatosi, per ingraziarsi i potenti, nel cachettico autore del conato letterario di grande successo «Roma 1943», non esitò a definire «...da guappo, con il berretto alla raffaella e i calzoni alla cacajola..» perché vestita dalla Nembo, dalla San Marco e dalla Decima, la stessa uniforme che aveva ammirato come elegante e funzionale quando la aveva vista vista addosso ai paracadutisti della Folgore in Africa Settentrionale. Tutto come preludio alla ignobile calunnia che segue poche righe appresso dove non si perita di inventare che i volontari di quei reparti fuggivano per le campagne ricercando abiti civili «appena il fronte di Anzio aveva vacillato» ignorando di proposito che quei ragazzi avevano opposto agli

Alleati una resistenza disperatamente tenace durata oltre quattro mesi subendo, sempre in prima linea, la perdita di più di metà degli effettivi fra morti e feriti.

In Piemonte, al «Tarigo» anche le reclute erano diventate veterani in pochi giorni e noi stessi al comando, pur avendo già un bel po' di esperienza di guerra, l'avevamo molto arricchita con la lotta alle bande.

Per esempio avevamo imparato che tutto il vantaggio che i fuggitivi acquistavano su di noi durante il giorno quando loro potevano filare dritti per la loro strada preoccupandosi solo di correre il più possibile mentre noi dovevamo rastrellare tutta la zona intorno al sentiero o comunque all'itinerario che percorrevamo, potevamo annullarlo proseguendo fino al limite delle nostre forze dopo che già si era fatto buio obbligando i nostri nemici a riprendere in fretta le loro cose ed a scappare magari, si fa per dire, in mutande al sentirci avvicinare quando già si erano accomodati per dormire.

Questo accorgimento ci permetteva anche di raccogliere le poche miserabili spoglie che nella fretta della fuga improvvisa i nostri sciagurati nemici non facevano a tempo a, o dimenticavano di, raccogliere; inoltre, provocando ogni fuga una diaspora in formato ridotto, ci succedeva anche di acchiappare uno o due dispersi più stupidi degli altri che avevano perso l'orientamento.

Senza mai mollare non ci mettemmo molto ad arrivare ai ghiacciai del Gran Paradiso dove, messi i fuggiaschi con le spalle al muro con la sola alternativa di arrendersi o combattere, potemmo tranquillamente sistemarci per prepararci a dar loro il colpo finale. Ci volle meno di una giornata per convincerli che per loro era finita e così gran parte si arresero.

Se si prescinde dalla fantastoria, nella realtà i nostri costanti successi dipendevano anche dal fatto che in genere tutte le unità della Decima Mas costituivano una assoluta novità rispetto al tipo di organizzazione delle unità dell'esercito regio, anche se in Piemonte stavamo appena facendoci la abitudine.

Dalla unità più piccola, la squadra, fino alla unità battaglione, tutte potevano costituire in qualunque momento un reparto tattico assolutamente autonomo secondo le cui dimensioni e scopi tutte le funzioni necessarie erano assegnate e ciascuno era in grado, secondo le circostanze, di svolgere i compiti opportuni. L'unità più agile e più completa, dotata di tutta la gamma di armi portatili, era la Compagnia.

Questo era il più efficiente reparto tattico attrezzato ed armato per la massima autonomia logistica ed operativa ed in cui ogni uomo in azione sapeva di poter contare ciecamente sui suoi camerati dei quali era in grado di prevedere le azioni ed il comportamento in ogni circostanza.

A pagina 367 della sua «Storia dell'Italia partigiana» Giorgio Bocca riconosce la straordinaria efficienza dei reparti della Decima costituiti in questo modo e considera una fortuna per la Resistenza che gli imitatori di queste «Bande antibanda» non fossero più numerosi.

FRA LO STURA E L'ORCO

Cominciata la baraonda di inseguimenti dietro ai Fiapi su per la valle dell'Orco i bravi alpini «in pectore» del Tarigo si erano trovati sorprendentemente idonei ad arrampicarsi per pareti e ghiacciai anche oltre i 3000 metri grazie soprattutto alla sana pratica del portare in giro un sacco di sabbia sulla spiaggia di Jesolo acquistando così gambe forti quanto quelle che, con lo stesso esercizio, si sarebbe plasmato Jean Claude Killy per diventare campione del mondo di sci.

Purtroppo non si trattava sempre di arrampicate per pareti e ghiacciai che, da un certo punto di vista sportivo, sono anche divertenti; troppo spesso si trattava invece, soprattutto sopra Pont Canavese, di inseguimenti sotto pioggia e nevischio per valli e vallette tetre, scure ed ostili perfino nell'aspetto e che solo la pubblicità turistica mostra falsamente attraenti.

Per dare un'idea di come siano ingannevoli le descrizioni dei depliants delle aziende di soggiorno e turismo basti ricordare che a un paesino fra Locana e Noasca, per 110 giorni all'anno non arriva il sole.

La mia Compagnia fu dislocata a Noasca da dove i vari plotoni correvano su per le valli a Nord del paese contando per la propria sicurezza solo sulla scarsa propensione dei Fiapi per gli scontri a fuoco, dato che in quelle condizioni di tempo e per posti tanto impervi ed inospitali solo la loro incapacità ci salvava dall'essere annientati.

Le altre Compagnie del «Tarigo» facevano lo stesso per tutta la lunghezza della Valle dell'Orco da Locana fino ad oltre Ceresole Reale.

Benché non avessimo occasione di vedere il sole più di due o tre volte durante brevi intervalli di tempo sempre impossibile, pure ci ritenevamo fortunati di essere arrivati lì in estate e ci prestavamo a vicenda gli indumenti pesanti di lana quando ci toccava uscire in azione o di pattuglia dato che la metà dei nostri effetti personali era sempre davanti al fuoco per asciugarsi.

Trovato un posto dove capitava di dover andare con molta frequenza per essere una specie di trivio per i Fiapi fuggiaschi, il mio plotone ebbe l'ordine di trasferirvisi usufruendo come riparo di una specie di baita situata convenientemente vicina.

Vista la convenienza degli appostamenti effettuati da lassù e viste le frequenti catture di fuggiaschi il Comandante del Battaglione mandò a farmi compagnia anche il Pitecantropo con il suo plotone così che io ebbi la brillante idea di fare un salto ad Ivrea per prendere la mia personale motocicletta MM 500 per usarla su quei sentieri da capre come mezzo tanto di collegamento rapido come di trasporto di viveri e munizioni.

Fu proprio per una urgente missione di collegamento che una sera partii in fretta e furia dalla baita per raggiungere a valle il Comando del Battaglione in quanto le prime informazioni estorte (naturalmente con la massima gentilezza e cortesia) ad un prigioniero caldo caldo potevano essere di una certa importanza per le operazioni delle altre Compagnie dislocate lungo la valle. Inforcata così la motocicletta e tolta la mascherina di oscuramento dal fanale, mi precipitai in discesa a rotta di collo per un sentiero che conoscevo abbastanza bene ma che avevo fatto solo di giorno.

Ad un certo punto il sentiero, di fronte ad un muro a secco di pietre, svoltava bruscamente verso destra per correre poi lungo il muro. Qualche montanaro spiritoso, forse per non riportare a valle un fondo di barattolo di calce bianca, aveva dipinto di bianco proprio la parte di muro di fronte al sentiero che vi arrivava in discesa.

Di giorno io non avevo mai notato quel dettaglio nel paio di viaggi che avevo già fatto balzellon balzelloni in moto, ma quella volta arrivandovi di notte, fra il movimento convulso del fascio di luce del mio fanale dovuto ai sobbalzi, e la mia vista che non è stata mai eccezionale neanche di giorno, chissà perché, al vedere quella macchia bianca invece di riconoscerla per una parte di muro dipinta la presi per il proseguimento del sentiero. Vi arrivai perciò dritto e perpendicolare sbattendoci violentemente con la ruota anteriore mentre la motocicletta si alzava in verticale schiacciandomi contro il muro.

Mi trovarono ancora lì privo di sensi poco dopo l'alba la mattina dopo quando uno del mio plotone accompagnò il prigioniero a valle.

Non essendomi rotto niente me la cavai con un principio di bronchite dovuto all'esposizione alla notte gelida ed umida, ma la mia povera motocicletta ebbe bisogno di un trattamento intensivo e radicale che durò molto di più dei due giorni di riposo assegnatimi dal medico del Battaglione.

Il partigiano sedicenne che mi portò praticamente quasi sulle spalle sino a valle fu da me ringraziato come meglio potevo ed ebbe, anche per merito mio, oltre che per non avere colpe gravi, un trattamento di favore così da essere lasciato libero quasi subito, tanto che lo incontrai proprio quando stavo per tornare alla baita per riprendere il comando del mio plotone.

Dovendo fare la stessa strada gli proposi di accompagnarmi ed avendo lui accettato, si fermò poi per la notte con noi.

Ad un certo momento non si sa come qualcuno gli fece l'offerta di arruolarsi con noi, cosa che dopo due giorni di ulteriore permanenza nella baita si convinse a fare, aumentando il mio plotone da 12 a 13 uomini. Si comportò sempre in modo ineccepibile fino alla mia assegnazione a Marostica nell'aprile del '45 quando, separato dal resto del Battaglione, lo persi di vista e non ne seppi più niente.

Una delle ragioni per le quali io portavo il moschetto anziché il mitra era che, soprattutto in montagna, è meglio avere un tiro sicuro anche a distanza anziché disporre di un volume di fuoco notevole con efficacia effettiva solo da vicino. Un'altra ragione era che ero riuscito con astuzie a manovre complicatissime a comprare quel gioiello di meccanica di precisione che è la pistola Steyr calibro 8 dando in cambio la mia Beretta calibro 9 corto più alcuni biglietti da 10 lire, ma non ero riuscito a procurarmi neanche una pallottola in più delle 10 datemi dal venditore.

Effettuato un solo tiro di prova stavo bene attento a non consumare le 9 pallottole rimastemi finché non ne avessi trovato una provvista adeguata che però non riuscii mai a procurarmi.

L'impossibilità di trovare altre pallottole divenne preoccupante quando, appena arrivati da Ivrea a Vittorio Veneto, quando io ero ancora al comando di tutto il contingente del Battaglione assegnatomi dal Comandante, dovemmo in fretta e furia entrare in azione contro un gruppo di Fiapi sprovveduti che forse non sapendo del nostro arrivo si erano fatti vedere armati nei pressi della cittadina. Dimentico delle mie responsabilità di comandante in capo mi lasciai andare a partecipare alla caccia all'uomo nelle campagne circonvicine dove quegli eroici fazzoletti rossi si erano fulmineamente sparsosi saltando filari di viti come canguri.

Il mio fiuto di cacciatore e la mia abilità di topografo ricognitore mi permisero di stanare uno dei fuggiaschi che, nonostante le mie intimazioni di fermarsi e di arrendersi, accelerava in modo quasi supersonico la sua fuga tanto che mi vidi costretto, quasi mio malgrado, a puntargli la pistola ed a tentare di fermarlo con una pallottola prima che mi sfuggisse irrimediabilmente. Mirai giusto, premetti il grilletto a doppio scatto caratteristico della Steyr con tutta la delicatezza possibile e cominciai a bestemmiare come un turco perché invece dell'esplosione dello sparo si sentì un debole clic mentre il fuggiasco si perdeva all'orizzonte.

Da quel momento, oltre a cercarmi un'altra pistola, misi la Steyr a riposo e mi attenni alla decisione di portarmi sempre appresso il fedele moschetto che non mi aveva mai tradito.

In proposito posso solo dire che dopo tanti anni non mi dispiace di non essere riuscito ad ammazzare quello sciagurato che mi scappava davanti. Spero solo che non sia stato uno di quelli che di notte, a tradimento, ammazzarono tre miei commilitoni disarmati sparando loro, secondo l'uso comunista, alle spalle, proprio a Vittorio Veneto.

Non sono stato il solo del mio Reparto che, in un modo poco italiano, ha ripensato ai momenti in cui la vita di qualcuno era dipesa dal suo mirare e premere il grilletto.

Dopo molti anni un mio alpino mi ha raccontato che durante un pattugliamento sui monti a destra dello Stura, a Sud di Ala, avevano sorpreso un gruppo di Fiapi sul lato opposto della valletta che stavano battendo. Appena i due gruppi si videro reciprocamente, la pattuglia del mio Plotone diede l'alt mentre il gruppetto sorpreso a bivaccare si diede a fuga precipitosa.

Non avevamo ancora imparato l'aurea regola di «prima sparare e poi domandare chi è» che fummo invece costretti ad adottare senza riserve a Vittorio Veneto dove le imboscate notturne a nostri militari in libera uscita e disarmati nel centro della città ci avevano fatto capire di stare in una zona di provocatori, senza dubbio comunisti, esperti della tattica di «sparare e sparire».

Il Sergente Maggiore che comandava la pattuglia, dopo aver intimato l'alt per la terza volta ed avendo visto senza ombra di dubbio che i fuggiaschi erano armati, diede l'ordine di sparare. La distanza in linea retta non arrivava a 50 mt. benché la distanza da percorrere tra un gruppo e l'altro scendendo e risalendo le due rive fosse molto più lunga, ragion per cui non sarebbe stato difficile colpire tutti i fuggiaschi.

Tutti i miei soldati, benché ancora inesperti, erano però del buoni tiratori ed il soldato che mi raccontò poi l'episodio era addirittura un tiratore scelto per cui a quella distanza avrebbe potuto colpire anche uno scoiattolo.

Viceversa nessuno dei fuggiaschi fu colpito perché, come mi disse poi il soldato, né lui né i suoi compagni avevano osservato che i fuggiaschi erano armati come invece aveva capito l'occhio sperimentato del Sergente Maggiore e di conseguenza nessuno dei soldati tirò ad ammazzare nel dubbio che quelli che stavano fuggendo fossero innocui montanari che scappavano per semplice comprensibile paura.

I fuggiaschi si persero per i boschi ed i miei soldati ebbero modo di pentirsi di non aver mirato all'uomo quando arrivarono sul posto del bivacco dei Fiapi trovarono intorno le armi buttate via per scappare più in fretta, e, fra gli effetti personali abbandonati nel sacchi, trovarono anche carte e documenti che non lasciavano dubbi sulla loro appartenenza ad una delle bande di sciagurati partigiani che stavano risalendo quelle valli per fuggire davanti ai nostri reparti che li incalzavano.

I miei soldati si pentirono ancora di più della loro umanità quando passarono da Ala i primi feriti loro amici degli altri plotoni che avevano inseguito i partigiani fino a Pian della Mussa ed al Rifugio Gastaldi cacciandoli poi a pedate oltre il confine francese dove, quelli che non furono disarmati e rimandati indietro, sempre a pedate, dai maquisards francesi, furono internati in campi di soggiorno coatto.

Fu dopo quella brillante dimostrazione pratica di attitudine operativa ad azioni di alta montagna che il Comandante della Decima volle passare di nuovo in rivista il Battaglione per felicitarsi del tenace comportamento nella ardua spedizione punitiva di inseguimento e annientamento della formazioni comunistoidi colpevoli di efferati assassinii perpetrati a scopo provocatorio.

Dopo l'encomio il Comandante chiese a Manlio come avrebbe potuto premiare il Battaglione.

I marò del Tarigo chiesero solo di poter portare (i veterani non l'avevano mai abbandonata) la penna ed il Comandante acconsentì subito; non potè evitare di restare a bocca aperta quando vide molti marò estrarre dalla giubba il cappello alpino che si erano sempre portati appresso per sostituirlo, in azione, al basco di ordinanza. Dopo un simile gesto annunciò seduta stante che il nome del Battaglione Guastatori AlpIini della Decima da quel momento sarebbe stato, anche ufficialmente, «Valanga».

Mentre i miei compagni la risalivano combattendo fino ad oltre il confine, il mio plotone era stato destinato a garantire la sicurezza della Valle dello Stura, per un tratto di più di 10 km a monte di Ceres istituendo un presidio forte di ben 14 uomini, me compreso, con il mio «Quartier Generale» ad Ala.

Come d'abitudine chiesi a Marco di dare un'occhiata in giro ma dimenticai di indicargli i limiti di spazio e di tempo per eseguire la sua esplorazione. Lo sciagurato, partito senza indugi con un soldato di Monza di assoluto affidamento, non si fece vedere per i successivi tre giorni procurandomi un notevole stato di ansietà.

Al ritorno mi riferì, dopo che l'avevo abbondantemente insultato per sfogarmi, che per accertare fino a dove la zona era pulita, era salito passo passo fino alla cresta della dorsale della Uja di Mondrone che separa la Valle di Ala dalla Val Grande dove era poi sceso fino a Forno per arrampicarsi successivamente fino al Rifugio Daviso a 2280 metri senza incontrare o scorgere alcun partigiano. Mi disse anche della incredibile quantità di armi e munizioni che i Fiapi avevano abbandonato in quota senza neanche cercare di occultarle per la fretta di scappare e che lui, tranne i due esemplari pregiati che aveva raccolto e riportato con se, aveva reso inservibili con il rincrescimento di non poterle aggiungere all'eterogeneo armamento del plotone.

Tutto il mio battaglione aveva dovuto percorrere la valle a piedi portandosi appresso armi, viveri e munizioni sulle spalle dato che il ponte, a valle di Ala, era stato fatto saltare dai Fiapi per tentare di frenare il nostro inseguimento che non si aspettavano fosse tanto deciso.

Appena ricevuto l'ordine di presidiare Ala e di garantire la sicurezza sulla strada io pensai di trasferirmi armi e bagagli all'albergo del luogo che da tutti i punti di vista sembrava il posto più conveniente. Quando però vi misi piede mi resi conto che la fatica di Ercole per pulire le stalle di Augia era stata una passeggiata al confronto di quello che mi ci sarebbe voluto per rimettere in stato d'uso anche solo una parte di quell'albergo lasciato dai bravi combattenti della libertà pieno di escrementi, mobili spaccati ed ogni cosa visibile fatta a pezzi.

Ripiegai perciò su una locanda un po' appartata dalla strada ma sufficiente a dare alloggio, anche se un po' risicato, a me ed ai miei uomini.

Mentre, dopo aver stabilito come di regola un pattugliamento di sorveglianza dei dintorni, studiavo e prendevo tutte le disposizioni del caso, un po' deluso per essere stato tolto dalla punta avanzata del battaglione ma, in fondo in fondo, contento di poter far riposare (si fa per dire) i miei uomini, mi giunse una staffetta del Comandante che mi ordinava di costruire un ponte di circostanza per il passaggio di autocarri medi, al posto di quello fatto saltare dai partigiani.

È vero che io ero Ufficiale del Genio fortunosamente promosso con ottimi voti alla Scuola di Pavia; è vero che avevo costruito qualche decina di passerelle e ponti di circostanza sia come soldato che come allievo ufficiale; è vero che avevo frequentato due anni della Facoltà di Ingegneria, ma era anche vero che la prima regola imparata dagli Ufficiali del Genio dice di mettersi, al momento del collaudo, sotto il ponte da te costruito perché se crolla è meglio morire schiacciati che subire la vergogna e la condanna per averlo costruito male.

Purtroppo i miei quattro volumi in carta Oxford del «Manuale per gli Ufficiali del Genio» erano rimasti nel mio alloggio ad Ivrea e potevo solo fidarmi della mia memoria e del mio buon senso per progettare, calcolare e costruire un ponte che, data la posizione, doveva avere più di 15 mt. di luce.

Fatti i primi rilevamenti, più o meno precisi data la mancanza di strumenti adatti, e segnati gli alberi più vicini che era necessario abbattere per farne delle travi, operai con tutti i miei uomini (esclusi naturalmente quelli di pattuglia di sicurezza) una perquisizione a tappeto di tutte le case, baite e capanne della zona per procurarmi seghe, segacci, asce, zappe, vanghe, martelli, chiodi e funi.

Nel corso di questa intensiva ricerca mi slogai di nuovo la spalla, tanto perché non dovessi lamentarmi di non aver abbastanza problemi.

Spalla lussata o non spalla lussata riuscii a buttar giù un passabile schizzo del ponte che avevo pensato di costruire ed a impostare il piano di esecuzione cominciando a far abbattere gli alberi scelti mentre affinavo e correggevo i calcoli entrando sempre più nel dettaglio.

Per mia fortuna quando avevo già completato come potevo tutti i calcoli relativi ad un bellissimo ponte a travi armate inferiormente e stabilito le dimensioni delle travicelle d'impalcata, dei puntoni, delle traverse e delle sottotravi, fui raggiunto dal Capitano vicecomandante del battaglione, mandatomi ad ogni buon conto ed a scanso di equivoci dal mio Comandante che si fidava sì di me, ma si fidava di più del Capitano, anche perché oltre che di grado mi era superiore di età e di esperienza. Con mia grande soddisfazione non cambiò una virgola del mio progetto.

Compimmo praticamente un miracolo effettuando il collaudo (con il primo degli autocarri di cui si era già formata una fila a valle) dopo meno di 48 ore dall'arrivo dell'ordine. Per un ponte di oltre 15 m era un record.

Io me ne andai puntigliosamente sotto il «mio» ponte e, per fortuna, tutto andò bene. Quando ce ne andammo da quella valle, al contrario dei partigiani, lasciammo il ponte in buon stato d'uso e fino a quando, con la ricostruzione dopo finita la guerra, non fu costruito il nuovo ponte definitivo, il «mio» ponte rimase lì in funzione per più di due anni.

Compiuta quella impresa memorabile il cui buon esito fu doverosamente celebrato con abbondanti libagioni di grappa locale requisita senza perdersi in sottigliezze insieme agli strumenti di lavoro, non ebbi il tempo di crogiolarmi nella mia soddisfazione perché mi fu ricordato, senza molta coerenza, che il mio compito non era costruire ponti ma mantenere sicura la valle per il passaggio del nostri reparti.

Forte dell'esperienza positiva del precedente incarico sulle vie del Canavese cominciai la notte stessa a guidare una delle tre squadrette che pattugliavano continuamente i due lati della valle.

Purtroppo mentre ad Ivrea si era in collina ad Ala si era in montagna e ci tornò molto utile l'allenamento ad arrampicarci, spesso con l'aiuto delle mani, che avevamo fatto nella valle dell'Orco. Ogni uscita era comunque spossante e spesso ci capitava di dover bivaccare in qualche posto oltre i 2.000 m di quota quando un'informazione
o l'avvistamento col binocolo ci spingevano ad andare in ricognizione a molte ore di distanza dalla base.

Io avevo un bellissimo giaccone inglese da paracadutista estremamente funzionale e dotato di aperture e tasche per soddisfare qualunque necessità (compresa l'apertura al cavallo del tipo di quella dei pantaloni dei Lanzichenecchi) incluso perfino, fra le altre comodità, un taschino, cucito su un bordo, con due piccole lame di acciaio, una seghettata ed una a filo, da usare per evadere in caso di essere fatti prigionieri, che io stesso scoprii solo dopo mesi che lo indossavo.

Il mio giaccone da parà era, naturalmente, anche impermeabile ma quando le tute di tela mimetica fornite ai miei soldati si dimostrarono resistenti all'acqua solo per poche ore, dovetti mio malgrado abbandonare il mio bel giaccone e vestirne uno uguale a quelli di tutti gli altri per non godere di privilegi nei confronti dei miei alpini e dei miei colleghi. Solo quando arrivarono dei teli tenda veramente impermeabili con il regolamentare foro centrale così da poterli usare come «ponchos» potei ricominciare ad usare il mio giaccone senza rimorsi.

Come se fra ponti da costruire, pattugliamenti da fare e partigiani da inseguire e catturare non avessi già abbastanza cose di cui preoccuparmi mi capitò fra capo e collo una comunicazione dal Comando di assistere e favorire per quanto possibile un certo individuo incaricato di procurare quanto potesse essere necessario al Battaglione al di fuori dei materiali di normale dotazione.

L'individuo oggetto di tale comunicazione faceva il mestiere che oggi quei profondi studiosi della lingua italiana, che per meriti politici prendono lo stipendio dalla Rai come giornalisti, chiamerebbero di «faccendiere» e che la gente normale indicherebbe come «maneggione» mentre nel teatro o al cinema sarebbe indicato come «trovarobe».

Quell'individuo soprannominato «Baffo» era senza dubbio abilissimo nel trovare tutto quello che ci serviva, soprattutto quando sembrava impossibile poterlo trovare. Aveva però, per compensare questa indubbia ed eccezionale abilità, il piccolo difetto di approfittare del nostro interessato appoggio per appropriarsi, usando il nostro nome, di tutto quello che aveva un certo valore pagandolo quattro soldi e portandolo poi nei due o tre ripostigli segreti che si era preparato ad Ivrea e a Torino a nostra insaputa.

Era arrivato perfino a vestire la nostra uniforme e solo un mio intervento molto duro lo convinse a non portare più le nostre mostrine ed i nostri distintivi (che gli strappai violentemente di dosso) e a moderarsi un po' nell'uso del nostro nome e delle nostre credenziali e nel millantare un credito esagerato.

Fra le altre cose venni a sapere che durante una legittima operazione di requisizione di una motocicletta Gilera 500 militare che effettivamente sarebbe stata molto utile per il Battaglione e che il suo fiuto eccezionale gli aveva permesso di scoprire seppellita sotto quintali di foglie secche di granoturco, aveva anche «requisito» per conto suo per poche lire una splendida moto 500 da corsa che certo non sarebbe stata assolutamente di alcuna utilità militare ma che lui voleva evidentemente usare dopo la fine della guerra essendo, tra l'altro, un appassionato di motociclismo.

Io venni a sapere dell'appropriazione indebita di quella moto quando una giovane e piacente signora venne a trovarmi mentre, a causa dei miei scrupoli nell'uso del giaccone da parà inglese, mi ero preso una ennesima bronchite e cercavo di smaltirla a letto riempito di sulfamidici fino alle orecchie.

Quella bella signora (mandata evidentemente da quello sporcaccione di suo marito proprietario della motocicletta nascosto prudentemente in qualche rifugio) oltre a mettermi al corrente del misfatti del Baffo dandomi molti elementi e dati di fatto contro di lui mi supplicò di restituirle la motocicletta ed una macchina da scrivere (anche quella carpita dal Baffo) che costituivano gli unici beni mobili di suo marito facendomi capire chiaramente che mi avrebbe dimostrato praticamente e volenterosamente la sua gratitudine.

Soprattutto a causa della febbre alta e della bronchite ma anche perché non mi sembrava corretto approfittare di una donna per fare un atto di giustizia, feci finta di non comprendere le sue profferte.

Meno scrupoloso e soprattutto meno malato di me, il soldato che in quel momento mi faceva da piantone colse senza esitazione la palla al balzo e, accennando vagamente ad un suo influente intervento per far restituire il maltolto credo non ebbe difficoltà ad ottenere i favori della donna con cui, immagino in pieno accordo e con piena soddisfazione reciproca, passò alcuni piacevoli momenti e forse piacevoli notti) senza probabilmente che la motocicletta fosse più menzionata.

LA BATTAGLIA DELLE PIGNE

Poi, fra i miei vari atti di sublime eroismo ci fu anche la battaglia delle pigne.

L'ordine di rientrare alla base per motivi logistici ci fu dato quanto eravamo in giro da parecchi giorni durante i quali dopo tante piccole ma violente scaramucce avevamo ogni volta effettuato estenuanti marce di inseguimento.

Avevamo infatti urgentissimo bisogno di lavarci, cambiarci e dormire decentemente e di mangiare qualcosa di caldo, oltre che, naturalmente, provvederci di nuove munizioni e ricomporre i reparti dopo le frammentazioni e le dispersioni cui ogni unità si era dovuta adattare una volta adottato con successo il metodo della bande antibanda.

Essendo sempre intervenuto qualche cataclisma al momento in cui io dovevo essere promosso, non ero mai andato oltre il grado di sottotenente ma per anzianità di grado e per altri motivi ero normalmente considerato come quello cui affidare il comando in assenza dei titolari; in quel caso il capitano comandante la compagnia era stato ferito ed io ebbi l'incarico di riportare la mia compagnia, che in quel momento non consisteva in più di 70-80 uomini presenti, fino alla base, possibilmente senza perdite.

Si trattava di traversare una zona di brughiere e boschi scoscesi con un percorso di meno di 15 chilometri se si fosse seguita la strada più diretta, ma con un carico di più di 30 kg a testa.

Arrivato l'ordine e preso il comando richiamai tutte le unità ad un posto di riunione, organizzai la formazione da adottare, stabilii il percorso più conveniente e partimmo dopo il rancio freddo di mezzogiorno con un tempo grigio e ventoso.

La zona era ancora infestata da qualche sperduta banda di Fiapi che ci volevano male fino al punto, se potevano farlo impunemente alle spalle, di farci fuori; in conseguenza le disposizioni di sicurezza e la ferma volontà di non farci fregare in qualche imboscata ci obbligavano ad effettuare pattugliamenti e ricognizioni prima di traversare luoghi poco raccomandabili, e ciò ritardava di molto il nostro procedere tanto che all'imbrunire eravamo ancora a circa cinque difficili chilometri dal nostro obiettivo cioè praticamente a due o tre ore di marcia.

La voglia di arrivare alla base era tale che nessuno pensò neanche un istante a bivaccare dove eravamo e dopo la decisione unanime di proseguire cominciammo a discutere sul miglior modo per raggiungere la base di notte nel modo meno rischioso possibile.

Sentiti tutti i pareri dei miei colleghi e, soprattutto, quelli dei sottufficiali, decisi che il percorso più adeguato per risolvere la nostra situazione era quello che ci avrebbe fatto seguire per la maggior parte del tempo una strada secondaria di collina che non era certo la più corta ma che, in senso relativo, ci dava almeno qualche po' di sicurezza e qualche, scarsa, possibilità di difenderci in caso fossimo stati attaccati. I Fiapi di quella zona particolare avevano, se attaccati o sorpresi, una poco diffusa tendenza a reagire con le armi anziché, come in altri posti, darsi alla fuga da bravi partigiani ligi alle regole della guerriglia.

Impiegai abbastanza tempo per definire nei minimi dettagli come regolarsi in ogni possibile evenienza, la distanza da tenere fra uomo e uomo, l'intervallo dei controlli, il raggio massimo delle pattuglie di fiancheggiamento per ogni tipo di terreno circostante, le limitate e singole parole da usare per scambiarci informazioni ed ordini che fossero immediatamente comprensibili in ogni caso, ecc. ecc.

Quando fui ben sicuro che tutti avevano capito perfettamente e senza possibilità di equivoci le mie disposizioni per marciare nell'oscurità, presi con me da ogni plotone i due tipi più in gamba e mi misi alla testa della colonna che cominciò ad avanzare su due file ai due lati della stradina, quando era già buio pesto.

Ad intervalli di circa quindici minuti cambiavo i due esploratori che dovevano precederci di 50-100 metri, mentre le pattuglie ai fianchi e in retroguardia erano affidate ai vari comandanti di plotone lungo la colonna.

Per quattro o cinque cambi le cose andarono abbastanza bene e continuammo a procedere, benché sfiniti dalla stanchezza e morti di sonno, con un passo relativamente spedito.

Senonché al quinto o sesto cambio, i due che avevo mandato avanti per rilevare quelli che avevano già effettuato, ormai per la seconda volta, il loro turno di pattuglia avanzata, tornarono indietro per informarmi che non avevano trovato i due camerati.

Dato immediatamente l'alt con tutte le conseguenti disposizioni di sicurezza, con sentinelle all'intorno e con immediata ricerca e appostamento nei migliori ripari possibili, con i due pattugliatori che erano rientrati e con altri due uomini di scorta andai alla ricerca dei due dispersi prendendo naturalmente tutte le precauzioni possibili e forse anche qualcuna in più.

Data l'esperienza dei giorni precedenti ed i guai da cui ero miracolosamente uscito nelle imboscate e nelle scaramucce cui avevo partecipato, la paura faceva novanta e probabilmente anche cento.

Andare di notte aspettandosi da un momento all'altro una probabile scarica di mitra o una fucilata od una improbabile baionettata, procedendo a balzi e sperando sempre che quel rumore che senti avvicinarsi sia di un amico e non di un nemico è un passatempo che certamente allena a mantenere i nervi a pezzi.

Di sicuro, per le vicende dei giorni passati, per la fame, per lo sfinimento e per la mancanza di sonno né i miei nervi né quelli dei miei camerati erano a posto e proseguire in quel modo, come facemmo noi, per almeno 100 metri dovrebbe essere considerata come la tredicesima fatica di Ercole.

Ad un certo punto, fra i sibili del vento che si era improvvisamente rinforzato fra i boschetti di conifere dove eravamo arrivati e che in molti punti arrivavano quasi ai bordi della stradina, cominciai a sentire il rumore di passi che, ripetendosi sempre più frequentemente con la successione di quattro-cinque per volta mi convinsero che certamente non erano i miei a compierli anche perché praticamente li sentivo da tutte le direzioni.

Era il tipico rumore fatto, sul terreno coperto da aghi di pino, dai piedi di gente malintenzionata che si sta avvicinando a balzelloni per lanciarsi poi all'attacco con l'intento di sterminare il nemico in quel caso rappresentato da noi tapini.

Per essere sicuro che non fossero i miei li chiamai tutti e quattro vicino a me e mi accorsi che anche loro consideravano già la nostra fine un po' troppo vicina per i nostri gusti. Dei nostri due esploratori nessuna traccia.

Visto che consideravamo oramai la nostra fine violenta come cosa certa, decisi che comunque ci conveniva riunirci agli altri e ordinai ai miei quattro compagni di sventura di tornare indietro il più velocemente possibile seguendo la tattica di spostamenti tipica dei guastatori e a balzi, saltelloni, panciate, inciampi, cadute, escoriazioni ed imprecazioni tornammo sorprendentemente vivi a ricongiungerci con la compagnia.

I miei soldati erano sotto la stessa cappa di pericolo incombente in quanto anche loro avevano cominciato a sentire intorno dei passi furtivi per tutta la lunghezza della colonna.

Eravamo tutti letteralmente sbigottiti dal numero enorme di cattivi che ci circondavano, numero che una stima molto prudente poteva quantificare in almeno due o trecento biechi assassini di tipo Apache o Sioux, o, date le circostanze, Piedi Neri.

Diedi ordine di cercare di raggrupparci sempre muovendoci uno o due per volta, verso il centro della colonna e di cercare di costituire dei punti di resistenza e di combattimento il più completi possibile nei posti migliori che avremmo potuto trovare; fossetti, muretti, mucchi di sassi, gruppi di alberi e così via.

Questa operazione di contrazione della colonna e di organizzazione di nuclei di combattimento a difesa richiese quasi un'ora mentre tutto intorno a noi continuavano gli spostamenti furtivi della nostra nemesi il che certo non contribuiva alla nostra serenità.

Tutto questo tempo era stato necessario perché aspettandoci di essere attaccati in qualunque momento ci tenevamo a che l'apprestamento della nostra organizzazione difensiva progredisse senza intervalli di situazioni non difendibili e cercavamo perciò ad ogni spostamento di essere sempre in condizioni di difenderci all'istante salvo poi rispostarci per migliorare la situazione di ogni nucleo senza essere mai in condizioni di troppa vulnerabilità.

Ma una volta sistematici come meglio potevamo il fatto che quegli sporchi assassini che ci circondavano continuassero a muoversi col solito sistema dei pochi passi per volta senza attaccarci e sempre, da come indicava il rumore, alla stessa distanza cominciò a renderci dapprima ansiosi rispetto all'ignoto, poi perplessi, poi arrabbiati e alla fine addirittura furiosi tanto che le solite teste calde cominciarono a parlare di attaccare noi per primi costasse quello che sarebbe costato.

Per impedire questa follia mi ci volle del bello e del buono e mi procurò grande soddisfazione il constatare il buon grado di addestramento, la relativa saldezza di nervi e la disciplina dei miei uomini perché, nonostante tutto, non fu sparato un solo colpo come, in simili condizioni, succede spesso a causa del nervosismo che normalmente ha come prima conseguenza il grilletto facile.

A tutto questo subentrò una specie di apatia, pericolosissima in simili condizioni di pericolo incombente e molti di noi addirittura si addormentarono.

Io personalmente, responsabile di tutti quegli uomini/soldati/fratelli, passai delle ore poco invidiabili arrovellandomi su che cosa potevo fare e costantemente sotto l'incubo di aver omesso di fare qualche cosa che avrebbe potuto migliorare la nostra situazione.

Poi, come Dio volle, dopo qualche anno-luce, annunciata dal freddo che penetra nelle ossa nell'ora che la precede, si rivelò l'alba.

Da uno scuro meno scuro, ad un grigio molto scuro ad un grigio più grigio fino ad un grigio decente passarono parecchi minuti dopo i quali si udì prima una risata che sembrava un singulto, poi tre o quattro scoppi di risate strozzate, poi decine di risate ancora esitanti e poi il frastuono di 70 gole che ridevano attraverso le bocche spalancate da cui uscivano anche imprecazioni ed urla in una specie di isterismo collettivo irrefrenabile.

Nel bel mezzo di quello sfogo, che a dire la verità ci voleva, arrivarono anche con la faccia stralunata per la sorpresa i due esploratori dispersi che eravamo andati a cercare di notte.

Mi fecero il loro rapporto dicendo che appena sentito il rumore dei passi furtivi intorno a loro si erano buttati ognuno per conto suo nel primo fossetto che avevano trovato cercando di capire cosa fosse per poter venire poi a riferire. Avevano atteso immobili trattenendo il respiro per un tempo che era loro parso un secolo (saranno stati in realtà 10 minuti, ma nessuno poteva capirli meglio di me) e poi, chissà come, si erano bellamente addormentati e tali erano rimasti fino a quando il freddo dell'alba non li aveva svegliati.

Rimasti immobili rendendosi conto della loro fortuna nell'essere ancora vivi e del pericolo che ancora incombeva su di loro si erano alla fine accorti che tutti i passi furtivi degli assassini che ci avevano teso l'agguato per tutta le notte erano in realtà i tonfi che facevano le pigne cascando dagli alberi e rimbalzando sul terreno.

Indecisi se andare avanti, immaginando che la compagnia li avesse già oltrepassati da tempo, o tornare indietro immaginando che noi non avevamo proseguito, il loro fiuto e la loro esperienza li avevano guidati nel senso giusto e c'erano venuti a trovare.

Furono più che sorpresi addirittura esterrefatti degli insulti e delle minacce che io riversai su di loro includendovi anche un processo all'istante con fucilazione immediata e squartamento di cadaveri, ma i poveretti non sapevano che erano capitati giusti giusti nel momento in cui io dovevo scaricarmi e sfogarmi per essere stato baciato in fronte dalla gloria come condottiero vittorioso di quella memorabile battaglia delle pigne.

DALLA DORA AL PIAVE

Chissà perché incarichi che nessuna persona in possesso delle sue facoltà mentali avrebbe accettato, (come quelli di rispondere con la propria vita della incolumità di questo o quell'ufficiale nemico) erano sempre affidati al sottoscritto,

A parte gli altri inconvenienti, dovevo, in simili casi, adottare la alquanto scomoda precauzione di dover stare sempre con la fondina della pistola slacciata non solo quando ero in mezzo a nemici ma anche in mezzo a cosiddetti amici o a cosiddetti alleati e ciò non contribuiva certo alla mia tranquillità di spirito,

Una volta mi avevano affidato addirittura due ufficiali superiori, credo inglesi, paracadutati non so dove perché li portassi con una Lancia Ardea nel bresciano dove avrebbero dovuto incontrare il nostro Comandante con il quale (naturalmente lo seppi molto tempo dopo) avrebbero dovuto concordare il tipo di azione che noi avremmo dovuto svolgere, se necessario anche nonostante i tedeschi, in Istria e sul Carso,

I tedeschi cercavano di impedire a tutti i costi che truppe italiane, soprattutto se autonome come noi, fossero dislocate ad Est del Tagliamento dato che faceva parte dei loro piani politici l'annessione di tutto il litorale adriatico che già chiamavano Adriatisches Kustenland,

L'aver portato a termine fra mille peripezie, accorgimenti, trucchi e colpi di mano quella particolare missione costituisce ancora oggi per me motivo di orgoglio (benché mentre la compivo non avessi naturalmente la più pallida idea di che cosa ci fosse in ballo) perché mi sembra logico pensare che come conseguenza ne sia derivato il nostro trasferimento a Vittorio Veneto da dove partivamo per i nostri interventi ai confini orientali inclusa l'opposizione al IX Korpus di Tito che riuscimmo ad inchiodare nella Selva di Tarnova ritardando la loro discesa a Gorizia di alcuni mesi.

Il porre il Comando di Divisione a Conegliano ed il nostro Battaglione a Vittorio Veneto era stato necessario per cercare di evitare che fosse troppo palese il nostro obiettivo nazionalistico e che i tedeschi ci impedissero in modo formale di andare oltre il Tagliamento come avrebbero certamente fatto se avessimo chiesto di situare il comando più ad Oriente e come poi fecero quando ponemmo un nostro comando a Gorizia,

Che fosse anche per merito (inconsapevole) mio o no, la Decima iniziò in autunno il trasferimento verso Est un bel giorno Manlio mi mandò a chiamare e mi ordinò senza che potessi neanche discutere, di prepararmi a farmi carico del trasferimento del nostro battaglione da Ivrea a Vittorio Veneto. In realtà si trattava di non più di 250 fra ufficiali, sottufficiali e soldati perché il battaglione, già all'origine costituito in modo puramente funzionale come unità combattente senza sovrastrutture o pesi morti, si sarebbe ancora più ridotto in occasione del trasferimento in quanto il Comando di Divisione avrebbe trattenuto con se un certo numero di unità più molti ufficiali (ognuno accompagnato da quattro o cinque uomini) per spostarsi in seguito a Conegliano dopo che ogni singolo battaglione avesse preso possesso dei rispettivi accantonamenti nelle differenti sedi assegnate.

Manlio, che in Russia si era beccato oltre ad una medaglia d'argento anche una diecina di pallottole di mitra che gli avevano spappolato il braccio destro, era un uomo di poche parole e mi disse semplicemente: «Questo è un un milione in contanti, hai a disposizione una Gilera 500, un'Ardea, una Millecento e due 626; devi portare il battaglione a Vittorio Veneto e sistemarlo nella caserma tal dei tali entro due settimane. Hai carta bianca. In bocca al lupo». Mi diede il relativo ordine scritto con la lista di tutti quelli che avrei dovuto trasferire, mi strinse la mano e non mi permise di dire neanche «a».

Le obiezioni che io avrei voluto fare erano almeno un migliaio ma visto che non le potevo esprimere cominciai a cercare di stendere una lista dei problemi che dovevo risolvere maledicendo il porco destino che mi perseguitava sempre: quando c'era da fare qualcosa di pazzesco sceglievano sempre me.

Fra i tanti problemi quello di comandare un reparto in cui quasi metà degli ufficiali ai miei ordini erano più anziani di me, se non addirittura superiori in grado, era il minore. Quello di caricare tutte le armi di reparto e le relative munizioni su due soli autocarri medi (anche ammesso che avessi potuto mandare tutti gli uomini a piedi) era già meno semplice. Quello di caricare tutti gli «impedimenta» su autocarri inesistenti cominciava ad essere un po' difficoltoso. Quelli relativi ai carburanti, alla sussistenza, alla sanità e alla sicurezza erano a prima vista addirittura insormontabili. Tutti gli altri problemi che in vista di quelli anzidetti apparivano addirittura secondari, decisi di non prenderli neanche in considerazione. Così, dato l'ordine a tutti quelli della lista di prepararsi per un trasferimento eliminando tutti i loro averi che non fossero essenziali, mi presi un giorno di riflessione per organizzare prima di tutto le mie idee su come organizzare la partenza. Una volta partiti Dio avrebbe provveduto.

Il giorno di riflessione mi permise di stabilire la priorità dei problemi che dovevo risolvere così che il giorno dopo potei cominciare a muovermi. Una squadra fu mandata a procurarsi con le buone o con le cattive certi tipi di vettovagliamenti ed a impacchettarli secondo certe modalità. Un'altra squadra fu mandata a comprare a borsa nera tutto il carburante di ogni tipo che poteva trovare. Una terza squadra molto selezionata ebbe l'incarico di controllare tutte le armi di ogni singolo uomo e la rispettiva dotazione di munizioni per garantirne l'uso immediato in caso di emergenza. Una quarta squadra ebbe l'ordine di organizzarsi su unità di controllo permanente del traffico che dovevano darmi l'esatta statistica dei passaggi di tutti gli autocarri (e le rispettive caratteristiche) sulle cinque strade di accesso ad Ivrea. Altre squadre ebbero altri compiti e l'operazione ebbe inizio.

Da quando avevo ricevuto l'ordine erano già trascorsi due giorni e Manlio, vedendo che apparentemente non succedeva niente, ogni volta che mi incontrava mi lanciava delle strane occhiate ma, fedele ai suoi principi secondo i quali, datomi l'ordine, l'esecuzione era affar mio, resistette ogni volta alla tentazione di farmi delle domande. Io a mia volta godevo nel fingere indifferenza.

Appena avute le cifre e le descrizioni relative al traffico di autocarri su tutte le strade, scelsi, per la notte dopo, i sette-otto uomini che più mi davano affidamento e tutti i soldati che sapevano guidare; con il semplice gesto di lasciare il moschetto per il volante si sarebbero trasformati in autieri.

Analizzai la situazione in base ai rapporti sui risultati delle altre squadre e diedi gli ordini operativi.

La notte del terzo giorno, dopo aver ampiamente pattugliato tutta la zona circostante ed aver messo a monte ed a valle i due uomini più svegli a fare da pali, ci appostammo nel posto che avevo scelto per i miei misfatti, che oltretutto, guarda il caso, offriva tre differenti vie di fuga in caso di disastro.

Una coppia di uomini dalla vista abbastanza buona da saper distinguere una bicicletta da un autotreno, era appostata ad una certa distanza; da lì avrebbero dovuto farmi un segnale per ogni automezzo in arrivo del tipo fra quelli che io avevo indicato come convenienti, purché fosse vuoto.

Quando mi arrivava la segnalazione giusta io mi facevo illuminare a piena luce dalle torce a mano dei miei accoliti mentre uno di loro stava bene attento a che non arrivassero segnali di pericolo (cioè di tedeschi o di polizia) dai "pali" appostati a monte e a valle.

Così completamente illuminato io mi mettevo allora in mezzo alla strada ed intimavo l'alt all'autocarro che si fermava senza che l'autista o chiunque altro a bordo si rendesse conto di essere nel mirino dei miei uomini. Mentre io chiedevo al conducente tutti i documenti da cui avrei potuto concludere se era opportuno appropriarmi del mezzo o meno, un paio dei miei autisti facevano una rapidissima stima delle condizioni del veicolo. Se la perizia era negativa o se il mezzo aveva passeggeri o scorta lo facevo ripartire senza indugio. Se invece il mezzo risultava vuoto, in buone condizioni, di proprietà e di uso personale del conducente, gli offrivo una congrua somma per il noleggio forzoso dell'autocarro, proprietario incluso.

Degli autocarri di cui mi impossessai quella notte due li ebbi nel facile modo sopraddetto. Per gli altri sei di proprietà di qualche ditta o requisiti dai tedeschi non fu così semplice ottenerne la disponibilità.

Quando il conducente si negava ad accondiscendere alla mia allettante proposta (di sparire con un gruzzolo di denaro lasciandomi l'autocarro) per paura di eventuali quasi sicure rappresaglie tedesche, io, oltre ad offrirgli lo stesso una somma discreta gli puntavo contro la pistola per una semplice questione di forma e gli rilasciavo una dichiarazione firmata col mio nome cognome e reparto dove si testimoniava che lo avevo costretto a cedermi l'autocarro con la minaccia delle armi. Con questo sistema me ne procurai altri quattro.

Altri due viceversa mi costarono un po' più di tempo e di fatica evidentemente perché i rispettivi conducenti dovevano usarli per effettuare qualche redditizio traffico personale a latere degli incarichi ufficiali. Questi due mi obbligarono ad usare non più proforma ma sul serio la minaccia delle armi causandomi non poche preoccupazioni per il possibile sopravvenire di qualche mezzo militare che mi avrebbe mandato a monte tutta l'operazione.

Comunque tutti i conducenti ebbero chi più chi meno la loro somma di denaro e, meno due tra quelli menzionati più sopra che evidentemente se ne infischiavano della dichiarazione perché avevano intenzione di darsi alla macchia, anche la mia dichiarazione. Fu proprio questa pioggia di impudenti dichiarazioni sul tavolino dell'OberKommandantur che provocò una delle tre sentenze di condanna a morte da parte del comando tedesco contro di me. Per fortuna riuscii a fare in modo che non riuscissero mai ad acchiapparmi per eseguirle, tranne una volta di cui si vedrà più avanti.

Una volta impossessatomi dell'eterogeneo autoparco di otto camion che comprendeva motori a benzina, a nafta e a gasogeno, mandai sotto scorta a piedi, con le mani legate e imbavagliati, i conducenti ed i loro accompagnatori in un paesino vicino dove c'era di guarnigione un reparto amico perché li trattenesse per 48 ore e, data alla colonna la parvenza di una colonna militare con segnali e scritte previamente preparate mi diressi in un luogo abbastanza isolato dove avevo già mandato alcuni uomini con pittura e pennelli.

In poche ore tutti i camion avevano cambiato colore e, ove possibile, aspetto, (senza parlare ovviamente delle targhe) ed erano entrati a far parte ufficialmente (si fa per dire perché tutti i documenti erano falsi) dell'autoparco del mio battaglione.

Mi ci vollero tante febbrili ore di frenetica attività per caricare sugli automezzi uomini, armi, munizioni, materiali, viveri, ecc. e per formare la colonna di cui io presi la testa a bordo della Lancia Ardea, seguito da un 626 armato di una mitragliatrice brandeggiabile, dalla motocicletta del portaordini, dagli otto autocarri frutto delle mie attività brigantesche; seguivano l'altro 626 anch'esso dotato di mitragliatrice e la FIAT 1100 in coda con dentro un mio collega scelto per la sua spregiudicatezza grande quasi quanto la mia e due uomini fra i più svegli e spericolati di tutto il battaglione.

Partimmo che era quasi l'alba e come Dio volle passammo senza grossi guai Santhià da dove puntando a Nord-Est, sempre scegliendo le strade meno frequentate, arrivammo dopo 8-9 ore fra Oleggio ed il Ticino su cui campava il ponte in acciaio miracolosamente non ancora distrutto dai bombardamenti.

Io avevo potuto rubare qualche ora complessiva di sonno mentre viaggiavo a fianco dell'autista sull'Ardea. Non potevo mai dormire più di 10 o 15 minuti per volta perché avevo dato ordine di avvisarmi immediatamente qualunque piccolo inconveniente fosse successo e ciò avveniva continuamente.

Nonostante le mie condizioni di scarsa lucidità quando arrivai in vista del ponte sul Ticino, un po' per la radicata abitudine alla ricognizione del terreno, un po' per una felice ispirazione improvvisa, decisi di non avventurarmi con tutta la colonna sul ponte senza prima aver dato un'occhiata alla sponda opposta. Tornato indietro sulla colonna la diressi verso un boschetto sul lato destro della strada con l'ordine di mimetizzarsi e di mangiare una razione fredda aspettando il mio ritorno. Una volta visto sparire nel boschetto l'ultimo camion mi diressi sul ponte dove mi insospettì il fatto di non trovarvi nessuna sentinella.

Mi accinsi pertanto a percorrerlo a velocità ridotta e ne avevo già percorso la quarta parte quando vidi nel cielo fra le travi metalliche del ponte, una massiccia formazione di bombardieri americani proprio sopra la mia testa. Capii, troppo tardi, la ragione dell'assenza di sentinelle che dovevano essersi messe al riparo alla prima segnalazione di imminente bombardamento.

Non avevo avuto né modo né tempo di vedere i grappoli di bombe che i bombardieri avevano già sganciato ma una cosa era sicura: che stare proprio sopra un bersaglio nel momento in cui c'era qualcuno che lo stava bombardando non era giovevole alla salute.

Dissi, a voce forse un po' più alta e stridula del normale, all'autista di correre più che poteva e lui secondo la buona abitudine che faceva parte dell'addestramento di noi tutti, senza sapere cosa stava succedendo innestò la marcia inferiore e accelerò al massimo senza curarsi del cattivo stato del pavimento di tavoloni sconnessi del ponte.

Avevamo appena raggiunto i due terzi del percorso sul ponte quando si scatenò l'inferno.

Le bombe cadevano da tutte le parti secondo l'ottimo stile inventato dagli americani del bombardamento a tappeto e devo riconoscere l'eccezionale sangue freddo dell'autista che senza quasi vederci per il fumo, le vampate e le schegge di ogni tipo che ci volavano intorno continuò imperterrito aumentando la velocità più che poteva.

Ad un certo momento oltre alla sensazione di terremoto che già provavamo, avemmo anche la sensazione di avere le vertigini perché la strada piana che stavamo percorrendo sul ponte cominciò a diventare una strada in salita sempre più ripida. Ci mettemmo un po' a capire che il ponte era stato colpito dietro di noi e che stava perciò piegandosi in basso proprio alla sua metà. Questo naturalmente fu un ragionamento a posteriori che per fortuna non influì sulla condotta del nostro autista il quale con i pronti riflessi del buon guidatore si limitò a innestare una marcia ancora più bassa ed a accelerare continuando ad avanzare alla cieca.

Quasi al limite della pendenza superabile da una Ardea con 3 persone a bordo riuscimmo ad arrivare oltre la travatura del ponte qualche attimo prima che ai suoi appoggi le crepe dovute al suo parziale crollo si allargassero tanto da essere invalicabili per una macchina.

L'autista seguitò a correre più che poteva con una visibilità ridotta quasi a zero e riuscì a portarci a ridosso di una scarpata dove finalmente potemmo scaraventarci giù dalla macchina e trovare riparo in mezzo ad una continua pioggia di sassi, frammenti di acciaio e schegge di bombe. La macchina oltre ad essere ammaccata da tutte le parti era stata crivellata in 4-5 punti ed aveva naturalmente tutti i cristalli fracassati oltre a due gomme squarciate.

Quando il fumo e la polvere si furono un po' dissipati potemmo vedere il ponte piegato in due con il vertice dell'angolo formato dai suoi due tronconi appoggiato sull'alveo del Ticino.

Ci vollero parecchi minuti prima che potessimo riprenderci dallo shock e durante tutto quel tempo i nostri gesti e le nostre azioni furono quelli di automi. Sopraggiunse e passò una parentesi di spossatezza fisica e mentale. Finalmente rimessici al punto di poter accendere e fumare una sigaretta sia pure con mani non troppo ferme, la drammaticità della situazione si fece chiara tanto da darci, a sua volta, i brividi.

Ci trovavamo in 3 sulla sponda sinistra del Ticino, con una macchina che forse non era più in grado di camminare, divisi da tutti gli uomini, mezzi e materiali sotto il mio comando da un fiume invalicabile. L'unica consolazione era che, se non avessi deciso di fermare la colonna, non ci sarebbe stata più colonna perché si sarebbe trovata proprio al centro del tappeto di bombe nel momento in cui queste avevano raggiunto il bersaglio.

Inutile dire che la mia scelta di quell'itinerario era stata fatta in base alle informazioni che mi davano il ponte di Oleggio come l'unico ponte agibile. Mi trovavo così ad essere l'ultimo uomo ad esservi passato prima che fosse diventato, come tutti gli altri ponti a valle, un mucchio di rottami.

Lasciati i miei due compagni a cercare di rimettere come potevano la macchina in condizioni di muoversi, mi avventurai sul ponte distrutto e saltando e appendendomi ai travi di acciaio contorti ancora caldi dall'effetto delle bombe, riuscii con qualche acrobazia a tornare sulla sponda destra dove incontrai i mie colleghi che venivano dal boschetto a vedere cosa fosse successo.

Dopo un brevissimo consiglio di guerra lasciai l'ordine di accamparsi per una sosta indefinita attendendo il mio ritorno dopo che io avessi trovato il modo di attraversare il fiume.

Tornai, sempre in acrobazia, dove avevo lasciato la macchina che miracolosamente era stata rimessa in condizioni di camminare alla meno peggio e mi avviai a Sud seguendo l'argine sperando di arrivare a qualche ponte o guado.

I tedeschi avevano infatti adottato un sistema di guadi poco visibili dall'alto, basati su una fila di tubi di cemento, posati sul fondo del fiumi in modo da lasciar passare la corrente e coperti da una gettata di calcestruzzo che arrivava a 30-40 centimetri sotto il pelo dell'acqua, su cui gli automezzi potevano passare dirigendosi secondo delle biffe piantate sui due lati del fiume. Chi sbagliava anche di poco la direzione o si faceva incantare dal capogiro provocato dall'andare di traverso su una corrente d'acqua, come sanno bene tutti quelli che guadano un torrente, andavano a finire in acqua e buonanotte.

Seguendo la strada comunale lungo l'argine non potei arrivare molto lontano perché dopo pochi chilometri trovai la via sbarrata da un posto di blocco fisso presidiato dai tedeschi che, dopo avermi sparato quasi addosso una raffica di avvertimento, mi impedirono persino di avvicinarmi per poter parlare così che dovetti tornarmene indietro e cercare con ben poche speranze un eventuale passaggio più a monte del ponte distrutto. L'atteggiamento dei tedeschi era giustificato dal fatto che a Nord di Novara il territorio era infestato da formazioni partigiane abbastanza fastidiose che, non avendo rilevanza né strategica né tattica per loro, essi si limitavano a controllare perché non vi fossero infiltrazioni verso le grandi vie di comunicazione più a Sud.

Infatti tornando a Nord non incontrai più alcun posto di blocco né sulla provinciale che andava a Somma Lombardo né sulle altre stradette comunali che seguivano quasi tutto l'argine sinistro del Ticino.

Intanto si era fatta notte e la mia ricerca già iniziata con poche speranze si faceva sempre più disperata. La poca gente che riuscivo a vedere dovevo inseguirla ed acchiapparla perché la loro saggezza contadina li induceva a prendere velocemente la fuga ogni volta che vedevano qualcuno con addosso qualche parvenza di uniforme. I pochi che ero riuscito ad acchiappare dopo lunghi inseguimenti a piedi ed i pochissimi che mi rispondevano da dietro le imposte sbarrate dopo essersi tappati in casa avrebbero fatto onore alla più esclusiva confraternita di sordomuti.

Infuriato per la stanchezza e per l'insuccesso, quando arrivai in un paese più grosso degli altri, cominciai a tempestare con pugni calci ed oggetti contundenti tutte le porte che trovavo per ottenere le informazioni che volevo, ma purtroppo senza alcun successo. Le poche ombre che scorgevo in fondo a qualche strada sparivano così rapidamente da farmi pensare dopo un po' di avere delle allucinazioni e di tutte le porte cui avevo bussato non se ne aprì una, mentre solo qualche volta dalle finestre mi venivano lanciate delle grida sconnesse che io comunque non riuscivo ad interpretare.

A forza di girare, battere e gridare arrivai su un ponte che traversai verso Sud con la macchina dato che ormai nessuno di noi tre si reggeva più in piedi e sperando che il corso d'acqua che avevamo passato fosse il Ticino ci dirigemmo sempre grosso modo a Sud dandoci spessissimo il cambio al volante a causa del sonno invincibile. Nonostante il nostro stato di dormiveglia ci rendemmo conto di essere arrivati a Oleggio e con un ultimo sforzo raggiungemmo la colonna nello stesso boschetto dove la avevo lasciata 15 ore prima.

Comunicate le mie informazioni al miei colleghi mi stravaccai a dormire per terra ancora vestito per essere proditoriamente risvegliato dopo un tempo che a me parve di pochi secondi ma che invece era stato di più di tre ore.

Prima di addormentarmi avevo detto che la colonna si preparasse per partire passando per la stessa strada che avevo fatto io una volta passato il ponte in quel grosso paesotto dove avevo consumato gli scarponi a dare calci a porte chiuse.

I miei colleghi si premurarono di informarmi che quel grosso paesotto era Sesto Calende, che allora era circondato da attive formazioni partigiane e che volerci andare con una colonna avrebbe significato guai certi e che o io ero un gran ballista o dovevo mettere non si sa quanti ceri a tutti i Santi del calendario per essere passato indenne attraverso quella zona infida.

Tutti i miei tentativi per convincerli che proprio l'assurdità di un nostro passaggio in colonna per Sesto Calende ci avrebbe dato delle buone probabilità di passare, s'infransero contro la logica della inopportunità di correre un rischio tanto grosso e quando alla fine, esasperato, volli avvalermi della mia autorità per ordinare tout court di partire mi fu detto chiaro e tondo che mi avrebbero legato e imbavagliato considerandomi matto.

Non mi restò che rimettermi un po' in ordine per andare al comando tedesco di Novara per farmi indicare come passare il Ticino su quello dei tre ponti (di Turbigo, della Boffalora o dell'Autostrada) provvisoriamente in funzione fino al prossimo bombardamento giornaliero, dove io non avevo voluto passare fin dall'inizio proprio per non sottopormi alla loro autorità. Per di più c'era anche il rischio che riconoscessero qualcuno dei camion che avevo loro sottratto a Ivrea e che dovessimo essere costretti a vendere cara la pelle per evitare di essere deportati in massa in Germania.

Comunque la confusione dovuta agli spaventosi problemi di traffico che la polizia militare tedesca doveva risolvere per far passare le migliaia di mezzi sull'unico ponte agibile in quel momento, continuamente bombardato e ogni volta rabberciato mi evitarono il pericolo di indagini troppo spinte sul nostro conto. Mi fu indicato dove mettermi in coda e con un Ausweis per tutta la colonna ci mettemmo in coda e cominciammo la lunga agonia del passaggio del Ticino che avveniva a passo d'uomo, a distanze prestabilite, con turni precisi per i due sensi di marcia e con continue interruzioni dovute ai bombardamenti ed ai mitragliamenti.

Contravvenendo, quando potevo, agli ordini dei tedeschi, riuscii a far passare di corsa sul ponte gli uomini appiedati a gruppetti di due o tre alla volta, ma i circa 20 chilometri di coda da Novara fino oltre Magenta procedendo metro per metro ci presero oltre 10 ore.

Uscito da quella bolgia, dopo aver controllato se non avevo perso uomini o materiale mi diressi su strade di campagna verso il Sud e trovato un altro bel boschetto decisi una sosta di 24 ore durante la quale squadre di rubagalline furono sguinzagliate per fare incetta di viveri e di carburante.

Il giorno seguente ripartimmo e girando il più possibile per strade secondarie che io ed il motociclista perlustravamo scrupolosamente, aggirammo Milano essendo abbastanza fortunati da passare l'Adda senza eccessive difficoltà.

Trovammo un altro boschetto ed il giorno dopo passammo felicemente anche il Serio finché dopo altre due tappe arrivammo in piena notte ai sobborghi di Brescia dopo aver passato anche l'Oglio.

Benzina e nafta riuscivo quasi sempre a trovarne sia pure pagandole carissime a prezzi di mercato nero, ma la legna per i due camion a gasogeno era durata giusto fino a lì e per sistemarli con gli altri nel solito boschetto dove avevo deciso di accamparci dovetti farli prendere a rimorchio.

Con la mia gloriosa Ardea, dove per necessità di cose ero esposto a tutte le intemperie e con un camion che avevo svuotato all'uopo, mi accinsi in piena notte alla ricerca di legna. Dopo molti giri e varie effrazioni di cancelli e di portali in tutti i posti dove, a fiuto, io ed i miei accoliti (mi ero scelto una diecina di tipi svegli per accompagnarmi).pensavamo potessimo trovare ciò che ci abbisognava, finalmente trovammo un magazzino di legnami dove c'erano delle meravigliose cataste di legna da ardere del taglio giusto per i nostri gasogeni.

Seguendo la regola che mi ero imposto fino da prima della partenza di operare il più possibile con almeno qualche parvenza di legalità, dopo aver messo un paio di sentinelle per ogni evenienza, mi diressi alla villetta che faceva parte del terreno del deposito ed ebbi la fortuna, o la disgrazia, di trovarvi il proprietario dell'impresa che era naturalmente già sveglio fino dal nostro arrivo, ma che ci fece penare un po' prima di ammettermi in casa dove si era prudentemente barricato. Quando riuscii a convincerlo che non volevo assassinarlo né rapinarlo né derubarlo, si calmò abbastanza da reagire negativamente alla mia richiesta di acquisto di una trentina di quintali di legna.

Come al solito tutto il legname e la legna di quel deposito erano stati requisiti dai tedeschi e pertanto lui non aveva la facoltà di disporne benché ne fosse il proprietario.

Seguendo il mio solito sistema gli misi un ragionevole importo di denaro sul tavolo, gli firmai la solita dichiarazione che lo avevo costretto sotto la minaccia delle armi a consegnarmi la legna, gli puntai la pistola addosso tanto per non dichiarare il falso e diedi l'ordine ai miei giannizzeri di caricare il nostro camion fino al limite con la migliore legna che potessero selezionare.

Mentre mi stavo fumando una sigaretta insieme con quella perla d'uomo sentii rumori varii all'esterno e dopo tre o quattro tipici urli che mi fecero capire che avevo di fronte un nuovo problema, si spalancò la porta ed un capitano della Wehrmacht entrò, P 38 in pugno, seguito da due giannizzeri che portavano sul petto la tipica placca della Feldgendarmerie.

Quel gentiluomo che dopo essersi opposto alle mie richieste aveva comunque infilato in un cassetto i soldi che io gli avevo dato, cominciò a parlare rapidamente in tedesco con l'ufficiale spiegandogli come io gli avevo fatto violenza e come lo stavo derubando di una proprietà del comando germanico di cui lui era il custode, vantandosi della presenza di spirito, derivatagli dalla sua completa fedeltà all'alleato tedesco, per la quale aveva telefonato in tempo alla gendarmeria prima che io facessi irruzione con la forza. Non mi stupirei di scoprire che poi sia diventato un degno membro di qualcuna delle gloriose associazioni di eroici partigiani.

La mia scarsissima conoscenza del tedesco mi bastò per capire più o meno quanto quello sciagurato stava dicendo sul mio conto ma invece di reagire pensai che era meglio lasciarlo continuare per avere il tempo di escogitare qualcosa per uscire da quella situazione. Naturalmente non mi venne in mente alcuna soluzione e mi dovetti subire la diatriba lunga, alta e forte che il capitano pronunciò contro di me senza che io ne capissi una parola e senza che io tentassi neanche di interromperlo dato che non l'avrebbe fermato neanche un muro di cemento.

Quando finì di inveire contro di me, il capitano disse al proprietario del deposito di comunicarmi che in base all'art. tal dei tali della legge di guerra l'appropriazione indebita di proprietà dell'esercito tedesco era punita con la pena di morte e che per dare un esempio mi avrebbe fucilato sul posto considerando la flagranza giustificazione sufficiente per l'esecuzione sommaria.

Il proprietario mi tradusse puntualmente quanto sopra informandomi che in via dal tutto eccezionale, data la sua bontà d'animo, il capitano tedesco avrebbe chiesto telefonicamente a Salò (capitale della Repubblica Sociale) il consenso, più che l'autorizzazione, per potermi giustiziare dato che, vestendo io una divisa, era bene fare le cose secondo tutte le regole ed ammazzarmi con il benestare delle autorità italiane.

Mentre quelli parlavano io avevo cercato di dare un'occhiata a come era la situazione nel cortile e mi ero reso conto che una reazione disperata avrebbe portato solo alla morte certa di tutti i presenti.

Cosi dissi a mezza bocca all'unico mio soldato che era con me, di avvertire un mio collega di prendere il comando dopo la mia sparizione, e di raccontargli quanto era successo e mi preparai a darla vinta ai tedeschi possibilmente senza altre vittime che me.

Quando il capitano ebbe finito di parlare con Salò mi comunicò senza più tracotanza e senza dimostrare alcuna soddisfazione che ormai era tutto in regola e che poteva fucilarmi. A quel punto io gli dissi che esigevo la sua parola che non avrebbe preso alcuna misura contro i miei soldati i quali in quanto tali avevano eseguito i miei ordini. Da buon tedesco il capitano non esitò a riconoscere la fondatezza della mia richiesta e mi diede la sua parola che i miei soldati sarebbero stati liberi.

Tutto questo avveniva sempre con l'intervento come interprete dall'ineffabile proprietario del deposito, fin quando il capitano, per fare le cose in regola fino in fondo, tirò fuori il suo taccuino e mi chiese direttamente le mie generalità in tedesco al che risposi istintivamente anche io in tedesco anziché in Italiano e dissi: «Leutnant ecc. vierte Abteilung, erste Kompanie, Bataillon ecc.». Mentre lui stava scrivendo si interruppe di colpo per domandarmi: «So! Sie sprechen Deutsch!» al che io risposi «Jawohl Herr Hauptmann» e cominciò una serie di domande e risposte sul dove avevo imparato il tedesco, cioè in Africa, se ero stato con reparti tedeschi ecc., finché appena saputo che non solo ero stato in Cirenaica ed Egitto con l'Afrika Korps ma che avevo addirittura combattuto a fianco della 21ª Panzer e della 90ª Leggera e per di più mi ero incontrato più di una volta con Rommel, il buon capitano cominciò a farmi domande molto precise per accertare se io gli raccontavo delle balle.

A questo punto era dovuto intervenire di nuovo per la crescente difficoltà mia nel capire e nel rispondere in tedesco, quello spione che mi aveva denunciato. Mano mano che io mi rilassavo e che il capitano tedesco diventava sempre meno duro e sempre più cordiale, il nostro improvvisato interprete diventava sempre più nervoso.

Quando il capitano fu sicuro che io gli stavo dicendo la verità mi invitò addirittura a sedermi e se ne uscì sorridendo con la dichiarazione che lui era stato della 90ª e che ci eravamo trovati praticamente a contatto di gomito in più di una occasione prima che lui fosse ferito e rimandato in Germania. A questo punto cominciarono tutte le domande e le narrazioni tipiche di una bella rimpatriata sempre tradotte dal proprietario del deposito che ormai era diventato tanto nervoso da balbettare.

Il capitano gli ordinò seccamente di portare una bottiglia di cognac con due bicchieri e continuando a raccontarci le rispettive peripezie cominciammo allegramente a scolarci la bottiglia di cognac finché fra risate e manate sulle spalle non ne vedemmo il fondo. Non so proprio come il capitano riuscì a seguire i miei conteggi sulla quantità di legna che io necessitavo né, per dire la verità, come io stesso riuscii a farlo.

Mentre i due Feldgendarmen, che all'inizio si scambiavano occhiate in cagnesco con il mio soldato, avevano anche loro fatto comunella con lui pur non sapendo nessuno dei tre fare alcun tipo di conversazione che andasse al di là del ripetere continuamente «Kamerad, Kamerad».

Barcollanti ma abbracciati uscimmo, il capitano ed io, dalla villetta e lui diede l'ordine ai suoi soldati di farmi prendere i metri cubi di legna che avevamo concordato mi avrebbe dato, dopo di che chiamò il proprietario del deposito che, conoscendo i suoi polli, già sapeva come sarebbe andata a finire dopo aver visto che il capitano ed io ci parlavamo, e gli fece una di quelle strapazzate da farlo restare bianco come un lenzuolo per, suppongo, almeno una settimana. Non ci giurerei ma credo che il capitano gli abbia perfino gridato che non potendo fucilare me, tanto per far tornare i conti quasi quasi avrebbe fucilato lui.

Dopo di che il capitano se ne andò fra abbracci, saluti e «Heil» cui parteciparono anche i mie soldati ed io, con lo sguardo inebetito di prammatica per chi è stato condannato a morte, è stato graziato e si è poi scolata mezza bottiglia di cognac col giudice, feci finta di sorvegliare il caricamento della legna sul mio camion.

Sebbene con la testa confusa non riuscivo a capire come essendo venuto con 10 soldati ne vedessi ora parecchie decine ed una volta convintomi che ciò non dipendeva dal classico vederci doppio di chi alza un po' il gomito provai a domandare, farfugliando penosamente, da dove tutti questi soldati, indubbiamente della mia compagnia, fossero saltati fuori. Tra quello che mi dissero lì per lì che, date le mie condizioni, non mi apparve molto chiaro, e quello che mi raccontarono il giorno dopo, quando già connettevo leggermente meglio, appresi che una delle due sentinelle che avevo lasciato appostate fuori a far da pali, dopo aver visto arrivare i tedeschi si era precipitato di corsa dove era accantonato il resto del battaglione ed in quattro e quattr'otto la mia compagnia si era messa sul sentiero di guerra ed erano venuti tutti a circondare silenziosamente e non visti il deposito, in caso che i tedeschi avessero voluto farmi qualche sfregio.

Pur non essendo la loro azione arrivata fino in fondo per un puro caso dovuto esclusivamente alla fortuna, questa loro iniziativa mi riempì di orgoglio perché il fatto mi metteva più o meno alla pari con il «Comandante» che essendo stato arrestato a suo tempo dai fascisti e rinchiuso in una fortezza era stato poi frettolosamente liberato quando tutti gli appartenenti alla Decima ancora in embrione si erano precipitati da ogni parte d'Italia a manifestare chiaramente il proposito di smantellare la fortezza come una seconda Bastiglia se il Comandante non fosse stato immediatamente liberato e per di più con tutti gli onori.

Dopo questi fatti arrivare a Conegliano dove c'erano già i furieri che preparavano l'arrivo del comando di divisione e da lì a Vittorio Veneto dove avrei dovuto trovare libera e pronta per installarcisi una caserma dove fino allora erano stati alloggiati dei reparti tedeschi fu, si fa per dire, un gioco da bambini.

Infatti non subimmo più di 4 soli bombardamenti e fummo mitragliati solamente una diecina di volte. Sia pure avendone tre a rimorchio per guasti vari, riuscii ad arrivare a destinazione con tutti gli autocarri con cui ero partito. Il viaggio di Rozdestvenskj dal Baltico a Tsushima al confronto era stato uno scherzo.

Ma i miei guai non erano finiti perché, quando andai per prendere possesso della caserma a noi assegnata non solo trovai che era ancora occupata dalle truppe tedesche ma che le truppe tedesche non erano affatto tedesche ma erano formate da poveri ex prigionieri russi cui era stato offerto di scegliere tra la fucilazione immediata e l'arruolamento nell'esercito di liberazione russo organizzato dai tedeschi e che avevano logicamente optato per l'arruolamento. Sembra infatti che i tedeschi ammettessero solamente l'esistenza di russi alleati o di russi morti senza alcuna via intermedia.

Quei poveracci che ormai sapevano di dover morire comunque o in combattimento, dato che i tedeschi davano loro solo missioni suicide, o se riuscivano a sopravvivere fino alla fine della guerra, per mano dei loro compatrioti che, sia pure per forza, avevano dovuto tradire, cercavano di dimenticare il loro poco allegro destino ubriacandosi ogni volta che potevano e sfogandosi, sia pure con qualche sporadico sprazzo di umanità caratteristico di ogni individuo nato in Russia, sulle popolazioni dei posti dove erano di passaggio.

Di farli sloggiare per forza dalla caserma non era neanche da pensare e pretendere che, ammesso che fossero sloggiati, lasciassero i locali puliti ed in ordine come avrebbero dovuto fare a regola di bazzica, era addirittura fantascienza ante litteram.

A prezzo di estenuanti discussioni con gli ufficiali tedeschi che comandavano quei selvaggi, riuscii, dopo più di 24 ore a farmi concedere due camerate della caserma dotate dei servizi elementari e dopo aver impiegato altre 24 ore, un milione di metri cubi d'acqua e varie tonnellate di creolina per ripulire alla meglio, disinfettare e renderle, se non abitabili, per lo meno agibili, vi feci installare i miei uomini e potei considerare la mia missione compiuta nei termini stabiliti tornando ad essere con mio grande sollievo un modesto comandante di plotone.

Tanto io che i miei colleghi ebbimo un bel da fare per mantenere il minimo di ordine e di disciplina fra i nostri uomini, dato che il vivere insieme ai russi (sia pure per i pochi giorni che trascorsero prima della loro partenza) voleva dire continue scazzottate, per fortuna non tutte cruente, che finivano sempre però con abbracci, canti, pianti e bevute dato che la schiettezza e la sincerità popolana di ambedue le parti avevano immediatamente fatto intuire sia agli uni che agli altri di essere fratelli per essere accomunati da un destino tutt'altro che roseo.

Quando poi i russi partirono per andare a morire ammazzati nei punti più caldi del fronte dove le perdite tedesche erano maggiori, dovemmo lavorare di buona lena quasi una settimana per rimettere in ordine la caserma che era stata ridotta peggio di una stalla.

Ricominciò così una vita quasi normale basata soprattutto sull'addestramento dei nuovi arrivati, tutti volontari, tra i quali però non mancavano i disertori provenienti da altri reparti che vi si sentivano al sicuro durante i periodi di addestramento ma che non esitavano ad abbandonare in tutta fretta quando sentivano aria di trasferimento al fronte.

Individuare questi trasmigratori da quattro soldi non era molto difficile per i nostri che erano ormai veterani in tutti i sensi ed in genere al massimo in 5 o 6 giorni si riusciva ad eliminare tutte le scorie rimandandoli per lo più ai reparti da cui avevano disertato. In compenso venivano ad arruolarsi molti giovanissimi che, stanchi dei servizi di polizia e d'ordine dei loro reparti cittadini speravano di andare a combattere la «guerra grossa» al fronte con la Decima.

Purtroppo l'addestramento completo dei nuovi arrivati non poté essere portato a termine fino in fondo dato che arrivò presto l'ordine di partecipare alla dura punizione da infliggere alla Garibaldi ed alla Osoppo come premessa necessaria alla difesa del confine orientale dalla minaccia del IX Korpus che si stava ammassando lungo tutto l'arco del confine con la connivenza, appunto, della Garibaldi. Se avessimo saputo che a decimare la Osoppo avrebbero provveduto, a Porzus, gli stessi compagni comunisti, ci saremmo risparmiati un bel po' di incomprensioni.

Infatti ignoravamo la lettera di Palmiro Togliatti del 19 ottobre 1944, da Ban, in cui "il Migliore" ribadiva l'opportunità «dell'occupazione della Regione Giuliana» da parte delle forze di Tito e la necessità che i comunisti prendessero posizione «contro tutti quegli elementi italiani che si mantengono sul terreno e agiscono a favore dell'imperialismo e nazionalismo italiano e contro tutti coloro che contribuiscono in qualsiasi modo a creare discordia tra i popoli».

MALANNI GROSSI E MAL SOTTILE

Dopo la dispersione di tutti i gruppi di Fiapi sul Cansiglio avvenuta praticamente senza colpo ferire un po' perché di colpi i partigiani per la fretta di fuggire ne avevano sparati assai pochi ed un po' perché i tedeschi ed i fascisti inseguitori avevano armi con gittata limitata mentre i partigiani in pochi secondi, fuggendo a velocità supersonica, si ponevano fuori tiro, le uniche attività partigiane erano rimaste quelle effettuate di notte tirando a tradimento alla schiena dei repubblichini seguendo la tattica, secondo loro gloriosa, dello «Sparare e sparire».

I comunisti tentarono di tutto per provocarci in modo da farci reagire contro la popolazione ma riuscimmo, sia pure a fatica, a contenere la nostra rabbia nel limiti di una ricerca e punizione dei soli colpevoli anziché cadere nella facile rappresaglia.

Certo quando si aveva la possibilità di partire subito all'inseguimento di chi ci sparava alle spalle, quelli che acchiappavamo non ricevevano un trattamento corrispondente in tutto e per tutto alle convenzioni internazionali, ma in compenso non erano molti quelli che acchiappavamo vivi dato che di notte e data la gente con cui avevamo a che fare non eravamo molto propensi a considerare innocuo prigioniero da rispettare chi, oltre ad averci ammazzato un compagno poco prima, nascondeva magari nella mano alzata una «hand grenade» con la sicura già tolta.

Così a Vittorio Veneto avemmo alcune perdite proprio fra quelli che l'avevano scampata varie volte in guerra e nei combattimenti a viso aperto per cui ci dispiaceva ancor più che avessero fatto una fine non corrispondente al loro carattere e per di più per mano di gente il cui comportamento non meritava rispetto.

Le nostre reazioni istantanee e l'imprudenza con cui ci gettavamo come lupi rabbiosi sulle orme di chi ci aveva teso qualche imboscata convinsero ben presto gli assassini delle scarse probabilità di sopravvivenza per chi, sia pure di notte e con vie di fuga prestabilite, ci avesse assaliti.

Ma un conto è la pelle propria ed un conto quella degli altri, per cui i capi partigiani comunisti continuarono a mandare i più poveracci dei loro gruppi a provocare. Per la riluttanza però degli stessi poveracci a compiere imboscate significative ormai rivelatesi troppo rischiose, gli Ufficiali che alloggiavano in posti isolati o che andavano a trovare qualche collega o qualche amico, specie se questo era invece un'amica, divennero gli obiettivi preferiti.

Anche in questi casi però bastava sparare due o tre colpi dalle finestre perché i tentativi di agguato o di assalto non si ripetessero.

Comunque, appunto per la mentalità dei Fiapi, chi doveva temere di più i loro attacchi era proprio chi era indifeso, ragione per la quale dovevamo preoccuparci di curare la sicurezza di chi, non essendo armato, era più soggetto a subire attacchi a tradimento o imboscate.

Le ragazze del Servizio Ausiliario della Decima che si sarebbero acquartierate non molto lontano da Vittorio Veneto, in un posto chiamato localmente Col di Luna, sarebbero state un obiettivo che la normale limitatissima scorta armata, assegnata pro-forma, non sarebbe certo bastata a difendere in caso di attacco. Per questa ragione un giorno fui chiamato dal mio Comandante di Compagnia che, per ordine di Manlio, mi comunicò che fino a quando non fosse stata assegnata loro una scorta adeguata in modo permanente toccava a me ed al mio plotone andare a riceverle a Villa Vianello che sarebbe stata la loro sede e provvedere alla loro sicurezza fino all'arrivo della suddetta scorta.

Come spesso quando capitava, a me o al battaglione, qualche compito esterno, io stavo covando una bronchite che, forse per ignoranza, credeva di essere malaria in quanto era ricorrente quasi con la periodicità matematica di una cometa.

Non avendo tempo per andare dal medico e farmi dare il solito chilo di sulfamidici, sperai che tutto andasse per il meglio e mi diedi da fare per radunare, vestire, equipaggiare, armare e vettovagliare la mia quindicina di baldi giovanotti che, all'idea di andare a proteggere un centinaio di ragazze già avevano gli occhi brillanti e le labbra secche.

In un tempo record riuscimmo a salire sul camion e, mentre già faceva buio, partimmo a tutta velocità per il luogo d'incontro.

Appena partiti io cominciai ad essere preso dai brividi della febbre che aumentò per tutto il breve percorso. Arrivati dove ci aspettavano le Ausiliarie fermai il camion un po' lontano dalla costruzione dove le ragazze si stavano preparando a prendere alloggio, in modo da poter cominciare subito a mettere in atto le disposizioni di sicurezza.

La cosa era cominciata male con la bronchite e continuò peggio con la morte di un mio Caporal Maggiore al quale si ruppe la tracolla dello Sten mentre scavalcava la sponda del camion per saltare a terra. Lo Sten cadde al suolo e battendo col calcio fece scorrere l'otturatore in modo che l'arma si caricò e sparò colpendo il proprietario all'addome. Il povero ragazzo spirò fra le braccia mie e di due compagni che caricarono poi la salma sul camion mentre io cercavo di vincere lo scoramento dando tutte le disposizioni e spedendo gli uomini a destra e a sinistra per svolgere il compito affidatoci.

Pur colpiti amaramente dalla morte del loro compagno i miei soldati non poterono resistere, prima di andare a compiere i pattugliamenti e le ricognizioni loro assegnate, alla tentazione di andare a dare una sbirciatina alle femmine cercando di passare vicino all'accantonamento. Così facendo si congratularono tutti con l'unica sentinella, che io avevo appostato in un posto ben riparato e con ampio settore di tiro vicino all'accantonamento stesso, per la sua fortuna di trovarsi situato così vicino alle ragazze.

Date ai miei tutte le disposizioni del caso mi andai a presentare alla Comandante delle Ausiliarie ed a dare ordini anche ai sei marò di scorta che erano arrivati con loro.

Mentre bevevo una tazza di tè preparata alla buona da una Ausiliaria, la Comandante e le sue subalterne che erano con lei fecero appena in tempo a sorreggermi perché io già non mi reggevo più in piedi per la febbre. Come scorta e protezione di quelle fanciulle certo non ero in quel momento quanto di meglio si potesse desiderare.

L'aitante e prode difensore delle deboli fu preso di peso da non si sa quante delicate mani femminili, portato su una branda, coperto con molteplici coperte, imbottito di aspirine e chissà quali altri medicamenti e passò 24 ore quasi senza conoscenza.

Appena la febbre calò un po' fui rispedito a Vittorio Veneto dove i miei soldati mi raggiunsero quasi subito essendo oramai in funzione un servizio di sicurezza organizzato dal Comando Decima.

Solo dopo abbastanza tempo mi venne in mente che di tutto il mio distaccamento io ero l'unico che non poteva millantare fantastiche avventure e roventi ore in mezzo a tante donne come il gallo della Checca.

Chi continuò per giorni e giorni a raccontarne di cotte e di crude, ma soprattutto di molto bollenti, sulle notti folli passate a guardia dell'accantonamento delle Ausiliarie furono i miei soldati che trascurarono completamente il fatto che anche se non avessero dormito neanche un minuto e non avessero passato quasi tutto il loro tempo di pattuglia a largo raggio, non avrebbero assolutamente potuto fare neanche un decimo di tutto quello che raccontavano.

A prescindere comunque dalla impossibilità materiale di fare alcunché di estraneo al servizio, dati i pesanti turni di pattugliamento dei soldati e di addestramento delle Ausiliarie, che tutti scrupolosamente compivano, i miei galletti facevano finta di dimenticare le strettissime regole di ferrea disciplina vigenti fra le Ausiliarie che, né allora né mai, hanno dato adito ad un sia pur minimo pettegolezzo o critica del loro comportamento sempre impeccabile.

OPERAZIONE TAGLIALEGNA

Un popolo che si compiace nel vergognarsi di aver fatto cose di cui gli altri popoli si gloriano, nel denigrare tutto quello che potrebbe essere oggetto di orgoglio e nell'arrampicarsi sui vetri per poter dare ragione agli altri contro gli stessi interessi propri, non solo non viene preso sul serio dagli altri popoli, ma non viene apprezzato neanche dai suoi stessi appartenenti che gareggiano nel mostrarsi distruttori accaniti di ogni valore della propria storia.

Non c'è inglese, americano, russo, francese, ecc. che ancora sanguinante e dolorante per le botte prese dagli italiani non attribuisca le suddette bastonate ai tedeschi. Tante volte ho pensato a come si devono vergognare le infelici madri dei poveri inglesi caduti in Africa di aver avuto il figlio ucciso da un codardo Italiano in fuga anziché da un eroico tedesco in attacco.

Gli stessi italiani che non esitano a descrivere eroiche quanto fantasiose battaglie sostenute da impavidi partigiani (di cui per altro non si trova nessuna documentazione neanche nella bibliografia ufficiale dove compaiono sempre due partigiani feriti lievemente contro duemila tedeschi uccisi gravemente senza che sia specificato il fatto d'armi relativo) non attribuiscono mai l'origine delle loro sconfitte a qualcuno dei pochi reparti italiani che gliele hanno sempre suonate di santa ragione ma preferiscono accusare i tedeschi o meglio ancora i cosacchi. Carità di patria o complesso d'inferiorità?

Il caso della Repubblica della Carnia, che negli otto giorni di vita (dal 26 settembre al 3 ottobre 1944) ha prodotto quantità industriali di verbali, disposizioni, ciancie e discussioni (ma nessuna battaglia) è emblematico.

La stessa gente, che esalta lo «Sparare (a tradimento, si intende) e Sparire» non può ammettere che nel corso dell'operazione «Taglialegna» 2 battaglioni della Decima con una forza di neanche 500 uomini abbiano ripulito in quattro e quattr'otto una zona di 100 chilometri quadrati difesa da 2000 armati, fra cui il Battaglione Stalin formato da ex prigionieri russi.

Proprio queste operazioni di pulizia furono poi dagli «storici» attribuite a una Divisione di Alpenjager.

Tutto era cominciato quanto un Kommandantur importante si era seccato per le sempre più frequenti segnalazioni di lanci di ufficiali alleati, di soldi e di materiali paracadutati per smuovere le grosse ma neghittose formazioni ostili sedute a giuocare alle Repubbliche indipendenti a distanza non abbastanza rassicurante dalle vie di comunicazione con l'Austria.

Una volta tanto la Decima era d'accordo perché la neutralizzazione dei sicari comunisti al servizio di Tito (che si mimetizzavano sfruttando il nome di Garibaldi) avrebbe eliminato un pericolo alle spalle dei Bersaglieri e Alpini italiani che difendevano cocciutamente il Carso e l'Istria.

La zona dove politicavano queste formazioni era separata dalla pianura, dove si trovava il nostro Comando, da due passi obbligati a strettoia che, finché in mano loro, garantivano i Fiapi delle vallate cui davano accesso contro ogni sorpresa da parte nostra mentre per loro sarebbe stato facilissimo in qualunque momento piombarci addosso all'improvviso (sempre che ne avessero avuto il coraggio). Mancando la sorpresa, per noi non era possibile attaccarli senza rischiare gravi perdite.

Noi eravamo noti per essere un boccone tanto duro da masticare da far pensare due volte chiunque avesse avuto la velleità di attaccarci a fidavamo su questa nostra fama per considerarci abbastanza sicuri da non avere fastidi.

A loro volta i Fiapi nelle valli, fidando nelle difese naturali si illudevano di stare al sicuro, per cui da una parte e dall'altra si poteva benissimo far finta di niente.

Invece il Comando ci ordinò di attaccare quelle formazioni e di occupare la vallata al di là dei passi obbligati in modo da poter poi ripulirla con calma impedendo cosi qualunque possibile attività di disturbo in quella zona.

Gli ordini sono ordini e nonostante tutte le proteste ed obiezioni del nostro Comandante che di combattere altri italiani invece di andare al fronte era oramai più che stufo, un brutto giorno non potemmo far altro che obbedire e prepararci per l'attacco. L'unica consolazione era che la maggior parte di quanti avremmo avuto di fronte parteggiavano, coscientemente o no, per Tito favorendo le sue mire annessionistiche a spese dell' Italia.

L'obiettivo immediato era di impadronirci di una strettoia fra due creste rocciose – da cui si poteva osservare e bloccare ogni nostro tentativo di movimento – il che ci avrebbe evitato forti perdite almeno nella fase di avvicinamento.

Una volta tolta al nemico la possibilità di sorvegliarci saremmo stati, se non in condizioni di parità (condizione impossibile da raggiungere sia nel numero, che nelle armi, che nella posizione) almeno in condizioni di non troppa inferiorità.

Due miei colleghi, un sardo di Milano dal cognome spagnolo ed un romano alpino, ebbero il compito con i loro plotoni di impossessarsi delle due creste sulle quali però i partigiani avevano piazzato mortai e mitragliatrici pesanti in postazioni cosi ben defilate che i due si accorsero della loro esistenza solo dopo che le avanguardie furono prese di mira e dovettero ritirarsi in fretta al di qua della strettoia per evitare di essere decimate dai tiri molto precisi che dimostravano un accurato aggiustamento effettuato in precedenza.

Dopo aver cercato invano di individuare le postazioni con la sola osservazione, il sardo ed il romano diedero le necessarie minuziose istruzioni ad alcuni puntatori scelti e li mandarono ad arrampicarsi su punti alti da cui poter fare e comunicare all'istante dei rilevamenti abbastanza precisi sui centri di fuoco; dopo di che si avviarono a passo lento allo scoperto (non avrebbero mai ordinato una cosa simile ad un subordinato) per fare da bersaglio in modo che i loro osservatori potessero ubicare i punti da dove partivano i colpi.

Non poterono impedire ad un fedele Caporale di unirsi a loro di sorpresa all'ultimo momento e cominciarono a fingere di studiare il terreno con tutta calma finché i partigiani, esasperati dalla loro flemma, non resistettero più e cominciarono a bersagliarli di colpi con tutte le loro armi.

Ogni colpo costituiva un dato in più per individuare le postazioni delle armi, ma prima il sardo e poi il Caporale che cercava di portarlo al riparo furono feriti abbastanza gravemente; il romano, dopo averli trascinati come poteva in posizione un po' defilata, riprese a passeggiare imperterrito sotto il fuoco finché i suoi non gli segnalarono di aver individuato tutte le armi nemiche.

Dopo aver centrato le postazioni partigiane con alcuni colpi che le ridussero rapidamente al silenzio, i due plotoni del sardo e del romano, sotto il comando di quest'ultimo, presero possesso delle creste non senza aver dovuto combattere in arrampicata quasi fino a sera.

Prima di sbucare sulle vallate dove spadroneggiavano i Fiapi la strettoia proseguiva fra due pareti di roccia a picco e sul fondo correva una bellissimo torrente pieno di belle trote grasse e grosse perché, data la poca disponibilità per la pesca che avevamo tanto noi che il nemico, avevano tutto il tempo di crescere. A metà circa di questo canyon c'era un ponticello medioevale bellissimo che dalla strada, traversato a notevole altezza il torrente, immetteva in una spaccatura che portava nella prima di una serie di impervie valli laterali.

La conquista delle due creste ci permise di organizzare l'attacco contro i Fiapi ammassando (si fa per dire) le nostre forze (si fa sempre per dire) per l'attacco nelle valli.

Le scoscese formazioni rocciose alla nostra destra ci garantivano che non avevamo nulla da temere da quella parte finché fossimo rimasti padroni della cresta. Sulla nostra sinistra invece potevamo sempre essere soggetti ad un attacco attraverso la spaccatura che dava sul ponte, a meno di non dominare tutto il monte e tutta la successiva valle laterale.

Sapevamo esserci in questa valle secondaria un certo numero di Fiapi e la mia compagnia ebbe perciò il compito di attestarsi oltre lo sbocco della spaccatura sulla valle secondaria per impedire ad ogni costo che quelli ci capitassero addosso mentre gli altri procedevano alla pulizia della valle principale.

La mia compagnia era comandata dal Pazzo che per la sua lunga esperienza coatta in tutte le guerre possibili sapeva non solo fare miracoli in qualunque situazione per disperata che fosse ma soprattutto sapeva evitare qualunque rischio inutile per i suoi soldati quando si trattava di combattere.

Senonché il poveraccio, che proveniva dalla Fanteria, non si rendeva conto di avere un grave handicap che consisteva nell'aver partecipato, insieme a tutte le reclute, ad un corso accelerato di roccia tenuto in 5 lezioni da uno dei più incompetenti apprendisti rocciatori del secolo, cioè da me.

Considerando che le mie uniche esperienze di roccia le avevo avute sul Cimino e che avevo tutte e due le spalle soggette a frequenti lussazioni abituali, è chiaro che i miei allievi avevano sì imparato le cose essenziali e cioè quali errori evitare, come resistere il più a lungo possibile stando appesi con mani e piedi e come scendere in corda doppia, ma da qui a diventare gli Scoiattoli delle Dolomiti ce ne voleva ancora molto, praticamente tutto.

Ma il Pazzo, avendo seguito quella caricatura di corso di roccia era convinto di essere diventato un secondo Emilio Comici e fra il dover impadronirsi di una valle impervia impossibile da tenere con 60 uomini contro 200 ed il mettere in fuga i 200 nemici con un colpo gobbo considerò che questa seconda soluzione era di gran lunga preferibile e senza dubbio più sicura.

Nella sua decisione c'era però un piccolo neo e cioé che per metterli in fuga (cosa praticamente certa data la loro constatata ripugnanza per gli scontri diretti che permetteva loro di sparare solo quando potevano farlo stando bene al sicuro) bisognava aggirarli e per farlo il Pazzo si accorse subito che l'unico modo era di scavalcare la cresta a destra del canyon secondario con frequenti scalate di pareti alte dai 10 ai 30 metri. Abituato da tempo immemorabile alla disciplina delle armi, anche quella volta il Pazzo dimostrò la lucidità tipica dei pazzi: il nostro era un battaglione alpino perciò, a termine di regolamento, eravamo e atti e abilitati a scalare anche la parete Nord del Cervino.

Cosicché lui decise senza esitazione di scalare quelle pareti a picco, di proseguire al riparo della cresta fino alle alture tra la valle secondaria e quella principale e da li convergere a destra piombando alle spalle di quei duecento Fiapi, sicuro che si sarebbero arresi subito senza colpo ferire.

Queste decisioni il Pazzo se le poteva permettere perché i 60 uomini ai suoi ordini erano in realtà (a parte l'età) tutti giovanotti entusiasti, generosi ed allegri che prendevano tutto sempre molto sportivamente e perfino a questa decisione non solo non batterono ciglio ma si arrampicarono su per le pareti e si ritrovarono in cima senza che nessuno si sfracellasse sul fondo o rimanesse incrodato a mezza strada. Bisogna ricordare che uno dei principali miei insegnamenti era stato quello di non guardare mai in giù mentre ci si arrampica. Siccome però mi ero dimenticato di insegnare di non guardare in giù una volta arrivati in cima, quasi tutti si sentirono male presi dal terrore retrospettivo quando vollero dare un'occhiata alla strada sottostante da cui erano partiti. Credo che da allora pochi di loro si siano azzardati mai più a salire una scala anche appena un po' ripida.

Da lassù in cima il Pazzo cominciò l'aggiramento del nemico come previsto, arrivò puntualmente alle spalle del paesino dove doveva esserci il nemico e scoprì che il nemico era già scappato velocemente prima ancora che lui raggiungesse la vetta.

Lasciati 6 uomini a due a due in tre punti accuratamente scelti in vista del paesino per sorvegliarlo in caso di un improbabile ma sempre possibile rigurgito di coraggio da parte del nemico, dopo aver studiato la situazione decise di accamparsi per la notte ormai prossima, per arrivare a ricongiungersi con il resto del battaglione nella valle principale non già seguendolo attraverso i due canyon ma tagliando attraverso le alture che dividevano le due valli in modo da arrivare contemporaneamente a quello che presumeva sarebbe stato il punto raggiunto dai nostri al momento in cui lui sarebbe arrivato.

Così il giorno dopo svegliatosi poco prima dell'alba era già in marcia alle prime luci attraverso quelle impossibili alture e dopo qualche ora di andirivieni su un terreno non solo sconosciuto ma da supporre pieno di nemici, si trovò in vista di un paesino già nella valle aperta con il problema di sapere se era in mano nostra o dei Fiapi.

Seguendo la sua logica paradossale decise che era inutile perdere tempo mandando degli esploratori e, una volta deciso di andarci difilato, era meglio andarci arrivandoci dalla parte dove avrebbe dovuto esserci il grosso del nemico piuttosto che dalla parte da dove, secondo lui, sarebbero dovuti arrivare i nostri.

Il suo ragionamento, in teoria, non faceva una grinza: se era in mano nostra non c'era nessun pericolo a venirci dalla linea di combattimento, e se era in mano nemica era meglio arrivarci da dove non ci aspettavano piuttosto che da dove evidentemente si aspettavano un attacco.

La logica del Pazzo fu talmente logica che entrando nel paese ebbe dapprima l'impressione che non fosse occupato né dai nostri né dagli altri e solo quando fu già nel centro e gli uomini cominciavano addirittura ad essere meno guardinghi si accorse che c'erano ancora dei Fiapi. La prontezza di riflessi, il lungo addestramento e l'esperienza permisero al Pazzo ed ai suoi uomini di occupare il paese, di fare una diecina di prigionieri e di sedersi a bere tranquillamente un bicchiere di grappa, il tutto in meno di 15 minuti.

Dopo più di tre ore quando ormai era già quasi sera e cominciava a chiedersi perplesso dove diavolo era capitato e perché i nostri non arrivavano potè organizzare l'accoglienza festosa alle punte avanzate del resto del battaglione che non era arrivato prima semplicemente perché il paese occupato dal Pazzo era molto più distante di quanto lui avesse creduto dalla testa della nostra colonna.

Il giorno dopo fu raggiunto da tutto il battaglione che pur avendo avuto le sue avventure e le sue vicissitudini aveva solo dovuto spingere davanti a se branchi di fuggiaschi che si limitavano a sparare due o tre colpi più per paura che per voglia di combattere e scoprendo che i nostri, anziché fermarsi come loro si aspettavano, continuavano ad attaccare, decidevano saggiamente che era meglio scappare, per lo più gettando le armi per correre più in fretta.

LA BATTAGLIA DELLA MERDA

Ancora debole per una brutta bronchite, appena fui in grado di camminare raggiunsi il Battaglione che aveva appena forzato l'entrata in Val Tramontina e ripreso il comando del mio plotone potei così partecipare con impegno alla storica battaglia della merda.

La valle era bella, larga, molto lunga e molto articolata e noi, quattro gatti come eravamo, non potevamo permetterci il lusso di fermarci senza averla prima ripulita per bene.

Dalle varie informazioni, fornite premurosamente dai prigionieri, che ogni ufficiale, sottufficiale e soldato raccoglieva e vagliava scrupolosamente per cercare di capire quanti Fiapi avevamo di fronte ci rendemmo conto con un certo sgomento che i cattivi si potevano valutare tra i 1.500 e i 2.000 solo in quella vallata.

La conclusione non poteva certo tranquillizzarci anche perché avevamo già ricevuto, per fortuna senza perdite, parecchi colpi sparati da diversi mortai da 81 e qualche volta delle raffiche, anche quelle per fortuna fuori bersaglio, di mitragliatrici pesanti.

Si discusse perciò un piano d'attacco il meno «... accio» possibile avente due principali obiettivi dato che dovevamo escludere a priori ogni possibilità di sterminare o catturare tutti i nostri nemici.

Il primo obiettivo doveva essere di mettere tanta paura addosso ai Fiapi da farli disperdere il più in alto possibile sulle montagne che circondavano la vallata a riflettere sui loro peccati durante tutto l'inverno ormai prossimo, ed il secondo obiettivo era di farli scappare talmente in fretta da costringerli ad abbandonare tutte le armi pesanti. Avevamo già visto che non erano combattenti e siccome con le armi leggere per combattere bisogna avvicinarsi, avremmo reso così sicura la vallata almeno per qualche mese.

Decidemmo che avremmo attaccato due giorni dopo anche perché così il nemico fuggiasco avrebbe avuto il tempo di riunirsi (dai prigionieri avevamo saputo che anche i 200 che avevano costituito l'obiettivo primario del Pazzo erano per una buona metà arrivati nella valle principale).

Un obiettivo che però aveva priorità assoluta perfino rispetto ai due annunciati più sopra era ben chiaro nei pensieri di tutti noi. Esso era di non farci fregare come le pipe di gesso dei bersagli da baraccone da fiera nel caso che i cattivi si fossero accorti di quanti pochi eravamo noi al loro confronto.

E qui ci salvò un errore madornale da addebitare senz'altro alla stanchezza ed al gusto per la grappa di uno del due medici del battaglione conosciuto dagli amici come «il Truce».

Il Truce era un vecchio amico proveniente dal XXX Battaglione Guastatori Alpini con cui aveva fatto con onore tutta la campagna di Russia e che era noto a tutti per alcune idiosincrasie tra le quali, per esempio, il fatto di borbottare continuamente, in presenza di ferite o casi complicati «qui ci vorrebbe un dottore»; un'altra delle frasi tipiche del Truce era quella che esclamava sempre, imitando gli attori più celebri dei film di avventure, quando non otteneva la comunicazione per telefono; «i maledetti hanno tagliato i fili». Fino a quando una volta durante un'azione pericolosa e dall'esito incerto, in una baraonda di colpi e sibili di proiettili, lui che stava cercando di rappezzare i feriti nostri ed altrui in una casupola isolata che avevamo collegato con un telefono da campo, si trovò senza medicinali e cotone. Attaccatosi al telefono, dopo vari giri di manovella lo avevano visto impallidire ed esclamare con molta convinzione: «stavolta i maledetti hanno tagliato i fili sul serio». Da allora non lo avevamo più sentito pronunciare quella frase.

Quella volta, dopo che il battaglione si era riunito e stavamo cominciando a concertare i nostri piani, lui era stato chiamato per accertare se le bestie che erano state macellate erano sane. Anche se noi lo sfottevamo spesso dandogli del veterinario anziché chiamarlo dottore, evidentemente lui era senz'altro un ottimo medico ed ancora migliore chirurgo ma di certo non era un buon veterinario. Dopo aver dato il benestare per l'edibilità della carne lui tornò al consiglio di guerra e si dimenticò della faccenda. Chi non se ne dimenticò, quando a suo tempo mangiammo la minestra e lo stufato fatti con la carne approvata dal Truce, fummo tutti noi: dal primo all'ultimo componente del battaglione passammo una notte di tregenda, correndo continuamente con i calzoni in mano per i violenti e continui attacchi di diarrea che ci fecero concimare abbondantemente ed estesamente un'ampia area della valle intorno a noi.

Gli storici di tutto il mondo sono ormai concordi che fu questa azione ecologica ad impedire la distruzione del nostro battaglione perché fonti autorevoli hanno ormai stabilito che i meno fifoni tra i nostri nemici, avuto sentore della esiguità delle nostre forze erano venuti proprio quella notte ad accertare quanti eravamo. I loro rapporti sulla enorme quantità di tracce puzzolenti da noi lasciate e da loro involontariamente calpestate, si suppone con qualche imprecazione, convinsero i loro comandanti che noi dovevamo essere almeno diecimila. Così decisero di non attaccarci. Forse per questo, nei libri fantasiosi di Giovanni Padoan, Cino Boccazzi ed altri, si legge che le nostre forze ammontavano a svariate decine di migliaia e per di più di tedeschi. Devono proprio aver preso una bella paura.

Ignari come eravamo di aver scampato quel grosso pericolo grazie ai nostri meriti di evacuazione (che pure fa parte delle cose che si insegnano alle scuole di guerra) il mattino dopo ci dedicammo invano alla ricerca del medico per punirlo a dovere, ma il Truce, conoscendoci bene, aveva già provveduto a che non riuscissimo a trovarlo.

Il Truce infatti non era nuovo alle nostre reazioni; una volta che con la scusa di praticarmi l'antitetanica mi fece tenere inchiodato a sedere scoperto sul cosiddetto tavolo operatorio mentre mi inaffiava di alcool puro nelle mie parti intime anteriori e posteriori dovette poi stare nascosto per tre giorni per evitare che io lo trovassi e prendessi le mie vendette.

Un'altra volta, insieme all'altro medico del Battaglione conosciuto come «il Maschio» aveva dovuto nascondersi perché dopo una memorabile sbronza il Provinciale, che era uno dei più compassati fra i nostri colleghi, con la mente offuscata dal fumo e dal vino aveva accennato ad avere ancora una scheggia di bomba a mano in un braccio e, dissennatamente, aveva accettato di farsela togliere dal Truce e dal Maschio.

Il tutto con il pretesto di farci assistere, tutti noi colleghi, ad un'operazione chirurgica in piena regola.

Il Provinciale fu accompagnato con manate sulle spalle e con grida di giubilo nell'infermeria e solo quando si trovò disteso sul tavolo operatorio si rese conto della bestialità che aveva commesso accettando di mettersi nelle mani dei due galeni che non avevano certo bevuto meno di noi. Ma ormai era troppo tardi ed eravamo almeno una decina a tenerlo inchiodato sul tavolo operatorio.

Un anestesista volontario gli versò parecchi ettolitri di cloroformio sul tampone di ovatta che aveva sul naso e il Truce e il Maschio, dopo una breve discussione abbastanza violenta su quale dei due bracci si doveva operare, iniziarono a incidere col bisturi.

Non ricordo se le incisioni furono 30 o 40 ma certamente tutto lo spazio disponibile per incidere il braccio prescelto si esaurì senza che fosse trovata alcuna scheggia. Con pungenti osservazioni sulla dabbenaggine del Maschio nello scommettere, il Truce non la finiva più di dire «hai visto che avevo ragione io, il braccio era il destro e non il sinistro».

Con la rapidità di decisione tipica del buon chirurgo il Truce passò senz'altro all'altro braccio ma mentre si preparava ad incidere il Provinciale cominciò a tornare in sè. Il Truce ordinò all'anestesista di usare altro cloroformio ma ebbe l'inaspettata risposta che di cloroformio non ce n'era più. All'ordine del Truce di anestetizzarlo in qualche modo l'anestesista non trovò di meglio che dare un bel pugno in fronte al Provinciale che tornò così buono e tranquillo finché il Truce dopo aver estratto trionfalmente la scheggia lo ebbe ricucito con punti perfetti.

Anche quella volta il Truce e il Maschio pensarono bene di sparire e stettero ben nascosti mentre il Provinciale assoldava agenzie di investigatori privati per scoprire il loro rifugio mentre affilava pugnali, metteva punto bombe di sua invenzione e tagliava tutte le pallottole delle sue pistole sulla punta per farle diventare dum dum in modo da essere sicuro che il Truce ed il Maschio non potessero sopravvivere una volta che lui li avesse trovati.

Dopo la notte della carne guasta il Truce non trovò di meglio per nascondersi che andare a fare compagnia alle sentinelle avanzate del nostro reparto di punta ma male gliene incolse.

Infatti, come i nostri comandanti di reparto avevano previsto da quelle vecchie volpi che erano, il grosso dei fuggiaschi nemici si era radunato su una montagna da cui potevano bersagliarci tanto con i mortai come con le mitragliatrici pesanti che però eravamo sicuri non avevano potuto piazzare ancora dato il breve tempo che avevamo loro concesso tallonandoli fino a dove la montagna cominciava ad inerpicarsi e dato che da quel punto in poi dovevano portare armi e munizioni sulle spalle. Questo però ci obbligava, diarrea o non diarrea ad attaccare subito. Disposto rapidamente il piano d'attacco per ogni singolo plotone, lo ponemmo in esecuzione all'alba.

Come ho già detto il Truce era il primo fra i primi del plotone di punta che avanzò tanto velocemente, forse senza rendersene conto, da trovarsi bersagliato dal tiro dei nostri stessi mortai, che dovevano spianare il terreno di fronte ai nostri che avanzavano, allungando il tiro ad intervalli calcolati che però erano risultati troppo lenti rispetto alla foga con cui si inerpicavano le nostre punte.

Così il Truce fu punito in ogni modo e tutti sperammo che la salutare paura procuratagli dal tiro dei nostri mortai avesse provocato anche a lui un po' di diarrea. Lui non ce lo disse mai.

L'attacco durò solamente poche ore perché come al solito i Fiapi, proprio perché si videro attaccati con decisione, abbandonarono istantaneamente ogni velleità di resistenza ed i soli prigionieri che potemmo fare non furono quelli sconfitti con qualche corpo a corpo ma quelli che non erano stati capaci di scappare abbastanza in fretta.

ASSALTO ALLA BAITA

Poi ci fu la volta che mi coprii di gloria lanciandomi da solo all'assalto della Baita Fortificata.

Il battaglione aveva appena preso possesso, abbastanza facilmente, dei paesi nella valle e si vedevano distintamente perfino senza l'uso dei binocoli (cosa facile in montagna) i gruppi di Fiapi che tentavano di arrivare ai valichi che portavano alle altre vallate da cui, senza le armi pesanti che avevamo loro preso fin dall'inizio dell'attacco senza colpo subire, non avrebbero più potuto darci fastidio, a parte, si intende, qualche isolata pallottola nella schiena durante il buio.

Cominciò allora la gara fra tutti i vari comandanti di plotone e di compagnia per trovare alloggi nelle case e pensioni della vallata che era stata un discreto posto di villeggiatura.

Infatti pur senza illuderci di potervi restare molto a lungo, già sapevamo che avremmo dovuto terminare l'opera ripulendo le valli, la principale e le secondarie, dai gruppetti dispersi di gaglioffi che non avendo fatto in tempo a scappare avrebbero, una volta intrappolati, potuto costituire focolai di disturbo sia pure solo per nostre pattuglie o distaccamenti isolati. Comunque volevamo lasciare, quando sarebbe venuto il momento, la valle pulita e non infestata da nessun Fiapo così come c'era stato ordinato dal comando.

Con l'arroganza e la sicumera tipici di chi si sente moralmente superiore ad un avversario superiore solo numericamente, cominciammo a pattugliare continuamente ogni punto delle valli e ad esplorare ogni fessura, cengia, grotta o burrone sulle montagne.

Nel frattempo quelli dei turni a riposo continuavano ad interrogare i prigionieri che nella maggior parte dei casi venivano poi rilasciati a suon di calci nel sedere con tanta fifa addosso da non far temere che si sarebbero mai più sognati di prendere un'arma in mano (salvo s'intende a guerra finita quando non ci sarebbe stato più pericolo ma ci sarebbero state tante medaglie al valore partigiano).

Fra tracce trovate, analisi e sintesi di informazioni ricevute e contegno della popolazione che cercava di evitare certe zone ci convincemmo che esistevano ancora tre gruppi di Fiapi, tutti e tre rimasti intrappolati alle nostre spalle e che restavano ancora uniti e nascosti non per spirito battagliero perché volevano continuare a combattere, ma perché non avevano nemmeno coraggio sufficiente a tentare la fuga.

Comunque erano tre nèi sulla nostra operazione e decidemmo di eliminare anche quei tre possibili focolai di fastidio.

Data la scarsa opinione che avevamo dei Fiapi solamente tre plotoni furono incaricati di effettuare questa coda di operazione ed uno dei tre fu il mio cui fu assegnato il gruppetto che, secondo tutte le informazioni e le tracce, doveva trovarsi in una malga in mezzo ad un bosco a quota abbastanza alta in cima alla valle secondaria già teatro di una scalata e della conquista incruenta da parte del Pazzo. Infatti tutti quelli che non erano riusciti a scappare nella valle principale dovevano trovarsi ancora lì in qualche posto.

Essendo il punto che si supponeva fosse il mio obiettivo il più lontano di tutti partimmo alle due di notte io ed il mio Sergente Maggiore Marco (che mi ero ritrovato ora ai miei ordini dopo che in Africa gli ero stato subordinato come Sergente) con le nostre due squadre, più una terza appartenente al plotone del Pitecantropo e comandata da suo cugino, il Sergente «Demo». Questi, giovanissimo, nei momenti di rilassamento discuteva con noi il suo futuro già delineato nella sua mente, che consisteva nel dirigere una costruenda fabbrica di mobili che lui era sicuro di vendere come noccioline soprattutto per merito dello slogan da lui inventato che diceva «comprate mobili Demo, costano di più, durano di meno». Data la stupidità della gente c'è da scommetterci che aveva ragione.

Scendemmo la valle principale indietro fino al ponte del Diavolo, da cui, nei momenti d'ozio pescavamo trote colpendole da circa venti metri di altezza con il fucile e raccogliendole per mezzo di uno di noi calato più a valle con corda doppia (era difficile trovare chi si prestasse a questo lavoro dopo che per due o tre volte, dopo averlo calato giù, i compagni gli avevano fatto lo scherzo di ritirare la corda); da lì imboccammo il canyon trasversale.

Arrivammo alla fine del canyon e percorremmo di corsa la valle secondaria sospettando che qualcuno ci sopravanzasse ed andasse ad avvertire le nostre vittime predestinate.

Una volta arrivati all'attacco della montagna (era ancora notte fonda) mandai la squadra di Demo sulla destra per prendere un sentiero che, almeno, sulla carta, doveva cominciare due o trecento metri più a destra e che, sempre sulla carta, avrebbe dovuto arrivare alla malga come quello, più ripido ma più diretto, che avrei preso io con la mia squadra cui si era aggiunta mezza squadra del Sergente Maggiore che aveva invece il compito di arrampicarsi sulla erta e scoscesa parete alla mia sinistra per arrivare sopra la malga e dominare dall'alto la situazione per intervenire in un eventuale scontro a fuoco per quanto scarse fossero le probabilità che ciò avvenisse.

Ci demmo appuntamento per le sette di mattina quando sarebbe sorto il sole in modo da poter agire tutti insieme.

Non avendo molto tempo a disposizione dovemmo filare tutti quanti nonostante il fiatone e le gambe già traballanti, per cogliere la nostra preda al risveglio in modo da acchiapparli senza inutili spargimenti di sangue. Non conoscendo il posto era infatti impensabile sorprenderli di notte e d'altra parte arrivarci a giorno fatto avrebbe significato trovarli sparsi chissà dove anziché tutti insieme in una baita.

Come Dio volle, ansimando come cani assetati, con gli occhi fuori dalle orbite per lo sforzo e con le gambe che ci facevano giacomo giacomo, arrivammo con i primi barlumi di luce in vista, si fa per dire, della malga e, con mia grande soddisfazione mi resi conto che tanto Marco che Demo erano arrivati ai loro posti e si erano intelligentemente messi in modo da essere stagliati contro il cielo per essere visibili da me che invece ero in una zona scura non visibile fino a giorno chiaro.

Buttatomi per ultimo per terra per riprendere flato tirai fuori il binocolo e, assicuratomi che le sagome che vedevo contro luce erano effettivamente quelle di Demo e di Marco cominciai un esame minuzioso della malga cercando di stabilire tutte le particolarità del terreno che per circa cinquanta-cento metri ci separava da una baita, tutta di pietra, che doveva logicamente costituire l'alloggio del gruppo che dovevamo catturare.

Era un terreno completamente scoperto ed in salita per cui o si arrivava a gattoni alla baita, di sorpresa ed in silenzio, oppure si sarebbe stati dei facilissimi bersagli per chiunque avesse sparato dalla unica finestra o dalla porta della baita che in realtà era poi una casa di circa venti metri quadrati. Senonché, guardando il bosco che cominciava al di là della baita vi scorsi un movimento ed osservando attentamente col binocolo intravidi una fila di uomini che erano ormai a quasi duecento metri di distanza e che non facevano assolutamente nulla per nascondersi procedendo con sacchi e pacchi sulle spalle, senza fretta.

Per pochi minuti la nostra incursione aveva mancato l'obiettivo principale e non ci restava altro da fare che inseguire i fuggitivi con però scarsissime speranze di acchiapparne qualcuno.

Tanto per avvertire il Sergente Maggiore come per impedire che i Fiapi eventualmente rimasti nella baita ci sparassero addosso mentre correvamo all'inseguimento, corsi per pochi metri allo scoperto in modo che tutti i miei mi vedessero bene e capissero così la situazione ed il da farsi, mi inginocchiai e col mio moschetto mirai alla porta scura della baita, tirai un colpo e cominciai a gridare a Demo di inseguire su per il sentiero i fuggitivi.

Senonché, quasi contemporaneamente al mio colpo vidi un lampo nel vano della porta nera e percepii, nonostante il rimbombo del mio sparo un tonfo molto simile a quello di un colpo di pistola sparato in un ambiente chiuso. Anche i miei dietro di me videro ed udirono e dai loro ripari cominciarono a sparare contro la baita.

Vampe di colpi cominciarono a moltiplicarsi tanto nel vano buio della porta come in quello altrettanto buio della finestra dandomi la certezza che c'era ancora gente nella baita e che questa gente sparava contro di noi. Dovendo procedere in salita mi sentivo abbastanza sicuro di non ricevere qualche colpo troppo basso dei miei e, dovendo dare l'esempio, decisi di non tornare indietro per mettermi al riparo e mi lanciai da solo all'attacco della baita.

Mentre Demo cominciava a correre per dare inizio all'inseguimento, parecchi dei miei cominciarono a venire allo scoperto per spalleggiarmi ed io, procedendo con la tattica dei guastatori, continuavo a fare balzi di cinque-sei metri, appiattirmi, sparare un colpo, fare un altro balzo, appiattirmi, sparare e così di seguito fino alla baita sperando che i miei allungassero il tiro al momento giusto. I lampi e le vampe nella baita stranamente si moltiplicavano e quando finalmente arrivai sotto un muretto che limitava come sostegno il piccolo terrapieno di pochi metri davanti all'ingresso della baita intimai la resa mentre preparavo una bomba a mano per il lancio, ma non ricevetti risposta. Dando prova di essere bene addestrati i miei sospesero il fuoco pur tenendo tutte le armi puntate sulla baita ed io dopo qualche secondo posai il moschetto e impugnai la pistola con la destra sempre tenendo con la sinistra la bomba a mano e misi gli occhi a livello del ciglio del muretto ripetendo l'intimazione di resa. Non ricevendo ancora risposta tirai un colpo di pistola dentro la porta e dovetti abbassare subito la testa perché vidi un bagliore come di un colpo sparato da dentro la baita. Mentre già stavo per innescare la bomba, il cervello, lavorando per conto suo, giunse alla conclusione che quel bagliore non era altro che quello provocato dall'impatto e dalle scintille della mia stessa pallottola sulle pietre che costituivano i muri della baita.

Mi costò molta fatica vincere il mio ego recalcitrante di fronte a quella ridicola conclusione ma alla fine dovetti convincermi che avevo eroicamente assalito e conquistato da solo una baita assolutamente vuota.

Eravamo tutti talmente delusi e arrabbiati che a nessuno passò neanche per la mente di prendermi in giro tanto più che tutti avevano ricevuto la mia stessa impressione. Senza perdere tempo, gridato l'ordine di procedere ed il punto d'incontro alla fine dell'operazione al Sergente Maggiore, lasciai 5 uomini di guardia alla baita e mi arrampicai con tutti gli altri all'inseguimento dei fuggitivi.

Eravamo talmente sottosopra per quanto era successo e talmente inferociti che quei mascalzoni dei nostri nemici avessero scelto proprio il giorno della nostra azione per scapparsene via e lasciarci con un palmo di naso, che la rabbia ci mise le ali ai piedi ed in pochissimo tempo avevamo già raggiunto Demo ed i suoi.

Demo era un ragazzo molto in gamba e in pochissime parole ci accordammo su cosa fare e come eventualmente ritrovarci. Lui doveva disporre i suoi e i miei a ventaglio e procedere rastrellando il bosco mentre io con 5 fra i meno stanchi dei miei uomini dovevo cercare di inerpicarmi il più velocemente possibile in modo da sopravanzare i fuggitivi e fermarli per farli poi prendere dagli uomini di Demo.

Dopo pochi minuti dovetti lasciare un uomo con l'incarico di dare i necessari ordini a Demo perché, essendo arrivati al punto dov'erano i fuggitivi al momento del mio primo sparo, trovammo tutte le loro armi ed i bagagli che evidentemente avevano gettato via per scappare più velocemente e che comunque io dovevo recuperare, e a suo tempo esaminare, per portarli poi al comando dopo selezionati. Correndo in un bosco di montagna soprattutto andando in salita e non potendo tenere il passo standard non è facile restare uniti e dopo circa un'ora che ci stavamo inerpicando affannosamente con la massima rapidità possibile mi resi conto che avevo commesso l'imperdonabile errore di non controllare costantemente la compattezza del mio gruppetto e che per colpa del mio impeto ero rimasto solo con un caporal maggiore, chissà quanto più avanzato rispetto agli altri della mia pattuglia.

Non era il caso di aspettare chissà quanto tempo e perciò proseguimmo noi due soli sempre alla massima velocità possibile fino a quando arrivammo alla sommità boscosa di quella particolare gobba della montagna.

La visibilità era quasi nulla come sempre nei boschi ma al di là del punto dove eravamo, sul versante che scendeva oltre, si intravedevano parecchi chiari di piccole radure e non si scorgeva nessun movimento. Per di più con il passo velocissimo che avevamo tenuto avevamo buone probabilità di essere arrivati lì prima dei fuggitivi e dovevo solo giocare d'azzardo per tentare di indovinare se li avrei intercettati a destra o a sinistra.

Scelsi di andare a destra e stavolta con la massima cautela e cercando di fare meno rumore possibile cominciai ad andare lungo la sommità della gobba fermandomi molto spesso e cercando di percepire qualunque rumore che mi indicasse l'avvicinarsi della mia preda o supposta tale. Certo noi due non avremmo potuto dare battaglia o impegnare comunque il nemico ma avremmo potuto, con un po' di fortuna, mettergli paura e bloccarlo fino all'arrivo dei nostri. Mi irritava molto il fatto che il Caporal Maggiore fosse molto rumoroso e dovevo continuamente riprenderlo a gesti più che a parole perché non facesse troppo rumore.

In una delle nostre soste di ascolto sentimmo finalmente rumore di persone che procedevano nel bosco e cercato affrettatamente un punto ben nascosto e riparato da cui poter avere il massimo di visibilità, per quanta se ne possa avere in un bosco, vi trascinai il Caporal Maggiore quasi per la collottola dato che, chissà perché, non dava assolutamente segno di aver capito in che situazione ci trovavamo.

Evidentemente spostandoci dovevamo aver fatto abbastanza rumore per essere sentiti dai nostri nemici e questi altrettanto evidentemente si erano insospettiti e quindi si erano fermati. Ma i loro nervi non dovevano essere in uno stato molto buono anche perché sapevano di esser inseguiti a breve distanza.

Nella consapevolezza di doversi muovere subito per riprendere a scappare prima che i nostri li raggiungessero, dopo qualche minuto di attesa che immagino sia stata piuttosto ansiosa oltre che ansante, non seppero più trattenersi e rassicurati forse dal nostro silenzio assoluto cominciarono ad emettere dei fischi in modo chiaramente convenzionale, sperando che il rumore da loro sentito fosse stato provocato da loro compagni. Io, stando seduto con le mie spalle contro le spalle del Caporal Maggiore in modo fra tutti e due di poter coprire 360° risposi con una passabile imitazione del fischio che avevo sentito; passabile ma non perfetta, perché gli altri continuarono a fischiare come per voler essere sicuri che chi rispondeva loro era un amico. Ad ogni risposta il mio fischio migliorava ed il loro si avvicinava sempre di più quando, ad un certo momento, il Caporal Maggiore mi diede una gomitata e mi disse con voce un po' troppo alta per i miei gusti in quel momento «Signor Tenente, qui c'è qualcuno che fischia»; rimasi talmente di stucco da interrompere il fischio che stavo facendo e restai con la bocca aperta per lo sbigottimento. Solo a me poteva capitare di avere per compagno in una caccia in un bosco, basata tutta sull'udito, un sordo più sordo di un campanaro. Questo era veramente troppo e rinunciando una volta per tutte a strategia, tattica, prudenza e cautela mi alzai in piedi diedi un calcio nelle costole al Caporal Maggiore e cominciai a sparare all'impazzata imitato subito dal Sordo che era sordo sì ma veterano e niente affatto stupido, gridando contemporaneamente a squarciagola «Arrendetevi vigliacchi, siete circondati».

Il gruppo di cattivi doveva, dal rumore che fecero, essere di almeno venti persone che però purtroppo scapparono in tutte le direzioni peggio di una famiglia di scoiattoli.

Io ed il Sordo riuscimmo a prenderne soltanto tre mentre altri cinque, che per lo spavento erano scappati verso dov'erano venuti, furono presi da Demo nelle successive due ore.

Dato che quel giorno era andato tutto storto decisi di tornare alla baita dove, dopo circa un'ora, ci raggiunse Marco che, di passaggio, aveva acchiappato al volo altri due fuggitivi e che fu l'unico a scoppiare a ridere come un matto quando, sentendo raccontare la mia azione personale contro la baita, capì finalmente dalle imprecazioni più che dalle parole che questa era vuota.

Dopo aver scritto mezza paginetta di rapporto che mandai al Comando insieme alle armi catturate ed ai prigionieri scortati da Demo, dai suoi uomini e da quelli fra i miei che non erano in perfette condizioni fisiche, disposi che la mia squadra e quella di Marco si arrangiassero in qualche modo per la notte perché mi era venuto in mente di completare il rastrellamento della zona in modo da percorrerla tutta fino a scavalcare la prima cresta e ritornare al comando scendendo dalle coste dove durante la nostra azione principale avevamo cacciato i nostri nemici.

Il giorno dopo all'alba partimmo tutti insieme chiaccherando piacevolmente dato che ormai ci ritenevamo abbastanza al sicuro e tutto andò bene incluso il rastrellamento dei più intraprendenti dei nostri che, alla vista di qualche gallina o di qualche ragazza, dimostravano una spiccata tendenza verso una diserzione sia pure momentanea.

Per ben tre volte dovemmo fermarci per poter contare ogni volta quanti eravamo e recuperare i «distratti».

Nel pomeriggio arrivammo finalmente in vista della forcella che ci divideva dall'altra parte del crinale quando fummo sorpresi da una decina di colpi di fucile provenienti da un gruppetto di case nel quale stavamo entrando per rinfrescarci e rifocillarci rapidamente prima di salire al passo dal quale distavamo meno di un'ora.

L'intesa tra me e Marco e tra noi e i nostri uomini era tanto buona che senza neanche il bisogno di dare ordini il Sergente Maggiore cominciò ad attaccare le case con i suoi mentre io con i miei mi precipitavo al di là delle case stesse per tagliare un'eventuale ritirata o effettuare un attacco da dietro.

Tutto si concluse in meno di quindici minuti e sapemmo poi dai sette disgraziati che catturammo in mezzo alle case, che la loro sorpresa nel vederci era stata così grande da aver sparato più per paura che per qualsiasi velleità di resistenza.

Decisi comunque di continuare con il programma iniziale di andare oltre il passo prima che facesse buio ma prima di dare l'ordine di partire dissi al Sergente Maggiore di attendere un mio segnale perché in cima a un cortissimo canalone di non più di un centinaio di metri avevo visto una grotta da cui qualche eventuale cecchino avrebbe potuto darci qualche fastidio se non addirittura provocarci qualche perdita o per lo meno qualche ritardo.

Così mentre i miei uomini, sia pure con scarse comodità, si riposavano e si rifocillavano, io me ne andai solo soletto su per il canalone cercando di stare il più possibile in cresta sulla parete di destra che andava a terminare con un'ampia curva proprio sopra la grotta.

Non mi affrettavo più del necessario tenendo il mio fedele moschetto a bracciarm e non fumavo solo perché quando si sale in montagna in genere non si fuma ma l'atteggiamento era proprio quello di uno che fa una passeggiata. Arrivato, sempre sulla cresta, all'altezza della grotta da cui distavo meno di una decina di metri decisi che non valeva la pena di andarci dentro perché potei vedere chiaramente che era profonda sì e no un paio di metri e più che una grotta era in realtà una fessura bassa anche se molto allungata. Non valeva certo la pena di compiere acrobazie da rocciatore per entrarci e quindi dopo averci sparato dentro tre o quattro colpi di moschetto a scanso di equivoci scivolai dentro il canalone e, stavolta sì, mi accesi una sigaretta dopo aver segnalato ai miei in basso che tutto andava bene e che potevano prepararsi a partire e discesi giù come se fossi al ritorno da una scampagnata.

Ero ormai a meno di 50 metri da dove il canalone si apriva sul prato davanti alle case quando a momenti mi viene un colpo al vedere uno sciagurato armato fino ai denti che, alzando un Mannlicher con tutte e due le mani sopra la testa, mi comincia a ripetere con voce strozzata parole incomprensibili tra cui riuscii solo a capire «bono italiano, bono italiano». Insomma ci misi un bel po' a capire che quel poveraccio voleva arrendersi e ci fu una scena veramente comica perché ogni volta che io gli dicevo di buttare il fucile lui evidentemente spaventato a morte lo abbassava sempre tenendolo con tutte e due le mani allora io minacciandolo col mio moschetto gli dicevo di alzare le mani e lui le alzava subito ma sempre col fucile. Insomma dopo cinque o sei movimenti di ginnastica ritmica a due gli venne il lampo di comprensione e buttò il fucile. Con molta pazienza riuscii a fargli capire di buttar via anche il cinturone, la pistola, il pugnale e tutto il resto e potei così ricongiungermi con i miei tutto fiero del mio prigioniero personale. Il quale risultò poi essere un povero diavolo di soldato russo, catturato dai tedeschi prima, e liberato ed arruolato per forza dai partigiani, poi.

Di tutta la vicenda posso solo dire che l'aver fatto questi ultimi prigionieri mi rese la via del ritorno molto più facile perché, a parte le armi e le munizioni, li caricammo con tutta la nostra roba viaggiando cosi leggeri come dei grandi cacciatori bianchi avendo i nostri portatori che ci precedevano ben felici di essere ancora vivi essendosi aspettati di essere trucidati sul posto come evidentemente era stato loro insegnato dalla propaganda dei cosiddetti liberatori.

La mia bambinesca soddisfazione per aver rimediato al parziale insuccesso iniziale della spedizione e per aver fatto prigioniero un russo tutto da solo, fu poi ridimensionata in seguito alla cattura, effettuata da Marco, del «Tenente Piave», ufficiale badogliano paracadutato qualche mese prima per assistere il «Maggiore Nicholson» che cercava di guidare i partigiani della Carnia in funzione degli interessi inglesi (tutti i loro sforzi venivano regolarmente vanificati dai comunisti filotitini delle «Garibaldi» che obbedivano solamente agli ordini di Mosca tramite Josip Broz o Palmiro Togliatti).

Marco infatti, che senza dubbio in quanto a qualità militari mi era superiore in tutto meno che nel grado, aveva finalmente avuto riconosciuti i suoi meriti e, insieme alla promozione a Maresciallo, aveva assunto con pieno diritto il comando di un plotone tutto suo con il quale aveva, come sempre, portato a termine con successo operazioni importanti fra cui appunto la neutralizzazione e lo scioglimento del gruppo Nicholson.

ANDARE CON DIO

Il principio della sacralità della vita, che i laici spesso enunciano quando fa loro comodo, ma raramente rispettano anche in tempo di pace, in tempo di guerra perdeva naturalmente di considerazione e questo non solo quando si trattava di uccidere
o essere uccisi, ma anche in molti atti della vita quotidiana.

Al contrario di oggi, quando si considera non più di una semplice seccatura che avvengano migliaia di morti all'anno sulle strade senza che alcuno pensi di essere una vittima potenziale, in tempo di guerra invece, per cause però non controllabili, la morte sulle strade era considerata personalmente da ciascuno come una eventualità cui pensare ogni volta che ci si metteva in viaggio.

In compenso allora sulle strade la percentuale di morti per incidenti, considerata in rapporto al numero di persone e di mezzi viaggianti, era miracolosamente bassa nonostante la presenza massiccia di mezzi militari e le alte velocità raggiungibili sulle strade normali.

L'uso delle luci era praticato più per essere visti dagli altri che per poter vedere qualcosa perciò i fari (comunque ben inferiori a quelli odierni con lampade allo iodio) dovevano essere oscurati completamente meno una fessura orizzontale alta un centimetro, per di più sovrastata da un visiera perché la luce non fosse visibile dall'alto da eventuali aerei nemici.

Allo stesso scopo la segnaletica orizzontale (che nel dopoguerra ha permesso a tanta gente di costruirsi la villa al mare), praticamente non esisteva, nonostante i registi che producono film storici sul bieco ventennio si dimentichino di farla cancellare nelle riprese esterne.

Non essendoci sulle strade, le striscie bianche venivano perciò dipinte sulle parti più esterne tutto intorno al veicolo. Di giorno, sempre quando non ci fosse nebbia, non c'erano problemi, ma di notte, anche in condizioni ideali, nessuno degli odierni fanatici della velocità su due o quattro o sedici ruote sarebbe stato capace di percorrere più di 100 mt. senza ammazzarsi. Eppure si tenevano ottime medie e gli incidenti erano abbastanza rari forse perché tutti, per amore o per forza, erano molto disciplinati.

Era estremamente difficile reperire gomme nuove o in buono stato per cui la maggior parte dei pneumatici avevano qualche difetto: o non avevano più battistrada, o avevano le tele tranciate o addirittura avevano delle pezze, fra camera d'aria e copertone, in corrispondenza di qualche buco. Le camere d'aria poi erano tutte rappezzate, molto spesso addirittura con mastice a freddo, senza fosse stata fatta neanche la vulcanizzazione.

Nessuno si metteva in viaggio senza il suo bravo tubetto di mastice e i suoi pezzi di camera d'aria impacchettati insieme a forbici e carta vetrata per poter riparare una gomma in caso di foratura.

Nonostante tutto questo e nonostante le strade consolari di allora fossero larghe meno della metà di come sono state rifatte dopo la guerra, era considerato un viaggio di tutto riposo arrivare, con una Balilla 4 marce di circa 1100 cc. con velocità massima di poco superiore ai 100 km all'ora, da Roma a Venezia in nove o dieci ore secondo che si prendessero la Flaminia, l'Adriatica e la Romea oppure la Cassia passando per Firenze, Bologna e Ferrara.

Mi capitò spesso di trovare la neve sul Passo della Scheggia e non era raro trovare la nebbia sui Passi della Futa o della Raticosa oltre che, naturalmente, in tutta la Pianura Padana soprattutto nel tratti da Piacenza a Pavia o da Ferrara a Venezia. Il tutto viaggiando preferibilmente di notte per evitare di essere bombardato o mitragliato cosa che, però, veniva considerata ormai come un fastidio inevitabile senza farne (salvo nel caso si fosse colpiti) una tragedia.

Dopo la caduta di Roma nel 1944, già inquadrato nella Decima, i miei viaggi si svolgevano tutti da est a ovest o viceversa.

Non essendomi più necessaria per servizio, avevo venduto la mia Balilla 4 marce e mi ero comperato una robusta motocicletta MM 500 con un sidecar facilmente applicabile.

Dopo essermi sistemato a Jesolo, appena potevo disporre di qualche ora per correre a Trieste inforcavo la moto, solo o con il Pitecantropo. Il desiderio di passare qualche fugace momento con le rispettive ragazze ci faceva affrontare con spensieratezza tutti i molteplici pericoli inerenti al viaggiare in quel tempo.

Lo stato pietoso in cui erano ridotte le strade, soprattutto quelle non asfaltate, e la segnaletica praticamente sparita, provocavano spesso delle cadute per fortuna per lo più senza gravi conseguenze.

Quando viaggiavo nella Bassa Veneto-Friulana intersecata da innumerevoli canali, mi preoccupavo sempre di assicurarmi (alzandomi in piedi sui pedali sempre correndo) che oltre ogni ponte a dosso la strada continuasse diritta, ma una volta, vista la strada proseguire diritta al di là del ponte, non mi accorsi che invece di un canale solo ce ne erano due, vicini e paralleli, e che invece di un ponte solo ce ne erano due sfalsati, chissà perché, di una trentina di metri; così finii nel bel mezzo del secondo canale effettuando un involontario volo librato completato da un bel tuffo sincronizzato mio e della moto, reso inutilmente spettacolare da schizzi degni di un varo all'antica.

Una coppia di buoi macilenti pungolati da un taciturno ma fattivo contadino reso solerte dall'offerta di alcune banconote bagnate, operarono il ripescaggio della moto che, caricata poi su un carro trainato dai suddetti buoi, fu portata alla lontanissima stalla più vicina dove, dopo essermi rimesso dalla solita immancabile bronchite, potetti procedere al lavori necessari per rimetterla in efficienza.

Ogni viaggio era reso ancora più eccitante dagli incerti dovuti alla ricchissima varietà di misteriosi miscugli che i solerti ed esosi fornitori vendevano come carburanti al mercato nero senza che il compratore potesse controllare a dovere la qualità della merce.

Una volta successe che il liquido venduto come benzina aveva invece tutte le caratteristiche per essere piuttosto definito più correttamente petrolio grezzo, ma io ed il Pitecantropo preferimmo non sottilizzare e ci azzardammo lo stesso a partire. La brava motocicletta benché surriscaldata al punto da avere rovente perfino il telaio resistette fino a Miramare, ma prima di Barcola prese fuoco sotto i nostri posteriori; solo la terra di un provvidenziale giardino, profusa a piene mani da noi due e da pochi volenterosi passanti permise di evitare la distruzione del fedele cavallo d'acciaio.

Un'altra volta, arrivato felicemente a Trieste e messa la moto nell'androne del portone di Piazza Dalmazia dove di solito alloggiavo quando dovevo trattenermi anche la notte, ebbi l'idea di controllare quanta benzina mi fosse rimasta.

Data la scarsezza di ottani della benzina reperibile allora, il modo usuale di fare luce per vedere dentro il serbatoio attraverso la esigua apertura del tappo era quella di accendere un fiammifero ed introdurne la capocchia nel buco per calcolare l'altezza del liquido dal riflesso. Nessuno si aspettava che la benzina prendesse fuoco e la benzina (o presunta tale) si comportava in conseguenza senza creare problemi.

Ma io mi ero dimenticato completamente che quella volta il borsaro nero che mi aveva venduto la benzina a Venezia qualche giorno prima mi aveva garantito che si trattava di benzina «avio» e che ne avevo comprovato la buona qualità godendo delle indubbiamente migliori prestazioni della moto. Il logico anche se imprevisto risultato fu una bella ed alta fiammata che mi bruciò ciglia, sopracciglia e peli della mano. Nel disperato tentativo di salvare il mio fedele cavallo d'acciaio non trovai di meglio che tappare l'apertura del serbatoio col palmo della mano e tenerla lì cercando di autosuggestionarmi per convincermi di essere Muzio Scevola redivivo. Mi guadagnai una bella ustione ma la motocicletta fu salva.

Usai la moto per trasferirmi armi e bagagli, miei e del marò che mi accompagnava, da Jesolo ad Ivrea dove, in attesa di costituire il proprio autoparco, il Battaglione ne disponeva come se fosse sua.

Usando normalmente la mia moto personale anche per servizio, quando per qualche ragione non era in ordine di marcia o non l'avevo a portata di mano, mi era sempre concesso senza difficoltà di usare la Gilera 500 (già del Regio Esercito, requisita in Piemonte) per viaggi personali che praticamente si riducevano al percorso da dove stavo, Piemonte o Carnia, a Trieste.

Il guaio era che d'inverno la strada meno interrotta per bombardamenti (quella cioè che passa per Sacile, Pordenone e Codroipo dati i frequenti danneggiamenti ai ponti sul Piave, la Livenza, il Tagliamento o lo Stella sulle statali 53 o 14) era spesso ghiacciata o coperta di neve.

Anche su quella strada i ponti venivano bombardati come quelli più a Sud, ma la minore portata dei corsi d'acqua e la minore ampiezza dei rispettivi letti avevano permesso ai tedeschi di costruire con tubi di cemento dei guadi sommersi che permettevano di traversare le acque traguardando le biffe messe opportunamente sulla sponda opposta.

Già dava il capogiro guadare un fiume in autocarro o in automobile (entro cui spesso entrava l'acqua dal bordo inferiore delle porte) ma la prima volta che dovetti decidermi ad entrare in quelle acque gelide e rapide in motocicletta esitai per più di un'ora prima di affrontare la traversata.

Appena entrato in acqua, con la corrente che tentava di portarmi a valle spingendomi di traverso, fui molto fortunato a trovare subito il giusto angolo di scarroccio per continuare a marciare alla velocità adeguata con gli occhi da allucinato fissi sulle biffe di traguardo che mi parevano infinitamente lontane.

Dopo le prime due o tre occhiate che incautamente avevo dato all'acqua, dovetti fare sforzi di volontà enormi per non guardarla più, altrimenti avrei sicuramente perso equilibrio e direzione e sarei finito fuori della pista annegando miseramente; infatti, imbottito come ero per resistere al freddo boia, non sarei riuscito a stare a galla neanche sul mercurio, senza parlare dei vortici che avrebbero travolto perfino un campione di nuoto.

Non potevo usare i piedi né per il freno né per il cambio di marcia in quanto non era prudente tenerli a mollo nell'acqua gelida e comunque non sapevo proprio come avrei potuto muoverli mentre erano immersi in una corrente vorticosa.

Dopo la prima scioccante esperienza, passare il prossimo guado fu meno traumatico e naturalmente non ebbi altra scelta che ripetere le stesse esperienze al ritorno per non restare tutta la vita sulla riva sinistra di un fiume, qualunque esso fosse, ma in seguito guadare fiumi vorticosi in motocicletta divenne un gioco da ragazzi nonché una routinaria abitudine.

Ogni volta che affrontavo un viaggio in moto mi premunivo indossando pesanti mutandoni lunghi e spesse maglie di lana oltre che coprirmi di maglioni fra i quali mettevo opportuni strati di giornali e sopra il tutto un ampio cappotto militare da artiglieria foderato con le mie proprie mani di pelo di agnello. Per poter mettere uno sopra l'altro tre paia di calzerotti di lana, naturalmente sopra le mai abbastanza lodate pezze da piedi, calzavo scarponi da alpino fatti a mano a regola d'arte a Cornuda.

Essere imbottito esageratamente in quel modo fu la mia salvezza quelle due o tre volte che non riuscii a stare in equilibrio sul ghiaccio che copriva spesso molti tratti di strada. Quando il ghiaccio era dappertutto in caduta non era pericolosa in quanto, nonostante la fretta, usavo una certa prudenza e limitavo al minimo la velocità.

Quando invece lo strato di «vetrato» sulle strade non era continuo, costituiva una brutta sorpresa arrivarvi improvvisamente con la velocità tenuta sull'asfalto asciutto oppure sulla neve, dove avevo imparato ad andare con abbastanza disinvoltura.

Una volta che trovai una lunga colonna di mezzi che facevano la fila per passare il guado su un affluente della Livenza prima di Sacile perché un autocarro tedesco aveva perso la mira ed era semiaffondato, cercai di accelerare poi il più possibile sulla neve alta, perfino esaltandomi nella corsa sul nastro bianco della strada. Solo però fino a Casarsa dove, subito dopo l'imbocco del lungo viale alberato che avevo preso ad almeno 50 km all'ora, mi resi conto che la neve era diventata ghiaccio e dovetti tentare subito di rallentare gradualmente sperando che non mi succedesse niente. Invece successe.

Nonostante tutti i miei sforzi per mantenermi dritto sia come direzione che come posizione, cominciai presto ad andare per traverso senza per altro essere ancora riuscito a diminuire sensibilmente la velocità.

Quando, dopo qualche vano tentativo di correggere la situazione, capii che non avrei potuto più mantenere la padronanza della motocicletta, non mi rimase altro che, puntando fortemente i piedi sui rispettivi appoggi, saltare con forza all'indietro per diminuire la mia propria velocità anche se aumentavo leggermente quella della motocicletta.

La manovra riuscì addirittura meglio di come io avevo sperato perché caddi in posizione quasi orizzontale con i piedi in avanti e continuai a scivolare sul ghiaccio, ruzzolando un poco, per una ventina di metri fino a fermarmi, ancora in mezzo alla strada, senza aver urtato né alberi né veicoli.

Rialzandomi subito con solo qualche ammaccatura al fondoschiena grazie alla imbottitura costituita dai miei indumenti, potei vedere la Gilera continuare imperterrita a correre inclinata sempre più sulla sinistra fino a quando il pedale poggiapiedi toccò il suolo. Dopo due o tre giravolte anche la motocicletta, ormai a velocità ridottissima, si fermò sbattendo contro un albero.

Mentre io percorrevo i circa 100 metri che mi separavano dalla moto, intorno a questa si stava radunando sempre più gente e quando arrivai al cerchio che le si era ormai formato intorno sentii i commenti e le versioni che i vari testimoni oculari stavano dando dell'incidente.

La maggioranza parlava di uno scontro ed alcuni arrivavano persino a descrivere lo stato miserevole in cui era stato raccolto il povero motociclista dando anche i nomi del volenterosi che lo avevano portato a braccia in un locale in attesa della Croce Rossa.

Dai dettagli sembrava trattarsi di un altro incidente ma quando mi convinsi che la vittima ridotta a pezzi nello scontro di cui quelli stavano parlando ero proprio io, con due o tre spallate riuscii ad aprirmi un varco nel cerchio di gente e, arrivato alla motocicletta, la misi in piedi per vedere quali danni aveva subito. A parte una brutta piega al manubrio che rendeva problematico l'uso corretto della frizione, e la spaccatura del pedale d'appoggio di sinistra, non sembrava avere danni strutturali ma solo ammaccature e graffi un po' su tutto il lato sinistro.

Mentre la folla continuava a descrivere l'incidente sempre più fantasiosamente, riuscii, dopo solo pochi tentativi, a rimettere in marcia la moto e, inforcandola, proseguii alla meno peggio il viaggio arrivando a Trieste solo a tarda notte, data la necessità di andare molto piano.

OM TAURUS

Date le sempre maggiori difficoltà di trasporto il parco automezzi del battaglione era diventato una cosa essenziale per la mera sopravvivenza degli uomini e del reparto stesso. I continui guasti, l'assoluta mancanza di pezzi di ricambio e l'estrema difficoltà nel trovare i vari carburanti avevano prevalso sulla buona volontà dei soldati che, quando se ne presentava la necessità, si trasformavano in autisti, meccanici e motociclisti; perfino nei casi di emergenza non si era mai sicuri di avere il mezzo che era necessario.

Il buon esito del fortunoso trasferimento da Ivrea a Vittorio Veneto che lo Spregiudicato aveva organizzato e realizzato con più fortuna che giudizio fece maturare nella mente del Comandante del battaglione l'idea di una cauta indagine, svolta senza parere fra tutti i suoi Ufficiali e Sottufficiali, per avere la conferma che lo Spregiudicato era l'unico che sapesse distinguere un carburatore da uno spinterogeno.

Messolo alla prova in occasione di due o tre guasti alla sua personale FIAT 1500 Cabriolet su cui, per scarico di coscienza, aveva fatto il test anche agli altri due o tre possibili candidati, Manlio un bel giorno chiamò lo Spregiudicato e gli ordinò di dare le consegne relative al suo plotone al Sergente Maggiore suo vice e di prendersi la responsabilità intera ed assoluta dell'autoreparto.

Le indignate proteste e perfino le minacce di diserzione dello Spregiudicato per evitare questa assegnazione che lui riteneva vergognosa ed umiliante non ebbero alcun effetto e si trovò così declassato da valido ed effettivo combattente a incompetente capo di un ammasso di eterogenei ferrivecchi e di un gruppo di indisciplinati individualisti come sono di norma tutti gli autisti, motociclisti e meccanici.

Lo Spregiudicato scoprì anche troppo presto che questo nuovo incarico, anche se poco glorioso, era però molto meno semplice che quello di portare alla morte un gruppetto di scriteriati. Dovette dedicarsi immediatamente al mercato nero per ricostituire le ormai inesistenti riserve di carburante e siccome non poteva mettere in gioco ufficialmente il prestigio ed il buon nome del battaglione dovette cominciare ad andare in giro in borghese, con macchine che aveva dovuto dotare di documenti falsi, per comprare prosciutti e grappa in montagna (pagandoli con sale acquistato sul litorale) per allettare in pianura i trafficanti del mercato nero in modo che gli vendessero benzina, petrolio e gasolio. Il petrolio non serviva normalmente per i lumi ma per far andare le motociclette che si erano dimostrate i mezzi più versatili e più sicuri; per essere perfette mancava loro soltanto funzionare ad acqua.

Una volta stabilita una rete di piccoli fornitori di carburante lo Spregiudicato, armato di liste interminabili di parti di ricambio necessarie per rimettere in funzione i vari automezzi immobilizzati, cominciò da Vittorio Veneto a girare tutta l'Italia non ancora occupata dai cosiddetti liberatori. Adottando i più disparati tipi di azione singola o collettiva, attraverso corruzione, colpi di mano, effrazioni, rapine e furti semplici (con il luogo del delitto che variava da Torino a Trieste e da Tolmezzo a Pola) riuscì a raccogliere abbastanza pezzi da rimettere in discrete condizioni il magazzino di ricambi dell'autoparco. Per non perdere tempo mentre cercava le parti di ricambio, riuscì anche ad acquistare o rubare quel po' di pneumatici che servivano per rimettere in stato di marcia i mezzi e per dotarli delle ruote di scorta di cui ci si era perfino dimenticati l'esistenza.

Il problema più grave che dovette affrontare lo Spregiudicato fu però quello dell'addestramento dei soldati che, quando serviva, fungevano da autisti e meccanici, perché imparassero non solo a riparare i loro mezzi in tutti i loro sistemi ma a mantenerli il più possibile in efficienza.

La parte che lo Spregiudicato trovò invece più facile nel suo programma fu quella di provvedere nuovi mezzi di trasporto che consentissero, in caso di bisogno, all'intero battaglione di spostarsi autonomamente senza dover ricorrere a nessuno.

Infatti, dopo aver considerato ed escluso ogni altra possibile fonte di procacciamento, scoprì due o tre officine di riparazione gestite dalla Organizzazione Todt o dalla Wehrmacht che avrebbero potuto essere obiettivi dei suoi non proprio corretti metodi di acquisto.

Con opportune bottiglie di grappa o bustarelle di conveniente importo lo Spregiudicato riusciva a sapere quali mezzi erano sul punto di lasciare l'officina dopo essere stati rimessi completamente a posto. Scelto il momento opportuno, portandosi dietro le eventuali parti mancanti ed il carburante, provvedeva di notte, tutto vestito di nero e con la faccia e le mani affumicate, a completare quel poco di messa a punto che ancora mancava, a dotare il mezzo prescelto del carburante necessario e con l'aiuto di tre o quattro dei suoi uomini fra i più spericolati e fidati, a muoverlo centimetro per centimetro, stesi per terra, agendo sulle ruote con le mani, fino a portarlo vicino all'uscita. Giocando il tutto per tutto con almeno 50 probabilità su 100 contro, metteva in moto e, infrangendo la sbarra di uscita, scappava a tutta velocità fra le pallottole che gli tiravano dietro le sentinelle che però, risvegliate improvvisamente e sorprese nel mezzo della notte non costituivano in genere un serio pericolo.

Quando il mezzo non si metteva in moto non c'era altro da fare che saltar giù e fuggire a tutta velocità al primo apparire di qualche guardiano; nel buio della notte, tutti coperti di nero, quello di riuscire ad eclissarsi non era un problema. Se invece partiva bastava trovare un boschetto in qualche stradina secondaria, sparare un caricatore di mitra su parti non vitali, riverniciarlo col grigioverde scuro militare, dipingerci le insegne della Divisione, metterci una targa nuova ed il gioco era fatto.

Infatti quando ad uno dei tanti controlli in cui il mezzo incappava nei suoi spostamenti, esso veniva identificato come uno di quelli rubati negli autoparchi di provenienza, i fori dei proiettili servivano a testimoniare le dichiarazioni, naturalmente false, dell'autista (e, su su per la scala gerarchica, dei vari comandi) attestanti che il mezzo era stato catturato durante uno scontro a fuoco con i partigiani che evidentemente erano stati quelli che lo avevano rubato dall'autoparco; pertanto essendo ormai del Battaglione in qualità di legittima preda bellica non poteva più essere preteso da chi se lo era fatto rubare.

Lo Spregiudicato andava particolarmente fiero di un magnifico OM Taurus che era diventato il suo mezzo personale per tutte le sue operazioni legali o illegali e che si faceva un vanto di tenere in perfetta efficienza, a disposizione del comandante del battaglione per ogni emergenza.

Fu con quel Taurus, attrezzato con castelli di legno e pagliericci, che furono recuperati in tre viaggi successivi senza il minimo guasto tutti i feriti del battaglione dopo la battaglia di Tarnova, così come. quando la sua Compagnia presidiava proprio Tarnova, lo Spregiudicato lo aveva usato per portarvi personalmente armi, viveri e munizioni che il Pazzo, comandante quel presidio esposto oltre i limiti del rischio, non considerava mai sufficienti.

Raggiunto un discreto stato di efficienza dell'autoreparto lo Spregiudicato cominciò a tempestare il Comandante di battaglione perché lo reintegrasse nel comando di una unità combattente ed in seguito a varie circostanze, dati i buoni risultati del lavoro svolto all'autoreparto, gli fu fatta intravedere una vaga possibilità di assumere un comando quando il battaglione si fosse riorganizzato dopo l'imminente trasferimento a Bassano del Grappa.

La situazione sulla Linea Gotica e sui confini Orientali si faceva infatti sempre più difficile e la pressione dei «liberatori» avrebbe richiesto l'invio di tutte le unità disponibili per contrastarne l'attacco finale.

Bassano era perciò la prima tappa di ristrutturazione prima di andare al fronte che era sembrato sempre più irraggiungibile durante tutti quei lunghissimi mesi in cui il Battaglione sempre sul punto di partire era stato invece sempre regolarmente distratto verso altri compiti incluso quello essenziale della difesa del confine Orientale interrotta poi dai tedeschi proprio quando sarebbe stato più necessario opporsi a Tito.

Lo Spregiudicato intanto, nell'attesa, si fece ingenuamente incastrare accettando di essere l'ultimo a lasciare Vittorio Veneto con l'incarico di raccogliere tutto quanto vi fosse rimasto dopo la partenza del battaglione e di provvedere al trasporto degli ultimi feriti che, non ancora in grado di essere mossi al momento del trasferimento generale, erano rimasti all'Ospedale locale.

Lo Spregiudicato non aveva battuto ciglio di fronte a questa prospettiva un po' perché il miraggio del comando (forse anche di una Compagnia) gli aveva fatto perdere la sua obiettività ed un po' perché gli era stato detto che il giorno stesso che il battaglione fosse partito sarebbe arrivato un battaglione di riservisti tedeschi (lo stesso tipo di vecchi richiamati altoatesini vittime della strage in via Rasella) che benché tutti in età molto avanzata e padri o nonni, avrebbero presidiato la zona che era soggetta a sempre possibili, anche se improbabili, tentativi di incursioni da parte del residui delle bande che stavano ritrovandosi sul Consiglio dopo essersi volatilizzate in un batter d'occhio come neve al sole abbandonando armi e bagagli al primo accenno di movimento dei tedeschi nella prima metà di settembre del 1944,

Lo Spregiudicato viveva in un albergo di Ceneda dove era anche alloggiato il Caporal Maggiore sardo soprannominato «il Topolino» che chissà come era stato accettato nell'esercito nonostante fosse ancora da dimostrare che raggiungeva il metro e 50 di altezza, Questi era diventato la sua ombra fedele dopo che si erano ritrovati per la seconda volta al battaglione; la prima volta si erano trovati in Cirenaica quando lo Spregiudicato era ancora Sergente ed aveva stretto amicizia con il sardo che allora era ancora Caporale, il Topolino aveva avuto la sua promozione a Caporal Maggiore quando, dopo un vittorioso assalto del suo plotone che aveva conquistato l'R. 5 a Tobruch, il mancato arrivo della fanteria che avrebbe dovuto occupare e mantenere il fortino aveva costretto il plotone guastatori a ripiegare e lui era rimasto da solo a coprire il loro ripiegamento riuscendo poi miracolosamente a rientrare nelle linee italiane nel corso della notte. Stando al battaglione, forse per predisposizione, forse per i durissimi sforzi cui si era sottoposto, aveva contratto la tubercolosi e lo Spregiudicato per rendergli la vita meno dura, lo aveva nominato (contro ogni norma) suo attendente godendo perciò del triplo vantaggio di avere sempre vicino un amico affezionato, un uomo di eccezionale coraggio ed un assistente fedele, tutti e tre riuniti in una sola persona che per di più aveva le dimensioni di mezza.

Quando, il giorno dopo la partenza del battaglione, il Topolino portò la prima colazione allo Spregiudicato, questi gli domandò se c'erano notizie dei riservisti tedeschi ricevendo in risposta il caratteristico segno di negazione che consiste nel fare con la testa un segno affermativo come è d'uso in Sicilia ed in Sardegna oltreché nel paesi Scandinavi ed in Africa. Lo Spregiudicato non se ne preoccupò più di tanto e con tutto comodo se ne andò a piedi all'ospedale a Serravalle per visitare i suoi compagni feriti e per tentare di ottenere dai dottori una risposta precisa in merito alla data in cui fossero stati trasportabili. Se ne tornò, godendosi il sole, all'albergo percorrendo per la seconda volta i circa due chilometri di strada e solo quando fu a metà del pranzo gli venne in mente d'improvviso che non aveva visto una sola uniforme, italiana o tedesca, durante tutta la giornata.

Riuscì a vincere la preoccupazione che questo pensiero gli dava e bene o male riuscì anche a dormirci sopra la notte. Ma la mattina dopo tornando all'ospedale si fece accompagnare dal Sardo dopo che tutti e due avevano messo la pallottola in canna tanto alla pistola come al mitra. Il ricordo dei suoi compagni assassinati alle spalle mentre passeggiavano disarmati in libera uscita per quelle stesse strade era ancora vivo nella sua mente per non permettere di sottovalutare il pericolo.

La ricerca di tedeschi fatta all'andata e l'affannosa ricerca di notizie, sempre sui tedeschi, effettuata al ritorno, essendo risultate assolutamente negative su tutta la linea, procurarono allo Spregiudicato uno stato di ansietà che lo mise in tale agitazione da non permettergli di gustare la cena.

Per prima cosa lo Spregiudicato si preoccupò di cambiare stanza di nascosto e di farla cambiare anche al Sardo. Poi si assicurò che dopo la chiusura dell'albergo di cui lui e il Sardo erano i soli clienti in quanto era stato requisito come alloggio ufficiali, tutte le porte e finestre fossero debitamente sbarrate. Dopo di che per non essere costretto a turni di guardia notturni si procurò in cucina tutti i barattoli vuoti e le bottiglie che potè trovare e dopo averli legati tutti insieme con vari spaghi li sistemò a varie altezze in tutti i punti di passaggio obbligato dell'entrata, delle scale e del corridoio. Dato che tra le altre virtù del Sardo c'era anche una flemma degna di un Lord inglese, lo Spregiudicato aveva provato vergogna di comunicare le sue paure al microscopico Caporal Maggiore ed aveva perciò eseguito tutte queste operazioni da solo dopo che il Sardo se ne era già andato a letto.

Il risultato fu che al mattino seguente lo Spregiudicato, risvegliato all'improvviso da un fragore spaventoso, se ne uscì in camicione da notte armato fino ai denti per fronteggiare un attacco nemico contro la sua persona e si trovò invece di fronte al Topolino che, sceso per prepararagli la colazione, si era trascinato rovinosamente giù per le scale tutti i barattoli e le bottiglie riuscendo, da buon sardo, a fare con la testa un buco nel muro del pianerottolo dove era stato proiettato a razzo dalla caduta.

Benché il Sardo fosse Caporal Maggiore e lo Spregiudicato fosse un ufficiale e benché il Sardo fosse proverbiale per la sua flemma, le frasi con cui commentò la spiegazione datagli da uno Spregiudicato molto imbarazzato, anche perché è oltremodo difficile apparire dignitosi ed autoritari quando si è in camicione da notte, furono tutt'altro che rispettose e sarebbe azzardato definirle gentili e contenute.

Una volta passato l'imbarazzo dovuto alla situazione, reintegrata l'autorità e la dignità con il semplice mezzo di vestire la divisa con i gradi, lo Spregiudicato informò dettagliatamente il Sardo sulle ragioni di tutto quell'armamentario e di tutte quelle precauzioni. Il Sardo senza neanche aprire bocca se ne andò in camera sua e tornò indietro subito infilandosi quattro bombe a mano nelle tasche della giubba. Dopo di che se ne andò tranquillamente come al solito a preparare la colazione.

I giorni che seguirono furono una specie di farsa con elementi da Grand Guignol dato che lo Spregiudicato dopo aver accertato che purtroppo di tedeschi non ce n'era neanche l'ombra fino, pareva, a Conegliano, cambiava ogni notte di stanza obbligando il Sardo, contro la sua volontà, a fare lo stesso ed addirittura nelle sue giornaliere visite all'ospedale camminava ad improvvisi zig-zag come i beccaccini suscitando nei passanti commenti non esattamente lusinghieri sulla sua sanità mentale.

Quando, come Dio volle, i dottori dell'ospedale diedero il benestare per il trasporto dei feriti, lo Spregiudicato mandò un messaggio a Manlio perché inviasse un camion attrezzato per prelevare lui e gli altri sottolineando più volte la necessità di una scorta numerosa e bene armata.

Il giorno stesso che arrivò il camion (il solito OM Taurus che ancora costituiva motivo di orgoglio per lo Spregiudicato) erano arrivati anche i riservisti tedeschi e lo Spregiudicato divenne perciò oggetto di poco lusinghieri commenti sulle sue paure ritenute infondate. Nessuno riuscì mai a capire come mai lo Spregiudicato aveva perduto in così poco tempo 4-5 chili e perché per alcuni giorni dopo il suo arrivo a Bassano continuasse a sobbalzare al minimo rumore impugnando la pistola e guardandosi in giro con occhi spiritati da bestia presa in trappola.

TARNOVA

Anche quella notte a Sacile me la sono cavata proprio per il rotto della cuffia, come in altre occasioni, ma beneficiando di una immeritata massiccia dose di fortuna.

Poco più di un centinaio di uomini del mio battaglione presidiavano Tarnova dopo che il Comandante della Divisione era riuscito con le buone e con le cattive ad averla vinta sui tedeschi che non volevano capire, a causa delle loro mire annessionistiche, che anche gli italiani avevano il diritto di difendere il confine dalle orde slave.

Li comandava il giovane Capitano alto e magro chiamato comunemente "il Pazzo" ma che era savio come pochi nel raggiungere sempre l'obiettivo prefisso col minimo danno alla pelle propria e altrui.

Aveva addestrato tutti noi, reclute e veterani, al difficile mestiere di soldato facendoci rivivere simulati tutti i piccoli episodi da lui vissuti in combattimento e facendoci studiare e fare pratica sul terreno fino alla nausea.

Alla prova di innumerevoli scontri a fuoco il suo sistema di allenamento era risultato di un'efficacia che solo l'esperienza diretta superava.

Il Pazzo, arrivato al paesino di Tarnova, a 780 metri di quota ai limiti dell'altipiano coperto dalla selva omonima, fu subito preso dal suo strano tic che consisteva nell'alzare continuamente la testa con gli occhi socchiusi con un moto lento quasi che al suo lungo naso a becco fosse attaccato un peso.

Per chi stava con lui da abbastanza tempo quel tic significava che il suo sesto senso di combattente incallito lo avvertiva di un imminente pericolo in mezzo a una situazione già tutt'altro che brillante.

Una posizione infelice, a poco più di un chilometro dal ciglio dell'altipiano, senza alcuna possibilità di fortificarsi a difesa, neanche per un presidio dieci volte più numeroso del nostro ridicolmente esiguo, un bosco fitto tutto intorno, coperto di neve gelata, il freddo polare ed i paesani rassegnatamente ostili non inducevano certo ad essere non dico ottimisti, ma neanche tranquilli.

Come al solito il Pazzo prese una decisione pazza che naturalmente viceversa era l'unica logica in quella situazione.

Il presidio di 130 uomini si trasformò in poche ore in una raggiera di una ventina di postazioni isolate nel bosco, fra le bestemmie e gli scuotimenti di testa di ufficiali, sottufficiali e soldati; per di più non c'era postazione che durasse allo stesso posto più di tre giorni.

Il Pazzo fra un'ispezione e l'altra divideva la catapecchia comando con i malati e uno degli ufficiali a turno per interrogare prigionieri (tutti del IX Korpus di Tito) che fino dalla prima notte avevano cominciato ad incappare nelle postazioni durante le loro pattuglie di esplorazione.

Dopo qualche giorno fu accertato che a non molta distanza i circa 2.000 sopravvissuti del IX Korpus, rinforzati da due brigate fresche, si preparavano a riconquistare Tarnova dopo essersi appena rimessi dalle botte che la Decima aveva profusamente elargito sulle loro terga dalla Bainsizza fino a Predmeia ed alla valle del Tribussa, cacciandoli in fuga nei loro rifugi oltre il fiume Idria. Tornati nell'ansa formata da quel fiume ad est della Selva di Tarnova, a non più di 12 chilometri in linea d'aria, mandavano continuamente pattuglie in ricognizione per accertarsi che il previsto attacco a Tarnova fosse fattibile. Avevano rinunciato da un pezzo a considerare sfondabili le linee più a Nord tenute con incredibile saldezza dal Bersaglieri del «Mussollini» e dagli Alpini del «Tagliamento».

Il Pazzo, col fiuto acquistato in Africa, in Spagna, in Grecia e in Russia (tutti posti nei quali aveva cercato di non dimenticare la sua professione di Ingegnere) capì subito che non sarebbero state né le sue postazioni né i suoi 130 uomini a fermare i titini se questi si fossero mossi.

Avvertì perciò il Comando operativo della Divisione Decima (che chissà come era riuscito ad installarsi a Gorizia nonostante i tedeschi) che il trucco delle postazioni avrebbe tenuto lontano il nemico al massimo per un paio di settimane ancora, ma era opportuno provvedere o l'abbandono del posto o l'invio di un presidio che fosse veramente tale.

In realtà il sistema delle postazioni erratiche aveva ottenuto l'effetto voluto di scombussolare il comando slavo preoccupato inoltre per i mancati rientri di innumerevoli pattuglie e dei racconti, logicamente esagerati, dei pochi superstiti che riuscivano a non incappare nella rete di trappole del Pazzo.

Il nostro comando che si barcamenava in una ridda di difficoltà create soprattutto dal tedeschi, non aveva tempo e modo di soddisfare le richieste del Pazzo e c'era perfino qualcuno che non si peritava di accusarlo di aver paura.

La vita dei suoi uomini contava per il Pazzo più di qualunque sospetto di viltà e tanto fece e tanto strepitò che gli fu dato il cambio da due compagnie di bersaglieri del Battaglione «Fulmine», forti di 214 uomini.

Naturalmente le circostanze sembrava volessero dargli torto perché le continue perdite subite dagli esploratori avevano indotto il comando del IX Korpus a sospendere quasi del tutto l'attività di pattuglie diventata troppo costosa a causa del Pazzo ed il nuovo presidio, constatando una assenza di attività quasi assoluta non ritenne opportuno imporre agli uomini le privazioni ed i sacrifici necessari per seguire il sistema del Pazzo per cui poche postazioni fisse ai bordi del paese erano considerate sufficienti a garantire la sicurezza del presidio stesso.

Così mentre il nuovo presidio si andava abituando sempre più alla calma apparente che convalidava una sicurezza illusoria, le rinnovate pattuglie del IX Korpus constatavano ogni giorno di più che la via verso Tarnova era relativamente libera per i 2.500 partigiani delle varie brigate pronte all'attacco.

Una brutta mattina il comando di Gorizia ricevette attraverso una tormenta di neve il messaggio radio: «Stanotte siamo stati attaccati, ci stanno massacrando, ma teniamo duro»;

alla sera non c'erano più messaggi da ricevere perché i radiotelegrafisti erano stati sopraffatti e trucidati sul posto.

Le colonne di soccorso della Decima, che avevano in testa la Iª Compagnia del Valanga rinforzata da una Compagnia della Serenissima, arrivando da Salcano avevano già oltrepassato i tornanti della strada che dalla Sella di Dol prosegue per Tarnova della Selva passando vicino a Raunizza e Sedove, quando cominciarono i fuochi d'artificio.

La prima mina anticarro fece saltare il secondo camion e quasi contemporaneamente, prima ancora che si potessero distinguere gli urli dei feriti, il terzo autocarro, mentre si arrestava, saltò su un'altra mina.

Solo pochi riuscirono a distinguere, nell'atroce confusione creatasi, il fischio delle prime bombe di mortaio che i titini incominciarono subito a lanciare. Il tiro era evidentemente stato aggiustato in precedenza perché con una terribile precisione ogni salva falciava abbondantemente nel mucchio di vivi e di morti.

Solo la presenza di spirito dei veterani e l'ottimo addestramento evitarono che avvenisse una carneficina totale mentre si raccoglievano i morti ed i feriti che, fra le mine ed i mortai erano già 14 compresi 4 Ufficiali.

Mentre si trasportavano a Salcano ed a Gorizia i feriti ed i caduti, ed altri Battaglioni della Decima attaccavano il San Gabriele e si spingevano verso Britovo, le due Compagnie del Valanga si riorganizzarono per forzare il passaggio verso Tarnova dove il Battaglione Fulmine continuava a resistere alle orde di slavi e di rinnegati italiani del «Cossovel» e del «Triestino».

Intanto due squadre partirono alla scalata di un costone dietro il quale erano piazzati i mortai, ma fatti 100 metri, arrivati su un punto dove non esisteva riparo, si fece udire lo sgranocchiarsi dei nastri di due mitragliatrici pesanti ottimamente postate che cominciarono a battere gli uomini che avanzavano; a questi non rimase che spiaccicarsi a terra senza possibilità né di andare avanti né di tornare indietro. Allora quasi immediatamente dalla strada partì una terza squadra di guastatori con il compito di neutralizzare le postazioni di mitragliatrici. Tutto il resto della colonna aveva già ripreso a proseguire, a piedi, tagliando a lato del cimitero di guerra a Sud-Ovest di Raunizza per arrivare comunque fino a Tarnova. Passando distrussero un accampamento con le cucine ancora fumanti, abbandonato in fretta e furia dai titini.

La terza squadra formata da uomini inferociti, alcuni dei quali feriti dalle mine e dai mortai, avanzava velocemente con la tipica tattica da guastatori: un uomo per volta, pochi metri di corsa, e con una scelta perfetta dei tempi, come era stato provato centinaia di volte in addestramento. Le mitragliatrici non si vedevano ma continuavano a consumare nastri contro le prime due squadre e purtroppo il contorcersi improvviso di uno dei corpi incollati al terreno dimostrava che il loro tiro non era inutile e metteva fretta alla terza squadra anche se il tiro dei mortai si era improvvisamente interrotto per riprendere subito dopo preciso e metodico sulla zona che essa stava attraversando.

Il tiro delle mitragliatrici si faceva sempre più intermittente mentre i guastatori, come dice la regola, continuarono a seguire la loro tattica caratteristica finché arrivarono in vista delle armi automatiche e queste furono obbligate a volgersi contro di loro liberando finalmente le due squadre prima prese di mira. Queste ripartirono velocemente contro i mortai ma, prima che gli piombassero sopra e li catturassero, una delle ultime bombe aveva trovato il modo di regalare una scheggia al femore dell'ufficiale che comandava una delle prime due squadre guastatori.

Una squadra guastatori in azione raggiunge l'obiettivo col minimo di perdite solo se i suoi componenti agiscono come programmato in vista dell'obiettivo stesso, per cui solo dopo la cattura delle mitragliatrici e dei mortai l'ufficiale fu raccolto e riportato indietro.

Questi, soprannominato «il Pitecantropo», era in realtà un gagliardo esemplare di homo sapiens e il soprannome gli era stato affibbiato soltanto per la sua incredibile forza e per la sua fantastica agilità acquistata negli anni in cui aveva nuotato e scorrazzato da bambino nelle foreste e negli acquitrini dell'Indocina. I momenti liberi dal servizio usava dividerli fra D'Annunzio, Beethoven e gli scacchi senza però trascurare Baudelaire.

I combattimenti per ripulire da titini e rinnegati la zona intorno a Tarnova durarono tutto il giorno, tutta la notte e tutto il giorno appresso sempre nel mezzo di una tormenta di neve.

Solo un centinaio dei componenti il presidio era sopravvissuto e non c'era cadavere che non fosse stato mutilato selvaggiamente per cui la Decima non fece prigionieri ed il furore che aveva preso i soldati permise loro di ricacciare in fuga gli slavi mentre la logica e la sproporzione delle forze avrebbero indicato piuttosto una nostra seconda e più grave carneficina simile alla prima.

Si vede che tutti gli slavi coraggiosi erano rimasti con Tito fin dalla «5ª offensiva» per poi calare come avvoltoi su Trieste e Gorizia attraverso l'Istria abbandonata dai tedeschi e difesa, fino alla morte, solo da pochi Italiani.

I feriti, fra cui il Pitecantropo, non poterono permanere a Gorizia dove tutti gli ospedali erano in mano ai «camerati» tedeschi e si dovette trasportarli a Vittorio Veneto, base del battaglione, con l'OM Taurus su cui erano stati legati dei letti di legno a due piani detti castelli.

Il Pitecantropo arrivò vivo e cosciente a Vittorio Veneto ma quando i chirurghi misero mano alla ferita si accorsero che era stata colpita la arteria femorale in un punto molto prossimo all'inguine. Che l'arteria si aprisse solo sotto gli occhi del chirurgo e che non si fosse aperta prima era un miracolo sul quale era inutile arzigogolare. Da quel momento le continue riaperture dell'arteria costrinsero molti di noi a restare al capezzale del Pitecantropo per essere pronti a donare il sangue ma i medici ci avvertirono che le probabilità di salvarlo erano tanto scarse da consigliare la chiamata dei parenti.

Senonché sarebbe stato molto difficile chiamare i suoi parenti bloccati in Indocina e si pensò che l'unico conforto possibile al prossimo morituro sarebbe stato quello della fidanzata rifugiatasi a Trieste con la famiglia dalla natia Istria allora poco sicura a causa dei titini che assassinavano quanti più italiani potevano spietatamente, donne, bambini, vecchi e malati compresi.

L'incarico di correre a Trieste e portare la fidanzata del Pitecantropo a Vittorio Veneto fu affidato a me che partii immediatamente con un camioncino Fiat 1100 e l'autista.

Nonostante varii incontri con «Pippo» (nome affibbiato a tutti i caccia inglesi che mitragliavano regolarmente tutte le strade) il viaggio di andata riuscì abbastanza veloce anche perché per fortuna i guadi di cemento sotto il pelo dell'acqua che sostituivano i vari ponti non erano stati ancora danneggiati dai bombardamenti e il velo di ghiaccio sull'asfalto si limitava solo ad alcuni tratti.

Ma la difficoltà maggiore era quella di convincere i genitori della ragazza a permetterle di correre un'avventura che univa i pericoli del viaggio alla poca rispettabilità della cosa in sè.

Nonostante quattro anni di guerra esisteva ancora della gente per bene che ci teneva alle convenienze.

Il problema fu risolto con l'associare all'impresa la mia fidanzata, pur dovendo affrontare l'opera di persuasione diretta a due famiglie anziché a una, e in serata riuscii a iniziare il viaggio di ritorno.

Ogni chilometro costituiva una vittoria sia nei confronti del solito Pippo sia per il miracoloso marciare del motore nonostante il carburante compensasse lo scarso numero di ottani con un peso specifico molto prossimo a uno. Anche i guadi furono passati e l'impresa non era da poco considerando che il passaggio consisteva nel guidare dentro l'acqua gelida fino al livello dei mozzi, avendo come unico riferimento le biffe piantate sull'altra sponda per cui un minimo sbandamento significava uscire dalla pista, invisibile sotto l'acqua, e annegare.

Vicino a Sacile mi trasferii nella cabina di guida dato che la zona era infestata da molte bande di sedicenti partigiani che erano in realtà volgari grassatori come dimostrava il fatto che fra le vittime delle loro imboscate si contavano molte più donne, sacchi di farina e sacchetti di zucchero piuttosto che tedeschi e repubblichini.

Allora usavo portare, quando non ero tranquillo, la pistola appesa al polso con un cinturino di cuoio e mi ero ben allenato a trovarmi in posizione di tiro con una velocità pari credo a quella di Wild Bill Hickock o Wyatt Earp.

Ma quella notte la tenevo addirittura già impugnata così quando scoppiò la mina il mio primo colpo partì contemporaneamente al botto tanto che mi è rimasto sempre il dubbio se i cristalli dello sportello e del parabrezza siano stati frantumati dalla mina o dai miei colpi.

Non che avessi capito di cosa si trattava ma ormai da tempo avevo imparato la regola aurea per quei tempi: «prima spara e poi domanda chi è»; nel termine di qualche frazione di secondo altri 4 colpi li avevo sparati in varie direzioni mentre scendevo dalla macchina e credo che quei colpi sparati a casaccio nel buio ci salvarono la vita.

L'autista era già a terra dall'altra parte col suo moschetto ma le due donne erano ancora nel cassoncino. Nessuna delle due aveva strillato né si lamentavano. Le prime parole dette dalla mia fidanzata furono «sei ferito?».

Aperta la sponda da terra le feci rotolare giù dal camioncino e strisciando sull'asfalto arrivammo nel fossato al lato della strada. Non capivo ancora cosa fosse accaduto perciò ordinai all'autista di restare a guardia delle donne raccomandandogli di sparare a qualunque ombra lo insospettisse e strisciai verso il camioncino. Quello che trovai mi lasciò senza fiato per qualche secondo. Eravamo incappati in una mina anticarro inglese (i cosiddetti padelloni) collegata con un filo di ferro a due alberi al di qua e al di là della strada.

Per un colpo di fortuna rarissimo a verificarsi era saltato solo uno spicchio corrispondente a circa un sesto dell'intera carica costituita da esplosivo plastico verde potente all'incirca come il tritolo. Oltre alla incredibile fortuna della mancata esplosione della maggior parte dell'esplosivo mi resi conto che un'altra circostanza favorevole era costituita dal fatto che la macchina non era passata sulla mina ma aveva provocato l'esplosione a distanza per mezzo del filo di ferro.

Ma mi venne in mente subito che a qualche centinaio di metri avevamo incrociato un autocarro Opel militare tedesco e che quindi la trappola non poteva essere stata montata che qualche secondo prima del nostro arrivo. I banditi che l'avevano messa dovevano essere quindi ancora sul posto. Quanti erano? Dove erano? Di quali armi disponevano?

La situazione non era certo allegra ma il fatto che non avevano risposto all'immediata mia reazione di colpi di pistola sparati alla cieca mi assicurava se non altro che non avevo di fronte dei fenomeni di coraggio.

Un conto è preparare una trappola e un conto è rischiare una pallottola, come è ampiamente confermato dagli «eroici» Fiapi di via Rasella, di Ozegna, di Porzus, ecc.

La macchina aveva un parafango divelto, il parabrezza e un cristallo sbriciolati, l'assale anteriore storto, non sapevo se il motore e lo sterzo funzionavano o no. Restare lì tutta la notte voleva dire esporci a un sempre possibile anche se improbabile sbocco di coraggio del grassatori sedicenti partigiani e al gelo. Perciò io e l'autista, stesi per terra e girando le ruote con le mani, facemmo avanzare la macchina per un paio di centinaia di metri, centimetro per centimetro mentre le donne seguivano avanzando carponi nel fosso. Bene o male riuscimmo a rimettere in moto la 1100 tutta storta e dopo molte ore raggiungemmo Vittorio Veneto; i resti della mina che avevo portato con me mi ricordavano, ogni volta che la guardavo, la fragilità delle cose umane.

FRA ROMANI

Nel mio plotone, forse perché sono romano, erano piovuti due romani, che, contrariamente alle sane abitudini dei miei, concittadini, si erano arruolati volontari, probabilmente perché sarebbe stato troppo faticoso raggiungere Roma prima che il fronte si spostasse più a Nord.

Oltre a confondere sistematicamente le idee di chiunque volesse indagare sulla loro provenienza avevano anche probabilmente dato nomi fasulli e sicuramente avevano avuto qualche esperienza militare.

Federico era un tracagnotto di pelo rosso che cercava di nascondere la sua forza con un atteggiamento di eterno addormentato mentre Nicola era uno spilungone di pelo nero che si muoveva in modo dinoccolato come se tutto il mondo gravasse sulle sue spalle.

Da buoni romani erano due perfetti lavativi e non facevano mai nulla che non fosse assolutamente indispensabile ed anche quello, se potevano, lo facevano fare agli altri.

Ho avuto in seguito abbondanti prove che non erano dei fifoni. Per esempio mentre era di pattuglia Federico, che per il caldo si era tolto l'elmetto e lo aveva appeso per il sottogola all'impugnatura della baionetta dietro la natica, se lo era sentito trapassare da un proiettile del Mannlicher di un cecchino; senza neanche chinarsi aveva continuato a camminare osservando assurdamente: «Meno male che non c'era dentro la testa». Nicola, a sua volta perdutosi in una zona infestata da partigiani cattivi era riuscito a nascondersi in un posto ottimo per l'osservazione ed era rientrato la mattina dopo con un dettagliatissimo rapporto su tutte le attività della formazione nemica.

Queste ed altre prove delle loro capacità soldatesche venivano però solo quando erano coinvolti in vere azioni di guerra perché in addestramento o in guarnigione fingevano in modo molto verosimile di aver paura di tutto in modo che chi non li conosceva difficilmente si azzardava a fare affidamento su di loro cosi che riuscivano quasi sempre ad evitare incarichi gravosi.

Fino da Jesolo, dove il battaglione aveva cominciato ad addestrarsi, uno del compiti che io ritenevo essenziali era quello di rendere i miei soldati capaci di marciare per distanze e per tempi imprevedibili senza essere menomati dal disagio o dalla fatica tanto da diventare facili prede di imboscate o agguati.

Non si conosce a tutt'oggi alcun sistema migliore dell'allenarsi per tenersi in allenamento ed io ci tenevo a che i miei soldati avessero sempre fiato e resistenza in abbondanza.

In proposito mi ricordo le maledizioni che io e tutti gli altri allievi della Scuola Ufficiali di Pavia mandavamo all'indirizzo dell'allora Principe di Piemonte il quale, da quell'uomo intelligente e preparato che era, aveva emanato l'ordine che gli allievi ufficiali al ritorno da ogni marcia dovessero eseguire mezz'ora di corsa e ginnastica collettiva in tenuta sportiva dopo essersi cambiati.

Questa disposizione che a prima vista poteva apparire sadica, aveva invece un fondamento logico ed educativo perché partiva dal presupposto che mentre alla fine della marcia i soldati ricevono l'ordine di riposo, gli ufficiali, al contrario, devono programmare, predisporre ed organizzare tutto quanto riguarda l'alloggiamento, il vettovagliamento, il rifornimento, la difesa e l'organizzazione del loro reparto nel posto, per lo più sconosciuto, dove sono appena giunti.

Certo è che il fine altamente educativo e l'allenamento a compiere ulteriori sforzi quando si è sinceramente convinti di essere allo stremo delle proprie forze non venivano apprezzati come si doveva dagli allievi ufficiali che arrivavano con bolle ai piedi, piaghe sulla schiena e crampi al polpacci, reduci da marce di 50 km o più.

Comunque, abituato alla regola fondamentale del comandante diretto di truppe di non ordinare mai ciò che non si è pronti ad eseguire per primi, conservai sempre nel mio intimo una sincera gratitudine per il Principe Umberto per avermi costretto ad acquistare la capacità di sopportare sempre nuove fatiche.

Avevo introdotto perciò come parte integrante dell'addestramento degli uomini di cui ero responsabile un allenamento continuo a mantenere una andatura costante ogni volta che si marciava e non c'era pioggia torrenziale, neve o solleone che mi impedisse di fare almeno un'ora di marcia ogni giorno, spesso come extra alle attività del programma della giornata.

Nicola e Federico costituivano un fastidio ed un ostacolo a questo allenamento peggiori di un sassolino nella scarpa. In modo sornione alteravano il ritmo cui marciavano i compagni quando si marciava in formazione cercando di rallentarlo ad ogni costo ma questo non era tanto grave perché c'era sempre chi pestava loro i calcagni.

La cosa si fece invece più grave quando dall'allenamento in guarnigione si passò all'addestramento sul terreno fra i cui obiettivi ci sono anche l'affiatamento e la fiducia nei compagni basati sul tempismo e la coordinazione.

La ragione per la quale nei reparti speciali (guastatori, commandos, incursori, ecc.) si usava addestramento a caldo cioè con proiettili ed esplosivi veri, è che si cerca di abituare gli uomini alla presenza effettiva di un pericolo reale in modo che si abituino alla esposizione al fuoco e che al momento della verità non si abbiano sorprese che sarebbero mortali per tutti i compagni di chi non sapesse conservare il proprio sangue freddo nel momento in cui ne avesse più bisogno.

Questa era la ragione per la quale io come istruttore sparavo proiettili veri contro i miei soldati quando dovevo addestrarli ad avanzare senza farsi scorgere cosi come i miei istruttori mi avevano sparato quando era stata la mia volta di imparare.

Nell'addestramento alla marcia su terreni impervi Federico e Nicola non solo riuscivano regolarmente a rimanere per ultimi ma addirittura a distanziarsi in modo da far perdere le loro tracce. Dato che il mio scopo non era quello di disfarmi di loro ma di renderli parti integranti di una perfetta unità da combattimento, iniziò fra me e loro una gara per vedere chi la avrebbe avuta vinta.

Il mio passare in coda anziché restare alla testa durante le marce ebbe risultati molto relativi; una volta quei due sciagurati riuscirono perfino a separarmi insieme a loro dal mio plotone.

La successiva fase dello star dietro tirando loro delle pietre non ebbe quasi alcun successo; stavo quasi per darmi per vinto quando estesi alle marce la tecnica dell'addestramento a caldo usata nell'avvicinamento.

Certo mi costava qualche fatica fare tutta la marcia con il mio fedele moschetto 91 impugnato anziché a braccarmi ma una volta avvertiti i due pelandroni che se la distanza tra me e loro fosse discesa sotto i 10 metri io avrei sparato ai loro talloni, cominciai effettivamente a sparare a pochi centimetri dalle loro scarpe ogni volta che rallentavano rispetto al ritmo che io cercavo di mantenere il più costante possibile.

La prima volta tentarono di discutere, indignati (se vogliamo anche a ragione) del mio comportamento da maniaco omicida, ma cercando di conservare una faccia di pietra io mi limitai a tirare un altro paio di colpi finché si convinsero che l'unica loro possibilità di restare incolumi consisteva nella velocità e si appicciarono all'ultimo componente del mio plotone di marcia per non più abbandonarlo per lo meno per quel giorno.

Sarebbe stato assurdo pretendere che in una sola volta Nicola e Federico smettessero le loro inveterate abitudini e dovetti, durante parecchie marce successive sprecare almeno un paio di caricatori perché imparassero una volta per tutte qual'era l'andatura che dovevano mantenere e perché l'acquisissero definitivamente.

Quando i miei colpi arrivavano loro troppo vicino o quando le schegge delle pietre colpite dalla pallottola li colpivano alle gambe arrivarono perfino a bofonchiare imbestialiti che la prima volta che in combattimento mi avessero avuto a tiro si sarebbero fatti un dovere di liberare il mondo da un feroce aguzzino come me.

Queste minacce sono comuni in tutti gli eserciti del mondo e purtroppo vengono realizzate più spesso di quando non si creda, ma un istruttore che ne tenesse conto farebbe senz'altro meglio a dare le dimissioni.

Quando il battaglione Fulmine fu attaccato a Tarnova della Selva da una massa di slavi del IX Korpus di Tito che trucidarono tutti quelli che poterono, Nicola e Federico parteciparono alla spedizione di soccorso con il mio battaglione. La sproporzione di forze era enorme ma comunque i reparti della Decima riuscirono a ricacciare i titini usando tutte le tecniche e le astuzie imparate per amore o per forza nel corso di combattimenti sostenuti per mesi in costanti condizioni di inferiorità (checché ne scrivano i fantastorici della Resistenza).

La situazione che si verifica più frequentemente in questi casi è la dispersione delle forze che sono in numero inferiore che devono ricorrere ad azioni quasi sempre individuali originate dall'iniziativa personale.

Nicola e Federico si comportarono ottimamente dimostrando ancora una volta che la poltroneria era buona per le guarnigioni ma che in combattimento era meglio non stuzzicarli, ma perso ormai l'orientamento in mezzo a quel fitti boschi coperti di neve, capitarono improvvisamente in mezzo ad un grosso reparto titino in ritirata. Si diedero immediatamente a gambe per quanto lo permetteva loro la neve alta, mentre i titini si rinfrancarono un po' nel cambiare il proprio ruolo da quello di truppe in vergognosa fuga a quello di una muta di inseguitori cercando però di acchiappare i due senza sparare un colpo per paura di attirare l'attenzione dei reparti della Decima che evidentemente ritenevano molto più forti di quanto lo fossero in realtà.

Nicola e Federico per pura fortuna si diressero dalla parte giusta per cui dopo più di un'ora di affannoso inseguimento i titini ebbero paura di allontanarsi troppo dal grosso della loro formazione ed i due romani tirando qualche colpo dietro ai titini di nuovo in fuga riuscirono a scamparla. Dopo una notte spaventosa passata all'addiaccio dopo essersi coperti di neve riuscirono finalmente a ricongiungersi con i nostri reparti per poter in seguito rientra-re al battaglione.

Dopo essersi rifocillati e dopo aver dormito 24 ore di seguito la prima cosa che venne loro in mente fu di cercarmi e ringraziarmi «Cò tutt'er core» per averli addestrati a correre a lungo e più degli altri.

Quando nel '45 incontrai Nicola che vendeva roba americana di borsa nera a Piazza Campo dei Fiori lui mi abbracciò con le lacrime agli occhi e volle regalarmi per forza, senza sentire ragioni, due pacchetti di cioccolata ed un pacchetto di Camel insistendo che era il minimo che potesse fare nei confronti di uno che gli aveva salvato la vita insegnandogli a correre.

L'anno dopo incontrai anche Federico che aveva rimediato un lavoro saltuario con l'amministrazione comunale e pur non potendomi regalare nè il Campidoglio né il Foro Romano manifestò calorosamente la sua contentezza nello scoprire che ero ancora vivo e mi espresse anche lui la sua gratitudine per avergli salvato la vita insegnandogli a correre.

Tutti e due ci tennero a commentare che le poche parole che si erano scambiati la notte che avevano passato all'addiaccio nella Selva di Tarnova avevano riguardato esclusivamente l'apprezzamento della resistenza dei loro polmoni e delle loro gambe durante quella interminabile corsa nella neve alta. Non avrebbero mai immaginato di dover essere grati a «quer fio de' na mignotta der tenente».

MAROSTICA

Dal trasferimento del battaglione a Bassano per la necessaria riorganizzazione in vista dell'imminente invio al fronte, l'autoreparto non era più sotto la responsabilità dello Spregiudicato essendo passato già agli ordini di un suo collega rientrato dalla convalescenza.

Lo Spregiudicato così, in attesa di assumere il comando della unità che credeva gli sarebbe stata affidata, a parte il recupero dall'esaurimento nervoso che gli aveva procurato il suo soggiorno solitario a Vittorio Veneto, cominciava ad apprezzare il relativo riposo e la bella vita che poteva permettersi a Bassano fra l'uno e l'altro incarico saltuario dedicando le sue facoltà principalmente a sfarfallare ed a scovare le tracce delle bottiglie di grappa prodotte dai famosi fratelli Nardini al Ponte.

Trovare la grappa (la cui produzione era stata naturalmente requisita al 100% dal tedeschi) era però molto più difficile che andare a donne nonostante quanto spiegasse chiaramente una canzone dell'epoca che benché scritta per i battaglioni fascisti si riferiva generalizzando a tutti quelli che portavano una divisa e che diceva:

"le donne non ci vogliono più bene
perché portiamo la camicia nera".

Comunque, con o senza donne, la vita a Bassano non era poi tanto male e lo Spregiudicato aveva il solo cruccio del ritardo con cui il comando procedeva, o meglio non procedeva, nella costituzione della compagnia che, come lui credeva, avrebbe dovuto essere affidata al suo comando.

Un bel giorno Manlio, il comandante di battaglione, lo mandò a chiamare dopo il rapporto giornaliero e lo Spregiudicato pensò che finalmente il tanto agognato momento fosse arrivato, per cui si mise tutto in ghingheri e si presentò al comando tutto ansioso di sentire la buona novella.

Rimase alquanto perplesso quando Manlio, che aveva fatto allontanare tutti dal suo ufficio, cominciò a prendere il discorso molto alla larga sulla mutabilità delle cose terrene soprattutto in guerra e soprattutto in quel tipo di sporca guerra che stavano combattendo loro in quel momento e sulla necessità di accettare le incognite del futuro senza crucciarsi troppo.

Lo Spregiudicato cominciò a capire che la sua probabile assegnazione al comando di un reparto si prospettava accompagnata da qualche problema come appariva sempre più chiaro ad ogni parola del comandante. Questi ad un certo momento gli disse di considerare quanto gli avrebbe raccontato come una faccenda riservatissima e gli domandò se aveva mai sentito parlare del Maggiore Carità.

Questi era il capo di una formazione non ben definibile su cui a torto o a ragione correvano le voci più disparate. Si diceva che erano tutti fanatici sanguinari che ammazzavano senza processo e che torturavano i prigionieri agendo piuttosto come la banda del Generale Quantrill che come un reparto regolare.

Lo Spregiudicato sapeva per conoscenza diretta di alcuni fatti che le efferatezze attribuite a personaggi che si volevano diffamare erano per lo più calunnie create da chi voleva giustificare in qualche modo i propri crimini soprattutto se commessi per interesse personale.

Aveva sentito voci infamanti, per esempio sugli attori Osvaldo Valenti e Luisa Ferida i quali, nei fortuiti incontri che aveva avuto con loro, gli erano invece apparsi come due bravissime persone che avevano preferito seguire i loro ideali anziché restare comodamente al Sud e guadagnare soldi girando pellicole.

Dopo il 25 aprile furono "liberati" dei loro gioielli da un famoso eroico capo Fiapi che li fece fucilare dopo giudizio sommario (suo, naturalmente).

Manlio ragguagliò lo Spregiudicato sulle più recenti imprese della banda Carità, compiute verosimilmente dietro informazioni di qualche comando comunista, durante le quali la banda aveva catturato, dopo feroci combattimenti, forse un centinaio di partigiani patrioti (perciò appunto scomodi per i comunisti) che si erano comportati dignitosamente al fuoco e che si erano arresi solo dopo aver subito forti perdite ed aver capito l'impossibilità di una inutile ulteriore resistenza.

Per chissà quale motivo, forse per ordini superiori (benché non si sa bene chi potesse dare ordini ad un anarchico come Carità) questi aveva deciso di dare ai prigionieri l'opportunità di avere salva la vita se si fossero arruolati nelle forze armate della Repubblica Sociale.

I partigiani, dopo i primi indignati rifiuti, avevano quasi tutti, alla fine, optato per la salvezza senza però rinunciare ai loro principi ed avevano conseguentemente posto tre condizioni e cioè: 1°, non dovere sparare contro altri italiani accettando solo una destinazione al fronte; 2°, non dover portare come insegna il fascio su nessuna parte dell'uniforme; 3°, poter scegliere, e di conseguenza poter ricusare, chi li avrebbe comandati.

Manlio spiegò allo Spregiudicato che Carità aveva cercato un po' dappertutto un reparto dove potessero essere soddisfatte queste richieste dei partigiani catturati; esclusi la maggior parte dei reparti esistenti perché destinati ad operazioni di polizia interna, fra i reparti destinati a breve scadenza al fronte c'era solo la Decima Mas che non portasse il fascio come insegna o distintivo.

Avendone Carità parlato con il Comando Divisione questo aveva risposto che avrebbe deciso positivamente solo se si fosse trovato chi si sarebbe assunto con piena cognizione di causa una simile gatta da pelare. Fra tutti i vari reparti della Divisione il battaglione di Manlio era quello che per i suoi antecedenti, la sua tradizione e le sue caratteristiche, corrispondeva meglio alle esigenze dei partigiani; Manlio, interpellato a sua volta, aveva promesso una risposta, quasi certamente positiva, entro 48 ore.

Fra tutti gli ufficiali, a parere di Manlio, lo Spregiudicato oltre che apparire fra i più indicati per essere sottoposto all'esame delle possibili reclute-veterani, era anche disponibile per un comando e perciò lui aveva deciso di domandargli se era disposto ad accettare questo incarico e, ammesso che fosse stato approvato dai partigiani, ad assumere il comando di questo nuovo reparto, speciale da tutti i punti di vista; lui non poteva certo obbligarlo ordinandogli una cosa così straordinariamente assurda.

Fra l'altro, uno dei motivi per cui non poteva ordinarglielo era che per ragioni facilmente comprensibili l'inquadramento e l'addestramento delle reclute-partigiani sarebbe dovuto avvenire in un posto isolato lontano dal battaglione; per correttezza il nuovo reparto sarebbe stato regolarmente dotato di armi e munizioni e lo Spregiudicato si sarebbe trovato assolutamente solo in mezzo a un gruppo di individui che fino al giorno prima gli avrebbero sparato addosso con entusiasmo e che probabilmente lo avrebbero fatto con ancora più grande soddisfazione il giorno dopo, quando se lo sarebbero trovato completamente in loro balia. Lo Spregiudicato aveva 24 ore per decidere.

Allo Spregiudicato era sempre piaciuto giocare d'azzardo e fare scommesse ma a parte il fatto che aveva sempre perso a poker, a sette e mezzo e perfino a morra, stavolta quello che si giocava, con probabilità a favore addirittura irrisorie, era la sua pelle.

Fino dal colloquio col suo comandante lo Spregiudicato sapeva nel suo intimo che, contro ogni ragionamento logico e contro ogni dettato del buon senso avrebbe accettato. Infatti allo scadere delle 24 ore comunicò a Manlio la sua accettazione con la sola condizione che, in caso la cosa si fosse risolta positivamente, voleva portare con se il Caporal Maggiore sardo, detto Topolino per la sua statura, come attendente.

Dopo le comunicazioni telefoniche e telegrafiche di rito, lo Spregiudicato fu immediatamente spedito al comando del Maggiore Carità per essere subito rinchiuso nella palestra che fungeva da prigione nell'accantonamento dove erano tenuti i partigiani, restando con loro per 24 ore filate. È chiaro che non riuscì a dormire più di 3 o 4 ore in tutto e perse completamente la voce essendo obbligato a rispondere come meglio poteva ad un continuo e disordinato fuoco di fila di domande da parte di una ottantina di macilenti individui (fra cui c'erano anche alcune ragazze) tutti con chiari segni di pestaggi e molti con diverse ferite, sommariamente trattate, avute non si sa se in combattimento o in prigionia.

La maggior parte erano giovani, molti erano studenti abbastanza colti ed in genere si dimostrarono discretamente intelligenti. La loro unità doveva essere stata una formazione di élite perché il loro patriottismo ed i loro ideali non potevano assolutamente essere messi in dubbio ed il modo in cui cavarono di bocca allo Spregiudicato tutto quello che volevano sapere ed anche di più dimostrava il loro impegno e la loro preparazione che non erano stati menomati né dalla sconfitta né dai maltrattamenti subiti in prigionia.

Passate le 24 ore annunciarono allo Spregiudicato che la loro decisione sarebbe stata comunicata al più presto, che in caso positivo avrebbero accettato che lo Spregiudicato fosse accompagnato da un'altra persona e si accomiatarono da lui stringendogli tutti la mano cosa che lasciò lo Spregiudicato alquanto sorpreso.

La sorpresa provata dallo Spregiudicato per il modo con cui lo avevano salutato i suoi possibili futuri soldati divenne addirittura vanitosa soddisfazione quando dopo neanche 24 ore dal suo rientro il Comandante comunicò che i prigionieri avevano accettato di essere arruolati nella Decima, avevano approvato la scelta del battaglione di Manlio come formazione con cui sarebbero andati al fronte ed avevano dato il loro consenso alla assegnazione dello Spregiudicato come loro comandante.

Il posto scelto per l'addestramento e l'organizzazione di questa nuova unità del battaglione fu Marostica dove fu destinata al suo alloggiamento una villa già utilizzata da un altro Battaglione della Decima e dove furono fatti affluire le divise, i vettovagliamenti, i materiali e le armi. Lo Spregiudicato e il Topolino vi rimasero soli ad attendere le reclute che vi arrivarono puntualmente, ancora incatenati, su due camion della banda Carità. Lo Spregiudicato non resistette alla tentazione di fare scena liberando lui stesso drammaticamente dalle catene i prigionieri, dopo di che, una volta ripartiti i camion che li avevano portati, li mise in fila con l'aiuto del Topolino, comunicò loro che d'ora in poi erano soldati del suo battaglione al suoi diretti ed esclusivi ordini e che dovevano cominciare a pulire i locali, a prepararsi il pranzo e ad organizzarsi per la notte.

Lo Spregiudicato non fu sorpreso dal fatto che ne erano arrivati qualcuno meno di quelli che aveva visto nel carcere di Carità. Dopo una notte insonne passata aspettandosi che qualcuno venisse ad assassinarlo a tradimento (l'eccidio di Ozegna e la strage di Porzus, fra gli altri, non erano certo precedenti rassicuranti) fu quasi con sollievo che lo Spregiudicato scoprì il mattino dopo che altri quattro o cinque fra le sue reclute erano spariti misteriosamente e silenziosamente nel corso della notte.

Il fatto di ritrovarsi con più di 60 persone che, per ora, avevano dimostrato di saper rispettare la loro parola, era già un successo che non poteva fare a meno di considerare parzialmente suo proprio.

Dopo aver stabilito un ruolino per cominciare a conoscere i suoi uomini (si fa per dire in quanto lo Spregiudicato era convinto che tutti i nomi che gli erano stati dati erano falsi) cominciò a cercare di organizzare il reparto formando due plotoni, ognuno di due squadre, cercando anche di assegnare, sia pure provvisoriamente, le responsabilità di capo plotone e di capo squadra domandando che essi stessi indicassero chi poteva assolvere le relative funzioni.

Se lo Spregiudicato riteneva così di poter individuare chi erano i leaders di quel gruppo di uomini doveva già registrare un insuccesso perché furbamente gli fu chiesto che le funzioni di capi fossero assegnate a rotazione. Lo Spregiudicato avrebbe dovuto capire da questa prima avvisaglia che lui era ancora sotto osservazione e che al suo primo errore sarebbe rimasto solo (ammesso che fosse sopravvissuto) in seguito alla diserzione generale di tutto il suo nuovo reparto. Invece non capì niente e se non successe qualcosa di grave si dovette più alla sua stretta osservanza del codice di comportamento insegnatogli a suo tempo da suo Padre che alla sua intelligenza.

Naturalmente lo Spregiudicato accettò la risposta in merito al comando a rotazione e come al solito considerò la cosa del punto di vista positivo pensando che gli avrebbe permesso col tempo di nominare lui stesso i vari capi secondo i meriti di ciascuno.

Non ci furono invece manovre o esitazioni nell'assegnare i compiti più umili o meno militareschi. Il cuoco, gli sguatteri ed il puliscicessi furono direttamente indicati dagli uomini all'unanimità un po' a causa delle differenti menomazioni di cui soffrivano ed un po' per la loro palese inferiorità intellettiva.

Fu solo qualche tempo dopo che lo Spregiudicato capì che con quelle designazioni i suoi uomini lo avevano di nuovo fregato; venne infatti a sapere che il leader effettivo del gruppo (ed il loro comandante nei combattimenti precedenti alla loro cattura) era colui che aveva destinato alla pulizia dei cessi considerandolo più o meno come lo «scemo del villaggio».

Uno dei dettagli che aveva preoccupato di più lo Spregiudicato e che viceversa non gli causò grossi problemi fu l'appartenenza al gruppo di alcune ragazze che lui aveva già visto durante le 24 ore passate con i prigionieri nelle carceri della sede della banda Carità ma che, chissà perché, non si aspettava di vedere arrivare con gli altri a Marostica.

L'orgoglioso rifiuto iniziale di queste donne di essere alloggiate in una camera separata dalle stanze assegnate agli uomini, si mutò in una grata accettazione quando lo Spregiudicato oltre a precisare che il suo era un ordine da non discutere, le avvisò anche che ciò non avrebbe influito sulla loro totale partecipazione a tutte le attività comuni e che avrebbero cessato di essere considerate donne ogni volta che sarebbero uscite dal loro dormitorio.

Soddisfatti così i principi femministi di quelle antesignane dei movimenti di liberazione della donna lo Spregiudicato ebbe il buon senso però, di farsi forza e di non guardarle mai con l'occhio del maschio benché due o tre di loro fossero veramente carine e molto appetibili (soprattutto dopo che furono scomparsi i lividi, le ecchimosi e le ferite frutto degli eventi della loro cattura o dei maltrattamenti subiti in carcere).

Benché questa condotta puritana non fosse affatto consona al comportamento che normalmente teneva lo Spregiudicato, le circostanze, il luogo e lo scarso tempo a disposizione gli permisero di attenersi senza troppi sforzi alla buona norma che gli americani riassumono nel: «don't fish in your pool».

Ciò era molto facile di giorno quando le donne inserite nei vari reparti erano reclute in addestramento né più né meno degli altri. Ma quando, fino dalla seconda notte, lo Spregiudicato, che ancora continuava a non dormire o a dormire con un occhio solo per la paura di essere sgozzato nel sonno dalle sue nuove reclute, si vedeva arrivare l'una o l'altra di queste ragazze in camera sua, non più in divisa o in panni da lavoro, ma in déshabillé, con le scuse più pretestuose, la sua forza d'animo era messa a dura prova dato anche il regime di castità cui in quelle condizioni era soggetto.

Quelle ragazze, ma soprattutto una di loro, naturalmente la più carina, cercavano, con molta eleganza, di provocarlo in ogni modo tanto con parole velate come con atteggiamenti che, senza essere mai volgari, erano sempre invitanti.

La prima volta lo Spregiudicato, che per fortuna era sempre sotto l'incubo di essere assassinato a tradimento, fu aiutato dalla sua diffidenza istintiva nel suo sforzo di rimanere impassibile di fronte alle discrete avances e stette bene attento a che la porta della sua stanza restasse spalancata chiamando per di più ogni pochi minuti il fedele caporal maggiore sardo per farsi portare una volta l'acqua, una volta le sigarette, una volta i fiammiferi, insomma tutto quello che gli veniva in mente per non restare solo con la ragazza e soggiacere così alle tentazioni cui sarebbe stato tanto bello invece cedere. Continuò ad usare la stessa tattica finché una sola delle ragazze continuò a visitarlo facendogli perdere svariate ore di sonno in discussioni di arte, letteratura, filosofia e, con maggiore frequenza, politica. Dopo alcuni giorni, o meglio notti, la ragazza che era rimasta la sua unica visitatrice gli chiese rispettosamente di parlargli alla fine di una esercitazione e, restando rigidamente sull'attenti, gli comunicò che parlava a nome di tutto il reparto per convalidare la loro decisione di accettarlo incondizionatamente come comandante e che poteva contare sulla loro lealtà ed obbedienza. Con un sorriso appena accennato che lo Spregiudicato interpretò giustamente come un tocco di classe da parte di un degno avversario che si riconosce battuto, aggiunse anche che tutte le visite notturne sue e delle sue compagne erano state una serie programmata di prove per saggiare il senso del dovere e di responsabilità oltre che i principi morali dello Spregiudicato.

Lo Spregiudicato congedò la ragazza-soldato con il saluto d'ordinanza e dopo che gli fu sbollito il compiacimento che lo aveva fatto gonfiare di orgoglio cominciò a pregustare la soddisfazione per la fine dei suoi incubi e per la tranquillità che gli apportava automaticamente questa nuova situazione; è anche vero che si sentì rizzare i capelli in testa per la paura retrospettiva di quello che sarebbe potuto succedere se avesse ceduto qualche volta alla tentazione di sfiorare sia pure con una sola carezza una di quelle ragazze. Comunque non potè evitare una punta maschilista di rammarico.

Iniziato cosi un periodo di normalità, durante il quale lo Spregiudicato potè abbandonare molte delle precauzioni cui aveva dovuto ricorrere nei primi giorni, l'addestramento si intensificò al massimo ed i progressi delle reclute erano veramente lusinghieri. Lo Spregiudicato non poteva capacitarsi di avere ai suoi ordini il più bel reparto che gli fosse mai capitato in tutta la sua carriera e che questo fosse formato da gente che lui avrebbe fatto fuori senza esitazioni (e che a loro volta lo avrebbero ucciso con grande soddisfazione) se il caso avesse voluto che si fossero incontrati non più di qualche settimana prima.

I collegamenti con il comando di battaglione a Bassano, che all'inizio dovevano avvenire tre volte al giorno, erano ormai ridotti ad una concisa chiamata telefonica giornaliera. Il nuovo problema era come rispondere alle sempre più frequenti richieste degli uomini che ormai, raggiunto un grado di preparazione più che soddisfacente, dimostravano chiaramente il desiderio di andare al fronte.

Purtroppo molti segni facevano prevedere che non ci sarebbe stato alcun bisogno di andare al fronte perché era il fronte che si stava avvicinando anche se a balzi irregolari e subito dopo la morte di Roosevelt le cose si fecero sempre più confuse benché la fine apparisse ormai sempre più ineluttabile.

L'ABITO FA IL MONACO (1°)

Data la precedente esperienza come Partigiani combattenti le 60 «reclute» che costituivano quella che lo Spregiudicato chiamava pomposamente «la sua Compagnia» avevano raggiunto un altissimo grado di efficienza in un tempo record.

Essendo tutti pronti per andare al combattimento lo Spregiudicato ed i suoi uomini cominciarono ad infastidire il comando di battaglione e lo stesso comando della Decima per esservi mandati al più presto, mentre a sua volta il fronte alleato si era avvicinato a meno di 150 chilometri e di conseguenza, soprattutto dopo il 12 aprile quando Roosevelt aveva tirato le cuoia, il passaggio dei resti dei reparti tedeschi più provati cominciò ad intensificarsi.

Benché Marostica non fosse su una strada principale, il passaggio di reparti all'intorno si faceva sempre più intenso e lo Spregiudicato aveva il suo da fare per evitare che i suoi uomini si trovassero a contatto personale con i reparti fascisti o tedeschi di passaggio.

Ma un bel giorno lo Spregiudicato non potè evitare il contatto perché una «compagnia di marcia» di Fanteria dell'esercito tedesco fece l'alt proprio di fronte al cancello d'ingresso della villa dove c'era il reparto dello Spregiudicato. Il capitano comandante aveva evidentemente visto per caso che il luogo era occupato da un reparto militare ed aveva logicamente pensato che per fare sosta, rinfrescarsi e rifocillarsi quello era un posto più adatto di qualche piazza di qualche paese.

Mandò infatti il suo Unteroffizier a dare un'occhiata e, rassicurato dal rapporto del suo esploratore, andò lui stesso alla stanza comando dello Spregiudicato e gli chiese il permesso di far entrare nella villa la sua compagnia e di fare tappa per un paio d'ore.

Lo Spregiudicato naturalmente non potè rifiutare la sua ospitalità tanto più che, sia pure con la solita rigidità e durezza tipiche dei tedeschi, la richiesta era stata fatta molto correttamente. La stessa differenza di grado (il tedesco era capitano e lo Spregiudicato solo un sottotenente) non aveva influenzato minimamente il tedesco che, cosa molto rara per loro, aveva chiesto anziché ordinato.

Lo Spregiudicato non poteva far altro che dare gli ordini perché la cucina, le fontane, i lavandini e le latrine fossero messe a disposizione dei tedeschi e sperare che non avvenisse un confronto cruento che era abbastanza possibile data la provenienza dei suoi uomini.

Herr Hauptmann, sempre muovendosi rigidamente e parlando come parlano i militari tedeschi, cioè gridando, ringraziò, uscì tutto impettito e cominciò a mitragliare la sua Compagnia con una sfilza di ordini che furono probabilmente sentiti da Trento fino a Venezia. Chi non sapesse cosa stava ordinando non avrebbe potuto fare a meno di pensare che stava ordinando qualche migliaio di fucilazioni in massa e quando si rivolgeva ad un singolo sottufficiale o soldato si aveva l'impressione che quel poveraccio stesse per essere annichilato dalla violenza verbale del suo comandante.

Per dare tutti gli ordini in modo che i suoi uomini potessero sfruttare quella breve tappa nel modo migliore e più organizzato possibile, il capitano urlò per circa cinque minuti provocando la fuga disordinata di tutti gli abitanti delle case vicine e l'attonito sbigottimento degli uomini dello Spregiudicato alcuni dei quali, per non sapere né leggere né scrivere, avevano arraffato tutte le armi a portata di mano e si erano appostati chi in soffitta e chi dietro qualche muretto pronti a morire combattendo contro quell'energumeno.

Per fortuna nessuno aprì il fuoco e dopo 5 minuti di indicibile baraonda tutti i tedeschi si trovarono come per incanto sistemati ognuno al posto assegnato secondo dei turni che avrebbero permesso a ciascuno di loro di lavarsi, mangiare e riassettarsi senza alcuno spreco di tempo e di energie.

Quando quell'efficientissimo capitano ebbe finito di urlare i suoi ordini lo Spregiudicato che non voleva mostrare come fosse sui carboni ardenti, lo invitò a fare uno spuntino con lui e lo ospitò nel suo alloggio. Il capitano accettò ringranziando ed appena arrivato all'alloggio dello Spregiudicato cominciò a disfarsi di tutto l'armamento corrispondente al suo grado, della giubba e della camicia; si diede una bella lavata, si mise seduto di fronte allo Spregiudicato e dopo avergli offerto un sigaro si mise a bere con evidente soddisfazione il buon vinello che non mancava mai dovunque fosse sistemato lo Spregiudicato.

Quando finalmente il capitano cominciò a parlare, non solo non era più capitano della Wehrmacht ma aveva anche una voce dolce e pacata tanto che lo Spregiudicato dovette stropicciarsi gli occhi per accertarsi che quel mite e gentile pacioccone che aveva davanti fosse lo stesso energumeno scatenato che aveva sentito sbraitare poco prima. Con quel po' di tedesco che sapeva lo Spregiudicato e quel poco di italiano che sapeva il tedesco, si iniziò una cordiale conversazione che con la guerra e con cose militari non aveva nulla a che fare. Il capitano risultò essere un laureato in legge impiegato in una grossa ditta commerciale, richiamato nel 1938, che aveva passato tutte le possibili peripezie in Cecoslovacchia, in Polonia, in Francia e in Russia per finire poi in Italia dopo l'armistizio dell'8 settembre. Essendogli arrivato l'ordine di trasferimento immediato in Italia mentre stava per ripartire per la Russia lui disse allo Spregiudicato che da quel momento era diventato religioso osservante, pregando mattina e sera per ringraziare Iddio di una simile fortuna e che, nonostante tutto, considerava l'Italia una specie di Paradiso che non avrebbe dimenticato mai più.

Uscirono fuori le solite fotografie della moglie e dei tre figlioletti che in sei anni aveva potuto vedere si e no 10 volte e fra una cosa e l'altra quel buon padre di famiglia con le lacrime agli occhi per la nostalgia dei suoi cari, si scolò da solo un intero fiasco di vino nuovo.

Come se gli fosse scattata in testa la suoneria di una sveglia, 5 minuti prima dello scadere delle 2 ore fissate il capitano abbracciò e baciò lo Spregiudicato, si rimise camicia, giubba, guanti, berretto e armamentario, salutò militarmente, uscì in cortile e sotto gli occhi sbalorditi dello Spregiudicato ricominciò ad investire i suoi uomini con feroci urla e comandi ed in 5 minuti si ritrovò alla testa della sua compagnia inquadrata di fronte al cancello della villa. Ripetè il saluto collettivo con tutta la sua Compagnia e lo Spregiudicato rimase di nuovo a bocca aperta vedendo che i suoi uomini, dei quali aveva temuto la violenta reazione nel trovarsi improvvisamente a contatto con l'odiato tedesco, salutavano invece quasi affettuosamente quei giovanotti che il caso aveva voluto fossero per due ore loro camerati anziché loro nemici.

Evidentemente la stessa incredibile trasformazione che si era verificata nel capitano quando il pover'uomo era ritornato ad essere un padre di famiglia appena spogliato delle bardature materiali e psicologiche che facevano di lui un robot da guerra, era avvenuta anche nel suoi soldati e la sensibilità umana degli ex partigiani aveva fatto subito riconoscere loro nei soldati tedeschi del fratelli vittime del meccanismo bellico messo in moto dalla irrimediabile cecità e dall'ignobile cinismo dei politici di ogni razza e di ogni colore.

LA GUERRA FINISCE PER LA SECONDA VOLTA

Il Battaglione dello Spregiudicato era ormai pronto ad andare in linea ma la partenza era continuamente rimandata dai continui cambiamenti nelle decisioni strategiche da quando erano cominciate ad arrivare le notizie di una offensiva generale degli Alleati su tutto il fronte dalla Versilia fino a Ravenna.

Le voci erano come sempre contrastanti ma l'avanzata verso Nord non doveva essere poi tanto veloce se le truppe tedesche che passavano intorno a Marostica procedevano, per lo più tutte appiedate, con buon ordine e ad una media di marcia talmente flemmatica da escludere che esse fossero inseguite.

Dopo che tutto fu finito si venne a sapere che le pressanti sollecitazioni che gli americani e gli Inglesi ricevevano da tutte le parti e le dettagliate informazioni che i partigiani fornivano loro di volta in volta sul definitivo abbandono delle zone da parte dei tedeschi non erano bastate per vincere la diffidenza degli alti comandi verso gente dimostratasi tante volte più dotata di fervida inventiva che di scrupolosità e di precisione.

È vero che il gatto che si è scottato con l'acqua calda ha paura anche dell'acqua fredda ed è vero che gli americani avevano spesso preso delle dure batoste da quando erano sbarcati in Africa ma è anche vero che fra loro c'erano più Lucas che Patton. Ciò indisponeva molto tutti i Fiapi e gli sbandati della zona dove stava lo Spregiudicato perché, dopo essersi illusi che gli Alleati arrivassero a Bassano o a Marostica prima della metà di aprile si dovevano rodere il fegato nell'attesa ancora il 20 aprile senza che a Nord di Ferrara vi fosse traccia di «liberatori». I carri armati inglesi entrarono a Padova solo la notte fra il 28 ed il 29 di aprile.

Intorno a Marostica i capi delle due o tre formazioni partigiane, che per altro non avevano mai dato il minimo fastidio allo Spregiudicato o ai suoi uomini forse sapendo chi erano questi, verso la metà di aprile cominciarono a mandare messaggi allo Spregiudicato per invitarlo ad abbandonare il paese. Il loro palese desiderio era che lo Spregiudicato se ne andasse prima dell'arrivo degli Alleati in modo da potersi poi vantare di aver conquistato il paese senza aiuti stranieri.

Quanto poco rilievo abbia avuto la Resistenza ai fini bellici e quanto meschino fosse il concetto di dignità che avevano i partigiani viene autorevolmente confermato da queste parole dello storico, e Senatore a vita, Leo Valiani: «Il C.L.N. decise di attendere che i tedeschi fossero abbastanza indeboliti dagli attacchi degli Alleati per attaccarli a sua volta in modo da poter dire che la Resistenza italiana aveva liberato le città prima che vi arrivassero gli Alleati».

Date le circostanze il comandante del battaglione voleva evitare a tutti i costi che il reparto di ex partigiani si trovasse mischiato con il resto del battaglione cui per di più si erano aggiunti molti sbandati, soprattutto di formazioni fasciste, che, vedendo arrivare la fine, ritenevano avrebbero avuto più probabilità di evitare di essere trucidati se si fossero aggregati e mimetizzati con quel particolare reparto.

Ricevuta comunicazione che non avrebbe dovuto unirsi al grosso del battaglione lo Spregiudicato cominciò a pensare alle possibili misure di sicurezza per evitare che qualche facinoroso preso dalla smania di fare l'eroe, naturalmente dopo che tutto fosse finito, non facesse qualche scherzo da prete.

Mentre lo Spregiudicato studiava la situazione ed organizzava il trasferimento del reparto dalla villa a vari i punti chiave all'interno delle storiche mura di Marostica dove era sua intenzione attestarsi fino al momento della fine o della resa agli Alleati, il puliscicessi, che solo in quel momento si rivelò apertamente come capo di tutto il gruppo, ebbe un colloquio con lo Spregiudicato per comunicargli che si voleva mettere in contatto diretto con il comando del C.L.N. di Vicenza sotto i cui ordini la maggioranza del gruppo voleva porsi immediatamente. C'erano però alcuni, più di una ventina, che per varie ragioni non desideravano restare col gruppo e che volevano tornare a casa.

Il ritorno a casa di individui isolati in quel periodo era una cosa estremamente pericolosa dato che c'erano 50 probabilità su 100, incappando in chiunque avesse voglia di installare un posto di blocco, di dare la risposta sbagliata e di essere freddati all'istante in quanto la situazione era talmente confusa che tutti avevano paura di tutti e la paura è quella che fa tremare il dito sul grilletto.

Come gli uomini si erano affezionati a lui e dipendevano da lui in tutto e per tutto, così lo Spregiudicato si era affezionato a loro.

Egli aveva già sofferto in carne propria le frustrazioni, le umiliazioni ed i pericoli di uno sbandamento totale quando l'8 settembre aveva sorpreso il suo vecchio reparto sull'Altipiano dei Sette Comuni (con il comandante assente in viaggio rifugiatosi poi in casa di un cardinale e con l'ufficiale al comando incapace di far di meglio che lasciare che subalterni, sottufficiali e soldati facessero ciascuno ciò che credeva più conveniente). Perciò e per inveterata abitudine lo Spregiudicato decise di non sottrarsi alle sue responsabilità verso ciascuno dei suoi uomini.

Accantonando per il momento il problema di quelli che volevano raggiungere il C.L.N. di Vicenza da cui si sarebbe sempre dovuta attendere la risposta al messaggio mandato dal puliscicessi per mezzo delle ragazze, lo Spregiudicato si dedicò con priorità assoluta al problema di chi voleva ritornarsene a casa. Apparvero miracolosamente i nomi di tutti quelli che volevano andarsene e con questa lista in tasca lo Spregiudicato sparse la voce che voleva incontrarsi con il più importante capintesta partigiano della zona.

Credendo che lo Spregiudicato volesse arrendersi il capo dei partigiani locali gli fece pervenire, con il relativo lasciapassare, la risposta del suo comando superiore con cui si accettava l'incontro che sarebbe dovuto avvenire una certa notte in un certo posto sulle colline e a cui lo Spregiudicato sarebbe dovuto andare da solo.

Gli stessi uomini a vantaggio dei quali lo Spregiudicato aveva preso questa iniziativa cercarono di dissuaderlo data la forte probabilità che il tutto si sarebbe risolto in modo niente affatto salutare per lo Spregiudicato. Ma ormai il dado era tratto e la notte fissata lo Spregiudicato con la sua migliore divisa e armato di sola pistola e pugnale si avviò in bicicletta affrontando faticosamente le salite che portavano oltre Crosara.

Per fortuna quegli sciagurati che lo aspettavano si erano ricordati di avvisare i loro accoliti del suo arrivo così, agli innumerevoli posti di blocco dove ogni volta lo Spregiudicato era fermato con stentore ma tremanti «Chi va là, alto là», «Fermo o sparo» e via di seguito, l'unico vero problema che ebbe, sempre quello, fu di impedire che lo disarmassero. Chissà perché tutti volevano impossessarsi della sua pistola e del suo pugnale. Probabilmente faceva a tutti gola impossessarsene per poterli poi esibire come trofei di guerra conquistati in epiche battaglie.

Dopo almeno una diecina di questi posti di blocco finalmente lo Spregiudicato arrivò al luogo fissato e, dopo aver rifiutato per l'ennesima volta di consegnare la sua pistola, fu ammesso alla presenza di un gruppo di 4 o 5 «Comandanti» locali i quali si mostrarono solo dopo che, forse tranquillizzati dall'averlo visto arrivare in bicicletta, furono sicuri che lo Spregiudicato era solo.

Dopo estenuanti discussioni lo Spregiudicato riuscì a convincerli della veridicità di quanto lui esponeva sui suoi uomini e riuscì ad ottenere il lasciapassare per ognuno di essi con tutti i possibili timbri naturalmente dotati di testa di Garibaldi, di stelle rosse e di falci e martelli a iosa. Quando, con le tasche piene tanto metaforicamente come materialmente per tutti quei lasciapassare, lo Spregiudicato prese commiato, uno dei capi gli si avvicinò e gli porse la mano dicendo che una simile iniziativa dimostrava l'onestà e la buona fede dello Spregiudicato perché altrimenti solo un pazzo avrebbe potuto prenderla.

Sempre con la paura che qualcuno gli sparasse addosso, se non altro per impossessarsi della sua pistola, lo Spregiudicato pedalò comodamente, per fortuna questa volta quasi tutto in discesa, ed arrivò alla villa che era ormai giorno fatto.

Dopo aver consegnato a ciascuno di quelli che se ne volevano andare il rispettivo lasciapassare partigiano ed averne rilasciato a sua volta uno repubblichino in modo che ciascuno avesse una valida autorizzazione a muoversi da mostrare a chiunque avesse incontrato tanto dell'una come dell'altra parte, lo Spregiudicato controllò abiti e aspetto di ciascuno dei partenti per essere sicuro che non sarebbero incorsi in qualche guaio per colpa di ciò che portavano addosso e, ad uno ad uno tutti se ne andarono dopo averlo salutato con evidente commozione.

Risolto il problema di quelli per i quali la nostalgia di casa aveva prevalso sulla sete di gloria, lo Spregiudicato cominciò ad occuparsi di quelli che erano rimasti e di se stesso.

La risposta del C.L.N. di Vicenza era stata molto inquisitiva, e in attesa di mandare un messaggio chiarificatore e della relativa risposta, quelli che erano rimasti non alterarono di una virgola la loro disciplina e la loro rispettosa obbedienza allo Spregiudicato.

Questi mise subito in atto il programmato arroccamento all'interno del borgo storico di Marostica e, distribuita ai vicini tutta la roba (coperte, arnesi vari, medicinali e vestiario) che non sarebbe servita più né ai suoi né a lui, predispose le varie postazioni dei suoi uomini con turni di guardia e controlli in modo da essere certo che nessuno potesse dar fastidio per tutto il tempo che lui fosse rimasto e cioè, secondo la sua previsione, per i 15 giorni che avrebbe dovuto aspettare l'arrivo delle truppe Alleate.

Da quel momento, prima le ingiunzioni, poi le richieste, poi le proposte e poi le offerte ed infine le preghiere dei partigiani perché lo Spregiudicato e i suoi uomini se ne andassero prima dell'arrivo degli Alleati si moltiplicarono. Ma lo Spregiudicato prendendo ordini solo dal suo comandante di battaglione che era ancora a Bassano dava sempre la stessa risposta: «se volete che me ne vada provate a cacciarmi via».

Ad un certo momento si cominciarono a vedere perfino sulle mura del Colle Pausolino molteplici facce di appartenenti a varie formazioni partigiane tutte ansiose di mettere piede per prime a Marostica nel momento che lo Spregiudicato avesse messo fuori tutti e due i suoi piedi.

I suoi uomini, ormai ridotti a meno di una quarantina, continuavano comunque imperterriti a svolgere i loro turni di guardia mantenendo pace, ordine e tranquillità nel paese integrandosi, ma senza interferire minimamente, nella vita cittadina quotidiana che era ritornata quasi normale.

Un bel giorno arrivò la risposta del C. L. N. di Vicenza che accettava di incorporare nelle sue formazioni il gruppo che lo Spregiudicato aveva avuto ai suoi ordini fino a quel momento. Quando il puliscicessi andò a comunicargli questa decisione del C.L.N. aggiunse che si faceva portavoce di tutti i suoi compagni nell'offrire allo Spregiudicato di rimanere al comando del gruppo e di guidarli fino a Vicenza dove anche lui sarebbe stato incorporato nel C.L.N. e dove gli sarebbero stati riconosciuti grado e autorità.

Nonostante la inaspettata proposta fosse allettante oltre che commovente, lo Spregiudicato non potè far altro che rifiutarla sia pure esprimendo tutta la sua gratitudine per l'offerta di una simile opportunità la cui alternativa sarebbe stata se non la morte per lo meno una lunga prigionia prima militare e poi molto probabilmente anche civile. Il rifiuto gli costò molta fatica ma dal suo punto di vista lo Spregiudicato non aveva altra scelta.

Mentre i suoi uomini, che ormai non erano più suoi, si preparavano per andare a Vicenza lo Spregiudicato approfittò per fare una corsa a Bassano con la sua MM 500 che, pur non facendo parte dell'autoparco del battaglione perché comprata privatamente in tempi non sospetti, lui era riuscito a portarsi quasi sempre appresso mantenendola sempre in efficienza con il suo side-car benché avesse dovuto più volte farla andare con innominabili intrugli di liquidi più o meno carburanti invece che a benzina.

Fatto il suo rapporto a Manlio lo Spregiudicato ricevette l'ordine di raggiungere il battaglione a Bassano insieme al Sardo quando i suoi uomini fossero partiti.

Tornatosene a Marostica lo Spregiudicato assistette commosso alla partenza dei suoi uomini per Vicenza, consegnò le sue cose personali più ingombranti un po' al padrone della villa ed un po' all'ospedale e, messo il Sardo nel carrozzino, abbandonò Marostica per Bassano.

Arrivato a Bassano lo Spregiudicato dovette vivere in carne e sangue propri l'ultimo atto della tragedia che si chiama sconfitta definitiva.

Quasi sempre il desiderio di morire combattendo anziché arrendersi è sincero ma le circostanze spesso impediscono di realizzarlo. Quella volta la ferma decisione degli uomini del battaglione di combattere ad oltranza fu frustrata dall'assenza di nemici contro cui combattere dato che gli americani non si decidevano assolutamente a raggiungere Bassano e i partigiani si guardavano bene dall'attaccare tanto a viso aperto come in imboscate.

Lo Spregiudicato si sistemò nella modesta stanza a pian terreno di un antico palazzotto comitale dove aveva alloggiato prima di andare a Marostica.

Nel palazzo erano rimasti solo i vecchi custodi i quali, memori delle precedenti requisizioni del Regio Esercito, dei fascisti e dei tedeschi, avevano invano offerto allo Spregiudicato la disponibilità dell'intero edificio.

Passarono così un paio di giorni ma dopo la firma della resa della Divisione Decima, esecutiva per il pomeriggio del 29 aprile, Manlio dovette eseguire suo malgrado la decisione superiore (che aveva giurato non avrebbe mai preso lui stesso) di sciogliere il Battaglione. Alla Divisione era stato concesso l'onore delle armi.

Era la sera del 30 aprile 1945.

Per dare ad ogni uomo la massima probabilità di raggiungere la propria casa, come prima cosa Manlio diede l'ordine di distribuire a ciascuno delle razioni di viveri consegnando poi tutto il contenuto dei magazzini al Podestà per la popolazione.

Fece poi versare in un unico mucchio tutti i denari tanto di proprietà individuale come delle casse del battaglione e, ripartita in egual misura per tutti la somma raccolta, ciascuno ebbe la sua parte corrispondente all'incirca a 5.000 lire.

Ci fu un'ultima adunata generale, le poche parole di commiato pronunciate con un groppo in gola, l'ultimo saluto alla voce e la distruzione delle armi e delle munizioni. Da quel momento ciascuno fu l'artefice del proprio destino che, per molti, fu la morte procurata a tradimento, spesso sulla soglia di casa, da eroici «partigiani della 13ª ora».

A CHI LA LIBERTÀ?

Quando Manlio dovette eseguire l'ordine di sciogliere il Battaglione per mancanza di nemici da combattere, ciascuno si trovò, dopo anni di abitudine a ricevere ordini, a dover decidere da solo cosa fare e come farlo; l'unica cosa certa era che bisognava farlo subito. D'altra parte un minimo di valutazione delle circostanze era necessario per cercare di evitare sbagli che potevano essere funesti.

Mentre lo Spregiudicato cercava di pensare ad un piano fattibile per uscire indenne da quella situazione poco allegra, il «Maschio», uno dei due medici del Battaglione che aveva già più volte dato prova di non avere tutte le rotelle al posto giusto cominciò a cercare di convincerlo che era suo preciso dovere come possessore di una motocicletta privata, di accompagnarlo a Venezia dove avrebbe trovato degli amici. Tutte le proteste, i dinieghi, le obiezioni ed i rifiuti dello Spregiudicato non servirono a niente perché il medico insisteva spudoratamente che lo Spregiudicato gli doveva questo insignificante favore dopo che lui gli aveva tante volte salvato la vita.

Pur non ricordando esattamente quali erano le circostanze in cui il Maschio gli aveva salvato la vita lo Spregiudicato alla fine dovette cedere e staccato il side-car dalla sua MM 500 prese la strada per Venezia con il medico sul sellino posteriore.

Il viaggio fu più facile di quanto avesse pensato lo Spregiudicato soprattutto perché tutti erano a caccia di fuggitivi isolati diretti al Nord e non si badava molto a chi andava verso Sud, per lo meno in quei giorni fra aprile e maggio.

Ci fu, è vero, qualche piccolo intoppo quando, all'incrociare mezzi stracarichi di bandiere rosse e di energumeni ubriachi con fazzoletti rossi al collo, il medico faceva segni poco corretti con il braccio destro su cui appoggiava all'altezza del gomito la mano sinistra, gridando cose irripetibili o addirittura slogans fascisti. Per evitare questi piccoli inconvenienti, che al massimo imponevano un piccolo aumento di velocità quando qualche sciagurato riusciva a fare in tempo a tirare qualche fucilata, lo Spregiudicato si convinse che fosse meno rischioso andare per stradette secondarie anziché sulla statale, con la conseguenza che più di una volta si trovò indeciso su quala direzione prendere. Ad un bivio, vedendo avvicinarsi un prete, lo aspettò per chiedergli ragguagli; il religioso, appena visti i due motociclisti, affrettò il passo per raggiungerli e, forse per acquistare meriti resistenziali, giunto a portata di voce cominciò a declamare osanna alla radiosa liberazione agli eroici partigiani, rallegrandosi di incontrarne due e di poterli aiutare. Il Maschio (che aveva avuto un fratello assassinato a tradimento dai partigiani mentre era in licenza) lo fece sfogare ben bene a dire peste e corna dei tedeschi e ad invocare la maledizione dell'Eterno su tutti i fascisti finché, appena il tonsurato fece una pausa per riprendere fiato, lo informò che per sua disgrazia era incappato proprio nel Federale di Asiago (lo Spregiudicato) e nel Federale di Arsiero (lui stesso) i quali da buoni fascisti, lo avrebbero fucilato all'istante. Incurante del fatto che i due supposti Federali erano evidentemente disarmati, il buon pastore di anime partigiane afferrò in un lampo la tonaca e, sollevatala all'altezza della cintura, partì a razzo con una velocità che gli permise di sparire rapidamente all'orizzonte fra le classiche nuvolette di polvere.

Comunque, non senza qualche giro vizioso, i due arrivarono fortunosamente a Venezia. Là lo Spregiudicato lasciò il Maschio al centro di una confusione indescrivibile in mezzo alla quale perfino Hitler avrebbe potuto passare inosservato.

Fu solo al ritorno che lo Spregiudicato si rese conto che andare da Venezia a Bassano era molto più difficile e complicato che andare da Bassano a Venezia.

Gli abiti borghesi e la targa civile della moto più un lasciapassare che lo Spregiudicato aveva in tasca, (avanzato fra quelli rilasciati dai partigiani di Marostica) lo aiutarono ad oltrepassare senza troppi fastidi la maggior parte degli innumerevoli posti di blocco che c'erano lungo i più di 70 chilometri di strade secondarie che stava percorrendo con un patema d'animo sempre crescente.

Mano mano che lo Spregiudicato si rendeva sempre più conto di quale grossa pazzia aveva fatto cedendo alle richieste del dottore, diminuiva automaticamente la sua sicurezza di se rendendo così minori le probabilità di farla franca.

Quando lo Spregiudicato arrivò già abbastanza vicino a Bassano si trovò quasi improvvisamente ad un posto di blocco situato astutamente subito al di là di una curva e si rese conto con spavento non solo che non aveva alcuna possibilità di fuggire ma che il blocco era guardato da uomini di una delle formazioni partigiane che aveva acquistato una trista fama per efferatezza e crudeltà nelle imprese di brigantaggio contro inermi, spacciate poi, naturalmente, come battaglie della guerra di liberazione.

La certezza del pericolo mortale in cui si era cacciato rese, per lunga abitudine, allo Spregiudicato buona parte del suo sangue freddo e mettendo la motocicletta in prima in modo da procedere alla minore velocità possibile per far vedere chiaramente che stava ottemperando a tutte le indicazioni che gli davano quei tristi figuri, imboccò docilmente la stradetta che portava alla fattoria dove quelli avevano stabilito il controllo.

La stradetta, di una quarantina di metri, era costeggiata da due fossi che non permettevano se ne uscisse, per lo meno con la moto, ed era sotto il tiro incrociato tanto di quelli che stavano sulla strada come di quelli che stavano nell'aia della fattoria per cui lo Spregiudicato vide che anche una fuga attraverso i campi non era possibile. Perciò continuò sempre a passo d'uomo verso la fattoria, arrivò sull'aia, e individuati subito il gruppo di armati e il tavolo dove c'era il controllo, (dietro il quale c'era già un numeroso mucchio di arrestati) iniziò una serie di fermate presso tutti i gruppetti che gli sembrarono i più inoffensivi chiedendo a voce alta (che cercava di non essere tremula) l'ubicazione di un inesistente alto comando garibaldino.

Stando bene attento a non avvicinarsi mai troppo al tavolo di controllo ed ai gruppi armati continuò a partire e fermarsi dopo pochi metri per una diecina di volte finchè quando si accorse che cominciavano a fargli troppo caso ringraziò ostentatamente per non si sa cosa e, sempre a passo d'uomo, imboccò di nuovo la stradetta che percorse sempre in prima con apparente tranquillità finchè a dieci metri circa dal posto di blocco sulla strada addirittura si fermò per accendere una sigaretta. Quelli che lo stavano guardando dal posto di blocco, ingannati dal suo comportamento distrassero la loro attenzione da lui, anche a causa di gente che arrivava e che dovevano avviare al controllo; lo Spregiudicato pensò che quello fosse il momento giusto per giocare il tutto per tutto, innestò la prima, e, pregando Dio che tutto gli andasse bene, fece una partenza a razzo passando subito in seconda zigzagando in mezzo alle guardie che cominciarono a spargargli addosso coi mitra solo dopo essersi riavuti dalla sorpresa, quando cioè lui era già abbastanza lontano da avere buone probabilità di scamparla. Cosa che infatti gli riuscì anche se i fischi di qualche pallottola furono un po' troppo vicini alle sue orecchie per il suo gusto.

Sorpassato fortunosamente quel posto di blocco, i due o tre successivi non costituirono alcun problema forse perché in quella direzione venivano solo i viaggiatori già passati al setaccio e lo Spregiudicato arrivò così all'ingresso di Bassano dove per ostentare il suo buon diritto a circolare tranquillamente, addirittura si fermò di propria volontà vicino a un grosso raggruppamento di Fiapi con il pretesto di bere ad una pubblica fontana in mezzo ad una piazza.

Il suo compiacimento per aver compiuto felicemente un viaggio non proprio liscio e tranquillo si rivelò improvvisamente prematuro quando da un magazzino che dava sulla piazza stessa sentì levarsi delle urla e vide uscire fra calci e botte dati dalle guardie, un gruppo di compagni del suo battaglione catturati proditoriamente da formazioni non locali mentre si stavano allontanando da Bassano con regolari salvacondotti firmati dal comando partigiano di Thiene.

I vari gaglioffi partigiani della 13ª ora che erano vicino a lui alla fontana lo informarono che stavano interrogando quei «porci fascisti» e che avrebbero probabilmente tenuto prigionieri i soldati mentre avrebbero fucilato gli ufficiali.

Solo dopo molto tempo lo Spregiudicato venne a sapere che per fortuna, anche per intervento spontaneo della popolazione (che dall'incubo della impiccagione in massa di 31 partigiani il 26 settembre 1944 non era mai stata così bene e tranquilla come quando il battaglione dello Spregiudicato aveva posto lì la sua guarnigione) non era poi stato fucilato nessuno; i soldati erano stati miracolosamente lasciati liberi dopo pochi giorni insieme ai sottufficiali mentre gli ufficiali erano stati mandati in una specie di campo di concentramento dove, dopo una parvenza di processo sommario, erano stati quasi tutti rilasciati chi dopo qualche settimana e chi dopo qualche mese.

Gli sventurati che erano stati catturati e portati a Schio erano stati invece tutti massacrati.

Sempre molto tempo dopo allo Spregiudicato venne raccontato come autentico un episodio anomalo: fra gli ufficiali c'era un toscano chiamato per sfottimento «il Becero» che nella nuova organizzazione, da quando il Battaglione era arrivato a Vittorio Veneto, era stato incaricato della sussistenza e degli approvvigionamenti. Al momento della spartizione dei soldi aveva cercato di fare il furbo e, anziché consegnare alla cassa comune tutti i soldi che aveva si era tenuto le 90 e più mila lire di risparmi personali. Avendoli cuciti nei pantaloni non aveva potuto disfarsene al momento della cattura ed una volta spinto a calci e botte nel magazzino dove si era ritrovato con molti suoi soldati e compagni, aveva cominciato a temere che se gli avessero trovato addosso tutti quei soldi lo avrebbero immediatamente riconosciuto per ufficiale e conseguentemente, come correva la voce, lo avrebbero fucilato. Si era perciò scucito i soldi da dentro i pantaloni ed aveva tentato di distribuirli fra i suoi compagni di sventura. Sotto gli occhi delle guardie che, oltre che all'esterno, sorvegliavano i prigionieri anche all'interno del magazzino, con molta cautela ed a bassa voce aveva avvicinato con esasperanti intervalli tutti i prigionieri ricevendo da ciascuno un divertito o sarcastico rifiuto.

Dopo essersi scervellato per trovare il modo di disfarsi di quei novanta biglietti da mille che ormai gli pesavano addosso più che se fossero stati di piombo, vista l'impossibilità di bruciarli o di nasconderli in qualche angolo di quel magazzino nudo reso perfettamente vuoto e pulito dai prigionieri stessi sotto gli occhi divertiti delle guardie che ve li avevano obbligati subito al loro ingresso, il Becero si sentì perduto.

Ad un bel momento uno dei suo compagni per sfotterlo gli disse: «Perché non te li mangi?» ed il Becero dopo aver digrignato i denti per la rabbia e la disperazione, ripensandoci meglio capì che quella era la soluzione. Passò così il resto della serata e tutta la notte a mangiarsi i 90 biglietti da mille, che all'epoca erano della grandezza di un lenzuolo, masticandoli coscienziosamente uno per uno e beccandosi una bella costipazione che lo costrinse per un lungo tempo a riflettere sui suoi peccati.

Quando lo Spregiudicato vide avvicinarsi il gruppo dei suoi compagni e capì che erano stati fatti uscire per andare proprio alla fontana dove lui stava dissetandosi, un po' perché il suo improvviso allontanarsi sarebbe apparso sospetto, e un po' perché non gli reggevano le gambe, rimase dov'era aspettandosi da un momento all'altro che gli crollasse il mondo addosso al primo segno di riconoscimento dì chiunque fra i prigionieri non avesse capito al volo la situazione. Avvenne invece il miracolo e nessuno dei suoi compagni lo tradì, neanche con un gesto. Che Dio li benedica.

Quando sentì che le gambe non gli tremavano più tanto, lo Spregiudicato inforcò di nuovo la motocicletta vi riattaccò il carrozzino e giunse finalmente a Marostica.

Facendo balenare a un dottore milanese la possibilità che con la sua morte violenta più o meno imminente la sua MM 500 personale con side-car sarebbe stata ereditata automaticamente, anche se non ufficialmente, dal dottore stesso, lo Spregiudicato lo convinse a tenerla in custodia.

Dopo aver bevuto il bicchiere della staffa con alcuni marostegani se ne partì a piedi per Bassano e senza incidenti raggiunse la sua stanzetta nel palazzo comitale e si buttò sul lettino abbandonandosi ad un meritato sonno. Dormiva ancora al mattino dopo quando verso le dieci si udirono dei violentissimi colpi alla porta che non solo lo svegliarono ma che gli fecero credere che fosse venuta la sua ultima ora.

Il custode era evidentemente uscito e sua moglie, altrettanto evidentemente, all'udire quei colpi violenti aveva pensato bene di correre a nascondersi in soffitta.

Così che lo Spregiudicato ormai rassegnato alla sua sorte andò ad aprire trovandosi di fronte non, come temeva, ad un gruppo di improvvisati giustizieri, ma ad un solo energumeno in divisa che, appena aperta la porta lo spinse da parte correndo per tutta la casa emettendo suoni inarticolati che lo Spregiudicato interpretò come «mamma, mamma».

Quando quello spiritato giovanotto si convinse che sua madre non c'era, aggredì lo Spregiudicato, che nel frattempo aveva prudentemente richiuso e sbarrato la porta, chiedendogli conto di sua madre di cui, neanche a dirlo, lo Spregiudicato non conosceva neanche l'esistenza.

Allo Spregiudicato ci volle un certo tempo per convincere quell'invasato, che poi era il contino signore della casa, a calmarsi e per fargli capire che l'assenza della madre non era dovuta a qualche suo orrendo delitto ma, come poi confermò la custode quando decise di scendere dalla soffitta, al fatto che la contessa era semplicemente andata ad abitare nel palazzo di Milano fino da più di un anno prima.

Una volta stabiliti i fatti relativi alla madre, quel giovanotto, che indossava una strana divisa che ricordava allo Spregiudicato i bei tempi dell' Africa Settentrionale, ridivenne una persona normale e, dopo essersi scusato con lo Spregiudicato per la sua irruenza precedente, gli raccontò che all'8 settembre lui si era trovato al Sud e non ammettendo di restare con le mani in mano in un momento tanto tragico per l'Italia, non appena gli Alleati avevano concesso la cobelligeranza si era subito fatto incorporare nel Corpo Italiano di Liberazione che era poi l'Esercito Italiano che combatteva a fianco degli Alleati.

Dopo le prime prove di valore date dai soldati italiani nel corso della lunga campagna dal Monte Lungo in poi verso il Nord si erano finalmente formati dei reparti a pieno organico cui era stato riconosciuto il pieno diritto di combattere in prima linea contro i tedeschi. Lui ne faceva parte ed essendosi trovato col suo reparto abbastanza vicino a Vicenza aveva chiesto e ottenuto un permesso per andare a trovare la madre che aveva lasciato due anni prima a Bassano.

Dopo di che fu la volta dello Spregiudicato di raccontare la sua storia che, invece che sulle coste ioniche cominciava sull'Altopiano dei Sette Comuni, ma che, come quelle del tenente del C.I.L. terminava, almeno per il momento, a Bassano.

Fra due giovanotti sani spinti dagli stessi ideali anche se di parte contraria, la cosa finì come doveva finire e cioè con dei bicchieri di grappa bevuti alla salute delle famiglie lontane di cui nessuno dei due sapeva nulla. Ci fu addirittura una grossa risata quando lo Spregiudicato invitò il tenente a considerarsi come a casa sua dimenticandosi che quella era proprio casa sua.

Una volta installatosi nella sua stanza personale che la custode rimise affrettatamente in ordine scusandosi per tutto ciò che mancava in seguito alle varie razzie periodiche delle varie guarnigioni, il tenente chiese allo Spregiudicato se poteva sperare di chiamare Milano per telefono ed avuto un responso ottimista se ne usci diretto al centralino telefonico. Non erano passate due ore che una donna venne ad avvisare la custode che i partigiani avevano catturato e messo ai ferri un ufficiale fascista che continuava a protestare di esser il signor conte e di non essere affatto fascista.

La custode usci di corsa per andare ad accertarsi di persona di quanto fosse successo e tornò trafelata dallo Spregiudicato per dirgli che effettivamente quanto aveva riferito la sua amica era vero e per chiedergli di fare qualcosa.

Il primo impulso dello Spregiudicato fu quello di darsi alla fuga il più velocemente possibile perché se gli attuali padroni del paese mettevano in carcere un ufficiale dell'esercito loro alleato chissà cosa avrebbero fatto a lui che era ufficiale di un esercito loro nemico. Poi l'assurdità della situazione lo indusse a fare, come sempre, esattamente il contrario di quello che suggeriva la logica e se ne andò bel bello al comando partigiano situato nella sede del Municipio.

Arrivato al comando partigiano lo Spregiudicato con una buona dose di impudenza temperata da un atteggiamento di accondiscendente benevolenza si degnò di spiegare al capintesta che il signor conte era un ufficiale dell'Esercito Italiano di liberazione e che se non l'avesse liberato subito con ampie scuse avrebbe corso il rischio di essere fucilato senza processo all'arrivo degli Alleati. Il povero comandante partigiano che conosceva lo Spregiudicato non solo di vista ma anche di fama, si affrettò sbigottito a fare quanto lo Spregiudicato gli aveva chiesto e lo Spregiudicato dovette di nuovo spendere una buona oretta per calmare il povero tenente-conte che era, con qualche giustificazione, uscito letteralmente dai gangheri.

Rimessosi un po' in ordine dopo le botte prese al momento della cattura e bevuto insieme un altro bicchiere di grappa per fare una bella risata sopra l'assurdità della situazione, il tenente uscì di nuovo per tentare di fare la sua telefonata,

Dopo neanche mezz'ora lo Spregiudicato fu affannosamente chiamato di nuovo a liberare il tenente catturato da un gruppetto di Fiapi foresti di un'altra formazione arrivata fresca fresca a Bassano. Come Dio volle anche questa volta tutto andò più o meno bene ed il contino potè tornare a casa.

Dopo altre parolacce e risate e un altro bicchiere di grappa il tenente uscì per la terza volta ma stavolta accompagnato dallo Spregiudicato. Questa fu una decisione molto opportuna perché gli ci volle allo Spregiudicato del bello e del buono per convincere una pattuglia di brutti ceffi, evidentemente non al corrente delle due precedenti catture e liberazioni, della legittimità del tenente e del suo diritto a portare una divisa che era poi quella inglese assegnata in dotazione come uniforme del Corpo Italiano di Liberazione.

Nessuna persona con un minimo di buon senso avrebbe prolungato il rischio di rimanere in mezzo a «resistenti» della 13ª ora tanto subumani da trucidare diecine e diecine di prigionieri inermi come a Schio, Oderzo, Thiene, ecc., quattro giorni dopo la fine delle ostilità cui non avevano mai preso parte, così il signor conte dopo aver parlato con la madre ritenne saggio ripartire il più in fretta possibile per il suo reparto che avrebbe dovuto trovarsi ormai verso Treviso, e lo Spregiudicato si trovò definitivamente solo.

UBRIACO ALLA META

Lo Spregiudicato, una volta rimasto solo a Bassano dopo aver rifiutato due volte di prendere in considerazione l'opportunità di mettersi al sicuro, la prima declinando l'offerta di aggregarsi al C.L.N. di Vicenza e la seconda non accompagnando al suo Gruppo di Combattimento del C.I.L. il conte nella cui casa aveva alloggiato, fece gli ultimi preparativi per effettuare il viaggio che aveva deciso di compiere.

La destinazione era, neanche a dirlo, Trieste e l'obiettivo era raggiungere e sposare la sua ragazza sempre ammesso che lei lo avesse ancora voluto.

Aveva già affidato la sua motocicletta ed una cassa dal contenuto miscellaneo all'ospedale e gli effetti personali più ingombranti al proprietario della villa sede del distaccamento a Marostica; consegnò le cose più preziose come documenti, stivali, pantaloni, macchina fotografica e binocolo alla custode della casa del conte. Lo Spregiudicato era ora pronto a partire.

Pure senza notizie certe correvano però voci che Trieste fosse in mano agli slavi insieme con buona parte del Friuli forse fino a Latisana o Pordenone o Udine.

In base a queste voci molto poco rassicuranti circa la sicurezza di un viaggio verso Est, lo Spregiudicato si attrezzò per viaggiare il più leggero possibile senza portare con se praticamente neanche l'essenziale ma non dimenticando ciò che rimaneva delle 5.000 lire distribuite a tutti ed un telo tenda con cui avvolgersi se avesse dovuto dormire nascosto nei campi quando sarebbe stato troppo pericoloso farsi vedere.

Oltre al telo, di cui poteva disfarsi in un attimo, non portava altro che ciò che aveva indosso: maglia, camicia, giubbetto, mutande, pantaloncini corti, calzettoni e scarponi. Unici documenti un lasciapassare rilasciatogli il 2 maggio dal Comando della Brigata Giovane Italia di Bassano ed una vecchia tessera sportiva senza data di nascita, scelta nel dubbio, dimostratosi poi fondato, che non sarebbe stato opportuno che fosse riconosciuta l'età effettiva.

Lo Spregiudicato sapeva di sicuro che non c'erano truppe Alleate a Nord della Statale Vicenza-Treviso e quando, informandosi cautamente, ebbe conferma che gli Alleati stavano procedendo sulla Statale da San Donà di Piave verso Trieste decise di puntare a Sud e poi ad Est per cercare di raggiungerli all'altezza di Portogruaro.

Poco prima dell'alba del giorno prescelto lo Spregiudicato si mise in cammino e da Bassano si diresse fra Castelfranco e Montebelluna con l'intenzione di seguire poi da lontano la Statale n° 53 che da Treviso porta a Portogruaro.

Procedendo per stradette e sentieri paralleli o quasi ad una strada vuol dire raddoppiare il percorso ma permette anche di evitare la maggior parte dei posti di blocco e delle pattuglie che i vincitori senza vittoria delle varie bande brigantesche autoelettesi partigiane avevano messo sulle strade più importanti per dedicarsi con successo alla caccia all'uomo ed alle donne, con susseguenti sequestri soprattutto di cose oltre che di persone, seguiti con una inquietante frequenza da esecuzioni sommarie.

Infatti nonostante reparti della Ottava Armata britannica con il Gruppo Italiano di Combattimento «Cremona» avessero già attraversato il Po a Polesella fino dal 25 aprile ed i tedeschi non avessero più nessuna linea di resistenza da opporre agli Alleati, Il III Corpo Americano era arrivato a Vicenza solamente il 28 aprile e vi si era arrestato per un eccesso di prudenza degli Alleati che avevano imparato ad accogliere con beneficio di inventario le troppo spesso fantasiose informazioni fornite loro dai comandi di innumerevoli formazioni partigiane che si vantavano di aver sterminato fino all'ultimo tedesco.

In realtà i rappresentanti del comandante dello Heeresgruppe C, generale Von Vietinghoff, avevano sì firmato la resa incondizionata dei tedeschi in Italia ma con la data di 4 giorni dopo e cioè per le 14 del 2 maggio '45.

Questa resa postdatata indicava chiaramente che i tedeschi avevano calcolato che per il 2 maggio l'ultimo loro uomo non impegnato in azioni di resistenza ad oltranza avrebbe potuto raggiungere il confine con l'Austria o per lo meno la zona fra lo Stelvio e Tarvisio dove le popolazioni locali, anziché essere ostili, li avrebbero invece aiutati.

Solo il 29 la seconda divisione neozelandese aveva raggiunto il Piave e solo il 30 il Secondo Corpo Americano raggiunse Treviso.

Appena dopo il 2 maggio, quando cioè non avrebbe dovuto più esserci alcuna resistenza da parte dei tedeschi, gli Alleati cominciarono a spingersi a Nord secondo piani che non tenevano in alcun conto i dati forniti dai Fiapi.

Perfino gli ANZAC (Australiani e Neozelandesi di Freyberg) avanzavano verso Trieste prendendosela molto comoda cosi da non arrivarvi se non la tarda sera del 2 maggio.

Pur andando a piedi e percorrendo il doppio delle distanze calcolate su strada lo Spregiudicato arrivò infatti al Tagliamento praticamente poco dopo di loro. Il fattore di maggiore ritardo della sua marcia non era da attribuire alla maggiore lunghezza del percorso ma allo stato di ebbrezza alcoolica dovuta alle continue libagioni cui per amore o per forza era soggetto.

Pochi chilometri dopo la partenza da Bassano lo Spregiudicato aveva infatti intravisto le sagome di due individui che pur proseguendo pressappoco nella sua stessa direzione facevano chiaramente di tutto per non avvicinarglisi, agendo cosi nell'identico modo in cui si comportava lui stesso.

Nonostante tutti gli sforzi reciproci per non incontrarsi, i passaggi degli innumerevoli canali, torrenti o fossi facevano sì che i rispettivi itinerari dovessero per forza accostarsi molto spesso finché, dopo la traversata di un terreno poco aperto i tre finirono per trovarsi improvvisamente faccia a faccia. Lo spavento di tutti e tre fu grande come fu grande il sollievo nell'accorgersi che nessuno era armato.

Dopo molti giri di frasi e parole più che guardinghe i tre si riconobbero per fuggiaschi pur senza che alcuno dei tre fornisse la minima informazione né il più vago accenno alla rispettiva provenienza e tanto meno alle rispettive attività passate. L'unica cosa certa era che tutti e tre si dirigevano a Trieste e dopo qualche esitazione decisero di procedere insieme con il tacito accordo di mettere in comune le proprie idee, esperienze, capacità e conoscenza dei luoghi con il fine comune di arrivare a destinazione.

Nonostante i tre cercassero in tutti i modi di evitare di entrare in contatto con qualunque forma di vita umana che in tre era più facile scorgere da lontano o addirittura sospettare, ogni tanto essi incappavano in qualche contadino o contadina che, non più timorosi delle fucilate tedesche o delle rapine partigiane, riprovavano il gusto di lavorare indisturbati sui propri campi.

Il primo incontro fu il più difficile da superare senza creare guai e lo stesso contadino con cui si incontrarono suggerì loro senza volere la storiella da raccontare nei prossimi incontri.

Infatti quel primo buon samaritano che aveva avuto un figlio portato via dai tedeschi per lavorare nell'Organizzazione Todt chiese loro se venivano dai campi di lavoro o di concentramento tedeschi per sapere, illudendosi come tutti i padri di questo mondo, se essi lo avessero incontrato.

Cogliendo la palla al balzo i tre si affrettarono ad affermare che pur non avendo conosciuto suo figlio erano effettivamente scappati dai campi di prigionia quando i tedeschi li avevano abbandonati per ritirarsi.

Quel buon uomo che evidentemente aveva sentito per radio qualcosa sui campi di sterminio (gli americani avevano raggiunto Dachau il 29 aprile), li portò quasi a forza nella sua casa e, pur senza spartire con loro le provviste che, come ogni contadino che si rispetti, era riuscito a mantenere nascoste durante tutta la guerra per sopravvivere nonostante le requisizioni tedesche ed i furti dei partigiani, offrì loro generosi bicchieri di vino.

Gli incontri successivi con altri buoni villici si risolsero per i tre fuggiaschi quasi tutti nello stesso modo: alla domanda «Da dove venite?» si rispondeva con sempre minori esitazioni ma sempre con aria dimessa «Dai campi di prigionia tedeschi»; accettavano poi con compuzione le parole di commiserazione e di incoraggiamento dei bravi contadini e dopo quindici o venti «poareti, poareti» dovevano per forza bere il vino che tutti generosamente offrivano. I tre fuggiaschi dopo qualche chilometro diventarono inevitabilmente ubriachi e la loro marcia evidentemente non si faceva più rapida anche perché l'euforia provocata dai primi bicchieri di vino li rendeva meno timorosi di altri incontri ed ogni incontro aumentava il loro stato di ebbrezza in una specie di spirale che li portava automaticamente ad accorciare le tappe ed a riposarsi sempre più frequentemente.

Fortuna volle che da bicchier di vino a bicchier di vino i tre arrivassero senza brutti incontri nei pressi di Latisana dove la presenza delle truppe neo-zelandesi li rese un po' più fiduciosi sul buon esito del loro viaggio.

Ci volle poco allo Spregiudicato per rendersi conto che gli Alleati più che ignorare, addirittura tenevano a buona distanza i partigiani avendo capito ormai con chi avevano a che fare, per cui dopo essersi separato dai suoi due compagni di viaggio tuttora sconosciuti continuò il suo viaggio verso Trieste procedendo solo se poteva andare di pari passo con qualche gruppo di ANZAC, fermandosi quando quelli si fermavano e proseguendo quando quelli, o un altro gruppo, proseguivano.

Con questo sistema, superati il Tagliamento e lo Stella, lo Spregiudicato arrivò finalmente a Villa Vicentina dove si trovò in mezzo ad una confusione che, benché senza dubbio lo favorisse, aumentava però le sue preoccupazioni in merito alle difficoltà da affrontare per arrivare a Trieste.

La confusione che c'era a Villa Vicentina era dovuta al fatto che li c'era un improvvisato posto di tappa per gli innumerevoli profughi da Trieste, da Gorizia e dall'Istria che erano riusciti ad evitare le foibe dove i titini buttavano vivi, possibilmente dopo averli legati insieme col filo spinato, tutti gli italiani che non si dichiaravano pro-Tito e comunque tutti quelli laureati e spesso anche i diplomati perché tali.

D'altra parte a Villa Vicentina c'era l'ultimo comando Alleato che non fosse in coabitazione con qualche comando titino ragion per cui tutti i goriziani, i triestini e gli istriani rimasti fino ad allora nel Sud che, per la fine della guerra, tentavano di raggiungere le loro case si affollavano li per cercare di proseguire nonostante la Military Police Alleata facesse del suo meglio per dissuaderli.

Notizie, che sembravano esagerate ma che purtroppo non lo erano, delle atrocità e dei soprusi commessi dai titini avevano poca efficacia per contribuire all'opera di persuasione del comando Alleato perché meno gente possibile andasse verso Trieste.

Lo Spregiudicato raccolse tutte le notizie che poteva avere durante le 24 ore che rimase a Villa Vicentina, dopo di che si mise alla caccia di un barbiere che gli tagliasse i capelli a spazzola e che gli fornisse una Gillette con cui radersi sia pure senza sapone almeno due volte al giorno decidendo di proseguire verso Trieste a qualunque costo cercando di passare per un ragazzino imberbe.

In camiciola e pantaloni corti, rasato e sbarbato, lo Spregiudicato riuscì a salire su un camion che andava a Monfalcone e da lì, dopo un'altra rasatura, camminò fino alle foci del Timavo dove i titini, ignorando e ignorati dagli ANZAC, avevano messo un posto di blocco che secondo loro costituiva la frontiera provvisoria della nuova repubblica di Tito in attesa di dichiarare jugoslave, oltre che l'Istria, Trieste e Gorizia, anche Venezia e, perché no, Milano, Roma, Napoli e possibilmente Palermo, naturalmente col beneplacito di Togliatti e del P.C.I.

L'espediente dello Spregiudicato ebbe successo anche perché lui abbellì le sue dichiarazioni di identità comprovata dalla tessera sportiva, affermando che voleva raggiungere la sua famiglia scappata da Roma per antifascismo.

Ricevuta una «propustnica» provvisoria lo Spregiudicato arrivò a Barcola e si affrettò a raggiungere la casa della sua ragazza dove i suoi dubbi sulla possibile accoglienza negativa si dissiparono subito poiché vi fu accolto come ospite gradito anche se inaspettato e piuttosto incomodo in quanto italiano, cioè fascista.

Ma le tradizionali leggi dell'ospitalità vigenti in tutte le società di origine contadina ed i legami quasi tribali della comunità slava di Barcola si dimostrarono abbastanza solidi da evitare atti ostili contro lo Spregiudicato.

MATRIMONIO E FUGA

Dopo essere arrivato incredibilmente sano e salvo a Trieste viaggiando a piedi per più di 200 chilometri da Bassano, lo Spregiudicato si prese qualche giorno di riposo a casa della sua ragazza, abbronzandosi al sole di Barcola e godendosi la vista della città e del golfo.

Stando sempre in casa non correva praticamente grossi pericoli da parte dei titini che continuavano a sequestrare italiani ogni giorno per poi buttarli, vivi, secondo la loro bestiale consuetudine, nelle foibe del Carso. Ma l'occupazione titina non accennava ad avere una fine e lo Spregiudicato intendeva realizzare il suo programma che era quello di sposare la sua ragazza e (una volta riuscito ad evitare di cadere nelle grinfie titine scappando da Trieste) portarla a casa sua a Roma.

Pur senza fretta non c'era però tempo da perdere, e tutto sembrava procedere bene tanto nei preparativi del matrimonio come in quelli della fuga e del viaggio.

Senonché ebbe la prima contrarietà seria quando i suoi futuri suoceri gli riferirono che il curato della locale parrocchia acconsentiva sì a celebrare il matrimonio ma che erano necessarie le regolari pubblicazioni.

Data la situazione lo Spregiudicato non poteva certo scegliere di effettuare un matrimonio civile in municipio in quanto questo era occupato dai titini che erano appunto quelli che lui cercava di evitare con tutti i mezzi ben sapendo che era sulla lista nera fino dal 1943 in quanto ufficiale Italiano.

Esporre le pubblicazioni avendo così il suo nome bene in vista sul frontale della chiesa sarebbe equivalso all'arresto e infoibamento entro 24 ore e lo Spregiudicato ci teneva ad evitare il più possibile questi piccoli inconvenienti.

Mandato un messaggio al parroco per sapere come si potevano evitare le pubblicazioni ricevette come risposta che se ne poteva fare a meno solo dietro dispensa «ad personas» data esclusivamente dal Vescovo.

I futuri parenti dello Spregiudicato con frequenti visite alla Diocesi combinarono due appuntamenti separati per i promessi sposi ottenendo perfino che lo Spregiudicato potesse entrare dalla porta di servizio entro un lasso di tempo abbastanza elastico da permettergli di sgattaiolare dentro quando non vi fossero «drusi» o «graniciari» in giro né soli né in pattuglie (chiamate popolarmente «rughe»).

Allo scopo di accertare se i due erano veramente seri nei loro propositi (come impone di fare la Chiesa quando, non essendoci le tre settimane di tempo durante le quali devono essere esposte le pubblicazioni, non c'è neanche il tempo per ripensarci), quel sant'uomo del Vescovo Santin (cui migliaia di persone devono letteralmente la vita) tentò di dissuadere dall'unirsi con un tipo tanto poco raccomandabile come lo Spregiudicato quella povera ragazza innocente che testardamente ignorò l'offerta di quella ultima opportunità di salvezza.

Ottenuta la dispensa dalle pubblicazioni si stabilì la data del matrimonio e, come Dio volle, lo Spregiudicato infagottato in un vestito invernale prestatogli da un vicino riuscì a pronunciare il fatale «sì» sia pure con qualche difficoltà dovuta al fatto che doveva con un occhio guardare il prete, con l'altro la sua futura e con un altro ancora la porta della chiesa da dove temeva che entrassero da un momento all'altro i titini il che avrebbe reso sua moglie vedova prima ancora di essere sposata.

Tornato a casa di sua moglie per vie traverse lo Spregiudicato più che di godersi la luna di miele dovette preoccuparsi di realizzare una fuga urgentissima dato che la cerimonia aveva reso pubblica la sua presenza ed una visita dei titini era da prevedersi a breve termine.

Suo suocero era già entrato in contatto, dopo alcune ricerche, con alcuni pescatori chioggiotti che intrappolati a Trieste dove erano stati trasferiti a forza dai tedeschi, avevano tanta voglia di scappare dai titini come ne aveva lo Spregiudicato.

Combinate la data e l'ora di imbarco lo Spregiudicato e sua moglie accompagnati dal padre della sposa e da uno zio, ognuno trascinandosi appresso una valigia, percorsero in meno di 5 ore i 4 chilometri che intercorrono tra Barcola e la Pescheria di Trieste.

Pur avendo scelto l'itinerario in modo oculatissimo i quattro dovettero percorrerlo nascondendosi dietro gli angoli, facendo giri viziosi e infilandosi in tutti gli anfratti ogni volta che al buio sentivano qualche "ruga". Non mancarono fucilate ed inseguimenti tanto che una delle 4 valigie dovette essere messa nella lista delle perdite di quella spedizione.

Raggiunto il bragozzo dei pescatori che li accolsero amichevolmente come avevano fatto per molti altri fuggiaschi, lo Spregiudicato e sua moglie, salutati i loro accompagnatori diedero una mano ai pescatori per realizzare la partenza.

Già attraversare il molo per imbarcarsi sul bragozzo era stato difficile data la presenza di parecchi drusi di sentinella lungo tutti i muri. Prendere il largo con una barca della mole di un bragozzo non aveva molte probabilità di riuscita anche se quei poveracci di titini che vedevano il mare per la prima volta in vita loro, si tenevano il più lontano possibile dal bordo dell'acqua per paura di cadere in quel pozzo troppo largo perché potessero assimilare l'idea della sua esistenza.

Per di più tutto si sarebbe dovuto fare prima dell'alba in modo da essere almeno un miglio al largo quando con la luce tutte le sentinelle avrebbero cominciato a sparare contro quel natante che non avrebbe dovuto essere in mare secondo il rigorosissimo ukase che proibiva qualunque movimento di barche.

Tagliati silenziosamente gli ormeggi e con la moglie dello Spregiudicato alla barra del timone, tutti gli uomini si legarono all'esterno delle murate e cominciarono a remigare silenziosamente con una mano (con l'altra si tenevano aggrappati alle fiancate della barca) e, centimetro per centimetro, fecero allontanare piano piano la barca dal molo senza che, per essere il movimento spaventosamente lento, le sentinelle si accorgessero di niente. Una volta allontanatisi di qualche diecina di metri dal molo quei galeotti di nuovo conio poterono usare, sempre però con prudenza ed in silenzio, delle gottazze con cui il loro remigare divenne un po' più effettivo anche se la velocità rimaneva ben inferiore a una frazione di nodo.

Ormai quasi al limite delle loro forze i galeotti riuscirono a portare abbastanza al largo il bragozzo prima ancora che si annunciasse l'alba e con un tempismo degno di Nelson il capitano chioggiotto mise in moto il motore della barca giusto in tempo per guadagnare al buio quel tanto di distanza che al sopraggiungere della luce avrebbe costituito un discreto vantaggio rispetto ad eventuali inseguitori.

Per varie ragioni, inclusa la paura delle mine di cui si diceva fosse stato disseminato il Golfo di Trieste non si sa bene se dai tedeschi per non fare arrivare gli Alleati
o dagli Alleati per non far fuggire i tedeschi, il capitano scelse una rotta che, sempre dove era possibile, passava all'interno delle varie lagune piuttosto che in mare aperto.

Il capitano conosceva non solo il suo mestiere ma anche le sue acque ed i suoi portolani e la navigazione, tenendosi bene fuori rotta di qualunque natante che appariva all'orizzonte, proseguì relativamente tranquilla inclusi i tratti in cui gli ex galeotti rematori diventavano cavalli da alzala lungo qualche canale.

Doppiata Grado ed entrati nella laguna di Marano, quando già gli argonauti fuggiaschi pensavano di essere sfuggiti alle grinfie di chi voleva loro male, incapparono invece in una chiusa mentre stavano percorrendo uno degli innumerevoli canali che intersecano l'area della foce del Tagliamento.

Il problema era non solo che la chiusa era chiusa ma che era presidiata da un'accozzaglia di brutti ceffi pieni di fazzoletti e stelle rosse perfino dietro le orecchie e che non riuscivano ad aprire bocca se non puntando sulla pancia dell'interlocutore almeno due o tre mitra e cinque o sei fucili.

Non si sa bene per quali fini bellici di alta strategia quei rubagalline decisero di effettuare la perquisizione completa della barca e, mentre il capitano tentava di opporvisi ricevendo una discreta quantità di schiaffi, di pugni e di calci, tutti i pescatori, i marinai ed i passeggeri si affrettarono a far scivolare in mare o a immergere nelle acque di sentina ciò che a-vrebbe potuto eccitare le brame di rapina e di sangue di quei pirati da strapazzo.

Lo Spregiudicato era riuscito a portare con se qualche capo di vestiario lasciato a suo tempo a casa della sua futura moglie e che, non sapendo quale sarebbe stato il suo futuro aveva immaginato potesse essergli utile e naturalmente, essendo in guerra da più di 4 anni, tutti i suoi effetti erano di chiara impronta militare. Per di più egli aveva con se un album di fotografie raccolte durante la sua permanenza in Africa Settentrionale incluse alcune, rarissime, del maresciallo Rommel.

Né i pantaloni da ufficiale né l'album potevano essere fatti scomparire furtivamente e quando quei grassatori cominciarono a buttare all'aria con vandalismo sadico il contenuto delle valigie dello Spregiudicato e di sua moglie ebbe inizio una sarabanda degna delle migliori tribù cannibali dell'Africa e dell'Australasia.

Appena visti i pantaloni e le fotografie quelle belle menti identificarono lo Spregiudicato come ufficiale tedesco senza stare a sottilizzare su dettagli trascurabili come la nessuna somiglianza dello Spregiudicato con Rommel ed il fatto che i pantaloni lunghi da ufficiale portavano ancora l'etichetta dell'Unione Militare dove lo Spregiudicato li aveva comprati.

Le varie bestemmie ed i vari insulti che lo Spregiudicato tentava di gridare col suo più puro accento romano fra uno schiaffo e l'altro non fecero cambiare idea a quei forsennati che avendo finalmente trovato una vittima ed un pretesto per trucidarla non volevano perdere una così bella occasione per aumentare il numero di esecuzioni di cui già cominciavano a vantarsi. A scanso di equivoci prelevarono perciò non solo lo Spregiudicato ma anche sua moglie per portarli al loro «Comando» con la chiara intenzione di farli fuori. Almeno così continuavano a minacciare sbraitando.

L'aver trovato su chi sfogare la loro libidine di assassinio servì, se non altro, a far avere via libera al bragozzo con il suo carico di marinai, pescatori e profughi che poterono così proseguire verso Chioggia.

Nel trambusto dell'arresto e del percorso a piedi fino ad un cascinale dove quell'eroico distaccamento di combattenti della rapina si era accampato, una delle 3 valigie rimaste prese un'altra strada; parecchi di quegli sciagurati apparirono vestiti ed ornati con oggetti del tutto simili a quelli che avevano costituito il contenuto della valigia scomparsa.

Giunti al casale dove si sarebbe trascorsa la notte per proseguire per Latisana al giorno seguente, lo Spregiudicato trovò il modo di convincere concitatamente la povera padrona di casa, che già era abbastanza sconvolta per la presenza forzosa di quella banda di saltafossi, a portare sua moglie con lei nella sua stanza da letto al piano superiore in modo da togliere dalla vista dei suoi catturatori il possibile oggetto di eventuali loro iniziative malintenzionate.

Dopo essersi coscienziosamente rifocillati e dissetati con le galline ed il vino di quella povera contadina che aveva l'onore poco invidiabile di ospitarli suo malgrado, quegli spostati si prepararono per dormire saccheggiando dal fienile paglia e foglie di granoturco secche per farne dei giacigli e mentre i canti da avvinazzati si spegnevano poco a poco i più stanchi cominciarono a dormire.

Come in ogni paesino c'è lo scemo del villaggio così in quell'accozzaglia c'era lo scemo della banda e quando questi si fu addormentato qualche compagno in vena di scherzi pensò di divertirsi col tradizionale giochetto di accendere sulla scarpa dello scemo addormentato un pezzo di giornale arrotolato.

Quando il calore raggiunse la pelle di quel poveraccio passando gli strati di sporcizia che per un po' avevano ritardato la scottatura, questi si svegliò di soprassalto urlando come un ossesso e correndo all'impazzata qua e là battendo con forza il piede ustionato per terra e rovesciando tutto quanto gli faceva da ostacolo.

La moglie dello Spregiudicato, al sentire dal piano di sopra quelle urla disumane, pensando che stessero torturando il neo legittimo sposo, non esitò a saltare giù dal letto dove la padrona di casa l'aveva convinta a riposarsi vestita, a liberarsi della suddetta padrona di casa che voleva trattenerla ad ogni costo per il suo bene, a precipitarsi giù per la scala di legno, ad afferrare al volo un attizzatoio di ferro ed a cominciare a menare con il medesimo traversoni e piattonate a tutti quelli che le si paravano davanti.

Il vuoto creatosi così all'intorno permise alla moglie dello Spregiudicato di scorgere il marito che zitto zitto e buono buono se ne stava immobile steso per terra cercando di rendersi il meno appariscente possibile; calmatasi di colpo, la neosposina diede un'occhiata in giro fulminando tutti i presenti in modo che tutti compresero il messaggio significante che chi avesse toccato suo marito avrebbe avuto a che fare con lei e, abbassato l'attizzatoio se ne tornò calma calma al piano di sopra.

A parte la gratitudine indebita dello scemo della banda che arrivò perfino ad offrire due uova alla sposina che aveva punito i suoi beffeggiatori, la mattina dopo quando arrivò l'ora della partenza, il contegno degli altri non cambiò molto rispetto al giorno precedente; anzi per saggiarne le reazioni durante il viaggio fino a Latisana, che la sposa ebbe l'onore di fare in cabina anziché nel cassone, le mostrarono diverse fotografie della pensilina di piazzale Loreto che gli eroici boia, sentendosi evidentemente molto orgogliosi di aver seviziato dei cadaveri, si erano affrettati a stampare e a spedire con urgenza a tutti i paesi e paesini d'Italia con lo zelo tipico dei comunisti.

Arrivati a Latisana gli sposini novelli vennero scaricati alla villetta sede del Comando di quel gruppo di Fiapi, dove lo Spregiudicato subì un processo sommario, che in totale non durò più di 3 minuti, durante il quale la mancanza di capi d'accusa fu compensata da un regolare interrogatorio in cui gli inquisitori facevano le domande e si davano loro stessi le risposte; dopo di che fu condannato a morte. Rispettosi della tradizione secondo la quale la moglie deve seguire il marito quei degni autoelettisi rappresentanti del potere giudiziario decisero nei successivi 5 secondi che anche la moglie dello Spregiudicato doveva essere giustiziata.

Trascinati i due condannati nel cortile retrostante li spinsero contro il muro e presero posizione per effettuare l'esecuzione. Se era una commedia era ben recitata.

Visto che i due condannati avevano chiesto di non essere legati né bendati e per di più si erano messi con le spalle al muro guardando in viso i componenti del plotone di esecuzione, non ci furono obiezioni ad accondiscendere alla loro richiesta di fumare la tradizionale ultima sigaretta.

Lo Spregiudicato e sua moglie, accese le sigarette, cominciarono a fumarle cercando di ricavarne il maggior gusto possibile, sia pure con mani leggermente tremanti, e guardandosi fissi negli occhi ebbero un brevissimo scambio di frasi per commentare l'originalità della conclusione del loro viaggio di nozze.

Nonostante il leggero ronzio, certamente non dovuto a mosche o zanzare, che sentivano alle orecchie e l'offuscamento della visione, certamente non dovuto alla nebbia, i due condannati si resero conto che i mitra non erano più puntati verso di loro ma che si muovevano scompostamente insieme alle mani ed alle braccia dei loro giustizieri che avevano una violenta discussione parlando tutti insieme e agitandosi peggio di sindacalisti ad un comizio.

Passò un po' di tempo prima che gli sposini si rendessero conto che erano proprio loro l'oggetto della discussione e cercando di afferrare le frasi di quelli che strillavano di più credettero capire che si stava facendo strada nelle menti, si fa per dire, di quei sottosviluppati il timore di offendere il loro comandante, in giro nel circondario, togliendogli il gusto di ammazzare lui stesso quei due malcapitati.

I due o tre che non volevano rinunciare per nulla al mondo al loro sacrosanto diritto di ammazzare degli inermi con le proprie mani discussero fino a diventare afoni ma non riuscirono ad averla vinta ed alla fine lo Spregiudicato e sua moglie furono spinti, forse senza eccessiva buona grazia, in una stanza al pian terreno adibita a deposito del bottino, dove, tra parentesi, erano state buttate anche le loro due valigie e vi vennero chiusi a chiave a doppia mandata.

Mentre i giustizieri, eroici sì, ma leccapiedi, salivano al piano di sopra per andare a mangiare, lo Spregiudicato e sua moglie si sedettero sconsolatamente sulle loro valigie (lo stanzino dov'erano rinchiusi ne conteneva molte altre frutto evidentemente di altre eroiche azioni) e si resero conto che tanto la forza d'animo come il coraggio di cui erano riusciti a fare mostra fino a quel momento, stavano venendo loro meno.

Dopo neanche 15 minuti sentirono arrivare una macchina, sentirono un vociare dai toni esaltati e videro la maniglia della porta scossa da una mano impaziente. Si guardarono sconsolatamente negli occhi senza dire una parola certi che questa volta fosse giunta la loro ultima ora e si alzarono in piedi pronti ad essere rimessi al muro quando la porta si spalancò di colpo ed un guerriero alto e biondo entrò gridando «chi diavolo ha chiuso questa porta?». Al vedere la stanza-deposito occupata dallo Spregiudicato e sua moglie si fermò di colpo puntando il mitra ed urlò: «E voi che cosa diavolo ci fate qui?». Lo Spregiudicato che avrebbe dovuto onestamente rispondere che stava aspettando il momento buono per essere fucilato, contravvenendo invece a tutte le norme di correttezza e di fair play se ne uscì spudoratamente dicendo: «Aspettiamo il lasciapassare per proseguire verso Roma». Al che il comandante montò su tutte le furie gridando di andare subito fuori dalle scatole e di non seccarlo perché lui aveva cose ben più importanti da fare ed un sacco di gente da cercare, arrestare, interrogare ed epurare

Il comandante non aveva neanche finito di urlare che già lo Spregiudicato e sua moglie, afferrando ciascuno una valigia, sgusciarono fuori dalla stanza, infilarono il cancello della villa e si misero a correre a perdifiato verso il Tagliamento percorrendo i circa 2 chilometri di distanza in meno di 3 decimi di secondo finché non caddero esausti ai piedi di due inglesi della Military Police.

I due soldati, con caratteristica flemma britannica, osservarono a lungo i due fuggiaschi con l'attenzione che si può dedicare ad un paio di insetti di specie rara, dopodiché il più anziano dei due aiutò lo Spregiudicato a rimettersi in piedi e puntandogli con forza un dito sullo sterno che ancora si alzava e abbassava ansimando gli domandò: «You, fascist?».

Lo Spregiudicato raccogliendo a fatica quel po' di fiato che non riusciva a far entrare a sufficienza nei polmoni arrivò alla fine ad emettere un rauco «Yes». Il soldato si limitò a dire «All right» e si voltò verso la strada da cui erano arrivati i due fuggiaschi osservando con attenzione un gruppo di scalmanati che stava arrivando di corsa.

Improvvisamente il buon Tommy ordinò allo Spregiudicato ed a sua moglie di andare a mettersi all'imbocco del ponte distante circa 30 metri e senza curarsi di guardare se il suo ordine veniva eseguito si avviò con il suo compagno a passi lenti verso il gruppetto che era ormai abbastanza vicino.

Lo Spregiudicato dopo aver eseguito insieme alla moglie l'ordine ricevuto senza discutere ebbe quasi un attacco apoplettico quando si accorse che il gruppetto di scalmanati era composto dagli onorevoli componenti del suo plotone di esecuzione; quei bravi giustizieri evidentemente, dopo essere stati raggiunti al piano di sopra dal loro comandante dovevano averlo informato della stuzzicante preda che avevano catturato e riservato per lui e, dopo probabilmente essere stati insultati e minacciati, dovevano aver ricevuto l'ordine di ricatturare immediatamente i due fuggitivi per permettere al loro imbestialito capo di compiere a puntino il suo dovere di sottoporre i due sospetti all'interrogatorio ed al meritato castigo.

La discussione fra quel gruppo di energumeni ed i due inglesi (se discussione si può chiamare l'emissione di gridi all'unisono da una parte e lo scuotimento di testa accompagnato dal gesto di sgombrare dall'altra) non durò più di 5 minuti, dopo di che il gruppetto si allontanò di una diecina di metri e rimase in attesa degli eventi, continuando, alla maniera italiana, a discutere concitatamente. I due inglesi retrocessero un po' in direzione del ponte e si misero tranquillamente a fumare senza degnare d'una occhiata né lo Spregiudicato né sua moglie né il gruppo di facinorosi.

Dopo non molto tempo arrivò una jeep con due A.N.Z.A.C., che fu fermata dai due inglesi i quali scambiarono poche parole con il conducente e quando questi annuì lo lasciarono ripartire ritornando di nuovo a gustare le loro John Players.

I due Anzac percorsero con la jeep la distanza che li separava dall'imbocco del ponte, si fermarono a fianco dello Spregiudicato e di sua moglie, fecero loro cenno di saltare su e quando gli sposini e le loro valigie si furono sistemati nella macchina ripartirono a tutta velocità arrivando in men che non si dica al di là del Tagliamento.

Lo Spregiudicato nel voltarsi alzando il braccio per salutare i due inglesi ebbe modo di vedere una eccellente imitazione del ballo di San Vito eseguita dal gruppo di Fiapi per i quali il vedersi sfuggire le prede sotto il naso era stato peggio che essere morsi da una dozzina di tarantole.

Fra gli Anzac e la coppia di sposini non furono scambiate molte parole fino a quando, prima di entrare a Ferrara l'autista frenò di colpo e con la testa fece segno ai due di scendere cosa che fu puntualmente eseguita.

Lo Spregiudicato e sua moglie si avviarono a piedi verso il centro di Ferrara dove regnava una indescrivibile confusione nonostante fosse già passato un mese dalla sua occupazione da parte dell'8ᵃ Armata britannica.

I profughi che stavano rientrando dopo essere stati costretti ad abbandonare la città in seguito a un continuo martellamento dall'aria fino dal luglio '44 quando era cominciata l'Operazione Mallory Major, stavano infatti cercando faticosamente di sgombrare le loro case o quanto ne rimaneva, dalle macerie senza che ancora esistesse un piano per la ricostruzione.

Arrivati al Castello, la coppia in luna di miele cominciò la ricerca per un alloggio dove passare la notte che era già scesa quando avevano fatto il loro ingresso in città.

Intirizziti dal freddo causato dal vento preso viaggiando sulla jeep e stanchi morti per le peripezie dei giorni precedenti, trascinandosi dietro a fatica le valigie si resero conto ben presto che trovare un alloggio sarebbe stato pressoché impossibile.

Sedutisi sulle valigie e tenuto un consiglio di guerra fumandosi una sigaretta presa da un pacchetto offerto loro dagli Anzac della jeep, decisero di dormire all'addiaccio e proprio per non accamparsi in mezzo alla strada, si arrampicarono su una scala che una volta era stata interna ma che qualche bomba di B 17 aveva reso esterna col semplice espediente di polverizzare metà della casa cui la scala stessa apparteneva.

Arrivati a un pianerottolo si stesero per terra e cercarono di ignorare il freddo e la durezza del pavimento facendo tutto il possibile, se non per dormire, per lo meno per sonnecchiare meglio che potevano.

Convinti che la casa semidistrutta non fosse abitata non si preoccuparono di essere silenziosi e mentre erano già arrivati a un discreto stato di assopimento si presero un bello spavento quando una porta che dava sul pianerottolo si aprì improvvisamente e qualcuno li illuminò con la luce di un petromax.

Non si sa bene chi fosse più spaventato se loro o chi li illuminava, ma dopo un esitante scambio di domande e risposte e dopo la constatazione reciproca della innocuità dei presenti furono invitati ad entrare nell'appartamento.

I loro ospiti erano profughi tornati da pochi giorni a Ferrara per ritrovare la loro casa semidistrutta e completamente saccheggiata oltre che devastata.

Al rendersi conto che i due occupanti abusivi del pianerottolo non erano criminali ma erano profughi come loro, li avevano invitati d'impulso a stare al coperto ed al riparo da eventuali aggressioni, che sembravano essere molto frequenti in tutte le città che avevano più sofferto dei bombardamenti e così la coppia in viaggio di nozze potè dormire, sempre per terra ma almeno sopra un paio di coperte ed al chiuso.

Il mattino dopo, ringraziati ed abbracciati i cortesi ospiti i due viaggiatori si avviarono verso Porta Reno e su un ponte militare gettato sul Po di Volano si misero a fare l'autostop finchè riuscirono ad impietosire il Comandante di una colonna di autocarri del Corpo polacco del Generale Anders, ottenendo l'autorizzazione a montare su uno dei camion che nel primo pomeriggio partirono per Bologna.

L'autista del camion sul quale si arrampicarono garantì loro, naturalmente dietro un modesto compenso, che li avrebbe scaricati al centro di Bologna ma arrivati a qualche chilometro dalla città i due viaggiatori ebbero la sorpresa di sentirsi ordinare di scendere perché la colonna voltava a sinistra, lasciando la statale per raggiungere l'accantonamento di polacchi dove avevano la loro base.

Stava venendo buio e i poveri sposini si trovarono di nuovo a piedi con due valigie, sporchi e stanchi ad almeno 6-7 chilometri dal centro della città.

Dopo aver sfogato la sua rabbia impotente con parole che non erano certo di qualche canto gregoriano lo Spregiudicato piazzò la moglie in un posto riparato fuori dal traffico e non ebbe esitazioni a trasformarsi in ladro impossessandosi dopo lunghe ricerche di uno sgangherato carrettino a mano che con infinite cautele riuscì a portare dove aveva lasciato la moglie e le valigie.

Caricate sul carretto moglie e valigie in modo da equilibrare convenientemente i pesi, un po' spingendo, un po' tirando si diresse verso il centro di Bologna. Con sua grande sorpresa si trovò, dopo qualche chilometro, ad un capolinea di una linea tramviaria che, incredibilmente, funzionava.

Abbandonato il carretto e messosi d'accordo con la moglie che in caso di imprevista separazione si sarebbero ritrovati al capolinea opposto della linea tramviaria, si dedicò all'ardua impresa di contendere un posto sul tram alle altre diecine e diecine di aspiranti viaggiatori.

Una volta caricata sul tram la moglie ed una valigia con mezzi leciti ed illeciti che includevano soprattutto prepotenza e violenza fisica nonché gomitate e colpi bassi, lo Spregiudicato riuscì anche lui a salire su uno dei tram successivi e, contro ogni probabilità, si ricongiunse con la moglie.

Resosi conto che quanto a possibilità di trovare alloggio Bologna era più o meno nelle stesse condizioni di Ferrara, convinse sua moglie ad effettuare un ulteriore sforzo e un po' per mezzo dei pochi tram che ancora funzionavano e molto a piedi si diressero verso San Ruffillo.

Da Bologna a Firenze il traffico era molto più intenso rispetto a quello da Ferrara a Bologna e, benché fosse ormai vicina la notte, lo Spregiudicato e sua moglie non dovettero aspettare più di un'ora prima che un camion militare americano li prendesse a bordo insieme ad un'altra moltitudine di viaggiatori di tutte le specie fra cui anche un ufficiale italiano che vestiva una divisa regolamentare di gabardine, un po' anacronistica in quanto lo Spregiudicato non ne aveva visto più di quel tipo dall'8 settembre in poi.

L'ufficiale pretese ed ottenne che il soldato americano che guidava il camion lo facesse sedere con lui in cabina e dopo che l'autista, un gigante negro dalla faccia buona e dalle mani grandi come prosciutti, ebbe riscosso da ogni viaggiatore la sua ricompensa illegale ma usuale, si prese la via verso Firenze sulla Statale n° 65.

Sembrava ci fosse qualche difficoltà nella guida del camion perché il motore non rispondeva in pieno ai comandi e le imprecazioni dell'autista che si era dovuto fermare più volte per guardare, senza capirne niente, nell'interno del cofano, erano perfettamente udibili anche dai passeggeri ammucchiati nel cassone nonostante il rombo del motore ed il vento.

Dopo tre o quattro fermate lo Spregiudicato decise di cercare di aiutare l'autista e, alla fermata successiva, scese dal cassone e messosi insieme all'autista cominciò a controllare uno per uno tutti gli organi che avrebbero potuto essere causa del cattivo funzionamento del motore. Dopo aver controllato tutto senza aver trovato alcuna causa apparente delle irregolarità di cui si lamentava l'autista si mise dietro il volante per cercare di rendersi conto di che cosa non funzionava e scoprì che c'era uno straccio nero impigliato nei pedali che si era infilato nel buco dell'asta dell'acceleratore che non poteva così compiere la sua corsa completa.

Tolto lo straccio che fu tagliato con un coltellaccio dato dall'autista questi potè constatare, con grande soddisfazione ed un sorriso abbagliante di 32 denti bianchissimi contro la sua simpatica faccia nera, che tutto funzionava perfettamente.

Il buon negro contento come una Pasqua ed immensamente grato allo Spregiudicato, per dimostrargli la sua riconoscenza tirò giù dalla cabina l'ufficiale ed offrì allo Spregiudicato il posto d'onore al suo fianco. Lo Spregiudicato approfittò della favorevole occasione per chiedere al negro se al posto suo poteva far accomodare in cabina sua moglie e ottenutone l'assenso la sistemò a fianco del negro nonostante l'ufficiale, forse spinto da motivi non esattamente altruistici, lo sconsigliasse calorosamente dal farlo.

Lo Spregiudicato si pentì amarissimamente di aver rimesso in perfetta efficienza il camion non perché il negro causasse il minimo fastidio o mancasse di rispetto a sua moglie dato che quello si comportò in modo ineccepibile ed estremamente corretto, ma perché una volta rientrato in possesso delle sue facoltà di sfruttamento totale della potenza enorme del camion si lanciò ad una corsa folle per le salite e le discese della strada, abbordando le curve a tutta velocità, sfiorando l'orlo di tutti i precipizi possibili e andando contro mano il più che poteva, sfogandosi addirittura con canti a squarciagola quando poteva lanciarsi giù per le discese che seguono la Futa, il Raticosa e tutti gli altri passi che rendono così interessante quella bella strada.

Dopo le prime avvisaglie tutti i passeggeri, compreso lo Spregiudicato, furono presi dal più sacrosanto terrore e dopo un po' preferirono chiudere gli occhi per non vedere i vari precipizi e muri di roccia contro cui si sarebbero ben preso sfracellati e cominciarono a pregare con tutti i loro sentimenti.

Tutti i terrori e le paure del viaggio risultarono poi del tutto gratuiti perché il buon negro, contro tutte le previsioni, riuscì a portarli sani e salvi a Firenze dove pallidi ma soddisfatti, lo Spregiudicato e sua moglie furono sbarcati dal negro che li onorò anche di forti abbracci e di colpi sulle spalle.

L'ufficiale, dopo l'iniziale risentimento per essere stato estromesso dalla cabina di guida che, benché aperta, era sempre meno esposta del cassone, si era rabbonito ed aveva perfino scambiato qualche frase con lo Spregiudicato prima che il terrore impossessatosi di tutti per la guida spericolata del negro non zittisse i passeggeri dal primo all'ultimo.

Arrivati a Firenze dove la vita appariva quasi normale nonostante l'ora molto tarda, l'ufficiale diventò addirittura amichevole e si mostrò molto servizievole nel risolvere i vari problemi della coppia primo fra tutti quello dell'alloggio. Indicò loro un albergo che lui definiva ottimo dal punto di vista dell'ambiente, della bellezza, del lusso, dell'atmosfera e della distinzione nonché della cucina, della pulizia e del prezzo e addirittura si offrì di accompagnarveli personalmente.

Una volta accompagnati all'albergo, i due sposini, dopo tutte le loro peripezie, al potersi rinfrescare e sistemare in una vera stanza con dei veri letti e dei veri lavandini ebbero l'impressione di trovarsi al Gritti o all'Hassler.

Dopo essersi ben ripuliti e lavati si stesero per 10 minuti sul letto per fumarsi una sigaretta in pace e comodità, dopo di che scesero per mangiare un boccone nonostante fosse ormai passata la mezzanotte, ed ebbero la sorpresa di trovare l'ufficiale trasformato in Màitre che dopo averli attesi e assistiti in tutti quelli che erano i suoi compiti li lasciò mangiare in pace i piatti di entrata e le portate e si venne a sedere al loro tavolo al dessert.

La conversazione fu piacevole ed interessante soprattutto per lo Spregiudicato e sua moglie, lei perché si rendeva conto di molte cose della terra dei «taliani» dove sarebbe andata a vivere e lui perché mancando da Roma da più di un anno apprendeva tutto quanto non aveva potuto sorpassare la linea del fronte per essere conosciuto al Nord.

La trasformazione dell'ufficiale in Maitre ebbe una divertente spiegazione quando il suddetto Ufficiale-Maitre raccontò come lui fosse il figlio della padrona dell'albergo, salvatosi miracolosamente e rientrato a casa dopo l'8 settembre dimostrando una eccezionale abilità non solo sopravvivendo incolume alle varie retate dei tedeschi e dei fascisti ma riuscendo perfino a mantenere in funzione l'albergo provvedendo con mille accorgimenti e trovate a farlo funzionare quasi regolarmente.

Una volta occupata Firenze dagli Alleati aveva scoperto che il mettersi addosso la vecchia divisa da ufficiale del Regio Esercito, non usata più da nessuno a Nord di Roma, gli risultava di grande vantaggio ogni volta che doveva viaggiare e di conseguenza l'aveva adottata come tenuta da viaggio nelle sue scorribande per procurarsi viveri ed ogni altra cosa necessaria per l'andamento del suo albergo.

Fra le altre cose apprese dal Maitre, questo dettaglio diede allo Spregiudicato una più chiara visione di come andavano le cose dove il governo era tornato nominalmente in mano agli italiani.

Dopo una notte passata finalmente da cristiani lo Spregiudicato e sua moglie alzatisi e rinfrescatisi a tutto loro agio trovarono di nuovo nel Maitre un validissimo assistente nella ricerca di un mezzo di trasporto che li portasse a Roma e comprarono due biglietti per un autopullman che sarebbe partito verso Sud nel tardo pomeriggio.

Fatta un'abbondante colazione e munitisi di provviste mangerecce di tipo dimenticato fino ad allora, come cioccolata, biscotti, caramelle ed altre leccornie, tutte naturalmente di provenienza americana o inglese, a prezzi ragionevoli benché naturalmente di borsa nera, si presentarono alla stazione di partenza dei pullman.

Il pullman era, come ci si sarebbe dovuti aspettare, un semplice autocarro coperto da un tendone e munito di panche di legno dove vennero sistemati tutti i passeggeri che, con i loro bagagli, ne riempirono ogni centimetro cubo.

Fatto buon viso a cattivo gioco lo Spregiudicato e sua moglie si accomodarono, si fa per dire, sui posti loro assegnati e iniziò il lungo e polveroso viaggio verso Roma che, fra una cosa e l'altra, durò più di 12 ore.

Coperti di polvere, anchilosati ed ammaccati da tutte le parti, afoni e raffreddati nonché depressi nell'animo i due sposini furono aiutati a scendere (da soli non ne sarebbero stati capaci) in piazza dell'Augusteo, finalmente a Roma.

Benché piazza dell'Augusteo non fosse distante dalla casa dello Spregiudicato più di 500 metri in linea d'aria, viste le condizioni in cui si trovavano sua moglie e lui, questi preferì noleggiare una «botticella» cioè una carrozza con relativo cavallo, condotta dal tradizionale vetturino.

Andando al passo tipico dei ronzini delle botticelle romane ma senza percorrere eccessive giravolte inutili avendo riconosciuto dall'accento dello Spregiudicato che il suo cliente era un concittadino, il vetturino li portò fino a casa.

Lasciando moglie e valigie sulla carrozza lo Spregiudicato entrò nel negozio che era anche la sua casa perché suo Padre con geniali soluzioni architettoniche aveva diviso in due l'altissimo spazio del negozio ricavando dalla metà superiore un vastissimo appartamento.

La scena dell'incontro tra padre e figlio dopo la mancanza assoluta di notizie per più di un anno durante il quale il padre era stato indotto dalla propaganda Alleata e italiana a credere che il figlio fosse morto, anche se non sepolto, fu molto contenuta come era nello stile del Padre dello Spregiudicato.

Dopo illogico scambio di domande e risposte da una parte e dall'altra il Padre dello Spregiudicato notò la carrozza sulla strada e vi si avviò per aiutare il figlio a scaricare i bagagli e si rese conto che insieme ai bagagli c'era una ragazza che, buona buona, vi rimaneva seduta attendendo gli eventi.

«E quella chi è?» disse il Padre. «Mia moglie» disse lo Spregiudicato. Il padre lo guardò a lungo esprimendo con lo sguardo l'avvilimento e la delusione di un padre umbertino che come ultimo colpo, dopo tutti quelli infertigli dalla guerra in tutti gli aspetti materiali e psicologici, vedeva crollare anche l'ultimo baluardo della autorità del «pater familias» vedendo perfino il suo primogenito commettere l'atto indicibilmente sacrilego di sposarsi non solo senza la sua autorizzazione ma senza neanche avergli chiesto il debito consenso.

Da vero gentiluomo e con la tipica autodisciplina del vecchio ufficiale allargò le braccia in un gesto rassegnato e avvicinatosi alla carrozzella disse alla nuora appena entrata a far parte della famiglia: «Benvenuta».

PULITURE E PULIZIA

La necessità di mantenere me e mia moglie anche quando, essendo ricercato dalla polizia, non potevo permettermi il lusso di adempiere regolarmente le mie mansioni nell'azienda di mio Padre, mi faceva saltare da una attività all'altra, anche le più disparate.

La prevalenza di una certa attività sulle altre non escludeva però la continuazione di quelle che momentaneamente potevano essere considerate secondarie, perché la vecchia regola di cercare di avere più di una freccia al proprio arco è sempre rimasta valida.

Una delle attività che non era fonte di grandissimi guadagni ma che in media mi dava un modesto reddito su cui contare in modo quasi sicuro era quella procuratami da un amico di mio padre che, lavorando presso la residenza dell'ambasciatore degli Stati Uniti, aveva fornito il mio nome a tutte le famiglie americane residenti a Roma per quando avessero avuto necessità di far riparare i loro frigoriferi che il governo USA forniva con larghezza a tutti i suoi cittadini in Europa. La mancanza o l'incertezza delle forniture di energia elettrica in paesi sconvolti dalla guerra avevano indotto le autorità americane a scegliere a questo scopo frigoriferi che funzionavano a petrolio.

Alla generale incapacità delle donne di occuparsi di manutenzione domestica si sommava la posizione di fiabesco privilegio goduta da quelle brave ragazze americane che per il solo fatto di aver sposato un soldato o un impiegatuccio mobilitato che avevano raggiunto alla fine delle ostilità si erano trovate di punto in bianco nella posizione di dame della nazione vincitrice (fornite di ogni ben di Dio in mezzo a moltitudini di morti di fame e con stipendi da favola in mezzo a milioni di miserabili) per cui era più che logico che il mantenere pulito ed in ordine il frigorifero diventasse qualcosa che esulava dai loro compiti. Non provvedendovi i mariti, il farlo costituiva perciò un mestiere che solo gli esseri inferiori vinti in guerra dovevano esercitare. Nel 99% dei casi la riparazione, pagata lautamente, consisteva nel liberare dalla fuliggine i condotti di tiraggio ed il fornelletto a petrolio.

Al mio ritorno dai viaggi che facevo con un'ambulanza Dodge per portare il pesce da Gaeta ai mercati generali di Roma dopo essere stato tutta la notte a pesca, raccoglievo gli indirizzi dove avevano richiesto la mia opera di spazzacamino in sedicesimo e, finché non mi coglieva un attacco di sonno, andavo a riparare tutti i frigoriferi che potevo, sommando sul giaccone di cuoio nero strati di fuliggine da petrolio sugli strati di squame dei pesciacci che avevo trasportato che a loro volta si erano aggiunte agli strati di salsedine raccolti in mare.

Come tutti coloro che sono cresciuti in grandi città andavo sempre in giro a piedi. È strano come in provincia dove in genere tutto è molto più a misura d'uomo che nelle metropoli, tutti si sentano menomati se non vanno in auto a comprare il giornale all'edicola distante 100 metri, mentre nelle grandi città nessuno prende l'autobus o il tram

o la macchina se non deve fare almeno più di un chilometro. Oggi tutti si lamentano che non trovano mai un posto per lasciare la macchina ma a nessuno viene mai in mente di ovviare a questo inconveniente andando a piedi.

Una mattina verso quasi mezzogiorno dopo aver avuto solo il tempo di lavarmi la faccia al ritorno da Gaeta e dai mercati generali, me ne andavo con la mia borsa dei ferri sotto il braccio lungo il Corso da Piazza del Popolo verso Piazza Venezia per riparare un secondo frigorifero a petrolio (mi pare di ricordare che si chiamavano «Frigidaire») dato che il primo lo avevo riparato proprio vicino a casa mia in una di quelle ville occupate da inglesi o americani prima di essere occupate di prepotenza dai comunisti a beneficio ed in pro dei vari Togliatti et coetera.

Era il tempo in cui si stava preparando il processo a Junio Valerio Borghese ed altri, processo che poi andò avanti abbastanza regolarmente malgrado le enormi pressioni esercitate soprattutto dai comunisti (ma in genere da tutti gli strumentalizzatori della Resistenza) non solo per screditare tutto ciò che era stato della Repubblica Sociale ma, se possibile, per arrivare al linciaggio dei protagonisti sconfitti della guerra civile per evitare che fossero dette troppe verità scomode.

Il Principe Borghese in momenti critici della Decima Mas non aveva esitato a vendere quanto disponibile delle sue proprietà per fronteggiare le emergenze finanziarie e logistiche che non potevano mancare ad un reparto così speciale come la Decima soprattutto in funzione della preservazione della sua indipendenza (noi non prendevamo soldi dallo straniero).

Una volta arrestato dagli americani a Milano e condotto prima a Roma e poi in un campo di concentramento in attesa del processo, si era trovato nella impossibilità di provvedere perfino al mantenimento di sua moglie e dei suoi figli.

La Principessa non riuscendo ad avere alcuno dei redditi di cui in tempi normali avrebbe avuto disponibili aveva fatto ricorso al suo innato senso artistico ed alla sua capacità di concentrarsi su ogni problema importante, per fabbricare gioielli con le sue proprie mani ottenendo abbastanza per mantenere i figli e mandare ogni tanto qualche pacco al marito in prigionia. Lei andava avanti a forza di pane e caffellatte.

Pur camminando molto svelto e pur essendo la Principessa molto dimagrita e cambiata dal tempo in cui l'avevo vista un paio di volte nel 1944, la riconobbi subito nel momento in cui quasi ci scontravamo all'angolo di una traversa del Corso Umberto I. Pur essendo ricercato e sapendo di correre il rischio di essere fermato da qualcuno che eventualmente stesse pedinando la Principessa, non potei resistere nè all'emozione nè all'impulso di salutarla per esprimerle tutta la mia ammirazione, amicizia e solidarietà in un momento per lei tanto difficile.

Dissi: «Donna Daria» a voce bassa ma chiara, al che lei si fermò e mi fissò senza naturalmente riconoscermi. Conservando ancora l'abitudine al comportamento militare, mi misi sull'attenti in segno di rispetto e mi presentai dicendo nome, cognome, grado e reparto di appartenenza nella Decima. Mentre il viso di Daria Vasilevna da duro e tirato che era si apriva nel suo bellissimo sorriso di altri tempi, la sua mano si tese perché io potessi stringerla e di tutto quello che volevo dirle non mi uscì nulla dalla bocca perché dovetti affrettarmi a scusarmi per aver osato fermarla per la strada così malmesso e sporco come ero in quel momento. La principessa mi rivolse una delle poche frasi che in vita mia mi hanno fatto provare l'orgoglio e la gioia di essere vissuto: «Voi della Decima siete tra le persone più pulite che ho incontrato nella mia vita».

EPILOGO

«Sur sangue ce buttorno un po' de rena, e poi vennero fora li pajacci».
(Cesare Pascarella «I Sonetti»)

FOTOGRAFIE

Fotografie dell'edizione originale (1990), le didascalie sono dell'autore.

1932, Roma. Con mio fratello in divisa, rispettivamente, da Avanguardista e da Balilla.

1940, Roma. Mio Padre, richiamato nel R.E. per la requisizione di automezzi, legge come la Francia ha deposto le armi che non aveva neanche provato ad usare.

1940, Roma. Con mio Padre dopo il vano tentativo al Distretto Militare di far accettare la mia domanda di volontario.

1941, Firenze. Appena armato ed equipaggiato di tutto punto al 7° Reggimento Genio.

1941, Firenze. Ormai ufficialmente "volontario universitario" in camerata con un commilitone "volontario per forza".

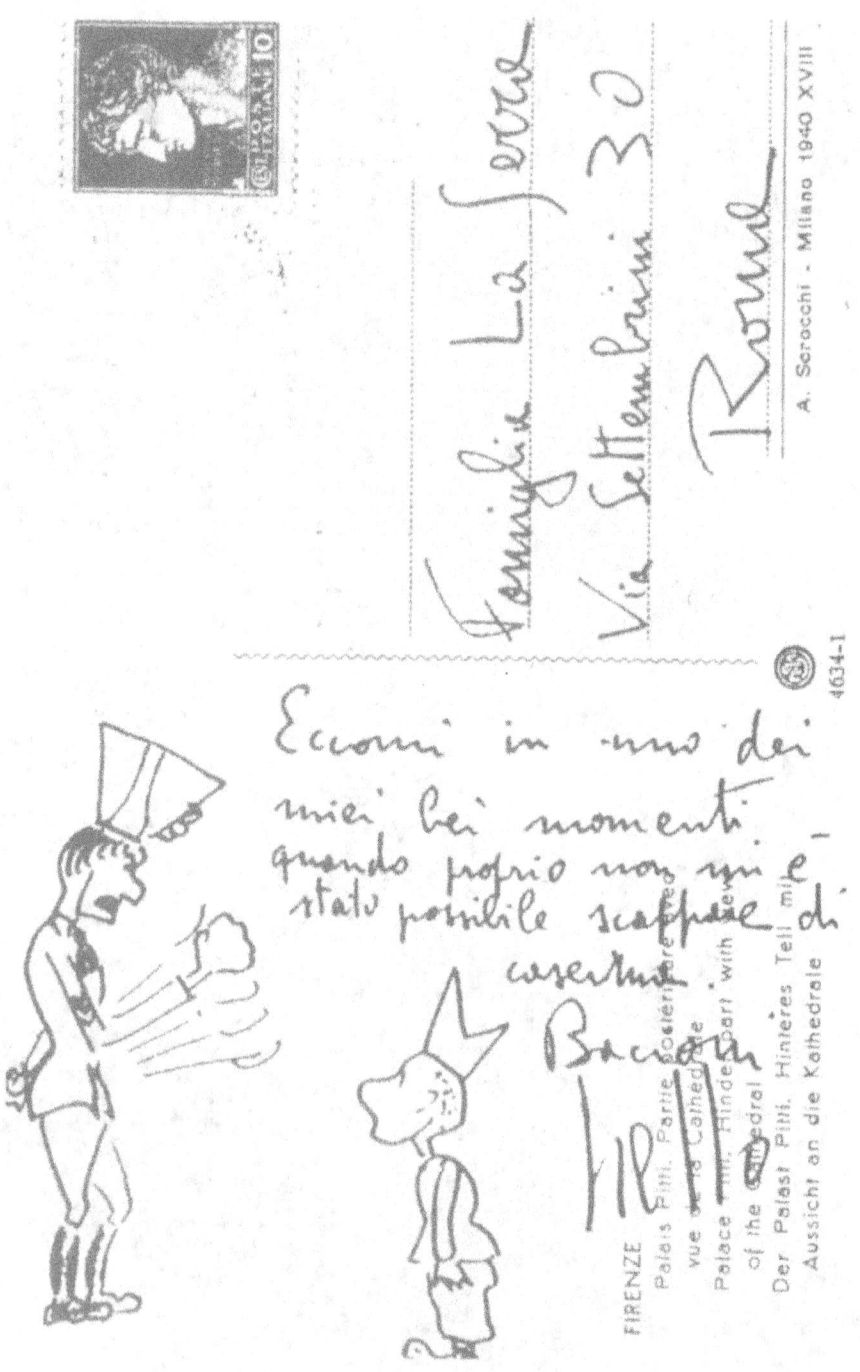

1941, Firenze. SIGNORSÌ! (cartolina intesa a impietosire i genitori per farmi mandare un vaglia).

1941, Cirenaica. Lussuosa villa principesca nel rigoglioso verde mediterraneo.

1941, Marmarica. Autoritratto su una autoblinda della PAI.

1941, Cirenaica. Volantino lanciato dagli aerei per spiegare agli arabi i metodi di colonizzazione inglese.

1941, Sirte. Rommel, già portando occhiali militari inglesi antisabbia, osserva il teatro delle sue future battaglie.

1941, Cirenaica. Rommel moltiplica i suoi Panzer con l'uso di legno, tela e vernice, per ingannare la ricognizione aerea e gli osservatori inglesi.

1941, Tobruch. I fortini della cerchia "R" vengono più volte conquistati dai Guastatori del Genio.

1941, Cirene. Vagone ristorante di 1ª Classe.

1941, Derna. Tedeschi (in macchina) e Italiani (a piedi) che scendono dal Gebel.

1941, Sidi el Barrani. Una volta si vince... (Carro armato leggero inglese in avanzata)

1941, Bir el Gobi. ...una volta si perde (Carro armato leggero inglese che non avanzerà più).

1941, El Adem. Toponomastica adatta per la comprensione anche da parte di analfabeti.

1941, El Agheila. Autostrade garantite esenti da ghiaccio.

1942, Firenze. Con la "sahariana" di tela kaki da reduce "insabbiato" sulla neve nel cortile della Caserma del 7° Genio.

1942, Pavia. Consumando un pranzo "ottimo e abbondante" nella lussuosa "Sala Mensa Sottufficiali" messa a disposizione dalla Scuola.

1942, Banne. Addestramento alla accensione e scoppio delle "Cariche allungate" per l'apertura di varchi nei reticolati davanti alle fortificazioni nemiche.

1942, Trebiciano. Di pattuglia sul Carso battendo il triangolo Banne, Orle, Basovizza.

1943, Barcola. La futura moglie orgogliosa del suo Guastatore Alpino.

1943, Benna. Scoppio di 2 kg. di tritolo alla distanza regolamentare di 3 m. dagli elmetti degli allievi guastatori.

1943, Monte Fiara. Su per le malghe e le pozze dell'Altipiano dei Sette Comuni.

1916, Campo Mulo. Il posto di osservazione di mio Padre ritrovato sugli altipiani dopo 27 anni.

1943, Ortigara. Con il Pitecantropo, il Verginello e il Bianchi Miles prima di scendere ad A-siago per affrontare l'ignoto dopo il vergognoso 8 settembre 1943.

1944, San Donà di Piave. Quelli del "San Marco" fanno buona guardia sul Piave come avevano fatto nel 1918.

1943, Scheggia. Sulla Flaminia al Passo di Forca Lupara.

1944, Jesolo Bagni. Proibito scendere le scale per andare al rancio; se non si salta dalla terrazza non si mangia.

1944, Grisolera. I 15 cavalli della MM 500 vengono riportati a casa (retti in piedi dal Pitecantropo) da un solo cavallo.

1944, Ortigara. Studiando il percorso del raid per recuperare le armi nascoste in una caverna il 20 settembre 1943.

1944, Valli di Lanzo. Nella impeccabile uniforme regolamentare delle "bande antibanda".

1944, Ala di Stura. Il ponte di circostanza di 15 m. di luce progettato, calcolato e costruito in meno di 48 ore dai 13 uomini del 4° Plotone.

1944, Ivrea. La 1ª Compagnia adunata per ricevere l'elogio del Comandante Borghese il giorno che il Battaglione Tarigo riprenderà ufficialmente il nome Valanga e metterà la penna.

1944, Noasca. Il Pitecantropo in Valle dell'Orco durante uno dei vari momenti in cui si vede il sole.

1945, Trieste. La Riviera, da Barcola a Miramare, durante il periodo in cui faceva parte, secondo Reiner, della "Adriatische Kustenland".

FOTOGRAFIE DEL BATTAGLIONE VALANGA

Fotografie dell'archivio Riccardo Maculan.

Vittorio Veneto, inverno 1944/45. Caporale Altina, III compagnia, plotone mortai da 81.

Guastatore Alpino Sergio Frattali, II Compagnia. Verrà assassinato a Vittorio Veneto il 27/12/1944. Il padre era il Gen. Gualtiero Frattali, Direttore Generale del Genio della RSI.

Ivrea, settembre 1944. Giovanissimi guastatori, Chiarion, Fracasso, Facheris.

Piemonte, settembre 1944. G.M. Komel del Valanga e il S. Ten. Palmili del Sagittario.

Jesolo, 10 giugno 1944. Guastatore alpino Facheris, classe 1929. I compagnia, II plotone.

Courmaieur, 14 aprile 1942. XXX Btg. Genio Guastatori Alpini. Cerimonia in ricordo dell'azione sul monte Labelzeleres 14/4/1941. S. Ten. Palazzuolo (Poi comandante della III compagnia Valanga) S. Ten. Truci (Poi medico del Valanga) S. Ten. De Petris (Caduto in Russia).

Iesolo aprile 1944. S. Ten. Garibaldo, Bagatella, Pellas, Crescini, Pasella, S. Ten. NP.

Bagni di Jesolo, giugno 1944. Un plotone della II Compagnia con il loro comandante S. Ten. Bagatella.

Piemonte, settembre 1944. Gruppo del Valanga in libera uscita.

Carnia, dicembre 1944. Gruppo del Valanga, I Compagnia, II Plotone.

Carnia, dicembre 1944. Gruppo di giovanissimi guastatori alpini.

Inverno 1944, zona di Vittorio Veneto. Addestramento e pattugliamento del territorio. Guastatori con il lanciafiamme.

Inverno 1944, zona di Vittorio Veneto. Addestramento e pattugliamento del territorio.

Sopra e nelle foto seguenti: inverno 1944, zona di Vittorio Veneto. Addestramento e pattugliamento del territorio. Pezzo anticarro da 47/32.

Gorizia, gennaio 1945. Collegio Orfani Aviatori "Maddalena". M.llo Birotti, S. Ten. Pellas, S. Ten. Borsacchi.

Gorizia, gennaio 1945. Collegio Orfani Aviatori "Maddalena". La I compagnia con il S. Ten. Pellas.

Salcano, 13 gennaio 1945. La I compagnia del Cap. Satta, vicino a lui il S. Ten Komel.

Salcano 13 gennaio 1945. Schieramento della I compagnia. Cap. Satta, S. Ten. Komel, S. Ten. Pasella.

Salcano, 13 gennaio 1945. Il Cap. Satta con la sua I compagnia.

Gorizia, gennaio 1945. Funerali dei caduti di Tarnova della Selva.

Gorizia, gennaio 1945. Funerali dei caduti di Tarnova della Selva.

Bassano del Grappa, 21 marzo 1945. Guastatori alpini della I Compagnia. Capriotti, Besana, Facheris.

DOCUMENTI

Ausweis del Ten. Astarita (coll. S. Savino)

Prot. n° 2082

DISTRETTO MILITARE DI TRIESTE
e per conoscenza:
COMUNE di PALAZZOLO DELLA STELLA
Provincia di UDINE
(rif. foglio 3560 del 1-8-1944)

ARGOMENTO: - Marò GOBBO Dionisio   26 SET 1944

Si trasmette, per le pratiche di compe-
tenza, una domanda del militare in oggetto,
intesa ad ottenere il sussidio per la propria
famiglia, dimorante a Palazzolo della Stella-
(Udine) - Via Biancada.-
Si prega di dare alla pratica carattere di
cortese urgenza.-

IL COMANDANTE
TENENTE DI VASCELLO F.M.G.
(Morelli Manlio Maria)

X° FLOTTIGLIA M.A.S.
Battaglione Guastatori Alpini
"VALANGA"

Cittadini di Vittorio Veneto

è ieri caduto un altro Guastatore Alpino del mio Battaglione ad opera di individui che per noi hanno ormai un solo nome: Banditi.

E' il terzo dei miei migliori soldati che cade assassinato nella maniera più vigliacca da che il Battaglione è nella vostra città; altri tre sono stati gravemente feriti.

E' ora di finirla.

Fino ad oggi nessuna rappresaglia inconsulta è stata da noi eseguita dopo questi fatti. Avremmo potuto eseguirla, ed il passato ve lo ricorda: ma con la calma e con il ragionamento abbiamo saputo vincere il grande dolore che la perdita dei nostri soldati ci procurava. E ciò abbiamo fatto sopratutto per non arrecare altri lutti alla popolazione che già abbastanza ne ha avuti in questa e nell'altra guerra.

Ma ora basta: la nostra rappresaglia se altri delitti si verificassero, sarà pronta ed irremovibile, e se occorrerà anche spietata.

Col fuoco e con l'esplosivo sapremo portare la distruzione in quelle zone ove la popolazione è connivente con i banditi. E che buona parte della popolazione sia d'accordo con questi delinquenti è per noi ormai cosa palese. Non esistesse la connivenza della maggioranza, i banditi non potrebbero vivere.

Tutti sappiano che considereremo alla stessa tregua dei banditi coloro che in un modo qualunque daranno loro aiuto anche minimo, anche solo alloggiarli, anche col solo tacere la loro presenza in qualche località.

Tuttociò significherà senz'altro terrore e sangue, ma vorrà dire che terrore e sangue avrete voluto voi.

Solo se la popolazione si mostrerà decisamente contraria ai banditi, sapremo proteggerla ed aiutarla.

Guai a chi ancora oserà di ostacolare la nostra opera che è di preparazione al combattimento vero contro i nemici della Patria.

Per questa Patria, al di sopra di ogni sentimento di parte, saremo inflessibili: ricordatelo.

IL COMANDANTE
Capitano Guastatore Alpino
MORELLI MANLIO MARIA

INDICE

Capitolo I
Infanzia e "Giovinezza" 11

Capitolo II
Immaturi alla guerra con "Libro e Moschetto" . . 43

Capitolo III
Maturi allo spreco con bombe e tritolo. . . 95

Capitolo IV
Chi ha detto che bisogna mettersi con il vincitore? . 137

Epilogo 263

Appendice fotografica 265

Documenti 307

www.ingramcontent.com/pod-product-compliance
Lightning Source LLC
Chambersburg PA
CBHW081653120626
46550CB00010B/2887